Statistiques de l'OCDE sur les investisseurs institutionnels 2017

OCDE
DES POLITIQUES MEILLEURES
POUR UNE VIE MEILLEURE

Cet ouvrage est publié sous la responsabilité du Secrétaire général de l'OCDE. Les opinions et les interprétations exprimées ne reflètent pas nécessairement les vues officielles des pays membres de l'OCDE.

Ce document, ainsi que les données et cartes qu'il peut comprendre, sont sans préjudice du statut de tout territoire, de la souveraineté s'exerçant sur ce dernier, du tracé des frontières et limites internationales, et du nom de tout territoire, ville ou région.

Merci de citer cet ouvrage comme suit :
OCDE (2017), *Statistiques de l'OCDE sur les investisseurs institutionnels 2017*, Éditions OCDE, Paris.
http://dx.doi.org/10.1787/instinv-2017-fr

ISBN 978-92-64-28229-2 (imprimé)
ISBN 978-92-64-28238-4 (PDF)

Annuel : Statistiques de l'OCDE sur les investissements institutionnels
ISSN 2225-2088 (imprimé)
ISSN 2225-2096 (en ligne)

Les données statistiques concernant Israël sont fournies par et sous la responsabilité des autorités israéliennes compétentes. L'utilisation de ces données par l'OCDE est sans préjudice du statut des hauteurs du Golan, de Jérusalem-Est et des colonies de peuplement israéliennes en Cisjordanie aux termes du droit international.

Les corrigenda des publications de l'OCDE sont disponibles sur : *www.oecd.org/editions/corrigenda*.

Table des matières

Signes conventionnels et abréviations

Signes et abréviations

.. Non disponible

. Point décimal

0 Nul ou négligeable

Concepts et définitions

Métadonnées (données) :

http://stats.oecd.org/OECDStat_Metadata/ShowMetadata.ashx?Dataset=7IA_A_Q&lang=fr

Métadonnées (indicateurs) :

http://stats.oecd.org/OECDStat_Metadata/ShowMetadata.ashx?Dataset=7II_INDIC&lang=fr

Base de données en ligne

Statistiques de l'OCDE sur les investisseurs institutionnels (*http://dx.doi.org/10.1787/instinv-data-fr*).

Système de comptabilité nationale

Commission des Communautés européennes, Fonds monétaire international, Organisation de coopération et de développement économiques, Nations Unies, Banque mondiale, *Système de comptabilité nationale* 1993, Brussels/Luxembourg, New York, Paris, Washington, DC., 1993, *http://unstats.un.org/unsd/nationalaccount/docs/1993sna.pdf* (en anglais seulement).

Commission Européenne, Fonds monétaire international, Organisation de coopération et de développement économiques, Organisation des Nations Unies, Banque mondiale, *Système de comptabilité nationale 2008, http://unstats.un.org/unsd/nationalaccount/docs/SNA2008FR.pdf*

Méthodologie

Les données annuelles se réfèrent au 4e trimestre. Les données par trimestre sont disponibles dans la Base de données.

Abréviations monétaires ISO

Abréviation	Pays	Monnaie
AUD	Australie	dollar
EUR	Autriche	euro
EUR	Belgique	euro
CAD	Canada	dollar
CLP	Chili	peso
CZK	République tchèque	couronne
DKK	Danemark	couronne
EUR	Estonie	euro
EUR	Finlande	euro
EUR	France	euro
EUR	Allemagne	euro
EUR	Grèce	euro
HUF	Hongrie	forint
ISK	Islande	couronne
EUR	Irlande	euro
ILS	Israël	nouveau sheqel
EUR	Italie	euro
JPY	Japon	yen
KRW	Corée	won
EUR	Lettonie	euro
EUR	Luxembourg	euro
MXN	Mexique	peso
EUR	Pays-Bas	euro
NOK	Norvège	couronne
PLN	Pologne	zloty
EUR	Portugal	euro
EUR	République slovaque	euro
EUR	Slovénie	euro
EUR	Espagne	euro
SEK	Suède	couronne
CHF	Suisse	franc
TRY	Turquie	nouvelle livre
GBP	Royaume-Uni	livre sterling
USD	États-Unis	dollar
EUR	Lituanie	euro
RUB	Fédération de Russie	rouble

Statistiques de l'OCDE sur les investisseurs institutionnels 2017

Comparaisons internationales

Tableau 1. Actifs et passifs financiers des fonds d'investissement, en pourcentage du PIB

Pour cent

	2009	2010	2011	2012	2013	2014	2015	2016
Actifs financiers								
Autriche	50.0	51.1	44.6	46.5	46.1	48.9	48.9	49.0
Belgique	27.7	26.3	22.0	22.5	26.7	31.2	36.1	35.6
Canada	54.6	57.9	56.3	62.0	71.6	80.3	89.2	97.8
Chili	..	..	..	..	..	20.2	22.6	25.0
République tchèque	3.8	4.2	3.7	4.1	4.6	5.0	5.3	6.7
Danemark	..	..	..	86.5	97.0	105.6	102.0	105.7
Estonie	3.9	4.0	2.7	2.9	3.3	3.1	3.0	3.4
Finlande	32.0	35.6	30.6	36.4	40.6	46.0	51.9	55.6
France	77.0	74.0	64.4	67.1	66.2	67.7	70.2	74.2
Allemagne	39.9	42.2	40.4	45.7	48.4	53.0	55.7	59.1
Grèce	3.7	3.0	2.1	2.5	2.8	2.7	2.4	2.3
Hongrie	11.5	13.8	11.0	11.5	14.7	16.5	16.3	15.8
Islande	12.2	17.5	22.6	23.9	24.6	24.9	26.8	27.3
Irlande	..	..	..	..	..	..	..	..
Israël	16.3	17.9	15.2	17.1	21.9	23.7	19.7	17.5
Italie	14.1	13.1	10.4	10.2	11.9	15.0	17.4	18.1
Japon	19.2	19.7	18.4	20.7	26.2	29.4	32.7	34.0
Corée	28.3	26.0	21.5	23.0	23.5	25.7	27.2	29.7
Lettonie	1.2	1.5	1.6	1.4	1.3	1.0	..	..
Luxembourg	5 434.6	6 011.7	5 470.1	6 009.6	6 276.5	6 767.1	7 348.0	7 568.7
Pays-Bas	..	..	..	..	..	..	..	..
Norvège	..	..	..	..	..	..	..	..
Pologne	..	..	..	..	..	..	..	..
Portugal	..	..	..	..	..	..	..	..
République slovaque	..	..	..	..	..	..	..	..
Slovénie	6.2	6.3	4.9	5.1	5.1	5.7	6.0	6.1
Espagne	18.5	16.0	14.7	14.4	18.2	22.5	24.1	24.6
Suède	46.5	50.9	44.9	51.5	62.9	76.6	76.2	81.8
Suisse	..	..	..	..	..	..	..	..
Royaume-Uni	..	..	..	..	..	..	..	..
États-Unis	85.8	89.3	86.1	94.4	105.8	108.2	103.0	106.3
Lituanie	0.5	0.6	0.5	0.5	0.7	0.8	0.9	1.3
Fédération de Russie	1.7	1.5	1.4	1.5	1.6	1.7	1.9	2.1
Passifs financiers								
Autriche	50.2	51.5	45.0	47.1	46.7	49.5	49.7	50.0
Belgique	27.9	26.3	22.2	22.6	26.9	31.3	36.2	35.7
Canada	54.6	57.9	56.3	62.0	71.6	80.3	89.2	97.8
Chili	..	..	..	..	..	0.3	0.5	0.4
République tchèque	3.9	4.2	4.2	5.5	6.1	6.8	7.3	8.2
Danemark	..	..	..	88.5	97.0	105.2	101.9	103.9
Estonie	4.0	4.0	2.7	2.9	3.2	2.9	3.0	3.5
Finlande	31.9	35.6	30.4	36.5	40.7	45.8	52.0	55.7
France	78.1	75.2	65.9	68.9	68.2	70.1	73.0	76.7
Allemagne	43.6	45.8	43.9	49.2	51.9	56.4	59.1	62.6
Grèce	3.9	3.7	2.8	3.3	3.6	3.8	3.5	3.4
Hongrie	12.1	14.7	12.0	12.6	15.7	17.4	17.2	17.0
Islande	12.2	17.5	22.8	24.0	24.7	24.9	26.8	27.4
Irlande	..	..	..	..	..	..	..	..
Israël	..	..	..	..	..	..	..	..
Italie	15.4	14.0	11.4	11.4	12.6	15.6	17.4	18.0
Japon	19.2	19.7	18.4	20.7	26.2	29.4	32.7	34.0
Corée	28.8	26.3	21.6	23.1	23.6	25.9	27.4	29.8
Lettonie	1.3	1.6	1.7	1.5	1.2	1.0	..	..
Luxembourg	5 453.1	6 040.9	5 488.2	6 027.2	6 293.9	6 788.1	7 366.6	7 586.0
Pays-Bas	..	..	..	..	..	..	..	..
Norvège	..	..	..	..	..	..	..	..
Pologne	..	..	..	..	..	..	..	..
Portugal	..	..	..	..	..	..	..	..
République slovaque	..	..	..	..	..	..	..	..
Slovénie	6.2	6.3	4.9	5.1	5.1	5.7	6.0	6.1
Espagne	19.2	16.7	15.2	14.9	18.8	22.7	24.3	24.8
Suède	46.5	50.9	44.9	51.5	62.9	76.6	76.2	81.8
Suisse	..	..	..	..	..	..	..	..
Royaume-Uni	..	..	..	..	..	..	..	..
États-Unis	87.4	90.8	87.5	95.8	107.4	109.9	104.9	108.1
Lituanie	0.5	0.6	0.5	0.6	0.7	0.8	1.1	1.7
Fédération de Russie	2.5	2.4	2.3	2.4	2.9	3.1	3.2	3.3

Note : Voir les métadonnées détaillées sur :

http://metalinks.oecd.org/instinv/20170920/a4d7 (actifs financiers)http://metalinks.oecd.org/instinv/20170920/fb65 (passifs financiers).

Informations sur les données concernant Israël : http://oe.cd/israel-disclaimer.

Informations sur les données concernant le Luxembourg :http://metalinks.oecd.org/instinv/20170920/dabf (actifs financiers) et http://metalinks.oecd.org/instinv/20170920/c19a (passifs financiers).

Tableau 2. Actifs et passifs financiers des sociétés d'assurance, en pourcentage du PIB

Pour cent

	2009	2010	2011	2012	2013	2014	2015	2016
Actifs financiers								
Autriche	35.2	35.4	33.7	35.7	35.3	36.3	35.4	34.5
Belgique	67.7	68.1	67.4	73.3	72.7	79.1	77.4	74.0
Canada	37.0	37.9	38.5	39.7	40.4	42.4	43.0	44.9
Chili	..	..	..	..	..	18.3	19.0	19.9
République tchèque	11.5	11.6	11.5	11.2	11.6	12.1	11.8	11.1
Danemark	..	..	..	98.6	97.4	107.2	105.0	114.5
Estonie	5.7	6.8	5.6	5.6	5.2	5.1	5.3	5.9
Finlande	26.5	28.4	26.7	29.2	30.1	33.2	34.3	34.2
France	90.8	94.8	91.0	99.5	103.2	111.7	112.6	120.6
Allemagne	57.5	57.8	56.5	59.4	60.9	63.7	62.7	63.4
Grèce	6.0	6.5	6.7	7.7	8.5	8.7	8.9	8.7
Hongrie	8.9	8.9	8.2	8.3	8.1	8.1	7.9	7.9
Islande	8.1	8.4	8.4	8.3	8.3	8.0	7.6	7.2
Irlande	..	134.3	125.0	125.2	120.8	124.7	98.9	99.6
Israël	30.9	32.4	31.2	33.1	34.5	35.9	36.1	36.5
Italie	33.9	32.0	30.7	32.6	36.0	40.7	45.7	48.5
Japon	76.4	76.9	78.5	82.3	87.3	89.6	87.8	89.8
Corée	44.4	46.2	49.1	55.5	58.4	62.8	64.8	67.9
Lettonie	..	..	..	..	..	..	..	..
Luxembourg	273.7	301.2	283.1	303.7	306.4	325.5	336.1	341.9
Pays-Bas	61.5	64.6	67.3	70.3	66.8	73.5	69.5	69.7
Norvège	38.7	39.6	38.9	40.0	42.2	45.3	48.4	51.6
Pologne	10.4	10.3	9.5	10.3	10.3	10.6	10.4	9.9
Portugal	..	..	..	..	..	..	..	..
République slovaque	..	..	..	11.2	8.1	8.9	8.5	9.3
Slovénie	13.9	14.9	14.9	17.2	17.9	18.7	18.0	18.3
Espagne	22.8	22.6	23.7	25.3	26.5	28.5	28.7	27.9
Suède	29.6	29.7	27.9	29.9	31.0	33.8	32.7	32.6
Suisse	80.4	80.4	82.7	87.1	83.8	86.7	85.8	..
Royaume-Uni	..	..	..	..	..	..	..	..
États-Unis	44.7	46.4	46.9	47.5	47.5	48.0	45.8	46.6
Lituanie	3.7	3.1	2.8	3.2	2.7	2.7	2.9	3.1
Fédération de Russie	2.0	1.7	1.6	1.6	1.7	1.8	1.8	2.1
Passifs financiers								
Autriche	36.9	37.8	35.9	36.4	36.2	35.9	34.5	33.1
Belgique	66.9	68.1	67.4	68.4	69.0	70.2	69.9	75.1
Canada	38.8	39.7	40.3	41.3	41.7	43.8	44.0	46.2
Chili	..	..	..	..	..	0.4	0.6	0.4
République tchèque	11.2	12.0	12.0	12.7	13.0	12.7	11.8	11.5
Danemark	..	..	..	98.6	96.9	106.6	109.9	114.9
Estonie	5.5	6.1	5.4	5.4	4.9	5.0	5.3	5.9
Finlande	26.1	26.9	25.2	27.4	28.9	31.3	32.1	33.1
France	90.4	94.1	91.5	93.7	97.1	100.9	102.6	122.3
Allemagne	59.1	58.5	56.2	59.1	61.1	61.8	63.6	63.7
Grèce	6.6	6.9	7.2	8.1	9.0	9.2	9.5	8.8
Hongrie	9.2	9.3	8.7	8.4	8.2	8.1	7.9	7.8
Islande	8.2	8.5	8.5	8.6	8.7	8.3	7.7	7.2
Irlande	..	136.7	127.6	129.1	123.0	129.7	102.8	103.1
Israël	..	..	..	..	..	..	..	..
Italie	34.9	35.3	34.0	35.3	38.5	42.1	45.7	48.6
Japon	72.2	72.0	73.4	76.6	79.0	78.5	77.0	78.1
Corée	44.2	47.4	49.9	55.3	58.8	62.3	64.8	66.7
Lettonie	..	..	..	..	..	..	..	..
Luxembourg	272.8	300.8	281.6	301.6	304.6	321.3	336.5	342.4
Pays-Bas	64.4	65.1	68.0	70.6	67.1	73.9	69.8	70.9
Norvège	36.5	37.5	37.2	40.5	43.2	46.4	50.0	53.0
Pologne	10.5	10.4	9.7	10.4	10.5	10.8	10.5	10.0
Portugal	..	..	..	..	..	..	..	..
République slovaque	..	..	..	8.0	7.7	8.2	8.6	9.0
Slovénie	14.7	15.1	15.0	16.7	17.3	18.2	17.9	18.0
Espagne	22.5	22.7	24.2	25.6	27.4	29.5	28.2	28.1
Suède	26.6	27.7	26.8	25.7	25.0	27.3	25.7	25.4
Suisse	..	..	..	..	..	..	..	..
Royaume-Uni	..	..	..	..	..	..	..	..
États-Unis	40.9	41.7	41.0	41.4	42.9	42.7	41.3	42.1
Lituanie	3.7	3.0	3.3	3.4	3.2	3.7	4.0	4.5
Fédération de Russie	2.1	1.9	1.7	1.6	1.9	2.1	2.0	2.3

Note : Voir les métadonnées détaillées sur :
http://metalinks.oecd.org/instinv/20170920/863b (actifs financiers) et http://metalinks.oecd.org/instinv/20170920/b541 (passifs financiers).
Informations sur les données concernant Israël : http://oe.cd/israel-disclaimer.
Informations sur les données concernant le Luxembourg :
http://metalinks.oecd.org/instinv/20170920/acf5 (actifs financiers)
http://metalinks.oecd.org/instinv/20170920/2fe8 (passifs financiers).

Tableau 3. Actifs et passifs financiers des fonds de pension, en pourcentage du PIB

Pour cent

	2009	2010	2011	2012	2013	2014	2015	2016
Actifs financiers								
Autriche	4.8	5.1	4.8	5.2	5.5	5.8	5.9	6.2
Belgique	3.6	3.9	3.8	4.1	5.0	5.5	5.8	5.9
Canada	67.0	71.4	71.1	75.0	78.2	84.0	91.1	91.8
Chili	..	..	..	..	..	67.5	69.0	69.6
République tchèque	5.4	5.7	6.1	7.3	7.8	7.7	8.1	7.9
Danemark	..	..	..	73.9	66.5	73.9	73.5	76.8
Estonie	7.2	7.9	7.3	8.7	9.9	11.8	13.5	15.4
Finlande	2.0	2.3	2.0	1.8	1.5	1.4	1.4	1.7
France	..	..	..	..	..	..	..	..
Allemagne	13.4	13.7	13.8	15.6	14.8	16.6	17.1	18.2
Grèce	..	..	..	..	0.1	0.2	0.2	0.7
Hongrie	13.5	15.0	4.0	4.0	4.1	4.2	4.2	4.5
Islande	115.5	122.2	127.1	136.5	142.0	145.4	147.2	143.8
Irlande	..	44.0	40.7	43.8	49.9	51.8	42.3	42.4
Israël	68.5	70.3	65.7	68.9	71.3	74.8	75.9	77.2
Italie	1.6	1.9	1.9	3.8	4.1	4.9	5.2	5.2
Japon	29.3	28.4	28.9	29.5	29.8	30.8	30.3	29.7
Corée	3.3	3.5	4.3	5.1	6.0	7.7	8.8	9.9
Lettonie	6.1	7.5	7.0	7.6	8.4	9.8	10.9	12.6
Luxembourg	2.3	2.2	2.2	2.5	2.5	3.5	3.5	3.5
Pays-Bas	118.5	125.2	133.5	154.3	155.0	185.4	182.3	193.7
Norvège	6.8	7.0	6.6	7.5	8.3	9.2	10.1	10.5
Pologne	13.4	15.6	14.6	16.8	18.3	8.8	7.9	8.4
Portugal	..	..	..	..	..	..	..	..
République slovaque	..	..	..	4.9	10.5	10.2	10.0	10.2
Slovénie	4.7	5.4	5.5	5.8	5.9	6.2	6.4	6.3
Espagne	9.6	9.8	9.7	10.4	10.8	11.5	11.7	12.0
Suède	68.6	71.4	68.0	73.9	80.5	90.1	89.0	91.9
Suisse	90.7	92.1	91.3	97.1	102.5	108.5	109.5	..
Royaume-Uni	..	..	..	..	..	..	..	..
États-Unis	91.4	97.3	96.2	97.6	101.7	101.0	99.0	100.6
Lituanie	3.6	4.1	3.9	4.3	4.6	5.2	5.9	6.7
Fédération de Russie	1.8	1.8	2.0	2.3	2.8	2.8	3.5	4.0
Passifs financiers								
Autriche	4.8	4.8	4.9	5.0	5.3	5.7	5.6	5.8
Belgique	3.9	4.2	4.0	4.6	5.1	5.7	5.9	5.9
Canada	67.0	71.4	71.1	75.0	78.2	84.0	91.1	91.8
Chili	..	..	..	..	..	0.7	0.8	0.7
République tchèque	5.5	5.9	6.1	6.7	7.1	7.8	8.1	8.4
Danemark	..	..	..	71.6	64.7	71.7	71.3	75.8
Estonie	7.2	7.9	7.3	8.7	9.9	11.8	13.5	15.3
Finlande	2.4	2.0	1.8	1.8	1.9	1.8	1.7	1.5
France	..	..	..	..	..	..	..	..
Allemagne	13.4	13.8	13.9	14.6	15.1	15.8	16.1	16.3
Grèce	..	..	..	..	0.1	0.2	0.2	0.7
Hongrie	13.4	14.9	4.0	4.2	4.2	4.3	4.3	4.5
Islande	115.6	122.2	127.3	136.8	142.2	145.6	147.3	143.9
Irlande	..	44.4	41.0	43.9	48.6	51.7	42.2	42.3
Israël	..	..	..	..	..	..	..	..
Italie	3.2	3.5	3.7	4.3	4.8	5.3	5.4	5.7
Japon	29.5	28.6	29.2	29.7	29.6	30.6	30.0	29.4
Corée	3.3	3.5	4.2	5.1	6.1	7.8	8.7	9.9
Lettonie	6.1	7.5	7.0	7.6	8.4	9.8	11.0	12.6
Luxembourg	2.3	2.2	2.2	2.5	2.5	3.5	3.5	3.5
Pays-Bas	112.3	120.0	137.7	153.4	147.1	173.0	176.8	188.4
Norvège	7.9	8.1	7.6	7.8	8.5	9.2	10.1	10.7
Pologne	13.4	15.6	14.6	16.8	18.3	8.8	7.9	8.4
Portugal	..	..	..	..	..	..	..	..
République slovaque	..	..	..	9.3	9.6	10.4	10.0	10.7
Slovénie	4.6	5.4	5.6	5.8	5.9	6.2	6.4	6.4
Espagne	9.7	9.8	9.8	10.5	11.3	12.0	12.0	11.8
Suède	64.7	68.3	71.0	71.9	75.4	84.8	85.4	88.3
Suisse	101.5	100.6	101.6	104.9	107.5	110.2	112.4	..
Royaume-Uni	..	..	..	..	..	..	..	..
États-Unis	92.4	98.2	97.1	98.6	102.8	102.1	99.9	101.5
Lituanie	3.6	4.1	3.9	4.3	4.6	5.2	5.9	6.7
Fédération de Russie	1.8	1.8	2.0	2.3	2.8	2.8	3.5	4.0

Note : Voir les métadonnées détaillées sur :
http://metalinks.oecd.org/instinv/20170920/151a (actifs financiers)
http://metalinks.oecd.org/instinv/20170920/a06b (passifs financiers).
Informations sur les données concernant Israël : http://oe.cd/israel-disclaimer.
Informations sur les données concernant le Luxembourg :
http://metalinks.oecd.org/instinv/20170920/acf5 (actifs financiers)
http://metalinks.oecd.org/instinv/20170920/2fe8 (passifs financiers).

Tableaux par pays

AUTRICHE

Tableau 1. Actifs et passifs financiers des investisseurs institutionnels, 2016

Millions EUR (1999 ATS euro)

	Fonds d'investissement				
	Total	Fonds d'investissement non-monétaire			Fonds d'investissement monétaires
		Total	Fonds d'investissement à capital variable, non monétaire	Fonds d'investissement à capital fixe, non monétaire	Total
Actifs financiers	171 051	170 978	170 978	..	73
Numéraire et dépôts	7 628	7 626	7 626	..	3
Titres de dette	83 180	83 110	83 110	..	70
Titres de dette à court terme	339	338	338	..	0
Titres de dette à long terme	82 842	82 771	82 771	..	70
Titres de dette émis par les résidents	13 276	13 276	13 276	..	0
Titres de dette émis par les non-résidents	69 904	69 833	69 833	..	70
Crédits	14	14	14	..	0
Crédits à court terme	1	1	1	..	0
Crédits à long terme	12	12	12	..	0
Crédits accordés aux résidents	0	0	0	..	0
Crédits accordés aux non-résidents	14	14	14	..	0
Actions et parts de fonds d'investissement	80 221	80 221	80 221	..	0
Actions et parts de fonds d'investissements émises par les résidents	29 954	29 954	29 954	..	0
Actions et part de fonds d'investissements émises par les non-résidents	50 268	50 268	50 268	..	0
Autres comptes à recevoir	0	0	0	..	0

	Fonds d'investissement				
	Total	Fonds d'investissement non-monétaire			Fonds d'investissement monétaires
		Total	Fonds d'investissement à capital variable, non monétaire	Fonds d'investissement à capital fixe, non monétaire	Total
Pasifs financiers	174 762	174 688	174 688	..	73
Numéraire et dépôts	0	0	0	..	0
Titres de dette	0	0	0	..	0
Titres de dette à court terme	0	0	0	..	0
Titres de dette à long terme	0	0	0	..	0
Crédits	474	474	474	..	0
Crédits à court terme	99	99	99	..	0
Crédits à long terme	375	375	375	..	0
Actions et parts de fonds d'investissement	174 272	174 199	174 199	..	73
Systèmes d'assurance, de pensions et garanties standard	0	0	0	..	0
Produits financiers dérivés et options sur titres des salariés	16	16	16	..	0
Autres comptes à payer	0	0	0	..	0

	Sociétés d'assurance et fonds de pension autonomes				
	Total	Sociétés d'assurance			Fonds de pension autonomes
		Total	Sociétés d'assurance vie	Sociétés d'assurance non-vie	Total
Actifs financiers	141 951	120 399	..	..	21 552
Numéraire et dépôts	4 066	3 165	..	..	901
Titres de dette	56 117	55 710	..	..	407
Titres de dette à court terme	11	10	..	..	1
Titres de dette à long terme	56 106	55 700	..	..	405
Titres de dette émis par les résidents	17 917	17 745	..	..	172
Titres de dette émis par les non-résidents	38 199	37 965	..	..	234
Crédits	6 469	6 469	..	..	0
Crédits à court terme	1 709	1 709	..	..	0
Crédits à long terme	4 760	4 760	..	..	0
Crédits accordés aux résidents	5 110	5 110	..	..	0
Crédits accordés aux non-résidents	1 359	1 359	..	..	0
Actions et parts de fonds d'investissement	69 066	48 852	..	..	20 214
Actions et parts de fonds d'investissement émises par les résidents	56 584	38 976	..	..	17 608
Actions et parts de fonds d'investissement émises par les non-résidents	12 482	9 876	..	..	2 606
Autrescomptes à recevoir	1 575	1 544	..	..	30

	Sociétés d'assurance et fonds de pension autonomes				
	Total	Sociétés d'assurance			Fonds de pension autonomes
		Total	Sociétés d'assurance vie	Sociétés d'assurance non-vie	Total
Pasifs financiers	135 858	115 568	..	..	20 289
Numéraire et dépôts	0	0	..	..	0
Titres de dette	3 662	3 662	..	..	0
Titres de dette à court terme	0	0	..	..	0
Titres de dette à long terme	3 662	3 662	..	..	0
Crédits	3 219	3 206	..	..	13
Crédits à court terme	1 962	1 951	..	..	11
Crédits à long terme	1 257	1 255	..	..	2
Actions et parts de fonds d'investissement	13 854	13 679	..	..	175
Systèmes d'assurance, de pensions et garanties standard	113 748	93 647	..	..	20 101
Produits financiers dérivés et options sur titres des salariés	0	0	..	..	0
Autres comptes à payer	1 376	1 376	..	..	0

Note : Voir les métadonnées détaillées sur : http://metalinks.oecd.org/instinv/20170920/e3b8

Tableau 2. Actifs et passifs financiers des fonds d'investissement

Millions EUR

	2009	2010	2011	2012	2013	2014	2015	2016
Fonds d'investissement								
Valeur nette financière	-409	-1 088	-1 274	-1 767	-2 036	-2 027	-2 778	-3 710
Actifs financiers	143 131	150 643	137 655	147 443	148 711	161 627	166 255	171 051
Numéraire et dépôts	10 336	10 102	9 409	8 083	8 038	8 116	9 302	7 628
Titres de dette	78 291	77 731	75 377	81 185	79 164	85 113	83 937	83 180
Crédits	0	14	14	15	16	17	13	14
Actions et parts de fonds d'investissement	54 431	62 576	52 660	57 950	61 455	68 350	72 955	80 221
Actions	16 878	20 168	16 402	19 207	21 330	22 904	23 589	25 587
Parts de fonds d'investissement	37 553	42 408	36 258	38 744	40 126	45 446	49 365	54 634
Parts de fonds d'investissement monétaires	912	680	1 035	123	135	313	304	309
Parts de fonds d'investissement non monétaires	36 641	41 728	35 223	38 621	39 991	45 133	49 062	54 325
Systèmes d'assurance, de pensions et garanties standard	0	0	0	0	0	0	0	0
Produits financiers dérivés et options sur titres des salariés	73	221	193	209	38	32	49	8
Autres comptes à recevoir	0	0	0	0	0	0	0	0
Passifs financiers	143 541	151 731	138 929	149 210	150 747	163 654	169 033	174 762
Titres de dette	0	0	0	0	0	8	8	0
Titres de dette à court terme	0	0	0	0	0	0	0	0
Titres de dette à long terme	0	0	0	0	0	8	8	0
Crédits	4 892	4 006	1 372	1 399	1 310	946	706	474
Crédits à court terme	4 625	3 782	1 153	1 210	1 124	786	622	99
Crédits à long terme	267	224	220	190	185	159	85	375
Actions et parts de fonds d'investissement	138 649	147 701	137 509	147 805	149 435	162 677	168 314	174 272
Systèmes d'assurance, de pensions et garanties standard	0	0	0	0	0	0	0	0
Produits financiers dérivés et options sur titres des salariés	0	24	48	6	3	24	4	16
Autres comptes à payer	0	0	0	0	0	0	0	0
Actifs non financiers	1 937	2 268	2 873	3 195	3 377	3 832	4 364	4 969
Fonds d'investissement monéaires								
Valeur nette financière	-272	-180	-98	-50	-28	-11	-5	0
Actifs financiers	2 613	2 400	1 196	400	188	145	80	73
Numéraire et dépôts	0	0	0	0	0	0	8	3
Titres de dette	2 526	2 330	1 179	397	188	145	72	70
Crédits	0	0	0	0	0	0	0	0
Actions et parts de fonds d'investissement	87	70	17	3	0	0	0	0
Actions	4	0	0	0	0	0	0	0
Parts de fonds d'investissement	83	70	17	3	0	0	0	0
Parts de fonds d'investissement monétaires	32	17	6	0	0	0	0	0
Parts de fonds d'investissement non monétaires	50	53	11	3	0	0	0	0
Systèmes d'assurance, de pensions et garanties standard	0	0	0	0	0	0	0	0
Produits financiers dérivés et options sur titres des salariés	0	0	0	0	0	0	0	0
Autres comptes à recevoir	0	0	0	0	0	0	0	0
Passifs financiers	2 885	2 581	1 294	450	216	156	85	73
Titres de dette	0	0	0	0	0	0	0	0
Titres de dette à court terme	0	0	0	0	0	0	0	0
Titres de dette à long terme	0	0	0	0	0	0	0	0
Crédits	0	0	0	0	0	0	0	0
Crédits à court terme	0	0	0	0	0	0	0	0
Crédits à long terme	0	0	0	0	0	0	0	0
Actions et parts de fonds d'investissement	2 885	2 581	1 294	450	216	156	85	73
Systèmes d'assurance, de pensions et garanties standard	0	0	0	0	0	0	0	0
Produits financiers dérivés et options sur titres des salariés	0	0	0	0	0	0	0	0
Autres comptes à payer	0	0	0	0	0	0	0	0
Actifs non financiers	..	..	..	..	..	..	..	..
Fonds d'investissement non monéaires								
Valeur nette financière	-138	-908	-1 176	-1 717	-2 008	-2 016	-2 773	-3 710
Actifs financiers	140 518	148 243	136 459	147 043	148 522	161 481	166 175	170 978
Numéraire et dépôts	10 336	10 102	9 409	8 083	8 038	8 116	9 294	7 626
Titres de dette	75 765	75 401	74 199	80 788	78 976	84 968	83 865	83 110
Crédits	0	14	14	15	16	17	13	14
Actions et parts de fonds d'investissement	54 344	62 506	52 643	57 948	61 455	68 350	72 955	80 221
Actions	16 874	20 168	16 402	19 207	21 330	22 904	23 589	25 587
Parts de fonds d'investissement	37 470	42 338	36 241	38 741	40 126	45 446	49 365	54 634
Parts de fonds d'investissement monétaires	879	663	1 028	123	135	313	304	309
Parts de fonds d'investissement non monétaires	36 591	41 675	35 213	38 618	39 991	45 133	49 062	54 325
Systèmes d'assurance, de pensions et garanties standard	0	0	0	0	0	0	0	0
Produits financiers dérivés et options sur titres des salariés	73	221	193	209	38	32	49	8
Autres comptes à recevoir	0	0	0	0	0	0	0	0
Passifs financiers	140 656	149 150	137 635	148 760	150 531	163 498	168 948	174 688
Titres de dette	0	0	0	0	0	8	8	0
Titres de dette à court terme	0	0	0	0	0	0	0	0
Titres de dette à long terme	0	0	0	0	0	8	8	0
Crédits	4 892	4 006	1 372	1 399	1 310	946	706	474
Crédits à court terme	4 625	3 782	1 153	1 210	1 124	786	622	99
Crédits à long terme	267	224	220	190	185	159	85	375
Actions et parts de fonds d'investissement	135 764	145 120	136 215	147 355	149 218	162 520	168 230	174 199
Systèmes d'assurance, de pensions et garanties standard	0	0	0	0	0	0	0	0
Produits financiers dérivés et options sur titres des salariés	0	24	48	6	3	24	4	16
Autres comptes à payer	0	0	0	0	0	0	0	0
Actifs non financiers	..	..	..	..	..	..	..	..
Fonds d'investissement non monéaires à capital variable								
Valeur nette financière	-138	-908	-1 176	-1 717	-2 008	-2 016	-2 773	-3 710
Actifs financiers	140 518	148 243	136 459	147 043	148 522	161 481	166 175	170 978

Tableau 2. Actifs et passifs financiers des fonds d'investissement *(suite)*

Millions EUR

	2009	2010	2011	2012	2013	2014	2015	2016
Numéraire et dépôts	10 336	10 102	9 409	8 083	8 038	8 116	9 294	7 626
Titres de dette	75 765	75 401	74 199	80 788	78 976	84 968	83 865	83 110
Crédits	0	14	14	15	16	17	13	14
Actions et parts de fonds d'investissement	54 344	62 506	52 643	57 948	61 455	68 350	72 955	80 221
Actions	16 874	20 168	16 402	19 207	21 330	22 904	23 589	25 587
Parts de fonds d'investissement	37 470	42 338	36 241	38 741	40 126	45 446	49 365	54 634
Parts de fonds d'investissement monétaires	879	663	1 028	123	135	313	304	309
Parts de fonds d'investissement non monétaires	36 591	41 675	35 213	38 618	39 991	45 133	49 062	54 325
Systèmes d'assurance, de pensions et garanties standard	0	0	0	0	0	0	0	0
Produits financiers dérivés et options sur titres des salariés	73	221	193	209	38	32	49	8
Autres comptes à recevoir	0	0	0	0	0	0	0	0
Passifs financiers	140 656	149 150	137 635	148 760	150 531	163 498	168 948	174 688
Titres de dette	0	0	0	0	0	8	8	0
Titres de dette à court terme	0	0	0	0	0	0	0	0
Titres de dette à long terme	0	0	0	0	0	8	8	0
Crédits	4 892	4 006	1 372	1 399	1 310	946	706	474
Crédits à court terme	4 625	3 782	1 153	1 210	1 124	786	622	99
Crédits à long terme	267	224	220	190	185	159	85	375
Actions et parts de fonds d'investissement	135 764	145 120	136 215	147 355	149 218	162 520	168 230	174 199
Systèmes d'assurance, de pensions et garanties standard	0	0	0	0	0	0	0	0
Produits financiers dérivés et options sur titres des salariés	0	24	48	6	3	24	4	16
Autres comptes à payer	0	0	0	0	0	0	0	0
Actifs non financiers	1 937	2 268	2 873	3 195	3 377	3 832	4 364	4 969
Fonds d'investissement à capital variable								
Valeur nette financière	-410	-1 088	-1 274	-1 767	-2 036	-2 027	-2 778	-3 710
Actifs financiers	143 131	150 643	137 655	147 443	148 710	161 626	166 255	171 051
Numéraire et dépôts	10 336	10 102	9 409	8 083	8 038	8 116	9 302	7 629
Titres de dette	78 291	77 731	75 378	81 185	79 164	85 113	83 937	83 180
Crédits	0	14	14	15	16	17	13	14
Actions et parts de fonds d'investissement	54 431	62 576	52 660	57 951	61 455	68 350	72 955	80 221
Actions	16 878	20 168	16 402	19 207	21 330	22 904	23 589	25 587
Parts de fonds d'investissement	37 553	42 408	36 258	38 744	40 126	45 446	49 365	54 634
Parts de fonds d'investissement monétaires	911	680	1 034	123	135	313	304	309
Parts de fonds d'investissement non monétaires	36 641	41 728	35 224	38 621	39 991	45 133	49 062	54 325
Systèmes d'assurance, de pensions et garanties standard	0	0	0	0	0	0	0	0
Produits financiers dérivés et options sur titres des salariés	73	221	193	209	38	32	49	8
Autres comptes à recevoir	0	0	0	0	0	0	0	0
Passifs financiers	143 541	151 731	138 929	149 210	150 747	163 654	169 033	174 761
Titres de dette	0	0	0	0	0	8	8	0
Titres de dette à court terme	0	0	0	0	0	0	0	0
Titres de dette à long terme	0	0	0	0	0	8	8	0
Crédits	4 892	4 006	1 372	1 399	1 310	946	706	474
Crédits à court terme	4 625	3 782	1 153	1 210	1 124	786	622	99
Crédits à long terme	267	224	220	190	185	159	85	375
Actions et parts de fonds d'investissement	138 649	147 701	137 509	147 805	149 434	162 676	168 315	174 272
Systèmes d'assurance, de pensions et garanties standard	0	0	0	0	0	0	0	0
Produits financiers dérivés et options sur titres des salariés	0	24	48	6	3	24	4	16
Autres comptes à payer	0	0	0	0	0	0	0	0
Actifs non financiers	..	..	..	..	..	..	..	..

Note : Voir les métadonnées détaillées sur : http://metalinks.oecd.org/instinv/20170920/e3b8

Tableau 3. Actifs et passifs financiers des sociétés d'assurance et fonds de pension

Millions EUR

	2009	2010	2011	2012	2013	2014	2015	2016
Sociétés d'assurance et fonds de pension								
Valeur nette financière	-5 030	-6 206	-6 810	-2 004	-1 950	2 103	3 940	6 093
Actifs financiers	114 256	119 266	118 939	129 497	131 705	139 412	140 327	141 951
Numéraire et dépôts	4 077	3 085	4 288	4 264	5 455	4 495	5 421	4 066
Titres de dette	40 900	43 456	43 306	47 163	49 162	55 185	53 952	56 117
Crédits	7 151	7 256	7 024	7 410	6 142	6 643	6 308	6 469
Actions et parts de fonds d'investissement	52 939	57 477	56 363	62 213	63 129	65 669	67 456	69 066
Actions	15 185	15 120	14 720	14 695	14 885	14 514	14 953	14 616
Parts de fonds d'investissement	37 754	42 358	41 642	47 518	48 243	51 155	52 503	54 450
Parts de fonds d'investissement monétaires	250	269	165	76	44	105	240	133
Parts de fonds d'investissement non monétaires	37 504	42 089	41 478	47 443	48 200	51 050	52 263	54 318
Systèmes d'assurance, de pensions et garanties standard	7 497	6 353	6 610	6 997	6 283	5 683	5 535	4 658
Produits financiers dérivés et options sur titres des salariés	39	70	66	48	13	30	24	0
Autres comptes à recevoir	1 654	1 568	1 283	1 402	1 521	1 707	1 633	1 575
Passifs financiers	119 286	125 471	125 748	131 501	133 655	137 309	136 388	135 858
Titres de dette	2 178	2 531	2 529	2 510	3 300	3 239	4 039	3 662
Titres de dette à court terme	0	0	0	0	0	0	0	0
Titres de dette à long terme	2 178	2 531	2 529	2 510	3 300	3 239	4 039	3 662
Crédits	4 711	4 446	4 587	4 701	3 266	2 820	2 918	3 219
Crédits à court terme	4 312	3 469	3 381	3 688	2 374	1 988	1 809	1 962
Crédits à long terme	399	978	1 206	1 013	892	831	1 109	1 257
Actions et parts de fonds d'investissement	14 963	16 306	14 373	16 125	17 645	16 426	14 935	13 854
Systèmes d'assurance, de pensions et garanties standard	96 148	100 848	103 104	107 095	108 525	113 167	113 010	113 748
Produits financiers dérivés et options sur titres des salariés	0	0	0	0	0	0	0	0
Autres comptes à payer	1 286	1 340	1 155	1 070	919	1 658	1 484	1 376
Actifs non financiers	..	..	..	..	..	..	..	..
Sociétés d'assurance								
Valeur nette financière	-4 931	-7 052	-6 621	-2 476	-2 625	1 493	3 126	4 830
Actifs financiers	100 602	104 246	104 124	113 085	114 005	120 089	120 403	120 399
Numéraire et dépôts	3 538	2 663	3 644	3 689	4 205	3 885	4 866	3 165
Titres de dette	40 516	43 005	42 854	46 787	48 707	54 735	53 516	55 710
Crédits	7 151	7 256	7 024	7 379	6 098	6 643	6 299	6 469
Actions et parts de fonds d'investissement	40 261	43 407	42 714	46 840	47 222	47 445	48 570	48 852
Actions	15 159	15 097	14 699	14 655	14 825	14 482	14 921	14 575
Parts de fonds d'investissement	25 102	28 310	28 014	32 185	32 397	32 963	33 649	34 277
Parts de fonds d'investissement monétaires	235	256	142	76	44	105	233	115
Parts de fonds d'investissement non monétaires	24 867	28 054	27 872	32 109	32 353	32 858	33 416	34 162
Systèmes d'assurance, de pensions et garanties standard	7 497	6 353	6 610	6 997	6 283	5 683	5 535	4 658
Produits financiers dérivés et options sur titres des salariés	39	69	66	48	13	30	24	0
Autres comptes à recevoir	1 601	1 492	1 213	1 345	1 476	1 668	1 593	1 544
Passifs financiers	105 533	111 297	110 744	115 561	116 630	118 596	117 276	115 568
Titres de dette	2 167	2 520	2 518	2 499	3 289	3 239	4 039	3 662
Titres de dette à court terme	0	0	0	0	0	0	0	0
Titres de dette à long terme	2 167	2 520	2 518	2 499	3 289	3 239	4 039	3 662
Crédits	4 711	4 446	4 587	4 701	3 266	2 811	2 910	3 206
Crédits à court terme	4 312	3 469	3 381	3 688	2 374	1 981	1 808	1 951
Crédits à long terme	399	978	1 206	1 013	892	830	1 102	1 255
Actions et parts de fonds d'investissement	14 704	16 110	14 177	15 929	17 463	16 243	14 752	13 679
Systèmes d'assurance, de pensions et garanties standard	82 665	86 881	88 308	91 362	91 693	94 645	94 091	93 647
Produits financiers dérivés et options sur titres des salariés	0	0	0	0	0	0	0	0
Autres comptes à payer	1 286	1 340	1 155	1 070	919	1 658	1 484	1 376
Actifs non financiers	3 725	3 689	3 735	3 792	3 983	4 199	4 260	4 401
Fonds de pension								
Valeur nette financière	-99	846	-189	472	675	610	813	1 263
Actifs financiers	13 654	15 020	14 815	16 412	17 700	19 323	19 924	21 552
Numéraire et dépôts	539	422	644	575	1 250	610	555	901
Titres de dette	384	451	452	375	455	450	435	407
Crédits	0	0	0	31	44	0	9	0
Actions et parts de fonds d'investissement	12 678	14 070	13 649	15 373	15 907	18 224	18 886	20 214
Actions	26	23	21	40	60	31	32	41
Parts de fonds d'investissement	12 652	14 048	13 628	15 333	15 847	18 192	18 854	20 173
Parts de fonds d'investissement monétaires	15	13	23	0	0	0	7	17
Parts de fonds d'investissement non monétaires	12 637	14 035	13 605	15 333	15 847	18 192	18 847	20 156
Systèmes d'assurance, de pensions et garanties standard	0	0	0	0	0	0	0	0
Produits financiers dérivés et options sur titres des salariés	0	1	0	0	0	0	0	0
Autres comptes à recevoir	53	76	70	58	44	39	40	30
Passifs financiers	13 753	14 174	15 004	15 941	17 025	18 713	19 111	20 289
Titres de dette	11	11	11	11	11	0	0	0
Titres de dette à court terme	0	0	0	0	0	0	0	0
Titres de dette à long terme	11	11	11	11	11	0	0	0
Crédits	0	0	0	0	0	8	9	13
Crédits à court terme	0	0	0	0	0	7	1	11
Crédits à long terme	0	0	0	0	0	1	7	2
Actions et parts de fonds d'investissement	259	196	196	196	182	183	183	175
Systèmes d'assurance, de pensions et garanties standard	13 483	13 967	14 796	15 733	16 831	18 521	18 920	20 101
Produits financiers dérivés et options sur titres des salariés	0	0	0	0	0	0	0	0
Autres comptes à payer	0	0	0	0	0	0	0	0
Actifs non financiers	..	..	..	..	..	..	..	..

Note : Voir les métadonnées détaillées sur : http://metalinks.oecd.org/instinv/20170920/e3b8

Tableau 4. Composition du portefeuille par type d'investisseur

En pourcentage des actifs financiers et des passifs financiers

Pour cent

	2009	2010	2011	2012	2013	2014	2015	2016
Fonds d'investissement								
Actifs financiers	100.0	100.0	100.0	100.0	100.0	100.0	100.0	100.0
Numéraire et dépôts	7.2	6.7	6.8	5.5	5.4	5.0	5.6	4.5
Titres de dettes	54.7	51.6	54.8	55.1	53.2	52.7	50.5	48.6
Crédits	0.0	0.0	0.0	0.0	0.0	0.0	0.0	0.0
Actions et parts de fonds d'investissement	38.0	41.5	38.3	39.3	41.3	42.3	43.9	46.9
Systèmes d'assurance de pensions et garanties standard	0.0	0.0	0.0	0.0	0.0	0.0	0.0	0.0
Produits financiers dérivés et options sur titres des salariés	0.1	0.1	0.1	0.1	0.0	0.0	0.0	0.0
Autres comptes à recevoir	0.0	0.0	0.0	0.0	0.0	0.0	0.0	0.0
Passifs financiers	100.0	100.0	100.0	100.0	100.0	100.0	100.0	100.0
Numéraire et dépôts	0.0	0.0	0.0	0.0	0.0	0.0	0.0	0.0
Titres de dettes	0.0	0.0	0.0	0.0	0.0	0.0	0.0	0.0
Crédits	3.4	2.6	1.0	0.9	0.9	0.6	0.4	0.3
Actions et parts de fonds d'investissement	96.6	97.3	99.0	99.1	99.1	99.4	99.6	99.7
Systèmes d'assurance de pensions et garanties standard	0.0	0.0	0.0	0.0	0.0	0.0	0.0	0.0
Produits financiers dérivés et options sur titres des salariés	0.0	0.0	0.0	0.0	0.0	0.0	0.0	0.0
Autres comptes à recevoir	0.0	0.0	0.0	0.0	0.0	0.0	0.0	0.0
Sociétés d'assurance								
Actifs financiers	100.0	100.0	100.0	100.0	100.0	100.0	100.0	100.0
Numéraire et dépôts	3.5	2.6	3.5	3.3	3.7	3.2	4.0	2.6
Titres de dettes	40.3	41.3	41.2	41.4	42.7	45.6	44.4	46.3
Crédits	7.1	7.0	6.7	6.5	5.3	5.5	5.2	5.4
Actions et parts de fonds d'investissement	40.0	41.6	41.0	41.4	41.4	39.5	40.3	40.6
Systèmes d'assurance de pensions et garanties standard	7.5	6.1	6.3	6.2	5.5	4.7	4.6	3.9
Produits financiers dérivés et options sur titres des salariés	0.0	0.1	0.1	0.0	0.0	0.0	0.0	0.0
Autres comptes à recevoir	1.6	1.4	1.2	1.2	1.3	1.4	1.3	1.3
Passifs financiers	100.0	100.0	100.0	100.0	100.0	100.0	100.0	100.0
Numéraire et dépôts	0.0	0.0	0.0	0.0	0.0	0.0	0.0	0.0
Titres de dettes	2.1	2.3	2.3	2.2	2.8	2.7	3.4	3.2
Crédits	4.5	4.0	4.1	4.1	2.8	2.4	2.5	2.8
Actions et parts de fonds d'investissement	13.9	14.5	12.8	13.8	15.0	13.7	12.6	11.8
Systèmes d'assurance de pensions et garanties standard	78.3	78.1	79.7	79.1	78.6	79.8	80.2	81.0
Produits financiers dérivés et options sur titres des salariés	0.0	0.0	0.0	0.0	0.0	0.0	0.0	0.0
Autres comptes à recevoir	1.2	1.2	1.0	0.9	0.8	1.4	1.3	1.2
Fonds de pension								
Actifs financiers	100.0	100.0	100.0	100.0	100.0	100.0	100.0	100.0
Numéraire et dépôts	3.9	2.8	4.3	3.5	7.1	3.2	2.8	4.2
Titres de dettes	2.8	3.0	3.1	2.3	2.6	2.3	2.2	1.9
Crédits	0.0	0.0	0.0	0.2	0.2	0.0	0.0	0.0
Actions et parts de fonds d'investissement	92.9	93.7	92.1	93.7	89.9	94.3	94.8	93.8
Systèmes d'assurance de pensions et garanties standard	0.0	0.0	0.0	0.0	0.0	0.0	0.0	0.0
Produits financiers dérivés et options sur titres des salariés	0.0	0.0	0.0	0.0	0.0	0.0	0.0	0.0
Autres comptes à recevoir	0.4	0.5	0.5	0.4	0.2	0.2	0.2	0.1
Passifs financiers	100.0	100.0	100.0	100.0	100.0	100.0	100.0	100.0
Numéraire et dépôts	0.0	0.0	0.0	0.0	0.0	0.0	0.0	0.0
Titres de dettes	0.1	0.1	0.1	0.1	0.1	0.0	0.0	0.0
Crédits	0.0	0.0	0.0	0.0	0.0	0.0	0.0	0.1
Actions et parts de fonds d'investissement	1.9	1.4	1.3	1.2	1.1	1.0	1.0	0.9
Systèmes d'assurance de pensions et garanties standard	98.0	98.5	98.6	98.7	98.9	99.0	99.0	99.1
Produits financiers dérivés et options sur titres des salariés	0.0	0.0	0.0	0.0	0.0	0.0	0.0	0.0
Autres comptes à recevoir	0.0	0.0	0.0	0.0	0.0	0.0	0.0	0.0

Note : Voir les métadonnées détaillées sur : http://metalinks.oecd.org/instinv/20170920/a53e

BELGIQUE

Tableau 1. Actifs et passifs financiers des investisseurs institutionnels, 2016

Millions EUR (1999 BEF euro)

	Total	Fonds d'investissement			
		Fonds d'investissement non-monétaire			Fonds d'investissement monétaires
		Total	Fonds d'investissement à capital variable, non monétaire	Fonds d'investissement à capital fixe, non monétaire	Total
Actifs financiers	150 138	148 165	148 165	..	1 974
Numéraire et dépôts	6 092	5 863	5 863	..	229
Titres de dette	31 036	29 291	29 291	..	1 745
Titres de dette à court terme	2 435	942	942	..	1 493
Titres de dette à long terme	28 600	28 349	28 349	..	251
Titres de dette émis par les résidents	2 294	1 615	1 615	..	679
Titres de dette émis par les non-résidents	28 741	27 676	27 676	..	1 065
Crédits	0	0	0	..	0
Crédits à court terme	0	0	0	..	0
Crédits à long terme	0	0	0	..	0
Crédits accordés aux résidents	0	0	0	..	0
Crédits accordés aux non-résidents	0	0	0	..	0
Actions et parts de fonds d'investissement	108 865	108 865	108 865	..	0
Actions et parts de fonds d'investissements émises par les résidents	20 211	20 211	20 211	..	0
Actions et part de fonds d'investissements émises par les non-résidents	88 653	88 653	88 653	..	0
Autres comptes à recevoir	3 198	3 198	3 198	..	0

	Total	Fonds d'investissement			
		Fonds d'investissement non-monétaire			Fonds d'investissement monétaires
		Total	Fonds d'investissement à capital variable, non monétaire	Fonds d'investissement à capital fixe, non monétaire	Total
Pasifs financiers	150 436	148 463	148 463	..	1 974
Numéraire et dépôts	0	0	0	..	0
Titres de dette	0	0	0	..	0
Titres de dette à court terme	0	0	0	..	0
Titres de dette à long terme	0	0	0	..	0
Crédits	132	132	132	..	0
Crédits à court terme	1	1	1	..	0
Crédits à long terme	131	131	131	..	0
Actions et parts de fonds d'investissement	147 040	145 099	145 099	..	1 940
Systèmes d'assurance, de pensions et garanties standard	0	0	0	..	0
Produits financiers dérivés et options sur titres des salariés	29	29	29	..	0
Autres comptes à payer	3 236	3 202	3 202	..	33

	Total	Sociétés d'assurance et fonds de pension autonomes			
		Sociétés d'assurance			Fonds de pension autonomes
		Total	Sociétés d'assurance vie	Sociétés d'assurance non-vie	Total
Actifs financiers	336 777	311 898	..	..	24 879
Numéraire et dépôts	11 322	10 425	..	..	897
Titres de dette	207 245	204 522	..	..	2 723
Titres de dette à court terme	765	765	..	..	0
Titres de dette à long terme	206 480	203 758	..	..	2 723
Titres de dette émis par les résidents	85 242	84 441	..	..	802
Titres de dette émis par les non-résidents	122 003	120 082	..	..	1 921
Crédits	27 866	27 696	..	..	170
Crédits à court terme	5 322	5 322	..	..	0
Crédits à long terme	22 544	22 373	..	..	170
Crédits accordés aux résidents	22 288	22 118	..	..	170
Crédits accordés aux non-résidents	5 578	5 578	..	..	0
Actions et parts de fonds d'investissement	74 259	53 966	..	..	20 294
Actions et parts de fonds d'investissement émises par les résidents	22 090	14 203	..	..	7 887
Actions et parts de fonds d'investissement émises par les non-résidents	52 169	39 763	..	..	12 406
Autrescomptes à recevoir	7 617	7 389	..	..	229

	Total	Sociétés d'assurance et fonds de pension autonomes			
		Sociétés d'assurance			Fonds de pension autonomes
		Total	Sociétés d'assurance vie	Sociétés d'assurance non-vie	Total
Pasifs financiers	341 449	316 493	..	..	24 956
Numéraire et dépôts	0	0	..	..	0
Titres de dette	4 081	4 081	..	..	0
Titres de dette à court terme	0	0	..	..	0
Titres de dette à long terme	4 081	4 081	..	..	0
Crédits	13 448	13 448	..	..	0
Crédits à court terme	5 460	5 460	..	..	0
Crédits à long terme	7 988	7 988	..	..	0
Actions et parts de fonds d'investissement	29 054	29 054	..	..	0
Systèmes d'assurance, de pensions et garanties standard	288 122	263 166	..	..	24 956
Produits financiers dérivés et options sur titres des salariés	1 072	1 072	..	..	0
Autres comptes à payer	5 672	5 672	..	..	0

Note : Voir les métadonnées détaillées sur : http://metalinks.oecd.org/instinv/20170920/e3b8

Tableau 2. Actifs et passifs financiers des fonds d'investissement

Millions EUR

	2009	2010	2011	2012	2013	2014	2015	2016
Fonds d'investissement								
Valeur nette financière	-814	33	-604	-575	-646	-343	-298	-298
Actifs financiers	96 446	96 163	83 424	87 177	104 752	124 934	148 177	150 138
Numéraire et dépôts	15 562	11 621	9 936	7 804	6 786	6 665	9 153	6 092
Titres de dette	32 445	31 617	30 112	25 492	25 873	28 318	40 030	31 036
Crédits	0	0	0	0	0	0	0	0
Actions et parts de fonds d'investissement	42 488	47 438	38 711	49 400	67 552	84 484	94 423	108 865
Actions	28 236	28 772	20 412	28 073	34 533	41 579	39 006	49 665
Parts de fonds d'investissement	14 252	18 666	18 299	21 327	33 020	42 905	55 416	59 200
Parts de fonds d'investissement monétaires	682	504	789	312	284	714	10 717	3 213
Parts de fonds d'investissement non monétaires	13 570	18 162	17 510	21 015	32 735	42 191	44 699	55 987
Systèmes d'assurance, de pensions et garanties standard	0	0	0	0	0	0	0	0
Produits financiers dérivés et options sur titres des salariés	2 399	2 247	1 914	2 057	1 678	1 614	1 059	949
Autres comptes à recevoir	3 551	3 240	2 751	2 424	2 863	3 854	3 512	3 198
Passifs financiers	97 260	96 129	84 028	87 752	105 398	125 277	148 475	150 436
Titres de dette	0	0	0	0	0	0	0	0
Titres de dette à court terme	0	0	0	0	0	0	0	0
Titres de dette à long terme	0	0	0	0	0	0	0	0
Crédits	93	90	78	90	89	150	181	132
Crédits à court terme	0	0	0	0	0	2	3	1
Crédits à long terme	93	90	78	90	89	149	178	131
Actions et parts de fonds d'investissement	94 867	94 258	82 483	86 345	103 240	122 673	145 672	147 040
Systèmes d'assurance, de pensions et garanties standard	0	0	0	0	0	0	0	0
Produits financiers dérivés et options sur titres des salariés	0	13	53	0	4	14	12	29
Autres comptes à payer	2 300	1 768	1 415	1 317	2 065	2 440	2 611	3 236
Actifs non financiers	..	..	..	..	..	..	..	..
Fonds d'investissement monéaires								
Valeur nette financière	0	0	0	0	-22	0	0	0
Actifs financiers	1 945	1 917	4 373	996	994	800	12 273	1 974
Numéraire et dépôts	287	250	535	147	142	147	2 025	229
Titres de dette	1 593	1 627	3 755	829	847	650	10 216	1 745
Crédits	0	0	0	0	0	0	0	0
Actions et parts de fonds d'investissement	29	21	0	5	0	0	0	0
Actions	0	0	0	0	0	0	0	0
Parts de fonds d'investissement	29	21	0	5	0	0	0	0
Parts de fonds d'investissement monétaires	2	9	0	2	0	0	0	0
Parts de fonds d'investissement non monétaires	27	12	0	3	0	0	0	0
Systèmes d'assurance, de pensions et garanties standard	0	0	0	0	0	0	0	0
Produits financiers dérivés et options sur titres des salariés	0	0	0	0	0	0	0	0
Autres comptes à recevoir	36	19	83	14	5	3	33	0
Passifs financiers	1 945	1 917	4 373	996	1 016	800	12 273	1 974
Titres de dette	0	0	0	0	0	0	0	0
Titres de dette à court terme	0	0	0	0	0	0	0	0
Titres de dette à long terme	0	0	0	0	0	0	0	0
Crédits	0	14	0	0	1	19	0	0
Crédits à court terme	0	0	0	0	0	0	0	0
Crédits à long terme	0	14	0	0	1	19	0	0
Actions et parts de fonds d'investissement	1 926	1 902	4 366	991	1 012	780	12 255	1 940
Systèmes d'assurance, de pensions et garanties standard	0	0	0	0	0	0	0	0
Produits financiers dérivés et options sur titres des salariés	0	0	0	0	2	0	0	0
Autres comptes à payer	19	2	6	5	1	0	19	33
Actifs non financiers	..	..	..	..	..	..	..	..
Fonds d'investissement non monéaires								
Valeur nette financière	-814	33	-604	-575	-624	-343	-298	-298
Actifs financiers	94 501	94 245	79 052	86 181	103 759	124 134	135 904	148 165
Numéraire et dépôts	15 275	11 371	9 402	7 656	6 644	6 517	7 129	5 863
Titres de dette	30 852	29 990	26 356	24 662	25 026	27 668	29 814	29 291
Crédits	0	0	0	0	0	0	0	0
Actions et parts de fonds d'investissement	42 459	47 417	38 711	49 395	67 552	84 484	94 423	108 865
Actions	28 236	28 772	20 412	28 073	34 533	41 579	39 006	49 665
Parts de fonds d'investissement	14 222	18 645	18 299	21 322	33 020	42 905	55 416	59 200
Parts de fonds d'investissement monétaires	679	495	789	310	284	714	10 717	3 213
Parts de fonds d'investissement non monétaires	13 543	18 150	17 510	21 012	32 735	42 191	44 699	55 987
Systèmes d'assurance, de pensions et garanties standard	0	0	0	0	0	0	0	0
Produits financiers dérivés et options sur titres des salariés	2 399	2 247	1 914	2 057	1 678	1 614	1 059	949
Autres comptes à recevoir	3 516	3 221	2 669	2 410	2 858	3 851	3 479	3 198
Passifs financiers	95 315	94 212	79 656	86 756	104 382	124 477	136 202	148 463
Titres de dette	0	0	0	0	0	0	0	0
Titres de dette à court terme	0	0	0	0	0	0	0	0
Titres de dette à long terme	0	0	0	0	0	0	0	0
Crédits	93	76	78	90	88	131	181	132
Crédits à court terme	0	0	0	0	0	2	3	1
Crédits à long terme	93	76	78	90	88	129	178	131
Actions et parts de fonds d'investissement	92 940	92 357	78 118	85 354	102 228	121 893	133 417	145 099
Systèmes d'assurance, de pensions et garanties standard	0	0	0	0	0	0	0	0
Produits financiers dérivés et options sur titres des salariés	0	13	52	0	2	14	12	29
Autres comptes à payer	2 281	1 767	1 409	1 312	2 064	2 440	2 592	3 202
Actifs non financiers	..	..	..	..	..	..	..	..
Fonds d'investissement non monéaires à capital variable								
Valeur nette financière	-814	33	-604	-575	-624	-343	-298	-298
Actifs financiers	94 501	94 245	79 052	86 181	103 759	124 134	135 904	148 165

Tableau 2. Actifs et passifs financiers des fonds d'investissement *(suite)*

Millions EUR

	2009	2010	2011	2012	2013	2014	2015	2016
Numéraire et dépôts	15 275	11 371	9 402	7 656	6 644	6 517	7 129	5 863
Titres de dette	30 852	29 990	26 356	24 662	25 026	27 668	29 814	29 291
Crédits	0	0	0	0	0	0	0	0
Actions et parts de fonds d'investissement	42 459	47 417	38 711	49 395	67 552	84 484	94 423	108 865
Actions	28 236	28 772	20 412	28 073	34 533	41 579	39 006	49 665
Parts de fonds d'investissement	14 222	18 645	18 299	21 322	33 020	42 905	55 416	59 200
Parts de fonds d'investissement monétaires	679	495	789	310	284	714	10 717	3 213
Parts de fonds d'investissement non monétaires	13 543	18 150	17 510	21 012	32 735	42 191	44 699	55 987
Systèmes d'assurance, de pensions et garanties standard	0	0	0	0	0	0	0	0
Produits financiers dérivés et options sur titres des salariés	2 399	2 247	1 914	2 057	1 678	1 614	1 059	949
Autres comptes à recevoir	3 516	3 221	2 669	2 410	2 858	3 851	3 479	3 198
Passifs financiers	95 315	94 212	79 656	86 756	104 382	124 477	136 202	148 463
Titres de dette	0	0	0	0	0	0	0	0
Titres de dette à court terme	0	0	0	0	0	0	0	0
Titres de dette à long terme	0	0	0	0	0	0	0	0
Crédits	93	76	78	90	88	131	181	132
Crédits à court terme	0	0	0	0	0	2	3	1
Crédits à long terme	93	76	78	90	88	129	178	131
Actions et parts de fonds d'investissement	92 940	92 357	78 118	85 354	102 228	121 893	133 417	145 099
Systèmes d'assurance, de pensions et garanties standard	0	0	0	0	0	0	0	0
Produits financiers dérivés et options sur titres des salariés	0	13	52	0	2	14	12	29
Autres comptes à payer	2 281	1 767	1 409	1 312	2 064	2 440	2 592	3 202
Actifs non financiers	..	..	..	..	..	..	..	..
Fonds d'investissement à capital variable								
Valeur nette financière	-814	33	-604	-575	-646	-343	-298	-298
Actifs financiers	96 446	96 163	83 424	87 177	104 752	124 934	148 177	150 138
Numéraire et dépôts	15 562	11 621	9 936	7 804	6 786	6 665	9 153	6 092
Titres de dette	32 445	31 617	30 112	25 492	25 873	28 318	40 030	31 036
Crédits	0	0	0	0	0	0	0	0
Actions et parts de fonds d'investissement	42 488	47 438	38 711	49 400	67 552	84 484	94 423	108 865
Actions	28 236	28 772	20 412	28 073	34 533	41 579	39 006	49 665
Parts de fonds d'investissement	14 252	18 666	18 299	21 327	33 020	42 905	55 416	59 200
Parts de fonds d'investissement monétaires	682	504	789	312	284	714	10 717	3 213
Parts de fonds d'investissement non monétaires	13 570	18 162	17 510	21 015	32 735	42 191	44 699	55 987
Systèmes d'assurance, de pensions et garanties standard	0	0	0	0	0	0	0	0
Produits financiers dérivés et options sur titres des salariés	2 399	2 247	1 914	2 057	1 678	1 614	1 059	949
Autres comptes à recevoir	3 551	3 240	2 751	2 424	2 863	3 854	3 512	3 198
Passifs financiers	97 260	96 129	84 028	87 752	105 398	125 277	148 475	150 436
Titres de dette	0	0	0	0	0	0	0	0
Titres de dette à court terme	0	0	0	0	0	0	0	0
Titres de dette à long terme	0	0	0	0	0	0	0	0
Crédits	93	90	78	90	89	150	181	132
Crédits à court terme	0	0	0	0	0	2	3	1
Crédits à long terme	93	90	78	90	89	149	178	131
Actions et parts de fonds d'investissement	94 867	94 258	82 483	86 345	103 240	122 673	145 672	147 040
Systèmes d'assurance, de pensions et garanties standard	0	0	0	0	0	0	0	0
Produits financiers dérivés et options sur titres des salariés	0	13	53	0	4	14	12	29
Autres comptes à payer	2 300	1 768	1 415	1 317	2 065	2 440	2 611	3 236
Actifs non financiers	..	..	..	..	..	..	..	..

Note : Voir les métadonnées détaillées sur : http://metalinks.oecd.org/instinv/20170920/e3b8

Tableau 3. Actifs et passifs financiers des sociétés d'assurance et fonds de pension

Millions EUR

	2009	2010	2011	2012	2013	2014	2015	2016
Sociétés d'assurance et fonds de pension								
Valeur nette financière	1 750	-1 026	-909	17 084	13 975	35 004	30 144	-4 672
Actifs financiers	248 806	262 677	269 800	299 788	304 391	339 351	341 074	336 777
Numéraire et dépôts	9 573	8 505	11 191	9 569	8 658	9 899	10 067	11 322
Titres de dette	161 973	174 908	182 196	203 027	196 077	217 785	210 821	207 245
Crédits	12 755	13 185	13 665	18 025	22 092	26 035	27 974	27 866
Actions et parts de fonds d'investissement	54 623	55 692	50 442	57 352	66 204	73 954	77 617	74 259
Actions	19 775	20 118	18 760	22 941	27 428	28 736	29 700	20 230
Parts de fonds d'investissement	34 848	35 574	31 681	34 411	38 776	45 218	47 917	54 029
Parts de fonds d'investissement monétaires	556	611	486	373	482	481	985	3 344
Parts de fonds d'investissement non monétaires	34 292	34 963	31 195	34 038	38 295	44 737	46 931	50 685
Systèmes d'assurance, de pensions et garanties standard	6 490	6 204	6 823	7 368	6 465	7 241	9 911	7 194
Produits financiers dérivés et options sur titres des salariés	189	173	169	242	157	219	190	1 273
Autres comptes à recevoir	3 204	4 011	5 313	4 206	4 738	4 218	4 496	7 617
Passifs financiers	247 057	263 703	270 708	282 705	290 416	304 347	310 930	341 449
Titres de dette	2 352	1 971	2 156	2 290	2 551	2 649	3 997	4 081
Titres de dette à court terme	0	0	0	0	0	0	0	0
Titres de dette à long terme	2 352	1 971	2 156	2 290	2 551	2 649	3 997	4 081
Crédits	11 952	12 645	15 109	13 499	14 418	14 708	17 292	13 448
Crédits à court terme	6 784	7 235	8 497	7 227	8 648	9 075	9 163	5 460
Crédits à long terme	5 168	5 410	6 612	6 272	5 770	5 632	8 129	7 988
Actions et parts de fonds d'investissement	16 361	18 012	15 598	17 347	15 940	17 887	16 372	29 054
Systèmes d'assurance, de pensions et garanties standard	211 367	226 555	232 833	244 380	251 603	263 263	267 082	288 122
Produits financiers dérivés et options sur titres des salariés	0	0	0	0	0	0	0	1 072
Autres comptes à payer	5 025	4 520	5 012	5 188	5 904	5 840	6 188	5 672
Actifs non financiers	3 426	3 400	3 571	3 776	3 522	3 666	3 636	77
Sociétés d'assurance								
Valeur nette financière	2 637	71	74	18 901	14 439	35 821	30 773	-4 595
Actifs financiers	236 140	248 564	255 547	283 940	284 806	317 141	317 482	311 898
Numéraire et dépôts	9 134	7 974	10 845	9 049	8 143	9 274	9 385	10 425
Titres de dette	160 842	173 291	180 160	201 043	193 863	215 202	208 174	204 522
Crédits	12 609	13 074	13 543	17 903	21 931	25 828	27 718	27 696
Actions et parts de fonds d'investissement	43 755	43 910	38 950	44 189	50 397	56 010	58 387	53 966
Actions	18 698	18 835	17 373	21 463	25 567	27 160	27 362	17 469
Parts de fonds d'investissement	25 057	25 075	21 577	22 726	24 829	28 851	31 026	36 496
Parts de fonds d'investissement monétaires	235	235	190	206	233	217	618	2 962
Parts de fonds d'investissement non monétaires	24 822	24 840	21 387	22 521	24 596	28 633	30 408	33 534
Systèmes d'assurance, de pensions et garanties standard	6 490	6 204	6 823	7 368	6 047	6 646	9 365	6 628
Produits financiers dérivés et options sur titres des salariés	189	173	169	242	157	219	190	1 273
Autres comptes à recevoir	3 122	3 937	5 058	4 146	4 269	3 963	4 263	7 389
Passifs financiers	233 503	248 494	255 473	265 039	270 367	281 320	286 709	316 493
Titres de dette	2 352	1 971	2 156	2 290	2 551	2 649	3 997	4 081
Titres de dette à court terme	0	0	0	0	0	0	0	0
Titres de dette à long terme	2 352	1 971	2 156	2 290	2 551	2 649	3 997	4 081
Crédits	11 952	12 645	15 109	13 499	14 418	14 708	17 290	13 448
Crédits à court terme	6 784	7 235	8 497	7 227	8 648	9 075	9 160	5 460
Crédits à long terme	5 168	5 410	6 612	6 272	5 770	5 632	8 129	7 988
Actions et parts de fonds d'investissement	16 361	18 012	15 598	17 347	15 940	17 887	16 372	29 054
Systèmes d'assurance, de pensions et garanties standard	197 813	211 345	217 597	226 714	231 554	240 236	242 863	263 166
Produits financiers dérivés et options sur titres des salariés	0	0	0	0	0	0	0	1 072
Autres comptes à payer	5 025	4 520	5 012	5 188	5 904	5 840	6 188	5 672
Actifs non financiers	3 362	3 338	3 505	3 715	3 461	3 598	3 559	0
Fonds de pension								
Valeur nette financière	-887	-1 097	-983	-1 818	-464	-817	-629	-77
Actifs financiers	12 667	14 113	14 252	15 848	19 585	22 210	23 592	24 879
Numéraire et dépôts	439	531	347	520	515	625	682	897
Titres de dette	1 131	1 617	2 036	1 984	2 214	2 583	2 647	2 723
Crédits	147	111	122	122	160	207	255	170
Actions et parts de fonds d'investissement	10 868	11 782	11 492	13 163	15 808	17 944	19 229	20 294
Actions	1 077	1 283	1 387	1 478	1 861	1 577	2 338	2 761
Parts de fonds d'investissement	9 792	10 499	10 105	11 685	13 947	16 367	16 891	17 533
Parts de fonds d'investissement monétaires	321	376	296	167	249	263	368	381
Parts de fonds d'investissement non monétaires	9 471	10 123	9 808	11 517	13 698	16 104	16 523	17 151
Systèmes d'assurance, de pensions et garanties standard	0	0	0	0	419	595	545	566
Produits financiers dérivés et options sur titres des salariés	0	0	0	0	0	0	0	0
Autres comptes à recevoir	81	73	255	60	469	255	233	229
Passifs financiers	13 554	15 210	15 235	17 666	20 049	23 027	24 222	24 956
Titres de dette	0	0	0	0	0	0	0	0
Titres de dette à court terme	0	0	0	0	0	0	0	0
Titres de dette à long terme	0	0	0	0	0	0	0	0
Crédits	0	0	0	0	0	0	2	0
Crédits à court terme	0	0	0	0	0	0	2	0
Crédits à long terme	0	0	0	0	0	0	0	0
Actions et parts de fonds d'investissement	0	0	0	0	0	0	0	0
Systèmes d'assurance, de pensions et garanties standard	13 554	15 210	15 235	17 666	20 049	23 027	24 219	24 956
Produits financiers dérivés et options sur titres des salariés	0	0	0	0	0	0	0	0
Autres comptes à payer	0	0	0	0	0	0	0	0
Actifs non financiers	64	62	66	61	61	68	77	77

Note : Voir les métadonnées détaillées sur : http://metalinks.oecd.org/instinv/20170920/e3b8

Tableau 4. Composition du portefeuille par type d'investisseur

En pourcentage des actifs financiers et des passifs financiers

Pour cent

	2009	2010	2011	2012	2013	2014	2015	2016
Fonds d'investissement								
Actifs financiers	100.0	100.0	100.0	100.0	100.0	100.0	100.0	100.0
Numéraire et dépôts	16.1	12.1	11.9	9.0	6.5	5.3	6.2	4.1
Titres de dettes	33.6	32.9	36.1	29.2	24.7	22.7	27.0	20.7
Crédits	0.0	0.0	0.0	0.0	0.0	0.0	0.0	0.0
Actions et parts de fonds d'investissement	44.1	49.3	46.4	56.7	64.5	67.6	63.7	72.5
Systèmes d'assurance de pensions et garanties standard	0.0	0.0	0.0	0.0	0.0	0.0	0.0	0.0
Produits financiers dérivés et options sur titres des salariés	2.5	2.3	2.3	2.4	1.6	1.3	0.7	0.6
Autres comptes à recevoir	3.7	3.4	3.3	2.8	2.7	3.1	2.4	2.1
Passifs financiers	100.0	100.0	100.0	100.0	100.0	100.0	100.0	100.0
Numéraire et dépôts	0.0	0.0	0.0	0.0	0.0	0.0	0.0	0.0
Titres de dettes	0.0	0.0	0.0	0.0	0.0	0.0	0.0	0.0
Crédits	0.1	0.1	0.1	0.1	0.1	0.1	0.1	0.1
Actions et parts de fonds d'investissement	97.5	98.1	98.2	98.4	98.0	97.9	98.1	97.7
Systèmes d'assurance de pensions et garanties standard	0.0	0.0	0.0	0.0	0.0	0.0	0.0	0.0
Produits financiers dérivés et options sur titres des salariés	0.0	0.0	0.1	0.0	0.0	0.0	0.0	0.0
Autres comptes à recevoir	2.4	1.8	1.7	1.5	2.0	1.9	1.8	2.2
Sociétés d'assurance								
Actifs financiers	100.0	100.0	100.0	100.0	100.0	100.0	100.0	100.0
Numéraire et dépôts	3.9	3.2	4.2	3.2	2.9	2.9	3.0	3.3
Titres de dettes	68.1	69.7	70.5	70.8	68.1	67.9	65.6	65.6
Crédits	5.3	5.3	5.3	6.3	7.7	8.1	8.7	8.9
Actions et parts de fonds d'investissement	18.5	17.7	15.2	15.6	17.7	17.7	18.4	17.3
Systèmes d'assurance de pensions et garanties standard	2.7	2.5	2.7	2.6	2.1	2.1	2.9	2.1
Produits financiers dérivés et options sur titres des salariés	0.1	0.1	0.1	0.1	0.1	0.1	0.1	0.4
Autres comptes à recevoir	1.3	1.6	2.0	1.5	1.5	1.2	1.3	2.4
Passifs financiers	100.0	100.0	100.0	100.0	100.0	100.0	100.0	100.0
Numéraire et dépôts	0.0	0.0	0.0	0.0	0.0	0.0	0.0	0.0
Titres de dettes	1.0	0.8	0.8	0.9	0.9	0.9	1.4	1.3
Crédits	5.1	5.1	5.9	5.1	5.3	5.2	6.0	4.2
Actions et parts de fonds d'investissement	7.0	7.2	6.1	6.5	5.9	6.4	5.7	9.2
Systèmes d'assurance de pensions et garanties standard	84.7	85.1	85.2	85.5	85.6	85.4	84.7	83.2
Produits financiers dérivés et options sur titres des salariés	0.0	0.0	0.0	0.0	0.0	0.0	0.0	0.3
Autres comptes à recevoir	2.2	1.8	2.0	2.0	2.2	2.1	2.2	1.8
Fonds de pension								
Actifs financiers	100.0	100.0	100.0	100.0	100.0	100.0	100.0	100.0
Numéraire et dépôts	3.5	3.8	2.4	3.3	2.6	2.8	2.9	3.6
Titres de dettes	8.9	11.5	14.3	12.5	11.3	11.6	11.2	10.9
Crédits	1.2	0.8	0.9	0.8	0.8	0.9	1.1	0.7
Actions et parts de fonds d'investissement	85.8	83.5	80.6	83.1	80.7	80.8	81.5	81.6
Systèmes d'assurance de pensions et garanties standard	0.0	0.0	0.0	0.0	2.1	2.7	2.3	2.3
Produits financiers dérivés et options sur titres des salariés	0.0	0.0	0.0	0.0	0.0	0.0	0.0	0.0
Autres comptes à recevoir	0.6	0.5	1.8	0.4	2.4	1.2	1.0	0.9
Passifs financiers	100.0	100.0	100.0	100.0	100.0	100.0	100.0	100.0
Numéraire et dépôts	0.0	0.0	0.0	0.0	0.0	0.0	0.0	0.0
Titres de dettes	0.0	0.0	0.0	0.0	0.0	0.0	0.0	0.0
Crédits	0.0	0.0	0.0	0.0	0.0	0.0	0.0	0.0
Actions et parts de fonds d'investissement	0.0	0.0	0.0	0.0	0.0	0.0	0.0	0.0
Systèmes d'assurance de pensions et garanties standard	100.0	100.0	100.0	100.0	100.0	100.0	100.0	100.0
Produits financiers dérivés et options sur titres des salariés	0.0	0.0	0.0	0.0	0.0	0.0	0.0	0.0
Autres comptes à recevoir	0.0	0.0	0.0	0.0	0.0	0.0	0.0	0.0

Note : Voir les métadonnées détaillées sur : http://metalinks.oecd.org/instinv/20170920/a53e

CANADA

Tableau 1. Actifs et passifs financiers des investisseurs institutionnels, 2016

Millions CAD

	Total	Fonds d'investissement			
		Fonds d'investissement non-monétaire			Fonds d'investissement monétaires
		Total	Fonds d'investissement à capital variable, non monétaire	Fonds d'investissement à capital fixe, non monétaire	Total
Actifs financiers	1 983 822	1 954 394	..	..	29 428
Numéraire et dépôts	13 774	12 786	..	..	988
Titres de dette	452 376	427 369	..	..	25 007
Titres de dette à court terme	43 595	24 365	..	..	19 230
Titres de dette à long terme	408 781	403 004	..	..	5 777
Titres de dette émis par les résidents	337 262	313 061	..	..	24 201
Titres de dette émis par les non-résidents	115 114	114 308	..	..	806
Crédits	5 102	5 102	..	..	0
Crédits à court terme	..	..	..	..	..
Crédits à long terme	..	..	..	..	..
Crédits accordés aux résidents	..	..	..	..	..
Crédits accordés aux non-résidents	..	..	..	..	..
Actions et parts de fonds d'investissement	1 344 784	1 344 451	..	..	333
Actions et parts de fonds d'investissements émises par les résidents	890 730	890 397	..	..	333
Actions et part de fonds d'investissements émises par les non-résidents	454 054	454 054	..	..	0
Autres comptes à recevoir	167 786	164 686	..	..	3 100

	Total	Fonds d'investissement			
		Fonds d'investissement non-monétaire			Fonds d'investissement monétaires
		Total	Fonds d'investissement à capital variable, non monétaire	Fonds d'investissement à capital fixe, non monétaire	Total
Pasifs financiers	1 983 822	1 954 394	..	..	29 428
Numéraire et dépôts	..	..	..	..	..
Titres de dette	..	..	..	..	..
Titres de dette à court terme	..	..	..	..	..
Titres de dette à long terme	..	..	..	..	..
Crédits	0	0	..	..	0
Crédits à court terme	..	..	..	..	..
Crédits à long terme	..	..	..	..	..
Actions et parts de fonds d'investissement	1 969 285	1 940 032	..	..	29 253
Systèmes d'assurance, de pensions et garanties standard	..	..	..	..	..
Produits financiers dérivés et options sur titres des salariés	..	..	..	..	..
Autres comptes à payer	14 537	14 362	..	..	175

	Total	Sociétés d'assurance et fonds de pension autonomes			
		Sociétés d'assurance			Fonds de pension autonomes
		Total	Sociétés d'assurance vie	Sociétés d'assurance non-vie	Total
Actifs financiers	2 771 314	910 115	753 778	156 337	1 861 199
Numéraire et dépôts	44 228	8 832	4 817	4 015	35 396
Titres de dette	1 049 360	392 056	297 851	94 205	657 304
Titres de dette à court terme	57 698	16 298	14 686	1 612	41 400
Titres de dette à long terme	991 662	375 758	283 165	92 593	615 904
Titres de dette émis par les résidents	940 577	374 241	282 304	91 937	566 336
Titres de dette émis par les non-résidents	108 783	17 815	15 547	2 268	90 968
Crédits	133 188	69 210	68 074	1 136	63 978
Crédits à court terme	..	..	..	..	..
Crédits à long terme	..	..	..	..	..
Crédits accordés aux résidents	..	..	..	..	..
Crédits accordés aux non-résidents	..	..	..	..	..
Actions et parts de fonds d'investissement	1 263 363	342 510	315 547	26 963	920 853
Actions et parts de fonds d'investissement émises par les résidents	792 686	320 773	296 590	24 183	471 913
Actions et parts de fonds d'investissement émises par les non-résidents	470 677	21 737	18 957	2 780	448 940
Autrescomptes à recevoir	145 380	97 507	67 489	30 018	47 873

	Total	Sociétés d'assurance et fonds de pension autonomes			
		Sociétés d'assurance			Fonds de pension autonomes
		Total	Sociétés d'assurance vie	Sociétés d'assurance non-vie	Total
Pasifs financiers	2 797 610	936 411	759 708	176 703	1 861 199
Numéraire et dépôts	..	..	..	..	..
Titres de dette	12 084	12 084	12 084	..	..
Titres de dette à court terme	..	..	..	..	..
Titres de dette à long terme	12 084	12 084	12 084	..	..
Crédits	18 472	15 921	13 639	2 282	2 551
Crédits à court terme	..	..	..	..	..
Crédits à long terme	..	..	..	..	..
Actions et parts de fonds d'investissement	302 121	302 121	230 777	71 344	..
Systèmes d'assurance, de pensions et garanties standard	2 183 024	468 093	468 093	..	1 714 931
Produits financiers dérivés et options sur titres des salariés	..	..	..	..	..
Autres comptes à payer	281 909	138 192	35 115	103 077	143 717

Note : Voir les métadonnées détaillées sur : http://metalinks.oecd.org/instinv/20170920/68a0

Tableau 2. Actifs et passifs financiers des fonds d'investissement

Millions CAD

	2009	2010	2011	2012	2013	2014	2015	2016
Fonds d'investissement								
Valeur nette financière	0	0	0	0	0	0	0	0
Actifs financiers	855 592	962 804	997 350	1 130 261	1 358 462	1 591 784	1 772 508	1 983 822
Numéraire et dépôts	6 080	4 565	7 286	10 025	9 646	10 906	10 387	13 774
Titres de dette	243 973	260 333	301 290	337 161	355 880	406 477	425 610	452 376
Crédits	4 622	5 380	5 407	5 275	5 114	5 553	5 045	5 102
Actions et parts de fonds d'investissement	572 426	666 146	649 595	734 187	917 937	1 084 425	1 210 045	1 344 784
Actions	443 519	503 196	465 043	510 588	617 291	717 366	760 707	843 752
Parts de fonds d'investissement	128 907	162 950	184 552	223 599	300 646	367 059	449 338	501 032
Parts de fonds d'investissement monétaires	..	..	..	..	..	..	..	..
Parts de fonds d'investissement non monétaires	..	..	..	..	..	..	..	..
Systèmes d'assurance, de pensions et garanties standard	..	..	..	..	..	..	..	..
Produits financiers dérivés et options sur titres des salariés	..	..	..	..	..	..	..	..
Autres comptes à recevoir	28 491	26 380	33 772	43 613	69 885	84 423	121 421	167 786
Passifs financiers	855 592	962 804	997 350	1 130 261	1 358 462	1 591 784	1 772 508	1 983 822
Titres de dette	..	..	..	..	..	..	..	..
Titres de dette à court terme	..	..	..	..	..	..	..	..
Titres de dette à long terme	..	..	..	..	..	..	..	..
Crédits	0	0	0	0	0	0	0	0
Crédits à court terme	..	..	..	..	..	..	..	..
Crédits à long terme	..	..	..	..	..	..	..	..
Actions et parts de fonds d'investissement	852 184	959 108	991 637	1 122 100	1 348 995	1 580 288	1 759 837	1 969 285
Systèmes d'assurance, de pensions et garanties standard	..	..	..	..	..	..	..	..
Produits financiers dérivés et options sur titres des salariés	..	..	..	..	..	..	..	..
Autres comptes à payer	3 408	3 696	5 713	8 161	9 467	11 496	12 671	14 537
Actifs non financiers	0	0	0	0	0	0	0	0
Fonds d'investissement monéaires								
Valeur nette financière	0	0	0	0	0	0	0	0
Actifs financiers	61 423	42 242	39 590	33 331	30 532	27 936	29 494	29 428
Numéraire et dépôts	1 223	617	842	189	197	186	372	988
Titres de dette	59 442	40 529	37 855	31 799	29 768	26 688	28 081	25 007
Crédits	0	0	0	0	0	0	0	0
Actions et parts de fonds d'investissement	585	398	332	383	295	346	412	333
Actions	282	199	111	144	53	0	0	5
Parts de fonds d'investissement	303	199	221	239	242	346	412	328
Parts de fonds d'investissement monétaires	..	..	..	..	..	..	..	..
Parts de fonds d'investissement non monétaires	..	..	..	..	..	..	..	..
Systèmes d'assurance, de pensions et garanties standard	..	..	..	..	..	..	..	..
Produits financiers dérivés et options sur titres des salariés	..	..	..	..	..	..	..	..
Autres comptes à recevoir	173	698	561	960	272	716	629	3 100
Passifs financiers	61 423	42 242	39 590	33 331	30 532	27 936	29 494	29 428
Titres de dette	..	..	..	..	..	..	..	..
Titres de dette à court terme	..	..	..	..	..	..	..	..
Titres de dette à long terme	..	..	..	..	..	..	..	..
Crédits	0	0	0	0	0	0	0	0
Crédits à court terme	..	..	..	..	..	..	..	..
Crédits à long terme	..	..	..	..	..	..	..	..
Actions et parts de fonds d'investissement	61 192	41 974	39 372	33 124	30 346	27 762	29 313	29 253
Systèmes d'assurance, de pensions et garanties standard	..	..	..	..	..	..	..	..
Produits financiers dérivés et options sur titres des salariés	..	..	..	..	..	..	..	..
Autres comptes à payer	231	268	218	207	186	174	181	175
Actifs non financiers	0	0	0	0	0	0	0	0
Fonds d'investissement non monéaires								
Valeur nette financière	0	0	0	0	0	0	0	0
Actifs financiers	794 169	920 562	957 760	1 096 930	1 327 930	1 563 848	1 743 014	1 954 394
Numéraire et dépôts	4 857	3 948	6 444	9 836	9 449	10 720	10 015	12 786
Titres de dette	184 531	219 804	263 435	305 362	326 112	379 789	397 529	427 369
Crédits	4 622	5 380	5 407	5 275	5 114	5 553	5 045	5 102
Actions et parts de fonds d'investissement	571 841	665 748	649 263	733 804	917 642	1 084 079	1 209 633	1 344 451
Actions	443 237	502 997	464 932	510 444	617 238	717 366	760 707	843 747
Parts de fonds d'investissement	128 604	162 751	184 331	223 360	300 404	366 713	448 926	500 704
Parts de fonds d'investissement monétaires	..	..	..	..	..	..	..	..
Parts de fonds d'investissement non monétaires	..	..	..	..	..	..	..	..
Systèmes d'assurance, de pensions et garanties standard	..	..	..	..	..	..	..	..
Produits financiers dérivés et options sur titres des salariés	..	..	..	..	..	..	..	..
Autres comptes à recevoir	28 318	25 682	33 211	42 653	69 613	83 707	120 792	164 686
Passifs financiers	794 169	920 562	957 760	1 096 930	1 327 930	1 563 848	1 743 014	1 954 394
Titres de dette	..	..	..	..	..	..	..	..
Titres de dette à court terme	..	..	..	..	..	..	..	..
Titres de dette à long terme	..	..	..	..	..	..	..	..
Crédits	0	0	0	0	0	0	0	0
Crédits à court terme	..	..	..	..	..	..	..	..
Crédits à long terme	..	..	..	..	..	..	..	..
Actions et parts de fonds d'investissement	790 992	917 134	952 265	1 088 976	1 318 649	1 552 526	1 730 524	1 940 032
Systèmes d'assurance, de pensions et garanties standard	..	..	..	..	..	..	..	..
Produits financiers dérivés et options sur titres des salariés	..	..	..	..	..	..	..	..
Autres comptes à payer	3 177	3 428	5 495	7 954	9 281	11 322	12 490	14 362
Actifs non financiers	0	0	0	0	0	0	0	0
Fonds d'investissement non monéaires à capital variable								
Valeur nette financière	..	..	..	..	..	..	..	..
Actifs financiers	..	..	..	..	..	..	..	..

CANADA

Tableau 2. Actifs et passifs financiers des fonds d'investissement *(suite)*

Millions CAD

	2009	2010	2011	2012	2013	2014	2015	2016
Numéraire et dépôts	..	..	..	..	..	..	..	..
Titres de dette	..	..	..	..	..	..	..	..
Crédits	..	..	..	..	..	..	..	..
Actions et parts de fonds d'investissement	..	..	..	..	..	..	..	..
Actions	..	..	..	..	..	..	..	..
Parts de fonds d'investissement	..	..	..	..	..	..	..	..
Parts de fonds d'investissement monétaires	..	..	..	..	..	..	..	..
Parts de fonds d'investissement non monétaires	..	..	..	..	..	..	..	..
Systèmes d'assurance, de pensions et garanties standard	..	..	..	..	..	..	..	..
Produits financiers dérivés et options sur titres des salariés	..	..	..	..	..	..	..	..
Autres comptes à recevoir	..	..	..	..	..	..	..	..
Passifs financiers	..	..	..	..	..	..	..	..
Titres de dette	..	..	..	..	..	..	..	..
Titres de dette à court terme	..	..	..	..	..	..	..	..
Titres de dette à long terme	..	..	..	..	..	..	..	..
Crédits	..	..	..	..	..	..	..	..
Crédits à court terme	..	..	..	..	..	..	..	..
Crédits à long terme	..	..	..	..	..	..	..	..
Actions et parts de fonds d'investissement	..	..	..	..	..	..	..	..
Systèmes d'assurance, de pensions et garanties standard	..	..	..	..	..	..	..	..
Produits financiers dérivés et options sur titres des salariés	..	..	..	..	..	..	..	..
Autres comptes à payer	..	..	..	..	..	..	..	..
Actifs non financiers	..	..	..	..	..	..	..	..
Fonds d'investissement à capital variable								
Valeur nette financière	..	..	..	..	..	..	..	..
Actifs financiers	..	..	..	..	..	..	..	..
Numéraire et dépôts	..	..	..	..	..	..	..	..
Titres de dette	..	..	..	..	..	..	..	..
Crédits	..	..	..	..	..	..	..	..
Actions et parts de fonds d'investissement	..	..	..	..	..	..	..	..
Actions	..	..	..	..	..	..	..	..
Parts de fonds d'investissement	..	..	..	..	..	..	..	..
Parts de fonds d'investissement monétaires	..	..	..	..	..	..	..	..
Parts de fonds d'investissement non monétaires	..	..	..	..	..	..	..	..
Systèmes d'assurance, de pensions et garanties standard	..	..	..	..	..	..	..	..
Produits financiers dérivés et options sur titres des salariés	..	..	..	..	..	..	..	..
Autres comptes à recevoir	..	..	..	..	..	..	..	..
Passifs financiers	..	..	..	..	..	..	..	..
Titres de dette	..	..	..	..	..	..	..	..
Titres de dette à court terme	..	..	..	..	..	..	..	..
Titres de dette à long terme	..	..	..	..	..	..	..	..
Crédits	..	..	..	..	..	..	..	..
Crédits à court terme	..	..	..	..	..	..	..	..
Crédits à long terme	..	..	..	..	..	..	..	..
Actions et parts de fonds d'investissement	..	..	..	..	..	..	..	..
Systèmes d'assurance, de pensions et garanties standard	..	..	..	..	..	..	..	..
Produits financiers dérivés et options sur titres des salariés	..	..	..	..	..	..	..	..
Autres comptes à payer	..	..	..	..	..	..	..	..
Actifs non financiers	..	..	..	..	..	..	..	..

Note : Voir les métadonnées détaillées sur : http://metalinks.oecd.org/instinv/20170920/68a0

Tableau 3. Actifs et passifs financiers des sociétés d'assurance et fonds de pension

Millions CAD

	2009	2010	2011	2012	2013	2014	2015	2016
Sociétés d'assurance et fonds de pension								
Valeur nette financière	-28 061	-31 105	-33 005	-30 467	-25 045	-28 927	-19 673	-26 296
Actifs financiers	1 630 081	1 816 590	1 940 085	2 089 545	2 250 175	2 505 780	2 664 821	2 771 314
Numéraire et dépôts	14 462	18 373	24 123	27 429	32 455	38 928	45 818	44 228
Titres de dette	670 083	711 117	799 616	846 025	855 960	960 943	1 009 969	1 049 360
Crédits	98 466	102 127	102 133	103 921	106 274	114 099	124 933	133 188
Actions et parts de fonds d'investissement	653 620	752 944	742 381	829 760	986 656	1 119 315	1 180 663	1 263 363
Actions	546 690	626 533	613 218	688 599	820 591	929 592	981 152	1 045 145
Parts de fonds d'investissement	106 930	126 411	129 163	141 161	166 065	189 723	199 511	218 218
Parts de fonds d'investissement monétaires	..	..	..	..	..	..	..	..
Parts de fonds d'investissement non monétaires	..	..	..	..	..	..	..	..
Systèmes d'assurance, de pensions et garanties standard	..	..	..	..	..	..	..	..
Produits financiers dérivés et options sur titres des salariés	..	..	..	..	..	..	..	..
Autres comptes à recevoir	56 677	88 083	100 581	109 255	121 533	124 397	142 859	145 380
Passifs financiers	1 658 142	1 847 695	1 973 090	2 120 012	2 275 220	2 534 707	2 684 494	2 797 610
Titres de dette	7 144	7 071	7 561	7 662	8 008	9 225	10 945	12 084
Titres de dette à court terme	..	..	..	..	..	..	..	..
Titres de dette à long terme	7 144	7 071	7 561	7 662	8 008	9 225	10 945	12 084
Crédits	19 049	21 796	20 239	20 754	16 098	19 471	15 588	18 472
Crédits à court terme	..	..	..	..	..	..	..	..
Crédits à long terme	..	..	..	..	..	..	..	..
Actions et parts de fonds d'investissement	214 566	235 614	220 915	238 979	253 787	280 569	248 036	302 121
Systèmes d'assurance, de pensions et garanties standard	1 262 178	1 395 833	1 527 809	1 654 645	1 786 279	1 985 289	2 125 935	2 183 024
Produits financiers dérivés et options sur titres des salariés	..	..	..	..	..	..	..	..
Autres comptes à payer	155 205	187 381	196 566	197 972	211 048	240 153	283 990	281 909
Actifs non financiers	6 764	6 991	7 401	7 924	8 026	8 150	8 173	8 112
Sociétés d'assurance								
Valeur nette financière	-28 061	-31 105	-33 005	-30 467	-25 045	-28 927	-19 673	-26 296
Actifs financiers	579 323	629 539	680 990	723 118	767 135	840 036	854 955	910 115
Numéraire et dépôts	7 390	7 285	7 795	9 478	7 889	10 076	11 171	8 832
Titres de dette	283 365	299 569	311 260	340 470	340 703	372 663	376 135	392 056
Crédits	67 797	70 348	72 718	71 993	68 205	73 986	70 361	69 210
Actions et parts de fonds d'investissement	192 635	219 569	218 176	242 225	280 157	305 251	309 215	342 510
Actions	85 705	93 158	89 013	101 064	114 092	115 528	109 704	124 292
Parts de fonds d'investissement	106 930	126 411	129 163	141 161	166 065	189 723	199 511	218 218
Parts de fonds d'investissement monétaires	..	..	..	..	..	..	..	..
Parts de fonds d'investissement non monétaires	..	..	..	..	..	..	..	..
Systèmes d'assurance, de pensions et garanties standard	..	..	..	..	..	..	..	..
Produits financiers dérivés et options sur titres des salariés	..	..	..	..	..	..	..	..
Autres comptes à recevoir	28 136	32 768	71 041	58 952	70 181	78 060	88 073	97 507
Passifs financiers	607 384	660 644	713 995	753 585	792 180	868 963	874 628	936 411
Titres de dette	7 144	7 071	7 561	7 662	8 008	9 225	10 945	12 084
Titres de dette à court terme	..	..	..	..	..	..	..	..
Titres de dette à long terme	7 144	7 071	7 561	7 662	8 008	9 225	10 945	12 084
Crédits	18 871	21 685	20 157	20 667	16 065	18 604	14 633	15 921
Crédits à court terme	..	..	..	..	..	..	..	..
Crédits à long terme	..	..	..	..	..	..	..	..
Actions et parts de fonds d'investissement	214 566	235 614	220 915	238 979	253 787	280 569	248 036	302 121
Systèmes d'assurance, de pensions et garanties standard	268 562	294 064	359 326	378 422	399 383	438 221	468 630	468 093
Produits financiers dérivés et options sur titres des salariés	..	..	..	..	..	..	..	..
Autres comptes à payer	98 241	102 210	106 036	107 855	114 937	122 344	132 384	138 192
Actifs non financiers	6 764	6 991	7 401	7 924	8 026	8 150	8 173	8 112
Fonds de pension								
Valeur nette financière	0	0	0	0	0	0	0	0
Actifs financiers	1 050 758	1 187 051	1 259 095	1 366 427	1 483 040	1 665 744	1 809 866	1 861 199
Numéraire et dépôts	7 072	11 088	16 328	17 951	24 566	28 852	34 647	35 396
Titres de dette	386 718	411 548	488 356	505 555	515 257	588 280	633 834	657 304
Crédits	30 669	31 779	29 415	31 928	38 069	40 113	54 572	63 978
Actions et parts de fonds d'investissement	460 985	533 375	524 205	587 535	706 499	814 064	871 448	920 853
Actions	460 985	533 375	524 205	587 535	706 499	814 064	871 448	920 853
Parts de fonds d'investissement	..	..	..	..	..	..	..	..
Parts de fonds d'investissement monétaires	..	..	..	..	..	..	..	..
Parts de fonds d'investissement non monétaires	..	..	..	..	..	..	..	..
Systèmes d'assurance, de pensions et garanties standard	..	..	..	..	..	..	..	..
Produits financiers dérivés et options sur titres des salariés	..	..	..	..	..	..	..	..
Autres comptes à recevoir	28 541	55 315	29 540	50 303	51 352	46 337	54 786	47 873
Passifs financiers	1 050 758	1 187 051	1 259 095	1 366 427	1 483 040	1 665 744	1 809 866	1 861 199
Titres de dette	..	..	..	..	..	..	..	..
Titres de dette à court terme	..	..	..	..	..	..	..	..
Titres de dette à long terme	..	..	..	..	..	..	..	..
Crédits	178	111	82	87	33	867	955	2 551
Crédits à court terme	..	..	..	..	..	..	..	..
Crédits à long terme	..	..	..	..	..	..	..	..
Actions et parts de fonds d'investissement	0	0	0	0	..	..	..	..
Systèmes d'assurance, de pensions et garanties standard	993 616	1 101 769	1 168 483	1 276 223	1 386 896	1 547 068	1 657 305	1 714 931
Produits financiers dérivés et options sur titres des salariés	..	..	..	..	..	..	..	..
Autres comptes à payer	56 964	85 171	90 530	90 117	96 111	117 809	151 606	143 717
Actifs non financiers	0	0	0	0	0	0	0	0

Note : Voir les métadonnées détaillées sur : http://metalinks.oecd.org/instinv/20170920/68a0

Tableau 4. Composition du portefeuille par type d'investisseur

En pourcentage des actifs financiers et des passifs financiers

Pour cent

	2009	2010	2011	2012	2013	2014	2015	2016
Fonds d'investissement								
Actifs financiers	100.0	100.0	100.0	100.0	100.0	100.0	100.0	100.0
Numéraire et dépôts	0.7	0.5	0.7	0.9	0.7	0.7	0.6	0.7
Titres de dettes	28.5	27.0	30.2	29.8	26.2	25.5	24.0	22.8
Crédits	0.5	0.6	0.5	0.5	0.4	0.3	0.3	0.3
Actions et parts de fonds d'investissement	66.9	69.2	65.1	65.0	67.6	68.1	68.3	67.8
Systèmes d'assurance de pensions et garanties standard	0.0	0.0	0.0	0.0	0.0	0.0	0.0	0.0
Produits financiers dérivés et options sur titres des salariés	0.0	0.0	0.0	0.0	0.0	0.0	0.0	0.0
Autres comptes à recevoir	3.3	2.7	3.4	3.9	5.1	5.3	6.9	8.5
Passifs financiers	100.0	100.0	100.0	100.0	100.0	100.0	100.0	100.0
Numéraire et dépôts	0.0	0.0	0.0	0.0	0.0	0.0	0.0	0.0
Titres de dettes	0.0	0.0	0.0	0.0	0.0	0.0	0.0	0.0
Crédits	0.0	0.0	0.0	0.0	0.0	0.0	0.0	0.0
Actions et parts de fonds d'investissement	99.6	99.6	99.4	99.3	99.3	99.3	99.3	99.3
Systèmes d'assurance de pensions et garanties standard	0.0	0.0	0.0	0.0	0.0	0.0	0.0	0.0
Produits financiers dérivés et options sur titres des salariés	0.0	0.0	0.0	0.0	0.0	0.0	0.0	0.0
Autres comptes à recevoir	0.4	0.4	0.6	0.7	0.7	0.7	0.7	0.7
Sociétés d'assurance								
Actifs financiers	100.0	100.0	100.0	100.0	100.0	100.0	100.0	100.0
Numéraire et dépôts	1.3	1.2	1.1	1.3	1.0	1.2	1.3	1.0
Titres de dettes	48.9	47.6	45.7	47.1	44.4	44.4	44.0	43.1
Crédits	11.7	11.2	10.7	10.0	8.9	8.8	8.2	7.6
Actions et parts de fonds d'investissement	33.3	34.9	32.0	33.5	36.5	36.3	36.2	37.6
Systèmes d'assurance de pensions et garanties standard	0.0	0.0	0.0	0.0	0.0	0.0	0.0	0.0
Produits financiers dérivés et options sur titres des salariés	0.0	0.0	0.0	0.0	0.0	0.0	0.0	0.0
Autres comptes à recevoir	4.9	5.2	10.4	8.2	9.1	9.3	10.3	10.7
Passifs financiers	100.0	100.0	100.0	100.0	100.0	100.0	100.0	100.0
Numéraire et dépôts	0.0	0.0	0.0	0.0	0.0	0.0	0.0	0.0
Titres de dettes	1.2	1.1	1.1	1.0	1.0	1.1	1.3	1.3
Crédits	3.1	3.3	2.8	2.7	2.0	2.1	1.7	1.7
Actions et parts de fonds d'investissement	35.3	35.7	30.9	31.7	32.0	32.3	28.4	32.3
Systèmes d'assurance de pensions et garanties standard	44.2	44.5	50.3	50.2	50.4	50.4	53.6	50.0
Produits financiers dérivés et options sur titres des salariés	0.0	0.0	0.0	0.0	0.0	0.0	0.0	0.0
Autres comptes à recevoir	16.2	15.5	14.9	14.3	14.5	14.1	15.1	14.8
Fonds de pension								
Actifs financiers	100.0	100.0	100.0	100.0	100.0	100.0	100.0	100.0
Numéraire et dépôts	0.7	0.9	1.3	1.3	1.7	1.7	1.9	1.9
Titres de dettes	36.8	34.7	38.8	37.0	34.7	35.3	35.0	35.3
Crédits	2.9	2.7	2.3	2.3	2.6	2.4	3.0	3.4
Actions et parts de fonds d'investissement	43.9	44.9	41.6	43.0	47.6	48.9	48.1	49.5
Systèmes d'assurance de pensions et garanties standard	..	..	..	..	..	..	..	..
Produits financiers dérivés et options sur titres des salariés	..	..	..	..	..	..	..	..
Autres comptes à recevoir	2.7	4.7	2.3	3.7	3.5	2.8	3.0	2.6
Passifs financiers	100.0	100.0	100.0	100.0	100.0	100.0	100.0	100.0
Numéraire et dépôts	0.0	0.0	0.0	0.0	0.0	0.0	0.0	0.0
Titres de dettes	0.0	0.0	0.0	0.0	0.0	0.0	0.0	0.0
Crédits	0.0	0.0	0.0	0.0	0.0	0.1	0.1	0.1
Actions et parts de fonds d'investissement	0.0	0.0	0.0	0.0	0.0	0.0	0.0	0.0
Systèmes d'assurance de pensions et garanties standard	94.6	92.8	92.8	93.4	93.5	92.9	91.6	92.1
Produits financiers dérivés et options sur titres des salariés	0.0	0.0	0.0	0.0	0.0	0.0	0.0	0.0
Autres comptes à recevoir	5.4	7.2	7.2	6.6	6.5	7.1	8.4	7.7

Note : Voir les métadonnées détaillées sur : http://metalinks.oecd.org/instinv/20170920/a53e

Tableau 1. Actifs et passifs financiers des investisseurs institutionnels, 2016

Millions CLP

	Total	Fonds d'investissement			
		Fonds d'investissement non-monétaire			Fonds d'investissement monétaires
		Total	Fonds d'investissement à capital variable, non monétaire	Fonds d'investissement à capital fixe, non monétaire	Total
Actifs financiers	41 833 227	28 652 662	17 693 316	10 959 346	13 180 565
Numéraire et dépôts	..	..	124 345	..	124 345
Titres de dette	..	..	14 279 311	..	13 056 220
Titres de dette à court terme	..	..	3 243 951	..	12 749 884
Titres de dette à long terme	..	..	11 035 360	..	306 336
Titres de dette émis par les résidents	..	..	13 786 086	..	13 012 164
Titres de dette émis par les non-résidents	..	..	493 225	..	44 056
Crédits	..	..	..	..	..
Crédits à court terme	..	..	..	..	..
Crédits à long terme	..	..	..	..	..
Crédits accordés aux résidents	..	..	..	..	..
Crédits accordés aux non-résidents	..	..	..	..	..
Actions et parts de fonds d'investissement	..	..	3 289 660	..	..
Actions et parts de fonds d'investissements émises par les résidents	..	..	1 040 920	..	..
Actions et part de fonds d'investissements émises par les non-résidents	..	..	2 248 740	..	..
Autres comptes à recevoir	..	..	..	..	..

	Total	Fonds d'investissement			
		Fonds d'investissement non-monétaire			Fonds d'investissement monétaires
		Total	Fonds d'investissement à capital variable, non monétaire	Fonds d'investissement à capital fixe, non monétaire	Total
Pasifs financiers	664 957	664 930	3 857	661 072	27
Numéraire et dépôts	..	..	..	..	..
Titres de dette	..	..	..	..	..
Titres de dette à court terme	..	..	..	..	..
Titres de dette à long terme	..	..	..	..	..
Crédits	..	..	..	..	..
Crédits à court terme	..	..	..	..	..
Crédits à long terme	..	..	..	..	..
Actions et parts de fonds d'investissement	..	..	..	..	..
Systèmes d'assurance, de pensions et garanties standard	..	..	..	..	..
Produits financiers dérivés et options sur titres des salariés	..	..	..	..	..
Autres comptes à payer	..	..	..	..	..

	Total	Sociétés d'assurance et fonds de pension autonomes			
		Sociétés d'assurance			Fonds de pension autonomes
		Total	Sociétés d'assurance vie	Sociétés d'assurance non-vie	Total
Actifs financiers	149 722 473	33 293 844	31 976 133	1 317 711	116 428 629
Numéraire et dépôts	7 571 956	354 607	206 067	148 540	7 217 349
Titres de dette	78 879 795	23 337 925	22 319 001	1 018 924	55 541 871
Titres de dette à court terme	..	..	..	..	1 739 872
Titres de dette à long terme	..	..	..	..	53 801 999
Titres de dette émis par les résidents	71 978 307	19 707 263	18 691 367	1 015 896	52 271 043
Titres de dette émis par les non-résidents	6 901 489	3 630 662	3 627 634	3 027	3 270 827
Crédits	4 064 950	3 574 454	3 572 425	2 029	490 496
Crédits à court terme	477 128	455 145	455 145	0	21 983
Crédits à long terme	3 587 822	3 119 309	3 117 280	2 029	468 513
Crédits accordés aux résidents	..	..	..	..	490 496
Crédits accordés aux non-résidents	..	..	..	..	..
Actions et parts de fonds d'investissement	56 770 438	3 730 615	3 675 276	55 339	53 039 823
Actions et parts de fonds d'investissement émises par les résidents	17 669 007	3 168 198	3 114 321	53 877	14 500 809
Actions et parts de fonds d'investissement émises par les non-résidents	39 101 430	562 417	560 955	1 462	38 539 014
Autrescomptes à recevoir	..	2 349 170	2 256 587	92 583	..

	Total	Sociétés d'assurance et fonds de pension autonomes			
		Sociétés d'assurance			Fonds de pension autonomes
		Total	Sociétés d'assurance vie	Sociétés d'assurance non-vie	Total
Pasifs financiers	1 870 432	618 665	615 786	2 880	1 251 767
Numéraire et dépôts	..	..	..	..	..
Titres de dette	..	..	..	..	..
Titres de dette à court terme	..	..	..	..	..
Titres de dette à long terme	..	..	..	..	..
Crédits	..	..	..	..	..
Crédits à court terme	..	..	..	..	..
Crédits à long terme	..	..	..	..	..
Actions et parts de fonds d'investissement	..	..	..	..	..
Systèmes d'assurance, de pensions et garanties standard	..	..	..	..	..
Produits financiers dérivés et options sur titres des salariés	..	..	..	..	..
Autres comptes à payer	..	..	..	..	1 251 767

Note : Voir les métadonnées détaillées sur : http://metalinks.oecd.org/instinv/20170920/bf24

Tableau 2. Actifs et passifs financiers des fonds d'investissement

Millions CLP

	2009	2010	2011	2012	2013	2014	2015	2016
Fonds d'investissement								
Valeur nette financière	..	..	..	..	..	29 671 577	35 162 158	41 168 270
Actifs financiers	..	..	..	..	..	30 061 688	35 914 898	41 833 227
Numéraire et dépôts	..	..	..	..	..	..	..	..
Titres de dette	..	..	..	..	..	..	..	..
Crédits	..	..	..	..	..	..	..	..
Actions et parts de fonds d'investissement	..	..	..	..	..	..	..	..
Actions	..	..	..	..	..	..	..	..
Parts de fonds d'investissement	..	..	..	..	..	..	..	..
Parts de fonds d'investissement monétaires	..	..	..	..	..	..	..	..
Parts de fonds d'investissement non monétaires	..	..	..	..	..	..	..	..
Systèmes d'assurance, de pensions et garanties standard	..	..	..	..	..	..	..	..
Produits financiers dérivés et options sur titres des salariés	..	..	..	..	..	..	..	..
Autres comptes à recevoir	..	..	..	..	..	..	..	..
Passifs financiers	..	..	..	..	..	390 112	752 740	664 957
Titres de dette	..	..	..	..	..	..	..	..
Titres de dette à court terme	..	..	..	..	..	..	..	..
Titres de dette à long terme	..	..	..	..	..	..	..	..
Crédits	..	..	..	..	..	..	..	..
Crédits à court terme	..	..	..	..	..	..	..	..
Crédits à long terme	..	..	..	..	..	..	..	..
Actions et parts de fonds d'investissement	..	..	..	..	..	..	..	..
Systèmes d'assurance, de pensions et garanties standard	..	..	..	..	..	..	..	..
Produits financiers dérivés et options sur titres des salariés	..	..	..	..	..	..	..	..
Autres comptes à payer	..	..	..	..	..	..	..	..
Actifs non financiers	..	..	..	..	..	727 934	932 960	964 306
Fonds d'investissement monéaires								
Valeur nette financière	..	..	..	..	..	11 926 154	12 426 624	13 180 537
Actifs financiers	..	..	..	..	..	11 979 017	12 426 677	13 180 565
Numéraire et dépôts	..	..	..	..	..	43 760	171 319	124 345
Titres de dette	..	..	..	..	..	11 935 257	12 255 358	13 056 220
Crédits	..	..	..	..	..	..	..	..
Actions et parts de fonds d'investissement	..	..	..	..	..	..	..	..
Actions	..	..	..	..	..	..	..	..
Parts de fonds d'investissement	..	..	..	..	..	..	..	..
Parts de fonds d'investissement monétaires	..	..	..	..	..	..	..	..
Parts de fonds d'investissement non monétaires	..	..	..	..	..	..	..	..
Systèmes d'assurance, de pensions et garanties standard	..	..	..	..	..	..	..	..
Produits financiers dérivés et options sur titres des salariés	..	..	..	..	..	..	..	..
Autres comptes à recevoir	..	..	..	..	..	..	..	..
Passifs financiers	..	..	..	..	..	52 863	53	27
Titres de dette	..	..	..	..	..	..	..	..
Titres de dette à court terme	..	..	..	..	..	..	..	..
Titres de dette à long terme	..	..	..	..	..	..	..	..
Crédits	..	..	..	..	..	..	..	..
Crédits à court terme	..	..	..	..	..	..	..	..
Crédits à long terme	..	..	..	..	..	..	..	..
Actions et parts de fonds d'investissement	..	..	..	..	..	..	..	..
Systèmes d'assurance, de pensions et garanties standard	..	..	..	..	..	..	..	..
Produits financiers dérivés et options sur titres des salariés	..	..	..	..	..	..	..	..
Autres comptes à payer	..	..	..	..	..	..	..	..
Actifs non financiers	..	..	..	..	..	32 431	46 075	66 109
Fonds d'investissement non monéaires								
Valeur nette financière	..	..	..	..	..	17 745 423	22 735 534	27 987 732
Actifs financiers	..	..	..	..	..	18 082 672	23 488 221	28 652 662
Numéraire et dépôts	..	..	..	..	..	..	..	..
Titres de dette	..	..	..	..	..	..	..	..
Crédits	..	..	..	..	..	..	..	..
Actions et parts de fonds d'investissement	..	..	..	..	..	..	..	..
Actions	..	..	..	..	..	..	..	..
Parts de fonds d'investissement	..	..	..	..	..	..	..	..
Parts de fonds d'investissement monétaires	..	..	..	..	..	..	..	..
Parts de fonds d'investissement non monétaires	..	..	..	..	..	..	..	..
Systèmes d'assurance, de pensions et garanties standard	..	..	..	..	..	..	..	..
Produits financiers dérivés et options sur titres des salariés	..	..	..	..	..	..	..	..
Autres comptes à recevoir	..	..	..	..	..	..	..	..
Passifs financiers	..	..	..	..	..	337 249	752 687	664 930
Titres de dette	..	..	..	..	..	..	..	..
Titres de dette à court terme	..	..	..	..	..	..	..	..
Titres de dette à long terme	..	..	..	..	..	..	..	..
Crédits	..	..	..	..	..	..	..	..
Crédits à court terme	..	..	..	..	..	..	..	..
Crédits à long terme	..	..	..	..	..	..	..	..
Actions et parts de fonds d'investissement	..	..	..	..	..	..	..	..
Systèmes d'assurance, de pensions et garanties standard	..	..	..	..	..	..	..	..
Produits financiers dérivés et options sur titres des salariés	..	..	..	..	..	..	..	..
Autres comptes à payer	..	..	..	..	..	..	..	..
Actifs non financiers	..	..	..	..	..	695 502	886 886	898 197
Fonds d'investissement non monéaires à capital variable								
Valeur nette financière	..	..	..	..	..	14 734 438	15 871 049	17 689 459
Actifs financiers	..	..	..	..	..	14 740 401	15 879 662	17 693 316

Tableau 2. Actifs et passifs financiers des fonds d'investissement *(suite)*

Millions CLP

	2009	2010	2011	2012	2013	2014	2015	2016
Numéraire et dépôts	..	..	..	..	..	110 999	144 523	124 345
Titres de dette	..	..	..	..	..	11 457 419	11 676 251	14 279 311
Crédits	..	..	..	..	..	..	..	..
Actions et parts de fonds d'investissement	..	..	..	..	..	3 171 984	4 058 888	3 289 660
Actions	..	..	..	..	..	883 211	821 190	892 043
Parts de fonds d'investissement	..	..	..	..	..	2 288 773	3 237 698	2 397 618
Parts de fonds d'investissement monétaires	..	..	..	..	..	..	..	..
Parts de fonds d'investissement non monétaires	..	..	..	..	..	..	..	..
Systèmes d'assurance, de pensions et garanties standard	..	..	..	..	..	..	..	..
Produits financiers dérivés et options sur titres des salariés	..	..	..	..	..	..	..	..
Autres comptes à recevoir	..	..	..	..	..	..	..	..
Passifs financiers	..	..	..	..	..	5 963	8 613	3 857
Titres de dette	..	..	..	..	..	..	..	..
Titres de dette à court terme	..	..	..	..	..	..	..	..
Titres de dette à long terme	..	..	..	..	..	..	..	..
Crédits	..	..	..	..	..	..	..	..
Crédits à court terme	..	..	..	..	..	..	..	..
Crédits à long terme	..	..	..	..	..	..	..	..
Actions et parts de fonds d'investissement	..	..	..	..	..	..	..	..
Systèmes d'assurance, de pensions et garanties standard	..	..	..	..	..	..	..	..
Produits financiers dérivés et options sur titres des salariés	..	..	..	..	..	..	..	..
Autres comptes à payer	..	..	..	..	..	..	..	..
Actifs non financiers	..	..	..	..	..	20 826	52 731	46 863
Fonds d'investissement à capital variable								
Valeur nette financière	..	..	..	..	..	26 660 592	28 297 673	30 869 996
Actifs financiers	..	..	..	..	..	26 719 418	28 306 339	30 873 881
Numéraire et dépôts	..	..	..	..	..	154 759	315 842	248 689
Titres de dette	..	..	..	..	..	23 392 675	23 931 609	27 335 531
Crédits	..	..	..	..	..	..	..	..
Actions et parts de fonds d'investissement	..	..	..	..	..	..	..	3 289 660
Actions	..	..	..	..	..	..	..	892 043
Parts de fonds d'investissement	..	..	..	..	..	..	..	2 397 618
Parts de fonds d'investissement monétaires	..	..	..	..	..	..	..	..
Parts de fonds d'investissement non monétaires	..	..	..	..	..	..	..	..
Systèmes d'assurance, de pensions et garanties standard	..	..	..	..	..	..	..	..
Produits financiers dérivés et options sur titres des salariés	..	..	..	..	..	..	..	..
Autres comptes à recevoir	..	..	..	..	..	..	..	..
Passifs financiers	..	..	..	..	..	58 826	8 666	3 884
Titres de dette	..	..	..	..	..	..	..	..
Titres de dette à court terme	..	..	..	..	..	..	..	..
Titres de dette à long terme	..	..	..	..	..	..	..	..
Crédits	..	..	..	..	..	..	..	..
Crédits à court terme	..	..	..	..	..	..	..	..
Crédits à long terme	..	..	..	..	..	..	..	..
Actions et parts de fonds d'investissement	..	..	..	..	..	..	..	..
Systèmes d'assurance, de pensions et garanties standard	..	..	..	..	..	..	..	..
Produits financiers dérivés et options sur titres des salariés	..	..	..	..	..	..	..	..
Autres comptes à payer	..	..	..	..	..	..	..	..
Actifs non financiers	..	..	..	..	..	53 257	98 805	112 972

Note : Voir les métadonnées détaillées sur : http://metalinks.oecd.org/instinv/20170920/bf24

Tableau 3. Actifs et passifs financiers des sociétés d'assurance et fonds de pension

Millions CLP

	2009	2010	2011	2012	2013	2014	2015	2016
Sociétés d'assurance et fonds de pension								
Valeur nette financière	..	..	..	..	..	125 953 303	137 263 750	147 852 040
Actifs financiers	..	..	..	..	..	127 702 283	139 498 064	149 722 473
Numéraire et dépôts	..	..	..	..	..	7 423 782	8 668 098	7 571 956
Titres de dette	..	..	..	..	..	58 422 149	66 300 575	78 879 795
Crédits	..	..	..	..	..	3 622 921	3 718 752	4 064 950
Actions et parts de fonds d'investissement	..	..	..	..	..	56 235 414	59 196 576	56 770 438
Actions	..	..	..	..	..	8 954 179	8 399 011	9 694 054
Parts de fonds d'investissement	..	..	..	..	..	47 281 235	50 797 565	47 076 383
Parts de fonds d'investissement monétaires	..	..	..	..	..	..	..	..
Parts de fonds d'investissement non monétaires	..	..	..	..	..	..	..	..
Systèmes d'assurance, de pensions et garanties standard	..	..	..	..	..	..	..	..
Produits financiers dérivés et options sur titres des salariés	..	..	..	..	..	-195 142	-407 146	86 163
Autres comptes à recevoir	..	..	..	..	..	..	..	..
Passifs financiers	..	..	..	..	..	1 748 980	2 234 314	1 870 432
Titres de dette	..	..	..	..	..	..	..	..
Titres de dette à court terme	..	..	..	..	..	..	..	..
Titres de dette à long terme	..	..	..	..	..	..	..	..
Crédits	..	..	..	..	..	..	..	..
Crédits à court terme	..	..	..	..	..	..	..	..
Crédits à long terme	..	..	..	..	..	..	..	..
Actions et parts de fonds d'investissement	..	..	..	..	..	..	..	..
Systèmes d'assurance, de pensions et garanties standard	..	..	..	..	..	..	..	..
Produits financiers dérivés et options sur titres des salariés	..	..	..	..	..	..	..	..
Autres comptes à payer	..	..	..	..	..	..	..	..
Actifs non financiers	..	..	..	..	..	..	3 791 125	..
Sociétés d'assurance								
Valeur nette financière	..	..	..	..	..	26 554 708	29 060 184	32 675 179
Actifs financiers	..	..	..	..	..	27 222 468	30 064 643	33 293 844
Numéraire et dépôts	..	..	..	..	..	457 706	401 273	354 607
Titres de dette	..	..	..	..	..	18 966 501	21 727 444	23 337 925
Crédits	..	..	..	..	..	2 946 519	3 139 873	3 574 454
Actions et parts de fonds d'investissement	..	..	..	..	..	2 849 529	3 261 873	3 730 615
Actions	..	..	..	..	..	433 578	367 160	414 182
Parts de fonds d'investissement	..	..	..	..	..	2 415 952	2 894 713	3 316 432
Parts de fonds d'investissement monétaires	..	..	..	..	..	..	..	..
Parts de fonds d'investissement non monétaires	..	..	..	..	..	..	..	..
Systèmes d'assurance, de pensions et garanties standard	..	..	..	..	..	..	0	0
Produits financiers dérivés et options sur titres des salariés	..	..	..	..	..	-190 947	-487 029	-52 927
Autres comptes à recevoir	..	..	..	..	..	2 193 159	2 021 209	2 349 170
Passifs financiers	..	..	..	..	..	667 760	1 004 459	618 665
Titres de dette	..	..	..	..	..	..	..	..
Titres de dette à court terme	..	..	..	..	..	..	..	..
Titres de dette à long terme	..	..	..	..	..	..	..	..
Crédits	..	..	..	..	..	..	..	..
Crédits à court terme	..	..	..	..	..	..	..	..
Crédits à long terme	..	..	..	..	..	..	..	..
Actions et parts de fonds d'investissement	..	..	..	..	..	..	..	..
Systèmes d'assurance, de pensions et garanties standard	..	..	..	..	..	..	..	..
Produits financiers dérivés et options sur titres des salariés	..	..	..	..	..	..	..	..
Autres comptes à payer	..	..	..	..	..	..	..	..
Actifs non financiers	..	..	..	..	..	3 297 155	3 791 125	4 103 190
Fonds de pension								
Valeur nette financière	..	..	..	..	..	99 398 595	108 203 566	115 176 862
Actifs financiers	..	..	..	..	..	100 479 815	109 433 421	116 428 629
Numéraire et dépôts	..	..	..	..	..	6 966 076	8 266 825	7 217 349
Titres de dette	..	..	..	..	..	39 455 648	44 573 132	55 541 871
Crédits	..	..	..	..	..	676 402	578 879	490 496
Actions et parts de fonds d'investissement	..	..	..	..	..	53 385 885	55 934 703	53 039 823
Actions	..	..	..	..	..	8 520 602	8 031 851	9 279 872
Parts de fonds d'investissement	..	..	..	..	..	44 865 284	47 902 852	43 759 951
Parts de fonds d'investissement monétaires	..	..	..	..	..	..	..	..
Parts de fonds d'investissement non monétaires	..	..	..	..	..	..	..	..
Systèmes d'assurance, de pensions et garanties standard	..	..	..	..	..	..	..	..
Produits financiers dérivés et options sur titres des salariés	..	..	..	..	..	-4 196	79 882	139 090
Autres comptes à recevoir	..	..	..	..	..	..	..	..
Passifs financiers	..	..	..	..	..	1 081 220	1 229 855	1 251 767
Titres de dette	..	..	..	..	..	..	..	..
Titres de dette à court terme	..	..	..	..	..	..	..	..
Titres de dette à long terme	..	..	..	..	..	..	..	..
Crédits	..	..	..	..	..	..	..	..
Crédits à court terme	..	..	..	..	..	..	..	..
Crédits à long terme	..	..	..	..	..	..	..	..
Actions et parts de fonds d'investissement	..	..	..	..	..	..	..	..
Systèmes d'assurance, de pensions et garanties standard	..	..	..	..	..	..	..	..
Produits financiers dérivés et options sur titres des salariés	..	..	..	..	..	..	..	..
Autres comptes à payer	..	..	..	..	..	1 081 220	1 229 855	1 251 767
Actifs non financiers	..	..	..	..	..	..	..	..

Note : Voir les métadonnées détaillées sur : http://metalinks.oecd.org/instinv/20170920/bf24

Tableau 4. Composition du portefeuille par type d'investisseur

En pourcentage des actifs financiers et des passifs financiers

Pour cent

	2009	2010	2011	2012	2013	2014	2015	2016
Fonds d'investissement								
Actifs financiers	..	..	..	..	..	100.0	100.0	100.0
Numéraire et dépôts	..	..	..	..	..	..	..	..
Titres de dettes	..	..	..	..	..	..	..	..
Crédits	..	..	..	..	..	..	..	..
Actions et parts de fonds d'investissement	..	..	..	..	..	..	..	..
Systèmes d'assurance de pensions et garanties standard	..	..	..	..	..	..	..	..
Produits financiers dérivés et options sur titres des salariés	..	..	..	..	..	..	..	..
Autres comptes à recevoir	..	..	..	..	..	..	..	..
Passifs financiers	..	..	..	..	..	100.0	100.0	100.0
Numéraire et dépôts	..	..	..	..	..	..	..	..
Titres de dettes	..	..	..	..	..	..	..	..
Crédits	..	..	..	..	..	..	..	..
Actions et parts de fonds d'investissement	..	..	..	..	..	..	..	..
Systèmes d'assurance de pensions et garanties standard	..	..	..	..	..	..	..	..
Produits financiers dérivés et options sur titres des salariés	..	..	..	..	..	..	..	..
Autres comptes à recevoir	..	..	..	..	..	..	..	..
Sociétés d'assurance								
Actifs financiers	..	..	..	..	..	100.0	100.0	100.0
Numéraire et dépôts	..	..	..	..	..	1.7	1.3	1.1
Titres de dettes	..	..	..	..	..	69.7	72.3	70.1
Crédits	..	..	..	..	..	10.8	10.4	10.7
Actions et parts de fonds d'investissement	..	..	..	..	..	10.5	10.8	11.2
Systèmes d'assurance de pensions et garanties standard	..	..	..	..	..	0.0	0.0	0.0
Produits financiers dérivés et options sur titres des salariés	..	..	..	..	..	-0.7	-1.6	-0.2
Autres comptes à recevoir	..	..	..	..	..	8.1	6.7	7.1
Passifs financiers	..	..	..	..	..	100.0	100.0	100.0
Numéraire et dépôts	..	..	..	..	..	..	..	..
Titres de dettes	..	..	..	..	..	..	..	..
Crédits	..	..	..	..	..	..	..	..
Actions et parts de fonds d'investissement	..	..	..	..	..	..	..	..
Systèmes d'assurance de pensions et garanties standard	..	..	..	..	..	..	..	..
Produits financiers dérivés et options sur titres des salariés	..	..	..	..	..	..	..	..
Autres comptes à recevoir	..	..	..	..	..	..	..	..
Fonds de pension								
Actifs financiers	..	..	..	..	..	100.0	100.0	100.0
Numéraire et dépôts	..	..	..	..	..	6.9	7.6	6.2
Titres de dettes	..	..	..	..	..	39.3	40.7	47.7
Crédits	..	..	..	..	..	0.7	0.5	0.4
Actions et parts de fonds d'investissement	..	..	..	..	..	53.1	51.1	45.6
Systèmes d'assurance de pensions et garanties standard	..	..	..	..	..	0.0	0.0	0.0
Produits financiers dérivés et options sur titres des salariés	..	..	..	..	..	0.0	0.1	0.1
Autres comptes à recevoir	..	..	..	..	..	0.0	0.0	0.0
Passifs financiers	..	..	..	..	..	100.0	100.0	100.0
Numéraire et dépôts	..	..	..	..	..	0.0	0.0	0.0
Titres de dettes	..	..	..	..	..	0.0	0.0	0.0
Crédits	..	..	..	..	..	0.0	0.0	0.0
Actions et parts de fonds d'investissement	..	..	..	..	..	0.0	0.0	0.0
Systèmes d'assurance de pensions et garanties standard	..	..	..	..	..	0.0	0.0	0.0
Produits financiers dérivés et options sur titres des salariés	..	..	..	..	..	0.0	0.0	0.0
Autres comptes à recevoir	..	..	..	..	..	100.0	100.0	100.0

Note : Voir les métadonnées détaillées sur : http://metalinks.oecd.org/instinv/20170920/a53e

RÉPUBLIQUE TCHÈQUE

Tableau 1. Actifs et passifs financiers des investisseurs institutionnels, 2016

Millions CZK

	Fonds d'investissement				
	Total	Fonds d'investissement non-monétaire			Fonds d'investissement monétaires
		Total	Fonds d'investissement à capital variable, non monétaire	Fonds d'investissement à capital fixe, non monétaire	Total
Actifs financiers	317 608	316 961	316 961	..	647
Numéraire et dépôts	36 542	36 218	36 218	..	324
Titres de dette	109 623	109 339	109 339	..	284
Titres de dette à court terme	1 073	1 064	1 064	..	9
Titres de dette à long terme	108 550	108 275	108 275	..	275
Titres de dette émis par les résidents	56 812	56 580	56 580	..	232
Titres de dette émis par les non-résidents	52 811	52 759	52 759	..	52
Crédits	30 754	30 754	30 754	..	0
Crédits à court terme	2 960	2 960	2 960	..	0
Crédits à long terme	27 794	27 794	27 794	..	0
Crédits accordés aux résidents	23 066	23 066	23 066	..	0
Crédits accordés aux non-résidents	7 688	7 688	7 688	..	0
Actions et parts de fonds d'investissement	135 949	135 911	135 911	..	38
Actions et parts de fonds d'investissements émises par les résidents	19 178	19 178	19 178	..	0
Actions et part de fonds d'investissements émises par les non-résidents	116 771	116 733	116 733	..	38
Autres comptes à recevoir	4 570	4 570	4 570	..	0

	Fonds d'investissement				
	Total	Fonds d'investissement non-monétaire			Fonds d'investissement monétaires
		Total	Fonds d'investissement à capital variable, non monétaire	Fonds d'investissement à capital fixe, non monétaire	Total
Pasifs financiers	391 424	390 217	390 217	..	1 207
Numéraire et dépôts	0	0	0	..	0
Titres de dette	213	213	213	..	0
Titres de dette à court terme	0	0	0	..	0
Titres de dette à long terme	213	213	213	..	0
Crédits	11 003	10 845	10 845	..	158
Crédits à court terme	603	597	597	..	6
Crédits à long terme	10 400	10 248	10 248	..	152
Actions et parts de fonds d'investissement	355 828	354 779	354 779	..	1 049
Systèmes d'assurance, de pensions et garanties standard	0	0	0	..	0
Produits financiers dérivés et options sur titres des salariés	1 268	1 268	1 268	..	0
Autres comptes à payer	23 112	23 112	23 112	..	0

	Sociétés d'assurance et fonds de pension autonomes				
	Total	Sociétés d'assurance			Fonds de pension autonomes
		Total	Sociétés d'assurance vie	Sociétés d'assurance non-vie	Total
Actifs financiers	906 757	531 009	..	..	375 748
Numéraire et dépôts	58 755	36 832	..	..	21 923
Titres de dette	624 656	281 946	..	..	342 710
Titres de dette à court terme	1 196	84	..	..	1 112
Titres de dette à long terme	623 460	281 862	..	..	341 598
Titres de dette émis par les résidents	490 538	206 286	..	..	284 252
Titres de dette émis par les non-résidents	134 118	75 660	..	..	58 458
Crédits	1 540	1 514	..	..	26
Crédits à court terme	0	0	..	..	0
Crédits à long terme	1 540	1 514	..	..	26
Crédits accordés aux résidents	1 529	1 503	..	..	26
Crédits accordés aux non-résidents	11	11	..	..	0
Actions et parts de fonds d'investissement	118 157	107 725	..	..	10 432
Actions et parts de fonds d'investissement émises par les résidents	50 216	49 236	..	..	980
Actions et parts de fonds d'investissement émises par les non-résidents	67 941	58 489	..	..	9 452
Autrescomptes à recevoir	64 650	64 173	..	..	477

	Sociétés d'assurance et fonds de pension autonomes				
	Total	Sociétés d'assurance			Fonds de pension autonomes
		Total	Sociétés d'assurance vie	Sociétés d'assurance non-vie	Total
Pasifs financiers	948 937	546 817	..	..	402 120
Numéraire et dépôts	0	0	..	..	0
Titres de dette	653	653	..	..	0
Titres de dette à court terme	0	0	..	..	0
Titres de dette à long terme	653	653	..	..	0
Crédits	1 582	1 582	..	..	0
Crédits à court terme	1 556	1 556	..	..	0
Crédits à long terme	26	26	..	..	0
Actions et parts de fonds d'investissement	101 420	85 793	..	..	15 627
Systèmes d'assurance, de pensions et garanties standard	792 355	410 671	..	..	381 684
Produits financiers dérivés et options sur titres des salariés	7 212	4 009	..	..	3 203
Autres comptes à payer	45 715	44 109	..	..	1 606

Note : Voir les métadonnées détaillées sur : http://metalinks.oecd.org/instinv/20170920/e3b8

Tableau 2. Actifs et passifs financiers des fonds d'investissement

Millions CZK

	2009	2010	2011	2012	2013	2014	2015	2016
Fonds d'investissement								
Valeur nette financière	-807	-3 630	-19 802	-58 881	-60 679	-77 595	-88 597	-73 816
Actifs financiers	150 872	164 771	150 453	164 431	187 843	215 862	245 739	317 608
Numéraire et dépôts	24 381	23 806	26 539	32 135	32 867	25 835	24 122	36 542
Titres de dette	80 648	87 755	74 728	73 416	82 644	86 384	86 582	109 623
Crédits	915	1 888	3 848	7 667	11 335	17 097	21 001	30 754
Actions et parts de fonds d'investissement	40 147	49 014	41 725	45 337	56 293	80 967	107 258	135 949
Actions	23 916	29 562	24 396	26 537	27 063	31 029	39 403	48 163
Parts de fonds d'investissement	16 231	19 452	17 329	18 800	29 230	49 938	67 855	87 786
Parts de fonds d'investissement monétaires	5 164	4 150	2 775	362	594	791	246	921
Parts de fonds d'investissement non monétaires	11 067	15 302	14 554	18 438	28 636	49 147	67 609	86 865
Systèmes d'assurance, de pensions et garanties standard	13	12	15	14	17	20	16	7
Produits financiers dérivés et options sur titres des salariés	573	575	189	513	387	101	496	163
Autres comptes à recevoir	4 195	1 721	3 409	5 349	4 300	5 458	6 264	4 570
Passifs financiers	151 679	168 401	170 255	223 312	248 522	293 457	334 336	391 424
Titres de dette	0	0	0	205	68	0	237	213
Titres de dette à court terme	0	0	0	0	0	0	0	0
Titres de dette à long terme	0	0	0	205	68	0	237	213
Crédits	358	1 672	4 217	25 359	13 918	15 594	9 210	11 003
Crédits à court terme	358	0	0	5 448	0	1 137	587	603
Crédits à long terme	0	1 672	4 217	19 911	13 918	14 457	8 623	10 400
Actions et parts de fonds d'investissement	142 408	160 194	158 057	183 146	220 804	261 751	307 698	355 828
Systèmes d'assurance, de pensions et garanties standard	0	0	0	0	0	0	0	0
Produits financiers dérivés et options sur titres des salariés	1 139	620	1 497	414	1 041	1 275	528	1 268
Autres comptes à payer	7 774	5 915	6 484	14 188	12 691	14 837	16 663	23 112
Actifs non financiers	..	..	..	..	..	..	..	..
Fonds d'investissement monéaires								
Valeur nette financière	2 403	818	594	-1 398	-1 368	-153	596	-560
Actifs financiers	49 397	44 381	14 840	1 948	1 121	1 176	1 416	647
Numéraire et dépôts	13 005	13 716	3 801	1 566	875	495	455	324
Titres de dette	36 035	30 247	11 038	234	244	680	960	284
Crédits	0	0	0	146	0	0	0	0
Actions et parts de fonds d'investissement	315	313	0	0	0	0	0	38
Actions	0	0	0	0	0	0	0	0
Parts de fonds d'investissement	315	313	0	0	0	0	0	38
Parts de fonds d'investissement monétaires	110	68	0	0	0	0	0	38
Parts de fonds d'investissement non monétaires	205	245	0	0	0	0	0	0
Systèmes d'assurance, de pensions et garanties standard	1	1	1	1	1	1	1	1
Produits financiers dérivés et options sur titres des salariés	41	104	0	1	1	0	0	0
Autres comptes à recevoir	0	0	0	0	0	0	0	0
Passifs financiers	46 994	43 563	14 246	3 346	2 489	1 329	820	1 207
Titres de dette	0	0	0	196	56	0	0	0
Titres de dette à court terme	0	0	0	0	0	0	0	0
Titres de dette à long terme	0	0	0	196	56	0	0	0
Crédits	0	0	0	0	0	44	121	158
Crédits à court terme	0	0	0	0	0	31	2	6
Crédits à long terme	0	0	0	0	0	13	119	152
Actions et parts de fonds d'investissement	46 707	43 232	14 219	3 148	2 423	1 283	699	1 049
Systèmes d'assurance, de pensions et garanties standard	0	0	0	0	0	0	0	0
Produits financiers dérivés et options sur titres des salariés	287	331	27	2	10	1	0	0
Autres comptes à payer	0	0	0	0	0	1	0	0
Actifs non financiers	..	..	..	..	..	..	..	..
Fonds d'investissement non monéaires								
Valeur nette financière	-3 210	-4 448	-20 396	-57 483	-59 311	-77 442	-89 193	-73 256
Actifs financiers	101 475	120 390	135 613	162 483	186 722	214 686	244 323	316 961
Numéraire et dépôts	11 376	10 090	22 738	30 569	31 992	25 340	23 667	36 218
Titres de dette	44 613	57 508	63 690	73 182	82 400	85 704	85 622	109 339
Crédits	915	1 888	3 848	7 521	11 335	17 097	21 001	30 754
Actions et parts de fonds d'investissement	39 832	48 701	41 725	45 337	56 293	80 967	107 258	135 911
Actions	23 916	29 562	24 396	26 537	27 063	31 029	39 403	48 163
Parts de fonds d'investissement	15 916	19 139	17 329	18 800	29 230	49 938	67 855	87 748
Parts de fonds d'investissement monétaires	5 054	4 082	2 775	362	594	791	246	883
Parts de fonds d'investissement non monétaires	10 862	15 057	14 554	18 438	28 636	49 147	67 609	86 865
Systèmes d'assurance, de pensions et garanties standard	12	11	14	13	16	19	15	6
Produits financiers dérivés et options sur titres des salariés	532	471	189	512	386	101	496	163
Autres comptes à recevoir	4 195	1 721	3 409	5 349	4 300	5 458	6 264	4 570
Passifs financiers	104 685	124 838	156 009	219 966	246 033	292 128	333 516	390 217
Titres de dette	0	0	0	9	12	0	237	213
Titres de dette à court terme	0	0	0	0	0	0	0	0
Titres de dette à long terme	0	0	0	9	12	0	237	213
Crédits	358	1 672	4 217	25 359	13 918	15 550	9 089	10 845
Crédits à court terme	358	0	0	5 448	0	1 106	585	597
Crédits à long terme	0	1 672	4 217	19 911	13 918	14 444	8 504	10 248
Actions et parts de fonds d'investissement	95 701	116 962	143 838	179 998	218 381	260 468	306 999	354 779
Systèmes d'assurance, de pensions et garanties standard	0	0	0	0	0	0	0	0
Produits financiers dérivés et options sur titres des salariés	852	289	1 470	412	1 031	1 274	528	1 268
Autres comptes à payer	7 774	5 915	6 484	14 188	12 691	14 836	16 663	23 112
Actifs non financiers	..	..	..	..	..	..	..	..
Fonds d'investissement non monéaires à capital variable								
Valeur nette financière	-3 210	-4 448	-20 396	-57 483	-59 311	-77 442	-89 193	-73 256
Actifs financiers	101 475	120 390	135 613	162 483	186 722	214 686	244 323	316 961

Tableau 2. Actifs et passifs financiers des fonds d'investissement *(suite)*

Millions CZK

	2009	2010	2011	2012	2013	2014	2015	2016
Numéraire et dépôts	11 376	10 090	22 738	30 569	31 992	25 340	23 667	36 218
Titres de dette	44 613	57 508	63 690	73 182	82 400	85 704	85 622	109 339
Crédits	915	1 888	3 848	7 521	11 335	17 097	21 001	30 754
Actions et parts de fonds d'investissement	39 832	48 701	41 725	45 337	56 293	80 967	107 258	135 911
Actions	23 916	29 562	24 396	26 537	27 063	31 029	39 403	48 163
Parts de fonds d'investissement	15 916	19 139	17 329	18 800	29 230	49 938	67 855	87 748
Parts de fonds d'investissement monétaires	5 054	4 082	2 775	362	594	791	246	883
Parts de fonds d'investissement non monétaires	10 862	15 057	14 554	18 438	28 636	49 147	67 609	86 865
Systèmes d'assurance, de pensions et garanties standard	12	11	14	13	16	19	15	6
Produits financiers dérivés et options sur titres des salariés	532	471	189	512	386	101	496	163
Autres comptes à recevoir	4 195	1 721	3 409	5 349	4 300	5 458	6 264	4 570
Passifs financiers	104 685	124 838	156 009	219 966	246 033	292 128	333 516	390 217
Titres de dette	0	0	0	9	12	0	237	213
Titres de dette à court terme	0	0	0	0	0	0	0	0
Titres de dette à long terme	0	0	0	9	12	0	237	213
Crédits	358	1 672	4 217	25 359	13 918	15 550	9 089	10 845
Crédits à court terme	358	0	0	5 448	0	1 106	585	597
Crédits à long terme	0	1 672	4 217	19 911	13 918	14 444	8 504	10 248
Actions et parts de fonds d'investissement	95 701	116 962	143 838	179 998	218 381	260 468	306 999	354 779
Systèmes d'assurance, de pensions et garanties standard	0	0	0	0	0	0	0	0
Produits financiers dérivés et options sur titres des salariés	852	289	1 470	412	1 031	1 274	528	1 268
Autres comptes à payer	7 774	5 915	6 484	14 188	12 691	14 836	16 663	23 112
Actifs non financiers	..	..	..	..	..	..	..	..
Fonds d'investissement à capital variable								
Valeur nette financière	-807	-3 630	-19 802	-58 881	-60 679	-77 595	-88 597	-73 816
Actifs financiers	150 872	164 771	150 453	164 431	187 843	215 862	245 739	317 608
Numéraire et dépôts	24 381	23 806	26 539	32 135	32 867	25 835	24 122	36 542
Titres de dette	80 648	87 755	74 728	73 416	82 644	86 384	86 582	109 623
Crédits	915	1 888	3 848	7 667	11 335	17 097	21 001	30 754
Actions et parts de fonds d'investissement	40 147	49 014	41 725	45 337	56 293	80 967	107 258	135 949
Actions	23 916	29 562	24 396	26 537	27 063	31 029	39 403	48 163
Parts de fonds d'investissement	16 231	19 452	17 329	18 800	29 230	49 938	67 855	87 786
Parts de fonds d'investissement monétaires	5 164	4 150	2 775	362	594	791	246	921
Parts de fonds d'investissement non monétaires	11 067	15 302	14 554	18 438	28 636	49 147	67 609	86 865
Systèmes d'assurance, de pensions et garanties standard	13	12	15	14	17	20	16	7
Produits financiers dérivés et options sur titres des salariés	573	575	189	513	387	101	496	163
Autres comptes à recevoir	4 195	1 721	3 409	5 349	4 300	5 458	6 264	4 570
Passifs financiers	151 679	168 401	170 255	223 312	248 522	293 457	334 336	391 424
Titres de dette	0	0	0	205	68	0	237	213
Titres de dette à court terme	0	0	0	0	0	0	0	0
Titres de dette à long terme	0	0	0	205	68	0	237	213
Crédits	358	1 672	4 217	25 359	13 918	15 594	9 210	11 003
Crédits à court terme	358	0	0	5 448	0	1 137	587	603
Crédits à long terme	0	1 672	4 217	19 911	13 918	14 457	8 623	10 400
Actions et parts de fonds d'investissement	142 408	160 194	158 057	183 146	220 804	261 751	307 698	355 828
Systèmes d'assurance, de pensions et garanties standard	0	0	0	0	0	0	0	0
Produits financiers dérivés et options sur titres des salariés	1 139	620	1 497	414	1 041	1 275	528	1 268
Autres comptes à payer	7 774	5 915	6 484	14 188	12 691	14 837	16 663	23 112
Actifs non financiers	..	..	..	..	..	..	..	..

Note : Voir les métadonnées détaillées sur : http://metalinks.oecd.org/instinv/20170920/e3b8

RÉPUBLIQUE TCHÈQUE

Tableau 3. Actifs et passifs financiers des sociétés d'assurance et fonds de pension

Millions CZK

	2009	2010	2011	2012	2013	2014	2015	2016
Sociétés d'assurance et fonds de pension								
Valeur nette financière	6 875	-20 615	-23 539	-38 068	-26 933	-29 417	-368	-42 180
Actifs financiers	662 692	685 952	706 705	752 759	798 759	856 215	915 226	906 757
Numéraire et dépôts	57 701	50 542	48 750	60 860	67 832	54 507	55 120	58 755
Titres de dette	462 373	468 043	494 623	523 698	550 041	611 360	673 391	624 656
Crédits	2 624	2 707	828	763	644	5 916	1 398	1 540
Actions et parts de fonds d'investissement	71 496	87 012	87 910	98 590	105 483	107 927	110 508	118 157
Actions	24 793	26 080	23 313	22 139	19 219	23 385	19 132	23 732
Parts de fonds d'investissement	46 703	60 932	64 597	76 451	86 264	84 542	91 376	94 425
Parts de fonds d'investissement monétaires	14 062	12 145	1 406	1 545	1 126	645	694	452
Parts de fonds d'investissement non monétaires	32 641	48 787	63 191	74 906	85 138	83 897	90 682	93 973
Systèmes d'assurance, de pensions et garanties standard	32 106	36 861	35 948	32 037	36 797	37 853	38 928	38 507
Produits financiers dérivés et options sur titres des salariés	677	936	447	754	636	394	717	492
Autres comptes à recevoir	35 715	39 851	38 199	36 057	37 326	38 258	35 164	64 650
Passifs financiers	655 817	706 567	730 244	790 827	825 692	885 632	915 594	948 937
Titres de dette	493	521	511	466	479	505	502	653
Titres de dette à court terme	0	0	0	0	0	0	0	0
Titres de dette à long terme	493	521	511	466	479	505	502	653
Crédits	890	143	119	107	1 280	575	576	1 582
Crédits à court terme	801	89	79	78	972	1	1	1 556
Crédits à long terme	89	54	40	29	308	574	575	26
Actions et parts de fonds d'investissement	90 175	99 339	90 950	111 490	89 743	101 058	105 128	101 420
Systèmes d'assurance, de pensions et garanties standard	532 890	576 781	605 323	641 036	689 110	733 547	760 091	792 355
Produits financiers dérivés et options sur titres des salariés	1 725	1 519	4 243	3 086	3 195	8 128	6 488	7 212
Autres comptes à payer	29 644	28 264	29 098	34 642	41 885	41 819	42 809	45 715
Actifs non financiers	..	..	..	..	..	..	..	..
Sociétés d'assurance								
Valeur nette financière	11 675	-15 823	-19 998	-62 831	-56 798	-24 515	1 138	-15 808
Actifs financiers	451 621	458 228	462 621	454 744	477 104	523 199	543 663	531 009
Numéraire et dépôts	33 965	32 814	29 375	34 198	33 234	31 098	31 237	36 832
Titres de dette	288 633	271 733	280 312	259 510	272 306	309 375	334 282	281 946
Crédits	2 624	2 707	828	763	644	5 916	1 373	1 514
Actions et parts de fonds d'investissement	61 835	77 151	81 349	95 311	101 060	102 085	103 238	107 725
Actions	21 778	24 206	22 308	21 552	18 237	22 168	17 737	21 462
Parts de fonds d'investissement	40 057	52 945	59 041	73 759	82 823	79 917	85 501	86 263
Parts de fonds d'investissement monétaires	12 287	11 160	1 406	1 545	1 126	640	692	452
Parts de fonds d'investissement non monétaires	27 770	41 785	57 635	72 214	81 697	79 277	84 809	85 811
Systèmes d'assurance, de pensions et garanties standard	32 104	36 859	35 946	32 035	36 795	37 850	38 925	38 504
Produits financiers dérivés et options sur titres des salariés	627	697	353	541	358	327	565	315
Autres comptes à recevoir	31 833	36 267	34 458	32 386	32 707	36 548	34 043	64 173
Passifs financiers	439 946	474 051	482 619	517 575	533 902	547 714	542 525	546 817
Titres de dette	493	521	511	466	479	505	502	653
Titres de dette à court terme	0	0	0	0	0	0	0	0
Titres de dette à long terme	493	521	511	466	479	505	502	653
Crédits	890	143	119	107	1 280	575	576	1 582
Crédits à court terme	801	89	79	78	972	1	1	1 556
Crédits à long terme	89	54	40	29	308	574	575	26
Actions et parts de fonds d'investissement	76 686	84 871	78 306	88 468	86 142	85 739	87 251	85 793
Systèmes d'assurance, de pensions et garanties standard	332 059	360 556	373 152	394 298	405 867	415 501	408 993	410 671
Produits financiers dérivés et options sur titres des salariés	1 048	620	2 233	1 929	1 546	5 149	3 906	4 009
Autres comptes à payer	28 770	27 340	28 298	32 307	38 588	40 245	41 297	44 109
Actifs non financiers	..	..	..	..	..	..	..	..
Fonds de pension								
Valeur nette financière	-4 800	-4 792	-3 541	24 763	29 865	-4 902	-1 506	-26 372
Actifs financiers	211 071	227 724	244 084	298 015	321 655	333 016	371 563	375 748
Numéraire et dépôts	23 736	17 728	19 375	26 662	34 598	23 409	23 883	21 923
Titres de dette	173 740	196 310	214 311	264 188	277 735	301 985	339 109	342 710
Crédits	0	0	0	0	0	0	25	26
Actions et parts de fonds d'investissement	9 661	9 861	6 561	3 279	4 423	5 842	7 270	10 432
Actions	3 015	1 874	1 005	587	982	1 217	1 395	2 270
Parts de fonds d'investissement	6 646	7 987	5 556	2 692	3 441	4 625	5 875	8 162
Parts de fonds d'investissement monétaires	1 775	985	0	0	0	5	2	0
Parts de fonds d'investissement non monétaires	4 871	7 002	5 556	2 692	3 441	4 620	5 873	8 162
Systèmes d'assurance, de pensions et garanties standard	2	2	2	2	2	3	3	3
Produits financiers dérivés et options sur titres des salariés	50	239	94	213	278	67	152	177
Autres comptes à recevoir	3 882	3 584	3 741	3 671	4 619	1 710	1 121	477
Passifs financiers	215 871	232 516	247 625	273 252	291 790	337 918	373 069	402 120
Titres de dette	0	0	0	0	0	0	0	0
Titres de dette à court terme	0	0	0	0	0	0	0	0
Titres de dette à long terme	0	0	0	0	0	0	0	0
Crédits	0	0	0	0	0	0	0	0
Crédits à court terme	0	0	0	0	0	0	0	0
Crédits à long terme	0	0	0	0	0	0	0	0
Actions et parts de fonds d'investissement	13 489	14 468	12 644	23 022	3 601	15 319	17 877	15 627
Systèmes d'assurance, de pensions et garanties standard	200 831	216 225	232 171	246 738	283 243	318 046	351 098	381 684
Produits financiers dérivés et options sur titres des salariés	677	899	2 010	1 157	1 649	2 979	2 582	3 203
Autres comptes à payer	874	924	800	2 335	3 297	1 574	1 512	1 606
Actifs non financiers	..	..	..	..	..	..	..	..

Note : Voir les métadonnées détaillées sur : http://metalinks.oecd.org/instinv/20170920/e3b8

Tableau 4. Composition du portefeuille par type d'investisseur

En pourcentage des actifs financiers et des passifs financiers

Pour cent

	2009	2010	2011	2012	2013	2014	2015	2016
Fonds d'investissement								
Actifs financiers	100.0	100.0	100.0	100.0	100.0	100.0	100.0	100.0
Numéraire et dépôts	16.2	14.4	17.6	19.5	17.5	12.0	9.8	11.5
Titres de dettes	53.5	53.3	49.7	44.6	44.0	40.0	35.2	34.5
Crédits	0.6	1.1	2.6	4.7	6.0	7.9	8.5	9.7
Actions et parts de fonds d'investissement	26.6	29.7	27.7	27.6	30.0	37.5	43.6	42.8
Systèmes d'assurance de pensions et garanties standard	0.0	0.0	0.0	0.0	0.0	0.0	0.0	0.0
Produits financiers dérivés et options sur titres des salariés	0.4	0.3	0.1	0.3	0.2	0.0	0.2	0.1
Autres comptes à recevoir	2.8	1.0	2.3	3.3	2.3	2.5	2.5	1.4
Passifs financiers	100.0	100.0	100.0	100.0	100.0	100.0	100.0	100.0
Numéraire et dépôts	0.0	0.0	0.0	0.0	0.0	0.0	0.0	0.0
Titres de dettes	0.0	0.0	0.0	0.1	0.0	0.0	0.1	0.1
Crédits	0.2	1.0	2.5	11.4	5.6	5.3	2.8	2.8
Actions et parts de fonds d'investissement	93.9	95.1	92.8	82.0	88.8	89.2	92.0	90.9
Systèmes d'assurance de pensions et garanties standard	0.0	0.0	0.0	0.0	0.0	0.0	0.0	0.0
Produits financiers dérivés et options sur titres des salariés	0.8	0.4	0.9	0.2	0.4	0.4	0.2	0.3
Autres comptes à recevoir	5.1	3.5	3.8	6.4	5.1	5.1	5.0	5.9
Sociétés d'assurance								
Actifs financiers	100.0	100.0	100.0	100.0	100.0	100.0	100.0	100.0
Numéraire et dépôts	7.5	7.2	6.3	7.5	7.0	5.9	5.7	6.9
Titres de dettes	63.9	59.3	60.6	57.1	57.1	59.1	61.5	53.1
Crédits	0.6	0.6	0.2	0.2	0.1	1.1	0.3	0.3
Actions et parts de fonds d'investissement	13.7	16.8	17.6	21.0	21.2	19.5	19.0	20.3
Systèmes d'assurance de pensions et garanties standard	7.1	8.0	7.8	7.0	7.7	7.2	7.2	7.3
Produits financiers dérivés et options sur titres des salariés	0.1	0.2	0.1	0.1	0.1	0.1	0.1	0.1
Autres comptes à recevoir	7.0	7.9	7.4	7.1	6.9	7.0	6.3	12.1
Passifs financiers	100.0	100.0	100.0	100.0	100.0	100.0	100.0	100.0
Numéraire et dépôts	0.0	0.0	0.0	0.0	0.0	0.0	0.0	0.0
Titres de dettes	0.1	0.1	0.1	0.1	0.1	0.1	0.1	0.1
Crédits	0.2	0.0	0.0	0.0	0.2	0.1	0.1	0.3
Actions et parts de fonds d'investissement	17.4	17.9	16.2	17.1	16.1	15.7	16.1	15.7
Systèmes d'assurance de pensions et garanties standard	75.5	76.1	77.3	76.2	76.0	75.9	75.4	75.1
Produits financiers dérivés et options sur titres des salariés	0.2	0.1	0.5	0.4	0.3	0.9	0.7	0.7
Autres comptes à recevoir	6.5	5.8	5.9	6.2	7.2	7.3	7.6	8.1
Fonds de pension								
Actifs financiers	100.0	100.0	100.0	100.0	100.0	100.0	100.0	100.0
Numéraire et dépôts	11.2	7.8	7.9	8.9	10.8	7.0	6.4	5.8
Titres de dettes	82.3	86.2	87.8	88.6	86.3	90.7	91.3	91.2
Crédits	0.0	0.0	0.0	0.0	0.0	0.0	0.0	0.0
Actions et parts de fonds d'investissement	4.6	4.3	2.7	1.1	1.4	1.8	2.0	2.8
Systèmes d'assurance de pensions et garanties standard	0.0	0.0	0.0	0.0	0.0	0.0	0.0	0.0
Produits financiers dérivés et options sur titres des salariés	0.0	0.1	0.0	0.1	0.1	0.0	0.0	0.0
Autres comptes à recevoir	1.8	1.6	1.5	1.2	1.4	0.5	0.3	0.1
Passifs financiers	100.0	100.0	100.0	100.0	100.0	100.0	100.0	100.0
Numéraire et dépôts	0.0	0.0	0.0	0.0	0.0	0.0	0.0	0.0
Titres de dettes	0.0	0.0	0.0	0.0	0.0	0.0	0.0	0.0
Crédits	0.0	0.0	0.0	0.0	0.0	0.0	0.0	0.0
Actions et parts de fonds d'investissement	6.2	6.2	5.1	8.4	1.2	4.5	4.8	3.9
Systèmes d'assurance de pensions et garanties standard	93.0	93.0	93.8	90.3	97.1	94.1	94.1	94.9
Produits financiers dérivés et options sur titres des salariés	0.3	0.4	0.8	0.4	0.6	0.9	0.7	0.8
Autres comptes à recevoir	0.4	0.4	0.3	0.9	1.1	0.5	0.4	0.4

Note : Voir les métadonnées détaillées sur : http://metalinks.oecd.org/instinv/20170920/a53e

DANEMARK

Tableau 1. Actifs et passifs financiers des investisseurs institutionnels, 2016

Millions DKK

	Fonds d'investissement				
	Total	Fonds d'investissement non-monétaire			Fonds d'investissement monétaires
		Total	Fonds d'investissement à capital variable, non monétaire	Fonds d'investissement à capital fixe, non monétaire	Total
Actifs financiers	2 182 680	2 182 680	2 182 680	..	..
Numéraire et dépôts	49 942	49 942	49 942	..	..
Titres de dette	1 123 181	1 123 181	1 123 181	..	..
Titres de dette à court terme	462	462	462	..	..
Titres de dette à long terme	1 122 719	1 122 719	1 122 719	..	..
Titres de dette émis par les résidents	593 227	593 227	593 227	..	..
Titres de dette émis par les non-résidents	529 954	529 954	529 954	..	..
Crédits	38	38	38	..	..
Crédits à court terme	30	30	30	..	..
Crédits à long terme	8	8	8	..	..
Crédits accordés aux résidents	0	0	0	..	..
Crédits accordés aux non-résidents	38	38	38	..	..
Actions et parts de fonds d'investissement	1 002 224	1 002 224	1 002 224	..	..
Actions et parts de fonds d'investissements émises par les résidents	238 489	238 489	238 489	..	..
Actions et part de fonds d'investissements émises par les non-résidents	763 735	763 735	763 735	..	..
Autres comptes à recevoir	..	..	..	..	..

	Fonds d'investissement				
	Total	Fonds d'investissement non-monétaire			Fonds d'investissement monétaires
		Total	Fonds d'investissement à capital variable, non monétaire	Fonds d'investissement à capital fixe, non monétaire	Total
Pasifs financiers	2 145 855	2 145 855	2 145 855	..	..
Numéraire et dépôts	..	..	..	..	..
Titres de dette	..	..	..	..	..
Titres de dette à court terme	..	..	..	..	..
Titres de dette à long terme	..	..	..	..	..
Crédits	94 111	94 111	94 111	..	..
Crédits à court terme	93 076	93 076	93 076	..	..
Crédits à long terme	1 035	1 035	1 035	..	..
Actions et parts de fonds d'investissement	2 040 284	2 040 284	2 040 284	..	..
Systèmes d'assurance, de pensions et garanties standard	..	..	..	..	..
Produits financiers dérivés et options sur titres des salariés	11 460	11 460	11 460	..	..
Autres comptes à payer	..	..	..	..	..

	Sociétés d'assurance et fonds de pension autonomes				
	Total	Sociétés d'assurance			Fonds de pension autonomes
		Total	Sociétés d'assurance vie	Sociétés d'assurance non-vie	Total
Actifs financiers	3 948 271	2 363 359	..	..	1 584 912
Numéraire et dépôts	91 910	29 104	..	..	62 806
Titres de dette	1 568 402	820 959	..	..	747 443
Titres de dette à court terme	19 056	8 198	..	..	10 858
Titres de dette à long terme	1 549 346	812 761	..	..	736 585
Titres de dette émis par les résidents	1 029 762	571 802	..	..	457 960
Titres de dette émis par les non-résidents	538 640	249 157	..	..	289 483
Crédits	41 621	22 708	..	..	18 913
Crédits à court terme	24 238	5 743	..	..	18 495
Crédits à long terme	17 383	16 965	..	..	418
Crédits accordés aux résidents	25 632	20 256	..	..	5 376
Crédits accordés aux non-résidents	15 989	2 452	..	..	13 537
Actions et parts de fonds d'investissement	2 003 350	1 341 919	..	..	661 431
Actions et parts de fonds d'investissement émises par les résidents	1 383 401	889 615	..	..	493 786
Actions et parts de fonds d'investissement émises par les non-résidents	619 949	452 304	..	..	167 645
Autrescomptes à recevoir	75 276	52 281	..	..	22 995

	Sociétés d'assurance et fonds de pension autonomes				
	Total	Sociétés d'assurance			Fonds de pension autonomes
		Total	Sociétés d'assurance vie	Sociétés d'assurance non-vie	Total
Pasifs financiers	3 936 267	2 371 636	..	..	1 564 631
Numéraire et dépôts	..	..	..	..	..
Titres de dette	6 832	6 904	..	..	-72
Titres de dette à court terme	..	..	..	..	..
Titres de dette à long terme	6 832	6 904	..	..	-72
Crédits	207 639	173 241	..	..	34 398
Crédits à court terme	195 809	161 495	..	..	34 314
Crédits à long terme	11 830	11 746	..	..	84
Actions et parts de fonds d'investissement	283 913	177 460	..	..	106 453
Systèmes d'assurance, de pensions et garanties standard	3 232 132	1 886 822	..	..	1 345 310
Produits financiers dérivés et options sur titres des salariés	91 778	42 568	..	..	49 210
Autres comptes à payer	113 973	84 641	..	..	29 332

Note : Voir les métadonnées détaillées sur : http://metalinks.oecd.org/instinv/20170920/e3b8

DANEMARK

Tableau 2. Actifs et passifs financiers des fonds d'investissement

Millions DKK

	2009	2010	2011	2012	2013	2014	2015	2016
Fonds d'investissement								
Valeur nette financière	..	..	..	-38 247	713	7 077	2 093	36 825
Actifs financiers	..	..	..	1 638 793	1 872 524	2 087 626	2 066 818	2 182 680
Numéraire et dépôts	..	..	..	22 930	34 273	41 649	42 075	49 942
Titres de dette	..	..	..	905 026	1 036 270	1 110 216	1 045 483	1 123 181
Crédits	..	..	..	362	590	727	483	38
Actions et parts de fonds d'investissement	..	..	..	705 778	790 863	917 741	966 843	1 002 224
Actions	..	..	..	564 017	632 065	740 630	775 557	817 812
Parts de fonds d'investissement	..	..	..	141 761	158 798	177 111	191 286	184 412
Parts de fonds d'investissement monétaires	..	..	..	..	..	..	..	..
Parts de fonds d'investissement non monétaires	..	..	..	141 761	158 798	177 111	191 286	184 412
Systèmes d'assurance, de pensions et garanties standard	..	..	..	..	..	..	..	..
Produits financiers dérivés et options sur titres des salariés	..	..	..	4 697	10 528	17 293	11 934	7 295
Autres comptes à recevoir	..	..	..	..	..	..	..	..
Passifs financiers	..	..	..	1 677 040	1 871 811	2 080 549	2 064 725	2 145 855
Titres de dette	..	..	..	..	..	..	..	..
Titres de dette à court terme	..	..	..	..	..	..	..	..
Titres de dette à long terme	..	..	..	..	..	..	..	..
Crédits	..	..	..	107 393	127 339	135 986	124 240	94 111
Crédits à court terme	..	..	..	106 941	126 773	134 697	123 170	93 076
Crédits à long terme	..	..	..	452	566	1 289	1 070	1 035
Actions et parts de fonds d'investissement	..	..	..	1 565 455	1 738 051	1 918 770	1 927 242	2 040 284
Systèmes d'assurance, de pensions et garanties standard	..	..	..	..	..	..	..	..
Produits financiers dérivés et options sur titres des salariés	..	..	..	4 192	6 421	25 793	13 243	11 460
Autres comptes à payer	..	..	..	..	..	..	..	..
Actifs non financiers	..	..	..	0	0	0	0	0
Fonds d'investissement monéaires								
Valeur nette financière	..	..	..	..	..	..	..	..
Actifs financiers	..	..	..	..	..	..	..	..
Numéraire et dépôts	..	..	..	..	..	..	..	..
Titres de dette	..	..	..	..	..	..	..	..
Crédits	..	..	..	..	..	..	..	..
Actions et parts de fonds d'investissement	..	..	..	..	..	..	..	..
Actions	..	..	..	..	..	..	..	..
Parts de fonds d'investissement	..	..	..	..	..	..	..	..
Parts de fonds d'investissement monétaires	..	..	..	..	..	..	..	..
Parts de fonds d'investissement non monétaires	..	..	..	..	..	..	..	..
Systèmes d'assurance, de pensions et garanties standard	..	..	..	..	..	..	..	..
Produits financiers dérivés et options sur titres des salariés	..	..	..	..	..	..	..	..
Autres comptes à recevoir	..	..	..	..	..	..	..	..
Passifs financiers	..	..	..	..	..	..	..	..
Titres de dette	..	..	..	..	..	..	..	..
Titres de dette à court terme	..	..	..	..	..	..	..	..
Titres de dette à long terme	..	..	..	..	..	..	..	..
Crédits	..	..	..	..	..	..	..	..
Crédits à court terme	..	..	..	..	..	..	..	..
Crédits à long terme	..	..	..	..	..	..	..	..
Actions et parts de fonds d'investissement	..	..	..	..	..	..	..	..
Systèmes d'assurance, de pensions et garanties standard	..	..	..	..	..	..	..	..
Produits financiers dérivés et options sur titres des salariés	..	..	..	..	..	..	..	..
Autres comptes à payer	..	..	..	..	..	..	..	..
Actifs non financiers	..	..	..	..	..	..	..	..
Fonds d'investissement non monéaires								
Valeur nette financière	..	..	..	-38 247	713	7 077	2 093	36 825
Actifs financiers	..	..	..	1 638 793	1 872 524	2 087 626	2 066 818	2 182 680
Numéraire et dépôts	..	..	..	22 930	34 273	41 649	42 075	49 942
Titres de dette	..	..	..	905 026	1 036 270	1 110 216	1 045 483	1 123 181
Crédits	..	..	..	362	590	727	483	38
Actions et parts de fonds d'investissement	..	..	..	705 778	790 863	917 741	966 843	1 002 224
Actions	..	..	..	564 017	632 065	740 630	775 557	817 812
Parts de fonds d'investissement	..	..	..	141 761	158 798	177 111	191 286	184 412
Parts de fonds d'investissement monétaires	..	..	..	..	..	..	..	..
Parts de fonds d'investissement non monétaires	..	..	..	141 761	158 798	177 111	191 286	184 412
Systèmes d'assurance, de pensions et garanties standard	..	..	..	..	..	..	..	..
Produits financiers dérivés et options sur titres des salariés	..	..	..	4 697	10 528	17 293	11 934	7 295
Autres comptes à recevoir	..	..	..	..	..	..	..	..
Passifs financiers	..	..	..	1 677 040	1 871 811	2 080 549	2 064 725	2 145 855
Titres de dette	..	..	..	..	..	..	..	..
Titres de dette à court terme	..	..	..	..	..	..	..	..
Titres de dette à long terme	..	..	..	..	..	..	..	..
Crédits	..	..	..	107 393	127 339	135 986	124 240	94 111
Crédits à court terme	..	..	..	106 941	126 773	134 697	123 170	93 076
Crédits à long terme	..	..	..	452	566	1 289	1 070	1 035
Actions et parts de fonds d'investissement	..	..	..	1 565 455	1 738 051	1 918 770	1 927 242	2 040 284
Systèmes d'assurance, de pensions et garanties standard	..	..	..	..	..	..	..	..
Produits financiers dérivés et options sur titres des salariés	..	..	..	4 192	6 421	25 793	13 243	11 460
Autres comptes à payer	..	..	..	..	..	..	..	..
Actifs non financiers	..	..	..	0	0	0	0	0
Fonds d'investissement non monéaires à capital variable								
Valeur nette financière	..	..	..	-38 247	713	7 077	2 093	36 825
Actifs financiers	..	..	..	1 638 793	1 872 524	2 087 626	2 066 818	2 182 680

Tableau 2. Actifs et passifs financiers des fonds d'investissement *(suite)*

Millions DKK

	2009	2010	2011	2012	2013	2014	2015	2016
Numéraire et dépôts	..	..	..	22 930	34 273	41 649	42 075	49 942
Titres de dette	..	..	..	905 026	1 036 270	1 110 216	1 045 483	1 123 181
Crédits	..	..	..	362	590	727	483	38
Actions et parts de fonds d'investissement	..	..	..	705 778	790 863	917 741	966 843	1 002 224
Actions	..	..	..	564 017	632 065	740 630	775 557	817 812
Parts de fonds d'investissement	..	..	..	141 761	158 798	177 111	191 286	184 412
Parts de fonds d'investissement monétaires	..	..	..	..	..	..	..	..
Parts de fonds d'investissement non monétaires	..	..	..	141 761	158 798	177 111	191 286	184 412
Systèmes d'assurance, de pensions et garanties standard	..	..	..	..	..	..	..	..
Produits financiers dérivés et options sur titres des salariés	..	..	..	4 697	10 528	17 293	11 934	7 295
Autres comptes à recevoir	..	..	..	..	..	..	..	..
Passifs financiers	..	..	..	1 677 040	1 871 811	2 080 549	2 064 725	2 145 855
Titres de dette	..	..	..	..	..	..	..	..
Titres de dette à court terme	..	..	..	..	..	..	..	..
Titres de dette à long terme	..	..	..	..	..	..	..	..
Crédits	..	..	..	107 393	127 339	135 986	124 240	94 111
Crédits à court terme	..	..	..	106 941	126 773	134 697	123 170	93 076
Crédits à long terme	..	..	..	452	566	1 289	1 070	1 035
Actions et parts de fonds d'investissement	..	..	..	1 565 455	1 738 051	1 918 770	1 927 242	2 040 284
Systèmes d'assurance, de pensions et garanties standard	..	..	..	..	..	..	..	..
Produits financiers dérivés et options sur titres des salariés	..	..	..	4 192	6 421	25 793	13 243	11 460
Autres comptes à payer	..	..	..	..	..	..	..	..
Actifs non financiers	..	..	..	0	0	0	0	0
Fonds d'investissement à capital variable								
Valeur nette financière	..	..	..	-38 247	713	7 077	2 093	36 825
Actifs financiers	..	..	..	1 638 793	1 872 524	2 087 626	2 066 818	2 182 680
Numéraire et dépôts	..	..	..	22 930	34 273	41 649	42 075	49 942
Titres de dette	..	..	..	905 026	1 036 270	1 110 216	1 045 483	1 123 181
Crédits	..	..	..	362	590	727	483	38
Actions et parts de fonds d'investissement	..	..	..	705 778	790 863	917 741	966 843	1 002 224
Actions	..	..	..	564 017	632 065	740 630	775 557	817 812
Parts de fonds d'investissement	..	..	..	141 761	158 798	177 111	191 286	184 412
Parts de fonds d'investissement monétaires	..	..	..	..	..	..	..	..
Parts de fonds d'investissement non monétaires	..	..	..	141 761	158 798	177 111	191 286	184 412
Systèmes d'assurance, de pensions et garanties standard	..	..	..	..	..	..	..	..
Produits financiers dérivés et options sur titres des salariés	..	..	..	4 697	10 528	17 293	11 934	7 295
Autres comptes à recevoir	..	..	..	..	..	..	..	..
Passifs financiers	..	..	..	1 677 040	1 871 811	2 080 549	2 064 725	2 145 855
Titres de dette	..	..	..	..	..	..	..	..
Titres de dette à court terme	..	..	..	..	..	..	..	..
Titres de dette à long terme	..	..	..	..	..	..	..	..
Crédits	..	..	..	107 393	127 339	135 986	124 240	94 111
Crédits à court terme	..	..	..	106 941	126 773	134 697	123 170	93 076
Crédits à long terme	..	..	..	452	566	1 289	1 070	1 035
Actions et parts de fonds d'investissement	..	..	..	1 565 455	1 738 051	1 918 770	1 927 242	2 040 284
Systèmes d'assurance, de pensions et garanties standard	..	..	..	..	..	..	..	..
Produits financiers dérivés et options sur titres des salariés	..	..	..	4 192	6 421	25 793	13 243	11 460
Autres comptes à payer	..	..	..	..	..	..	..	..
Actifs non financiers	..	..	..	0	0	0	0	0

Note : Voir les métadonnées détaillées sur : http://metalinks.oecd.org/instinv/20170920/e3b8

Tableau 3. Actifs et passifs financiers des sociétés d'assurance et fonds de pension

Millions DKK

	2009	2010	2011	2012	2013	2014	2015	2016
Sociétés d'assurance et fonds de pension								
Valeur nette financière	..	..	..	42 448	44 394	57 633	-54 525	12 004
Actifs financiers	..	..	..	3 267 838	3 163 058	3 581 842	3 618 939	3 948 271
Numéraire et dépôts	..	..	..	93 246	82 199	95 547	72 344	91 910
Titres de dette	..	..	..	1 432 204	1 296 804	1 422 096	1 516 181	1 568 402
Crédits	..	..	..	33 964	31 148	49 428	53 415	41 621
Actions et parts de fonds d'investissement	..	..	..	1 589 070	1 632 510	1 731 417	1 765 627	2 003 350
Actions	..	..	..	670 938	602 528	582 031	708 937	838 441
Parts de fonds d'investissement	..	..	..	917 557	1 029 982	1 149 386	1 056 690	1 164 909
Parts de fonds d'investissement monétaires	..	..	..	..	..	..	..	..
Parts de fonds d'investissement non monétaires	..	..	..	917 557	1 029 982	1 149 386	1 056 690	1 164 909
Systèmes d'assurance, de pensions et garanties standard	..	..	..	11 533	13 821	7 958	8 762	7 209
Produits financiers dérivés et options sur titres des salariés	..	..	..	52 566	36 318	208 162	141 070	160 503
Autres comptes à recevoir	..	..	..	55 255	70 258	67 234	61 540	75 276
Passifs financiers	..	..	..	3 225 390	3 118 664	3 524 209	3 673 464	3 936 267
Titres de dette	..	..	..	-25	-34	2 253	5 939	6 832
Titres de dette à court terme	..	..	..	..	..	..	..	..
Titres de dette à long terme	..	..	..	-25	-34	2 253	5 939	6 832
Crédits	..	..	..	182 053	130 917	160 502	210 786	207 639
Crédits à court terme	..	..	..	162 701	114 802	137 986	191 226	195 809
Crédits à long terme	..	..	..	19 352	16 115	22 516	19 560	11 830
Actions et parts de fonds d'investissement	..	..	..	216 031	219 094	206 619	287 902	283 913
Systèmes d'assurance, de pensions et garanties standard	..	..	..	2 641 560	2 616 361	2 959 236	3 035 943	3 232 132
Produits financiers dérivés et options sur titres des salariés	..	..	..	32 554	24 167	84 390	67 655	91 778
Autres comptes à payer	..	..	..	153 217	128 159	111 209	65 239	113 973
Actifs non financiers	..	..	..	0	0	0	0	0
Sociétés d'assurance								
Valeur nette financière	..	..	..	-838	9 784	13 089	-98 843	-8 277
Actifs financiers	..	..	..	1 867 615	1 879 816	2 119 934	2 128 965	2 363 359
Numéraire et dépôts	..	..	..	38 520	37 419	33 408	28 292	29 104
Titres de dette	..	..	..	645 801	633 653	686 828	790 180	820 959
Crédits	..	..	..	23 689	20 074	22 648	21 605	22 708
Actions et parts de fonds d'investissement	..	..	..	1 066 074	1 107 305	1 187 082	1 165 735	1 341 919
Actions	..	..	..	423 876	366 841	352 264	429 284	572 956
Parts de fonds d'investissement	..	..	..	641 623	740 464	834 818	736 451	768 963
Parts de fonds d'investissement monétaires	..	..	..	..	..	..	..	..
Parts de fonds d'investissement non monétaires	..	..	..	641 623	740 464	834 818	736 451	768 963
Systèmes d'assurance, de pensions et garanties standard	..	..	..	11 247	13 535	7 960	8 764	7 211
Produits financiers dérivés et options sur titres des salariés	..	..	..	48 041	33 097	142 346	78 086	89 177
Autres comptes à recevoir	..	..	..	34 243	34 733	39 662	36 303	52 281
Passifs financiers	..	..	..	1 868 453	1 870 032	2 106 845	2 227 808	2 371 636
Titres de dette	..	..	..	47	38	2 325	6 011	6 904
Titres de dette à court terme	..	..	..	..	..	..	..	..
Titres de dette à long terme	..	..	..	47	38	2 325	6 011	6 904
Crédits	..	..	..	74 351	94 067	123 777	182 676	173 241
Crédits à court terme	..	..	..	57 368	79 728	109 630	165 048	161 495
Crédits à long terme	..	..	..	16 983	14 339	14 147	17 628	11 746
Actions et parts de fonds d'investissement	..	..	..	136 747	137 208	126 074	203 596	177 460
Systèmes d'assurance, de pensions et garanties standard	..	..	..	1 534 037	1 537 852	1 703 826	1 763 031	1 886 822
Produits financiers dérivés et options sur titres des salariés	..	..	..	29 301	21 833	66 440	27 343	42 568
Autres comptes à payer	..	..	..	93 970	79 034	84 403	45 151	84 641
Actifs non financiers	..	..	..	0	0	0	0	0
Fonds de pension								
Valeur nette financière	..	..	..	43 286	34 610	44 544	44 318	20 281
Actifs financiers	..	..	..	1 400 223	1 283 242	1 461 908	1 489 974	1 584 912
Numéraire et dépôts	..	..	..	54 726	44 780	62 139	44 052	62 806
Titres de dette	..	..	..	786 403	663 151	735 268	726 001	747 443
Crédits	..	..	..	10 275	11 074	26 780	31 810	18 913
Actions et parts de fonds d'investissement	..	..	..	522 996	525 205	544 335	599 892	661 431
Actions	..	..	..	247 062	235 687	229 767	279 653	265 485
Parts de fonds d'investissement	..	..	..	275 934	289 518	314 568	320 239	395 946
Parts de fonds d'investissement monétaires	..	..	..	..	..	..	..	..
Parts de fonds d'investissement non monétaires	..	..	..	275 934	289 518	314 568	320 239	395 946
Systèmes d'assurance, de pensions et garanties standard	..	..	..	286	286	-2	-2	-2
Produits financiers dérivés et options sur titres des salariés	..	..	..	4 525	3 221	65 816	62 984	71 326
Autres comptes à recevoir	..	..	..	21 012	35 525	27 572	25 237	22 995
Passifs financiers	..	..	..	1 356 937	1 248 632	1 417 364	1 445 656	1 564 631
Titres de dette	..	..	..	-72	-72	-72	-72	-72
Titres de dette à court terme	..	..	..	..	..	..	..	..
Titres de dette à long terme	..	..	..	-72	-72	-72	-72	-72
Crédits	..	..	..	107 702	36 850	36 725	28 110	34 398
Crédits à court terme	..	..	..	105 333	35 074	28 356	26 178	34 314
Crédits à long terme	..	..	..	2 369	1 776	8 369	1 932	84
Actions et parts de fonds d'investissement	..	..	..	79 284	81 886	80 545	84 306	106 453
Systèmes d'assurance, de pensions et garanties standard	..	..	..	1 107 523	1 078 509	1 255 410	1 272 912	1 345 310
Produits financiers dérivés et options sur titres des salariés	..	..	..	3 253	2 334	17 950	40 312	49 210
Autres comptes à payer	..	..	..	59 247	49 125	26 806	20 088	29 332
Actifs non financiers	..	..	..	0	0	0	0	0

Note : Voir les métadonnées détaillées sur : http://metalinks.oecd.org/instinv/20170920/e3b8

Tableau 4. Composition du portefeuille par type d'investisseur

En pourcentage des actifs financiers et des passifs financiers

Pour cent

	2009	2010	2011	2012	2013	2014	2015	2016
Fonds d'investissement								
Actifs financiers	..	..	..	100.0	100.0	100.0	100.0	100.0
Numéraire et dépôts	..	..	..	1.4	1.8	2.0	2.0	2.3
Titres de dettes	..	..	..	55.2	55.3	53.2	50.6	51.5
Crédits	..	..	..	0.0	0.0	0.0	0.0	0.0
Actions et parts de fonds d'investissement	..	..	..	43.1	42.2	44.0	46.8	45.9
Systèmes d'assurance de pensions et garanties standard	..	..	..	0.0	0.0	0.0	0.0	0.0
Produits financiers dérivés et options sur titres des salariés	..	..	..	0.3	0.6	0.8	0.6	0.3
Autres comptes à recevoir	..	..	..	0.0	0.0	0.0	0.0	0.0
Passifs financiers	..	..	..	100.0	100.0	100.0	100.0	100.0
Numéraire et dépôts	..	..	..	0.0	0.0	0.0	0.0	0.0
Titres de dettes	..	..	..	0.0	0.0	0.0	0.0	0.0
Crédits	..	..	..	6.4	6.8	6.5	6.0	4.4
Actions et parts de fonds d'investissement	..	..	..	93.3	92.9	92.2	93.3	95.1
Systèmes d'assurance de pensions et garanties standard	..	..	..	0.0	0.0	0.0	0.0	0.0
Produits financiers dérivés et options sur titres des salariés	..	..	..	0.2	0.3	1.2	0.6	0.5
Autres comptes à recevoir	..	..	..	0.0	0.0	0.0	0.0	0.0
Sociétés d'assurance								
Actifs financiers	..	..	..	100.0	100.0	100.0	100.0	100.0
Numéraire et dépôts	..	..	..	2.1	2.0	1.6	1.3	1.2
Titres de dettes	..	..	..	34.6	33.7	32.4	37.1	34.7
Crédits	..	..	..	1.3	1.1	1.1	1.0	1.0
Actions et parts de fonds d'investissement	..	..	..	57.1	58.9	56.0	54.8	56.8
Systèmes d'assurance de pensions et garanties standard	..	..	..	0.6	0.7	0.4	0.4	0.3
Produits financiers dérivés et options sur titres des salariés	..	..	..	2.6	1.8	6.7	3.7	3.8
Autres comptes à recevoir	..	..	..	1.8	1.8	1.9	1.7	2.2
Passifs financiers	..	..	..	100.0	100.0	100.0	100.0	100.0
Numéraire et dépôts	..	..	..	0.0	0.0	0.0	0.0	0.0
Titres de dettes	..	..	..	0.0	0.0	0.1	0.3	0.3
Crédits	..	..	..	4.0	5.0	5.9	8.2	7.3
Actions et parts de fonds d'investissement	..	..	..	7.3	7.3	6.0	9.1	7.5
Systèmes d'assurance de pensions et garanties standard	..	..	..	82.1	82.2	80.9	79.1	79.6
Produits financiers dérivés et options sur titres des salariés	..	..	..	1.6	1.2	3.2	1.2	1.8
Autres comptes à recevoir	..	..	..	5.0	4.2	4.0	2.0	3.6
Fonds de pension								
Actifs financiers	..	..	..	100.0	100.0	100.0	100.0	100.0
Numéraire et dépôts	..	..	..	3.9	3.5	4.3	3.0	4.0
Titres de dettes	..	..	..	56.2	51.7	50.3	48.7	47.2
Crédits	..	..	..	0.7	0.9	1.8	2.1	1.2
Actions et parts de fonds d'investissement	..	..	..	37.4	40.9	37.2	40.3	41.7
Systèmes d'assurance de pensions et garanties standard	..	..	..	0.0	0.0	0.0	0.0	0.0
Produits financiers dérivés et options sur titres des salariés	..	..	..	0.3	0.3	4.5	4.2	4.5
Autres comptes à recevoir	..	..	..	1.5	2.8	1.9	1.7	1.5
Passifs financiers	..	..	..	100.0	100.0	100.0	100.0	100.0
Numéraire et dépôts	..	..	..	0.0	0.0	0.0	0.0	0.0
Titres de dettes	..	..	..	0.0	0.0	0.0	0.0	0.0
Crédits	..	..	..	7.9	3.0	2.6	1.9	2.2
Actions et parts de fonds d'investissement	..	..	..	5.8	6.6	5.7	5.8	6.8
Systèmes d'assurance de pensions et garanties standard	..	..	..	81.6	86.4	88.6	88.1	86.0
Produits financiers dérivés et options sur titres des salariés	..	..	..	0.2	0.2	1.3	2.8	3.1
Autres comptes à recevoir	..	..	..	4.4	3.9	1.9	1.4	1.9

Note : Voir les métadonnées détaillées sur : http://metalinks.oecd.org/instinv/20170920/a53e

ESTONIE

Tableau 1. Actifs et passifs financiers des investisseurs institutionnels, 2016

Millions EUR (2011 EEK euro)

	Total	Fonds d'investissement			
		Fonds d'investissement non-monétaire			Fonds d'investissement monétaires
		Total	Fonds d'investissement à capital variable, non monétaire	Fonds d'investissement à capital fixe, non monétaire	Total
Actifs financiers	728	728	336	392	0
Numéraire et dépôts	66	66	33	33	0
Titres de dette	17	17	9	8	0
Titres de dette à court terme	0	0	0	0	0
Titres de dette à long terme	17	17	9	8	0
Titres de dette émis par les résidents	9	9	1	7	0
Titres de dette émis par les non-résidents	8	8	8	0	0
Crédits	69	69	0	69	0
Crédits à court terme	3	3	0	3	0
Crédits à long terme	65	65	0	65	0
Crédits accordés aux résidents	44	44	0	44	0
Crédits accordés aux non-résidents	25	25	0	25	0
Actions et parts de fonds d'investissement	573	573	292	281	0
Actions et parts de fonds d'investissements émises par les résidents	162	162	6	155	0
Actions et part de fonds d'investissements émises par les non-résidents	412	412	285	126	0
Autres comptes à recevoir	3	3	2	1	0

	Total	Fonds d'investissement			
		Fonds d'investissement non-monétaire			Fonds d'investissement monétaires
		Total	Fonds d'investissement à capital variable, non monétaire	Fonds d'investissement à capital fixe, non monétaire	Total
Pasifs financiers	743	743	336	407	0
Numéraire et dépôts	0	0	0	0	0
Titres de dette	0	0	0	0	0
Titres de dette à court terme	0	0	..	..	0
Titres de dette à long terme	0	0	..	..	0
Crédits	21	21	0	21	0
Crédits à court terme	8	8	..	..	0
Crédits à long terme	13	13	..	..	0
Actions et parts de fonds d'investissement	715	715	331	384	0
Systèmes d'assurance, de pensions et garanties standard	0	0	0	0	0
Produits financiers dérivés et options sur titres des salariés	0	0	0	0	0
Autres comptes à payer	7	7	5	2	0

	Total	Sociétés d'assurance et fonds de pension autonomes			
		Sociétés d'assurance			Fonds de pension autonomes
		Total	Sociétés d'assurance vie	Sociétés d'assurance non-vie	Total
Actifs financiers	4 485	1 244	..	..	3 241
Numéraire et dépôts	900	162	..	..	738
Titres de dette	1 114	532	..	..	582
Titres de dette à court terme	0	0	..	..	0
Titres de dette à long terme	1 114	532	..	..	582
Titres de dette émis par les résidents	54	12	..	..	42
Titres de dette émis par les non-résidents	1 061	520	..	..	541
Crédits	0	0	..	..	0
Crédits à court terme	0	0	..	..	0
Crédits à long terme	0	0	..	..	0
Crédits accordés aux résidents	0	0	..	..	0
Crédits accordés aux non-résidents	0	0	..	..	0
Actions et parts de fonds d'investissement	2 408	493	..	..	1 915
Actions et parts de fonds d'investissement émises par les résidents	198	61	..	..	137
Actions et parts de fonds d'investissement émises par les non-résidents	2 210	432	..	..	1 778
Autrescomptes à recevoir	40	35	..	..	5

	Total	Sociétés d'assurance et fonds de pension autonomes			
		Sociétés d'assurance			Fonds de pension autonomes
		Total	Sociétés d'assurance vie	Sociétés d'assurance non-vie	Total
Pasifs financiers	4 483	1 244	..	..	3 238
Numéraire et dépôts	0	0	..	..	0
Titres de dette	0	0	..	..	0
Titres de dette à court terme	0	0	..	..	0
Titres de dette à long terme	0	0	..	..	0
Crédits	24	24	..	..	0
Crédits à court terme	0	0	..	..	0
Crédits à long terme	24	24	..	..	0
Actions et parts de fonds d'investissement	408	408	..	..	0
Systèmes d'assurance, de pensions et garanties standard	3 873	638	..	..	3 235
Produits financiers dérivés et options sur titres des salariés	0	0	..	..	0
Autres comptes à payer	178	175	..	..	3

Note : Voir les métadonnées détaillées sur : http://metalinks.oecd.org/instinv/20170920/2ff0

Tableau 2. Actifs et passifs financiers des fonds d'investissement

Millions EUR

	2009	2010	2011	2012	2013	2014	2015	2016
Fonds d'investissement								
Valeur nette financière	-11	-6	-10	-1	19	29	2	-15
Actifs financiers	552	585	447	514	631	603	607	728
Numéraire et dépôts	63	27	22	48	56	53	46	66
Titres de dette	79	67	67	75	70	70	62	17
Crédits	36	20	18	14	32	27	33	69
Actions et parts de fonds d'investissement	366	462	337	369	460	435	464	573
Actions	247	315	207	224	314	287	323	443
Parts de fonds d'investissement	118	147	130	144	147	148	140	130
Parts de fonds d'investissement monétaires	..	..	..	..	..	..	..	..
Parts de fonds d'investissement non monétaires	..	..	..	..	..	..	..	..
Systèmes d'assurance, de pensions et garanties standard	0	0	0	0	0	0	0	0
Produits financiers dérivés et options sur titres des salariés	0	4	0	1	4	6	0	0
Autres comptes à recevoir	8	5	2	6	10	11	2	3
Passifs financiers	562	592	457	514	612	574	605	743
Titres de dette	22	19	12	0	0	0	0	0
Titres de dette à court terme	0	0	0	0	0	0	0	0
Titres de dette à long terme	22	19	12	0	0	0	0	0
Crédits	10	4	13	26	24	27	21	21
Crédits à court terme	1	1	1	1	0	27	8	8
Crédits à long terme	9	3	12	25	24	0	14	13
Actions et parts de fonds d'investissement	520	564	429	485	583	538	580	715
Systèmes d'assurance, de pensions et garanties standard	0	0	0	0	0	0	0	0
Produits financiers dérivés et options sur titres des salariés	0	0	0	0	0	1	0	0
Autres comptes à payer	10	5	3	3	5	7	3	7
Actifs non financiers	12	12	13	14	0	0	0	0
Fonds d'investissement monéaires								
Valeur nette financière	0	0	0	0	0	0	0	0
Actifs financiers	0	0	0	0	0	0	0	0
Numéraire et dépôts	0	0	0	0	0	0	0	0
Titres de dette	0	0	0	0	0	0	0	0
Crédits	0	0	0	0	0	0	0	0
Actions et parts de fonds d'investissement	0	0	0	0	0	0	0	0
Actions	0	0	0	0	0	0	0	0
Parts de fonds d'investissement	0	0	0	0	0	0	0	0
Parts de fonds d'investissement monétaires	..	..	..	..	..	..	..	..
Parts de fonds d'investissement non monétaires	..	..	..	..	..	..	..	..
Systèmes d'assurance, de pensions et garanties standard	0	0	0	0	0	0	0	0
Produits financiers dérivés et options sur titres des salariés	0	0	0	0	0	0	0	0
Autres comptes à recevoir	0	0	0	0	0	0	0	0
Passifs financiers	0	0	0	0	0	0	0	0
Titres de dette	0	0	0	0	0	0	0	0
Titres de dette à court terme	0	0	0	0	0	0	0	0
Titres de dette à long terme	0	0	0	0	0	0	0	0
Crédits	0	0	0	0	0	0	0	0
Crédits à court terme	0	0	0	0	0	0	0	0
Crédits à long terme	0	0	0	0	0	0	0	0
Actions et parts de fonds d'investissement	0	0	0	0	0	0	0	0
Systèmes d'assurance, de pensions et garanties standard	0	0	0	0	0	0	0	0
Produits financiers dérivés et options sur titres des salariés	0	0	0	0	0	0	0	0
Autres comptes à payer	0	0	0	0	0	0	0	0
Actifs non financiers	0	0	0	0	0	0	0	0
Fonds d'investissement non monéaires								
Valeur nette financière	-11	-6	-10	-1	19	29	2	-15
Actifs financiers	552	585	447	514	631	603	607	728
Numéraire et dépôts	63	27	22	48	56	53	46	66
Titres de dette	79	67	67	75	70	70	62	17
Crédits	36	20	18	14	32	27	33	69
Actions et parts de fonds d'investissement	366	462	337	369	460	435	464	573
Actions	247	315	207	224	314	287	323	443
Parts de fonds d'investissement	118	147	130	144	147	148	140	130
Parts de fonds d'investissement monétaires	0	0	0	0	0	0	0	0
Parts de fonds d'investissement non monétaires	118	147	130	144	147	148	140	130
Systèmes d'assurance, de pensions et garanties standard	0	0	0	0	0	0	0	0
Produits financiers dérivés et options sur titres des salariés	0	4	0	1	4	6	0	0
Autres comptes à recevoir	8	5	2	6	10	11	2	3
Passifs financiers	562	592	457	514	612	574	605	743
Titres de dette	22	19	12	0	0	0	0	0
Titres de dette à court terme	0	0	0	0	0	0	0	0
Titres de dette à long terme	22	19	12	0	0	0	0	0
Crédits	10	4	13	26	24	27	21	21
Crédits à court terme	1	1	1	1	0	27	8	8
Crédits à long terme	9	3	12	25	24	0	14	13
Actions et parts de fonds d'investissement	520	564	429	485	583	538	580	715
Systèmes d'assurance, de pensions et garanties standard	0	0	0	0	0	0	0	0
Produits financiers dérivés et options sur titres des salariés	0	0	0	0	0	1	0	0
Autres comptes à payer	10	5	3	3	5	7	3	7
Actifs non financiers	12	12	13	14	0	0	0	0
Fonds d'investissement non monéaires à capital variable								
Valeur nette financière	0	0	0	-1	-1	0	0	0
Actifs financiers	437	506	362	384	438	389	341	336

Tableau 2. Actifs et passifs financiers des fonds d'investissement *(suite)*

Millions EUR

	2009	2010	2011	2012	2013	2014	2015	2016
Numéraire et dépôts	49	19	13	12	21	32	24	33
Titres de dette	50	58	59	72	68	64	54	9
Crédits	0	0	0	0	0	0	0	0
Actions et parts de fonds d'investissement	334	424	288	297	344	288	263	292
Actions	216	277	159	159	206	151	131	176
Parts de fonds d'investissement	118	147	129	137	138	138	131	116
Parts de fonds d'investissement monétaires	..	..	..	..	..	..	..	..
Parts de fonds d'investissement non monétaires	..	..	..	..	..	..	..	..
Systèmes d'assurance, de pensions et garanties standard	0	0	0	0	0	0	0	0
Produits financiers dérivés et options sur titres des salariés	0	2	0	1	4	4	0	0
Autres comptes à recevoir	4	3	2	1	1	1	0	2
Passifs financiers	437	506	362	384	439	389	341	336
Titres de dette	0	0	0	0	0	0	0	0
Titres de dette à court terme	..	..	..	..	..	..	..	..
Titres de dette à long terme	..	..	..	..	..	..	..	..
Crédits	0	0	0	0	0	0	0	0
Crédits à court terme	..	..	..	..	..	..	..	..
Crédits à long terme	..	..	..	..	..	..	..	..
Actions et parts de fonds d'investissement	427	501	360	383	435	383	339	331
Systèmes d'assurance, de pensions et garanties standard	0	0	0	0	0	0	0	0
Produits financiers dérivés et options sur titres des salariés	0	0	0	0	0	0	0	0
Autres comptes à payer	10	4	2	1	4	6	2	5
Actifs non financiers	0	0	0	0	0	0	0	0
Fonds d'investissement à capital variable								
Valeur nette financière	0	0	0	-1	-1	0	0	0
Actifs financiers	437	506	362	384	438	389	341	336
Numéraire et dépôts	49	19	13	12	21	32	24	33
Titres de dette	50	58	59	72	68	64	54	9
Crédits	0	0	0	0	0	0	0	0
Actions et parts de fonds d'investissement	334	424	288	297	344	288	263	292
Actions	216	277	159	159	206	151	131	176
Parts de fonds d'investissement	118	147	129	137	138	138	131	116
Parts de fonds d'investissement monétaires	..	..	..	..	..	..	..	..
Parts de fonds d'investissement non monétaires	..	..	..	..	..	..	..	..
Systèmes d'assurance, de pensions et garanties standard	0	0	0	0	0	0	0	0
Produits financiers dérivés et options sur titres des salariés	0	2	0	1	4	4	0	0
Autres comptes à recevoir	4	3	2	1	1	1	0	2
Passifs financiers	437	506	362	384	439	389	341	336
Titres de dette	0	0	0	0	0	0	0	0
Titres de dette à court terme	..	..	..	..	..	..	..	..
Titres de dette à long terme	..	..	..	..	..	..	..	..
Crédits	0	0	0	0	0	0	0	0
Crédits à court terme	..	..	..	..	..	..	..	..
Crédits à long terme	..	..	..	..	..	..	..	..
Actions et parts de fonds d'investissement	427	501	360	383	435	383	339	331
Systèmes d'assurance, de pensions et garanties standard	0	0	0	0	0	0	0	0
Produits financiers dérivés et options sur titres des salariés	0	0	0	0	0	0	0	0
Autres comptes à payer	10	4	2	1	4	6	2	5
Actifs non financiers	0	0	0	0	0	0	0	0

Note : Voir les métadonnées détaillées sur : http://metalinks.oecd.org/instinv/20170920/2ff0

Tableau 3. Actifs et passifs financiers des sociétés d'assurance et fonds de pension

Millions EUR

	2009	2010	2011	2012	2013	2014	2015	2016
Sociétés d'assurance et fonds de pension								
Valeur nette financière	24	103	22	31	60	20	0	3
Actifs financiers	1 821	2 158	2 148	2 564	2 855	3 336	3 814	4 485
Numéraire et dépôts	328	285	347	420	475	498	651	900
Titres de dette	637	532	631	689	688	890	1 031	1 114
Crédits	8	1	17	1	4	2	3	0
Actions et parts de fonds d'investissement	774	1 224	1 091	1 407	1 628	1 894	2 072	2 408
Actions	192	214	241	325	314	300	286	290
Parts de fonds d'investissement	582	1 009	850	1 082	1 314	1 594	1 786	2 117
Parts de fonds d'investissement monétaires	0	0	0	0	0	0	0	0
Parts de fonds d'investissement non monétaires	582	1 009	850	1 082	1 314	1 594	1 786	2 117
Systèmes d'assurance, de pensions et garanties standard	31	26	23	16	14	16	20	22
Produits financiers dérivés et options sur titres des salariés	2	1	0	0	1	0	1	1
Autres comptes à recevoir	41	88	39	30	46	35	36	40
Passifs financiers	1 797	2 055	2 126	2 533	2 796	3 316	3 814	4 483
Titres de dette	0	0	0	0	0	0	0	0
Titres de dette à court terme	0	0	0	0	0	0	0	0
Titres de dette à long terme	0	0	0	0	0	0	0	0
Crédits	4	4	4	16	13	4	4	24
Crédits à court terme	0	0	0	0	0	0	0	0
Crédits à long terme	4	4	4	16	13	4	4	24
Actions et parts de fonds d'investissement	276	342	370	374	296	312	360	408
Systèmes d'assurance, de pensions et garanties standard	1 465	1 653	1 711	2 089	2 436	2 937	3 403	3 873
Produits financiers dérivés et options sur titres des salariés	1	0	1	0	0	1	0	0
Autres comptes à payer	50	55	40	54	51	62	47	178
Actifs non financiers	17	19	18	19	19	13	13	7
Sociétés d'assurance								
Valeur nette financière	28	105	21	33	61	19	1	0
Actifs financiers	799	999	927	1 002	981	1 012	1 075	1 244
Numéraire et dépôts	176	179	153	178	158	114	102	162
Titres de dette	287	336	327	296	302	391	433	532
Crédits	8	1	17	1	4	2	3	0
Actions et parts de fonds d'investissement	263	411	375	481	458	456	483	493
Actions	150	170	184	250	193	178	192	193
Parts de fonds d'investissement	113	241	191	231	265	278	291	300
Parts de fonds d'investissement monétaires	0	0	0	0	0	0	0	0
Parts de fonds d'investissement non monétaires	113	241	191	231	265	278	291	300
Systèmes d'assurance, de pensions et garanties standard	31	26	23	16	14	16	20	22
Produits financiers dérivés et options sur titres des salariés	0	0	0	0	0	0	0	0
Autres comptes à recevoir	34	46	31	30	45	33	35	35
Passifs financiers	772	894	906	968	920	993	1 074	1 244
Titres de dette	0	0	0	0	0	0	0	0
Titres de dette à court terme	0	0	0	0	0	0	0	0
Titres de dette à long terme	0	0	0	0	0	0	0	0
Crédits	4	4	4	16	13	4	4	24
Crédits à court terme	0	0	0	0	0	0	0	0
Crédits à long terme	4	4	4	16	13	4	4	24
Actions et parts de fonds d'investissement	276	342	370	374	296	312	360	408
Systèmes d'assurance, de pensions et garanties standard	467	519	496	527	562	624	666	638
Produits financiers dérivés et options sur titres des salariés	1	0	0	0	0	0	0	0
Autres comptes à payer	23	29	36	51	48	54	44	175
Actifs non financiers	15	18	18	19	19	13	13	7
Fonds de pension								
Valeur nette financière	-3	-2	1	-2	-2	1	-1	3
Actifs financiers	1 022	1 159	1 220	1 562	1 875	2 324	2 739	3 241
Numéraire et dépôts	152	106	193	242	317	384	549	738
Titres de dette	350	197	303	393	386	499	599	582
Crédits	0	0	0	0	0	0	0	0
Actions et parts de fonds d'investissement	511	813	716	927	1 170	1 438	1 590	1 915
Actions	41	45	57	75	121	122	95	97
Parts de fonds d'investissement	469	768	659	852	1 049	1 317	1 495	1 818
Parts de fonds d'investissement monétaires	0	0	0	0	0	0	0	0
Parts de fonds d'investissement non monétaires	469	768	659	852	1 049	1 317	1 495	1 818
Systèmes d'assurance, de pensions et garanties standard	0	0	0	0	0	0	0	0
Produits financiers dérivés et options sur titres des salariés	1	1	0	0	1	0	1	1
Autres comptes à recevoir	8	41	8	0	1	3	2	5
Passifs financiers	1 025	1 161	1 219	1 564	1 876	2 323	2 740	3 238
Titres de dette	0	0	0	0	0	0	0	0
Titres de dette à court terme	0	0	0	0	0	0	0	0
Titres de dette à long terme	0	0	0	0	0	0	0	0
Crédits	0	0	0	0	0	0	0	0
Crédits à court terme	0	0	0	0	0	0	0	0
Crédits à long terme	0	0	0	0	0	0	0	0
Actions et parts de fonds d'investissement	0	0	0	0	0	0	0	0
Systèmes d'assurance, de pensions et garanties standard	998	1 134	1 215	1 562	1 873	2 314	2 737	3 235
Produits financiers dérivés et options sur titres des salariés	0	0	1	0	0	1	0	0
Autres comptes à payer	27	26	4	2	3	9	3	3
Actifs non financiers	2	1	0	0	0	0	0	0

Note : Voir les métadonnées détaillées sur : http://metalinks.oecd.org/instinv/20170920/2ff0

Tableau 4. Composition du portefeuille par type d'investisseur

En pourcentage des actifs financiers et des passifs financiers

Pour cent

	2009	2010	2011	2012	2013	2014	2015	2016
Fonds d'investissement								
Actifs financiers	100.0	100.0	100.0	100.0	100.0	100.0	100.0	100.0
Numéraire et dépôts	11.4	4.7	5.0	9.4	8.8	8.8	7.6	9.0
Titres de dettes	14.4	11.5	15.0	14.7	11.1	11.7	10.2	2.3
Crédits	6.4	3.5	4.1	2.7	5.0	4.5	5.4	9.4
Actions et parts de fonds d'investissement	66.3	78.9	75.4	71.8	72.9	72.2	76.4	78.8
Systèmes d'assurance de pensions et garanties standard	0.0	0.0	0.0	0.0	0.0	0.0	0.0	0.0
Produits financiers dérivés et options sur titres des salariés	0.0	0.6	0.0	0.2	0.6	1.0	0.0	0.0
Autres comptes à recevoir	1.5	0.8	0.5	1.2	1.5	1.9	0.3	0.4
Passifs financiers	100.0	100.0	100.0	100.0	100.0	100.0	100.0	100.0
Numéraire et dépôts	0.0	0.0	0.0	0.0	0.0	0.0	0.0	0.0
Titres de dettes	3.9	3.1	2.7	0.0	0.0	0.0	0.0	0.0
Crédits	1.8	0.7	2.9	5.1	3.9	4.7	3.5	2.8
Actions et parts de fonds d'investissement	92.5	95.4	93.8	94.4	95.3	93.8	95.9	96.2
Systèmes d'assurance de pensions et garanties standard	0.0	0.0	0.0	0.0	0.0	0.0	0.0	0.0
Produits financiers dérivés et options sur titres des salariés	0.0	0.0	0.0	0.0	0.0	0.2	0.0	0.0
Autres comptes à recevoir	1.8	0.8	0.6	0.5	0.8	1.2	0.5	0.9
Sociétés d'assurance								
Actifs financiers	100.0	100.0	100.0	100.0	100.0	100.0	100.0	100.0
Numéraire et dépôts	22.0	17.9	16.5	17.8	16.1	11.3	9.5	13.0
Titres de dettes	35.8	33.6	35.3	29.6	30.8	38.7	40.2	42.8
Crédits	1.0	0.1	1.9	0.1	0.4	0.2	0.3	0.0
Actions et parts de fonds d'investissement	32.9	41.1	40.5	48.0	46.7	45.0	44.9	39.6
Systèmes d'assurance de pensions et garanties standard	3.9	2.6	2.4	1.6	1.4	1.6	1.9	1.8
Produits financiers dérivés et options sur titres des salariés	0.0	0.0	0.0	0.0	0.0	0.0	0.0	0.0
Autres comptes à recevoir	4.2	4.6	3.4	3.0	4.6	3.2	3.2	2.8
Passifs financiers	100.0	100.0	100.0	100.0	100.0	100.0	100.0	100.0
Numéraire et dépôts	0.0	0.0	0.0	0.0	0.0	0.0	0.0	0.0
Titres de dettes	0.0	0.0	0.0	0.0	0.0	0.0	0.0	0.0
Crédits	0.5	0.4	0.4	1.7	1.5	0.4	0.3	1.9
Actions et parts de fonds d'investissement	35.8	38.3	40.9	38.6	32.1	31.4	33.5	32.8
Systèmes d'assurance de pensions et garanties standard	60.5	58.0	54.8	54.4	61.1	62.8	62.0	51.2
Produits financiers dérivés et options sur titres des salariés	0.1	0.0	0.0	0.0	0.0	0.0	0.0	0.0
Autres comptes à recevoir	3.0	3.2	3.9	5.3	5.3	5.4	4.1	14.0
Fonds de pension								
Actifs financiers	100.0	100.0	100.0	100.0	100.0	100.0	100.0	100.0
Numéraire et dépôts	14.8	9.2	15.8	15.5	16.9	16.5	20.0	22.8
Titres de dettes	34.3	17.0	24.8	25.2	20.6	21.5	21.9	18.0
Crédits	0.0	0.0	0.0	0.0	0.0	0.0	0.0	0.0
Actions et parts de fonds d'investissement	50.0	70.2	58.7	59.3	62.4	61.9	58.0	59.1
Systèmes d'assurance de pensions et garanties standard	0.0	0.0	0.0	0.0	0.0	0.0	0.0	0.0
Produits financiers dérivés et options sur titres des salariés	0.1	0.1	0.0	0.0	0.0	0.0	0.0	0.0
Autres comptes à recevoir	0.7	3.6	0.6	0.0	0.1	0.1	0.1	0.1
Passifs financiers	100.0	100.0	100.0	100.0	100.0	100.0	100.0	100.0
Numéraire et dépôts	0.0	0.0	0.0	0.0	0.0	0.0	0.0	0.0
Titres de dettes	0.0	0.0	0.0	0.0	0.0	0.0	0.0	0.0
Crédits	0.0	0.0	0.0	0.0	0.0	0.0	0.0	0.0
Actions et parts de fonds d'investissement	0.0	0.0	0.0	0.0	0.0	0.0	0.0	0.0
Systèmes d'assurance de pensions et garanties standard	97.4	97.7	99.6	99.9	99.9	99.6	99.9	99.9
Produits financiers dérivés et options sur titres des salariés	0.0	0.0	0.0	0.0	0.0	0.0	0.0	0.0
Autres comptes à recevoir	2.6	2.3	0.3	0.1	0.1	0.4	0.1	0.1

Note : Voir les métadonnées détaillées sur : http://metalinks.oecd.org/instinv/20170920/a53e

Tableau 1. Actifs et passifs financiers des investisseurs institutionnels, 2016

Millions EUR (1999 FIM euro)

	Fonds d'investissement				
	Total	Fonds d'investissement non-monétaire			Fonds d'investissement monétaires
		Total	Fonds d'investissement à capital variable, non monétaire	Fonds d'investissement à capital fixe, non monétaire	Total
Actifs financiers	119 880	116 300	..	..	3 580
Numéraire et dépôts	5 050	4 596	..	..	454
Titres de dette	37 731	34 611	..	..	3 120
Titres de dette à court terme	2 249	1 737	..	..	512
Titres de dette à long terme	35 482	32 874	..	..	2 608
Titres de dette émis par les résidents	6 025	5 412	..	..	613
Titres de dette émis par les non-résidents	31 706	29 199	..	..	2 507
Crédits	1 277	1 277	..	..	0
Crédits à court terme	36	36	..	..	0
Crédits à long terme	1 241	1 241	..	..	0
Crédits accordés aux résidents	1 086	1 086	..	..	0
Crédits accordés aux non-résidents	191	191	..	..	0
Actions et parts de fonds d'investissement	72 577	72 577	..	..	0
Actions et parts de fonds d'investissements émises par les résidents	30 202	30 202	..	..	0
Actions et part de fonds d'investissements émises par les non-résidents	42 375	42 375	..	..	0
Autres comptes à recevoir	790	784	..	..	6

	Fonds d'investissement				
	Total	Fonds d'investissement non-monétaire			Fonds d'investissement monétaires
		Total	Fonds d'investissement à capital variable, non monétaire	Fonds d'investissement à capital fixe, non monétaire	Total
Pasifs financiers	120 135	116 523	..	..	3 612
Numéraire et dépôts	..	..	..	..	..
Titres de dette	0	0	..	..	0
Titres de dette à court terme	0	0	..	..	..
Titres de dette à long terme	0	0	..	..	0
Crédits	2 497	2 497	..	..	0
Crédits à court terme	46	46	..	..	0
Crédits à long terme	2 451	2 451	..	..	0
Actions et parts de fonds d'investissement	114 308	110 747	..	..	3 561
Systèmes d'assurance, de pensions et garanties standard	..	..	..	..	..
Produits financiers dérivés et options sur titres des salariés	2 358	2 358	..	..	0
Autres comptes à payer	972	921	..	..	51

	Sociétés d'assurance et fonds de pension autonomes				
	Total	Sociétés d'assurance			Fonds de pension autonomes
		Total	Sociétés d'assurance vie	Sociétés d'assurance non-vie	Total
Actifs financiers	77 497	73 848	..	..	3 649
Numéraire et dépôts	3 142	3 066	..	..	76
Titres de dette	23 066	22 296	..	..	770
Titres de dette à court terme	948	940	..	..	8
Titres de dette à long terme	22 118	21 356	..	..	762
Titres de dette émis par les résidents	5 922	5 410	..	..	512
Titres de dette émis par les non-résidents	17 144	16 886	..	..	258
Crédits	2 289	2 106	..	..	183
Crédits à court terme	13	13	..	..	0
Crédits à long terme	2 276	2 093	..	..	183
Crédits accordés aux résidents	1 823	1 640	..	..	183
Crédits accordés aux non-résidents	466	466	..	..	0
Actions et parts de fonds d'investissement	45 417	42 835	..	..	2 582
Actions et parts de fonds d'investissement émises par les résidents	33 011	31 470	..	..	1 541
Actions et parts de fonds d'investissement émises par les non-résidents	12 406	11 365	..	..	1 041
Autrescomptes à recevoir	3 119	3 081	..	..	38

	Sociétés d'assurance et fonds de pension autonomes				
	Total	Sociétés d'assurance			Fonds de pension autonomes
		Total	Sociétés d'assurance vie	Sociétés d'assurance non-vie	Total
Pasifs financiers	74 567	71 283	..	..	3 284
Numéraire et dépôts	0	0	..	..	..
Titres de dette	509	509	..	..	0
Titres de dette à court terme	17	17	..	..	0
Titres de dette à long terme	492	492	..	..	0
Crédits	110	110	..	..	0
Crédits à court terme	19	19	..	..	0
Crédits à long terme	91	91	..	..	0
Actions et parts de fonds d'investissement	5 880	5 880	..	..	..
Systèmes d'assurance, de pensions et garanties standard	66 791	63 526	..	..	3 265
Produits financiers dérivés et options sur titres des salariés	62	62	..	..	0
Autres comptes à payer	1 215	1 196	..	..	19

Note : Voir les métadonnées détaillées sur : http://metalinks.oecd.org/instinv/20170920/e3b8

Tableau 2. Actifs et passifs financiers des fonds d'investissement

Millions EUR

	2009	2010	2011	2012	2013	2014	2015	2016
Fonds d'investissement								
Valeur nette financière	199	35	369	-81	-273	278	-7	-255
Actifs financiers	57 892	66 600	60 223	72 745	82 503	94 435	108 876	119 880
Numéraire et dépôts	2 047	2 154	2 430	2 905	4 544	4 003	4 135	5 050
Titres de dette	26 138	25 281	25 684	28 865	30 822	34 447	35 811	37 731
Crédits	1 352	1 250	1 356	1 403	1 385	1 643	1 045	1 277
Actions et parts de fonds d'investissement	28 167	36 679	29 569	37 988	43 956	51 962	64 623	72 577
Actions	18 287	23 773	17 884	21 864	27 083	32 155	38 499	43 512
Parts de fonds d'investissement	9 880	12 906	11 685	16 124	16 873	19 807	26 124	29 065
Parts de fonds d'investissement monétaires	1 277	1 092	1 147	577	834	772	657	583
Parts de fonds d'investissement non monétaires	8 603	11 814	10 538	15 547	16 039	19 035	25 467	28 482
Systèmes d'assurance, de pensions et garanties standard	..	..	..	..	..	..	..	..
Produits financiers dérivés et options sur titres des salariés	1	387	713	1 048	1 256	1 704	2 353	2 455
Autres comptes à recevoir	187	849	471	536	540	676	909	790
Passifs financiers	57 693	66 565	59 854	72 826	82 776	94 157	108 883	120 135
Titres de dette	0	0	0	0	0	0	0	0
Titres de dette à court terme	0	0	0	0	0	0	0	0
Titres de dette à long terme	0	0	0	0	0	0	0	0
Crédits	3	3	8	6	1 921	1 331	2 012	2 497
Crédits à court terme	0	0	0	0	0	16	42	46
Crédits à long terme	3	3	8	6	1 921	1 315	1 970	2 451
Actions et parts de fonds d'investissement	57 249	64 973	58 475	70 447	79 022	90 284	104 251	114 308
Systèmes d'assurance, de pensions et garanties standard	..	..	..	..	..	..	..	..
Produits financiers dérivés et options sur titres des salariés	74	615	885	1 793	1 228	1 968	2 154	2 358
Autres comptes à payer	367	974	486	580	605	574	466	972
Actifs non financiers	..	..	..	..	..	..	..	..
Fonds d'investissement monéaires								
Valeur nette financière	186	180	0	-250	-564	-39	-21	-32
Actifs financiers	11 953	10 480	11 418	3 244	3 546	3 450	3 458	3 580
Numéraire et dépôts	296	331	401	293	335	412	353	454
Titres de dette	11 433	9 942	10 849	2 844	3 105	3 020	3 089	3 120
Crédits	0	0	0	0	0	0	0	0
Actions et parts de fonds d'investissement	209	178	14	12	2	2	0	0
Actions	0	0	0	0	0	0	0	0
Parts de fonds d'investissement	209	178	14	12	2	2	0	0
Parts de fonds d'investissement monétaires	32	0	14	12	2	2	0	0
Parts de fonds d'investissement non monétaires	177	178	0	0	0	0	0	0
Systèmes d'assurance, de pensions et garanties standard	..	..	..	..	..	..	..	..
Produits financiers dérivés et options sur titres des salariés	0	0	0	25	0	0	0	0
Autres comptes à recevoir	15	29	154	70	104	16	16	6
Passifs financiers	11 767	10 300	11 418	3 494	4 110	3 489	3 479	3 612
Titres de dette	0	0	0	0	0	0	0	0
Titres de dette à court terme	..	..	..	..	..	..	..	..
Titres de dette à long terme	0	0	0	0	0	0	0	0
Crédits	0	0	0	0	136	0	0	0
Crédits à court terme	0	0	0	0	0	0	0	0
Crédits à long terme	0	0	0	0	136	0	0	0
Actions et parts de fonds d'investissement	11 722	10 222	11 347	3 494	3 974	3 398	3 446	3 561
Systèmes d'assurance, de pensions et garanties standard	..	..	..	..	..	..	..	..
Produits financiers dérivés et options sur titres des salariés	0	0	0	0	0	0	0	0
Autres comptes à payer	45	78	71	0	0	91	33	51
Actifs non financiers	0	0	0	0	0	0	0	0
Fonds d'investissement non monéaires								
Valeur nette financière	13	-145	369	169	291	317	14	-223
Actifs financiers	45 939	56 120	48 805	69 501	78 957	90 985	105 418	116 300
Numéraire et dépôts	1 751	1 823	2 029	2 612	4 209	3 591	3 782	4 596
Titres de dette	14 705	15 339	14 835	26 021	27 717	31 427	32 722	34 611
Crédits	1 352	1 250	1 356	1 403	1 385	1 643	1 045	1 277
Actions et parts de fonds d'investissement	27 958	36 501	29 555	37 976	43 954	51 960	64 623	72 577
Actions	18 287	23 773	17 884	21 864	27 083	32 155	38 499	43 512
Parts de fonds d'investissement	9 671	12 728	11 671	16 112	16 871	19 805	26 124	29 065
Parts de fonds d'investissement monétaires	1 245	1 092	1 133	565	832	770	657	583
Parts de fonds d'investissement non monétaires	8 426	11 636	10 538	15 547	16 039	19 035	25 467	28 482
Systèmes d'assurance, de pensions et garanties standard	..	..	..	..	..	..	..	..
Produits financiers dérivés et options sur titres des salariés	1	387	713	1 023	1 256	1 704	2 353	2 455
Autres comptes à recevoir	172	820	317	466	436	660	893	784
Passifs financiers	45 926	56 265	48 436	69 332	78 666	90 668	105 404	116 523
Titres de dette	0	0	0	0	..	0	0	0
Titres de dette à court terme	0	0	0	0	..	0	0	0
Titres de dette à long terme	0	0	0	0	..	..	..	0
Crédits	3	3	8	6	1 785	1 331	2 012	2 497
Crédits à court terme	0	0	0	0	0	16	42	46
Crédits à long terme	3	3	8	6	1 785	1 315	1 970	2 451
Actions et parts de fonds d'investissement	45 527	54 751	47 128	66 953	75 048	86 886	100 805	110 747
Systèmes d'assurance, de pensions et garanties standard	..	..	..	..	..	..	..	..
Produits financiers dérivés et options sur titres des salariés	74	615	885	1 793	1 228	1 968	2 154	2 358
Autres comptes à payer	322	896	415	580	605	483	433	921
Actifs non financiers	0	0	0	0	0	0	0	0
Fonds d'investissement non monéaires à capital variable								
Valeur nette financière	..	..	..	..	..	..	..	..
Actifs financiers	..	..	..	..	..	..	..	..

Tableau 2. Actifs et passifs financiers des fonds d'investissement *(suite)*

Millions EUR

	2009	2010	2011	2012	2013	2014	2015	2016
Numéraire et dépôts	..	..	..	..	..	..	..	..
Titres de dette	..	..	..	..	..	..	..	..
Crédits	..	..	..	..	..	..	..	..
Actions et parts de fonds d'investissement	..	..	..	..	..	..	..	..
Actions	..	..	..	..	..	..	..	..
Parts de fonds d'investissement	..	..	..	..	..	..	..	..
Parts de fonds d'investissement monétaires	..	..	..	..	..	..	..	..
Parts de fonds d'investissement non monétaires	..	..	..	..	..	..	..	..
Systèmes d'assurance, de pensions et garanties standard	..	..	..	..	..	..	..	..
Produits financiers dérivés et options sur titres des salariés	..	..	..	..	..	..	..	..
Autres comptes à recevoir	..	..	..	..	..	..	..	..
Passifs financiers	..	..	..	..	..	..	..	..
Titres de dette	..	..	..	..	..	..	..	..
Titres de dette à court terme	..	..	..	..	..	..	..	..
Titres de dette à long terme	..	..	..	..	..	..	..	..
Crédits	..	..	..	..	..	..	..	..
Crédits à court terme	..	..	..	..	..	..	..	..
Crédits à long terme	..	..	..	..	..	..	..	..
Actions et parts de fonds d'investissement	..	..	..	..	..	..	..	..
Systèmes d'assurance, de pensions et garanties standard	..	..	..	..	..	..	..	..
Produits financiers dérivés et options sur titres des salariés	..	..	..	..	..	..	..	..
Autres comptes à payer	..	..	..	..	..	..	..	..
Actifs non financiers	..	..	..	..	..	..	..	..
Fonds d'investissement à capital variable								
Valeur nette financière	..	..	..	..	..	..	..	..
Actifs financiers	..	..	..	..	..	..	..	..
Numéraire et dépôts	..	..	..	..	..	..	..	..
Titres de dette	..	..	..	..	..	..	..	..
Crédits	..	..	..	..	..	..	..	..
Actions et parts de fonds d'investissement	..	..	..	..	..	..	..	..
Actions	..	..	..	..	..	..	..	..
Parts de fonds d'investissement	..	..	..	..	..	..	..	..
Parts de fonds d'investissement monétaires	..	..	..	..	..	..	..	..
Parts de fonds d'investissement non monétaires	..	..	..	..	..	..	..	..
Systèmes d'assurance, de pensions et garanties standard	..	..	..	..	..	..	..	..
Produits financiers dérivés et options sur titres des salariés	..	..	..	..	..	..	..	..
Autres comptes à recevoir	..	..	..	..	..	..	..	..
Passifs financiers	..	..	..	..	..	..	..	..
Titres de dette	..	..	..	..	..	..	..	..
Titres de dette à court terme	..	..	..	..	..	..	..	..
Titres de dette à long terme	..	..	..	..	..	..	..	..
Crédits	..	..	..	..	..	..	..	..
Crédits à court terme	..	..	..	..	..	..	..	..
Crédits à long terme	..	..	..	..	..	..	..	..
Actions et parts de fonds d'investissement	..	..	..	..	..	..	..	..
Systèmes d'assurance, de pensions et garanties standard	..	..	..	..	..	..	..	..
Produits financiers dérivés et options sur titres des salariés	..	..	..	..	..	..	..	..
Autres comptes à payer	..	..	..	..	..	..	..	..
Actifs non financiers	..	..	..	..	..	..	..	..

Note : Voir les métadonnées détaillées sur : http://metalinks.oecd.org/instinv/20170920/e3b8

Tableau 3. Actifs et passifs financiers des sociétés d'assurance et fonds de pension

Millions EUR

	2009	2010	2011	2012	2013	2014	2015	2016
Sociétés d'assurance et fonds de pension								
Valeur nette financière	43	3 224	3 160	3 415	1 553	3 148	3 959	2 930
Actifs financiers	51 590	57 381	56 438	61 770	64 156	71 096	74 849	77 497
Numéraire et dépôts	1 577	2 238	2 108	2 497	2 818	3 498	3 524	3 142
Titres de dette	21 367	22 245	21 177	23 505	24 582	24 852	24 530	23 066
Crédits	1 735	1 816	1 824	1 680	1 667	1 584	1 941	2 289
Actions et parts de fonds d'investissement	25 075	29 211	29 524	31 919	33 479	38 641	42 527	45 417
Actions	6 071	5 155	5 027	4 877	4 870	4 945	5 386	6 775
Parts de fonds d'investissement	19 004	24 056	24 497	27 042	28 609	33 696	37 141	38 642
Parts de fonds d'investissement monétaires	1 558	1 268	2 532	966	1 188	1 511	1 521	926
Parts de fonds d'investissement non monétaires	17 446	22 788	21 965	26 076	27 421	32 185	35 620	37 716
Systèmes d'assurance, de pensions et garanties standard	0	0	0	0	0	0	0	338
Produits financiers dérivés et options sur titres des salariés	0	173	46	310	132	145	80	126
Autres comptes à recevoir	1 836	1 698	1 759	1 859	1 478	2 376	2 247	3 119
Passifs financiers	51 547	54 157	53 278	58 355	62 603	67 948	70 890	74 567
Titres de dette	294	315	273	280	210	554	515	509
Titres de dette à court terme	6	9	17	13	5	24	19	17
Titres de dette à long terme	288	306	256	267	205	530	496	492
Crédits	477	362	452	182	106	286	124	110
Crédits à court terme	1	1	1	44	23	65	20	19
Crédits à long terme	476	361	451	138	83	221	104	91
Actions et parts de fonds d'investissement	4 040	4 640	4 380	5 162	5 447	5 510	5 335	5 880
Systèmes d'assurance, de pensions et garanties standard	45 178	47 651	46 957	51 347	55 448	59 665	63 729	66 791
Produits financiers dérivés et options sur titres des salariés	10	128	316	66	91	290	138	62
Autres comptes à payer	1 548	1 061	900	1 318	1 301	1 643	1 049	1 215
Actifs non financiers	..	..	..	..	..	..	..	..
Sociétés d'assurance								
Valeur nette financière	768	2 716	2 903	3 525	2 381	3 960	4 640	2 565
Actifs financiers	47 947	53 120	52 543	58 247	61 194	68 175	71 889	73 848
Numéraire et dépôts	1 445	2 142	1 893	2 372	2 604	3 439	3 467	3 066
Titres de dette	20 325	21 403	20 211	22 707	23 720	23 971	23 800	22 296
Crédits	1 251	1 518	1 514	1 428	1 502	1 426	1 769	2 106
Actions et parts de fonds d'investissement	23 136	26 221	27 178	29 688	31 799	36 853	40 558	42 835
Actions	5 469	4 232	4 144	4 332	4 360	4 262	4 798	5 674
Parts de fonds d'investissement	17 667	21 989	23 034	25 356	27 439	32 591	35 760	37 161
Parts de fonds d'investissement monétaires	1 400	1 207	2 439	864	1 066	1 435	1 415	791
Parts de fonds d'investissement non monétaires	16 267	20 782	20 595	24 492	26 373	31 156	34 345	36 370
Systèmes d'assurance, de pensions et garanties standard	0	0	0	0	0	0	0	338
Produits financiers dérivés et options sur titres des salariés	0	173	46	308	130	145	80	126
Autres comptes à recevoir	1 790	1 663	1 701	1 744	1 439	2 341	2 215	3 081
Passifs financiers	47 179	50 404	49 640	54 722	58 813	64 215	67 249	71 283
Titres de dette	294	315	273	280	210	554	515	509
Titres de dette à court terme	6	9	17	13	5	24	19	17
Titres de dette à long terme	288	306	256	267	205	530	496	492
Crédits	477	362	426	182	106	286	124	110
Crédits à court terme	1	1	1	44	23	65	20	19
Crédits à long terme	476	361	425	138	83	221	104	91
Actions et parts de fonds d'investissement	4 040	4 640	4 380	5 162	5 447	5 510	5 335	5 880
Systèmes d'assurance, de pensions et garanties standard	40 843	43 924	43 370	47 739	51 684	55 980	60 121	63 526
Produits financiers dérivés et options sur titres des salariés	10	128	316	66	91	290	138	62
Autres comptes à payer	1 515	1 035	875	1 293	1 275	1 595	1 016	1 196
Actifs non financiers	949	894	877	881	851	836	814	0
Fonds de pension								
Valeur nette financière	-725	508	257	-110	-828	-812	-681	365
Actifs financiers	3 643	4 261	3 895	3 523	2 962	2 921	2 960	3 649
Numéraire et dépôts	132	96	215	125	214	59	57	76
Titres de dette	1 042	842	966	798	862	881	730	770
Crédits	484	298	310	252	165	158	172	183
Actions et parts de fonds d'investissement	1 939	2 990	2 346	2 231	1 680	1 788	1 969	2 582
Actions	602	923	883	545	510	683	588	1 101
Parts de fonds d'investissement	1 337	2 067	1 463	1 686	1 170	1 105	1 381	1 481
Parts de fonds d'investissement monétaires	158	61	93	102	122	76	106	135
Parts de fonds d'investissement non monétaires	1 179	2 006	1 370	1 584	1 048	1 029	1 275	1 346
Systèmes d'assurance, de pensions et garanties standard	..	..	..	..	..	..	..	..
Produits financiers dérivés et options sur titres des salariés	0	0	0	2	2	0	0	0
Autres comptes à recevoir	46	35	58	115	39	35	32	38
Passifs financiers	4 368	3 753	3 638	3 633	3 790	3 733	3 641	3 284
Titres de dette	0	0	0	0	0	0	0	0
Titres de dette à court terme	0	0	0	0	0	0	0	0
Titres de dette à long terme	0	0	0	0	0	0	0	0
Crédits	0	0	26	0	0	0	0	0
Crédits à court terme	0	0	0	0	0	0	0	0
Crédits à long terme	0	0	26	0	0	0	0	0
Actions et parts de fonds d'investissement	..	..	..	..	..	..	..	..
Systèmes d'assurance, de pensions et garanties standard	4 335	3 727	3 587	3 608	3 764	3 685	3 608	3 265
Produits financiers dérivés et options sur titres des salariés	0	0	0	0	0	0	0	0
Autres comptes à payer	33	26	25	25	26	48	33	19
Actifs non financiers	0	0	0	0	0	0	0	0

Note : Voir les métadonnées détaillées sur : http://metalinks.oecd.org/instinv/20170920/e3b8

Tableau 4. Composition du portefeuille par type d'investisseur

En pourcentage des actifs financiers et des passifs financiers

Pour cent

	2009	2010	2011	2012	2013	2014	2015	2016
Fonds d'investissement								
Actifs financiers	100.0	100.0	100.0	100.0	100.0	100.0	100.0	100.0
Numéraire et dépôts	3.5	3.2	4.0	4.0	5.5	4.2	3.8	4.2
Titres de dettes	45.1	38.0	42.6	39.7	37.4	36.5	32.9	31.5
Crédits	2.3	1.9	2.3	1.9	1.7	1.7	1.0	1.1
Actions et parts de fonds d'investissement	48.7	55.1	49.1	52.2	53.3	55.0	59.4	60.5
Systèmes d'assurance de pensions et garanties standard	0.0	0.0	0.0	0.0	0.0	0.0	0.0	0.0
Produits financiers dérivés et options sur titres des salariés	0.0	0.6	1.2	1.4	1.5	1.8	2.2	2.0
Autres comptes à recevoir	0.3	1.3	0.8	0.7	0.7	0.7	0.8	0.7
Passifs financiers	100.0	100.0	100.0	100.0	100.0	100.0	100.0	100.0
Numéraire et dépôts	0.0	0.0	0.0	0.0	0.0	0.0	0.0	0.0
Titres de dettes	0.0	0.0	0.0	0.0	0.0	0.0	0.0	0.0
Crédits	0.0	0.0	0.0	0.0	2.3	1.4	1.8	2.1
Actions et parts de fonds d'investissement	99.2	97.6	97.7	96.7	95.5	95.9	95.7	95.1
Systèmes d'assurance de pensions et garanties standard	0.0	0.0	0.0	0.0	0.0	0.0	0.0	0.0
Produits financiers dérivés et options sur titres des salariés	0.1	0.9	1.5	2.5	1.5	2.1	2.0	2.0
Autres comptes à recevoir	0.6	1.5	0.8	0.8	0.7	0.6	0.4	0.8
Sociétés d'assurance								
Actifs financiers	100.0	100.0	100.0	100.0	100.0	100.0	100.0	100.0
Numéraire et dépôts	3.0	4.0	3.6	4.1	4.3	5.0	4.8	4.2
Titres de dettes	42.4	40.3	38.5	39.0	38.8	35.2	33.1	30.2
Crédits	2.6	2.9	2.9	2.5	2.5	2.1	2.5	2.9
Actions et parts de fonds d'investissement	48.3	49.4	51.7	51.0	52.0	54.1	56.4	58.0
Systèmes d'assurance de pensions et garanties standard	0.0	0.0	0.0	0.0	0.0	0.0	0.0	0.5
Produits financiers dérivés et options sur titres des salariés	0.0	0.3	0.1	0.5	0.2	0.2	0.1	0.2
Autres comptes à recevoir	3.7	3.1	3.2	3.0	2.4	3.4	3.1	4.2
Passifs financiers	100.0	100.0	100.0	100.0	100.0	100.0	100.0	100.0
Numéraire et dépôts	0.0	0.0	0.0	0.0	0.0	0.0	0.0	0.0
Titres de dettes	0.6	0.6	0.5	0.5	0.4	0.9	0.8	0.7
Crédits	1.0	0.7	0.9	0.3	0.2	0.4	0.2	0.2
Actions et parts de fonds d'investissement	8.6	9.2	8.8	9.4	9.3	8.6	7.9	8.2
Systèmes d'assurance de pensions et garanties standard	86.6	87.1	87.4	87.2	87.9	87.2	89.4	89.1
Produits financiers dérivés et options sur titres des salariés	0.0	0.3	0.6	0.1	0.2	0.5	0.2	0.1
Autres comptes à recevoir	3.2	2.1	1.8	2.4	2.2	2.5	1.5	1.7
Fonds de pension								
Actifs financiers	100.0	100.0	100.0	100.0	100.0	100.0	100.0	100.0
Numéraire et dépôts	3.6	2.3	5.5	3.5	7.2	2.0	1.9	2.1
Titres de dettes	28.6	19.8	24.8	22.7	29.1	30.2	24.7	21.1
Crédits	13.3	7.0	8.0	7.2	5.6	5.4	5.8	5.0
Actions et parts de fonds d'investissement	53.2	70.2	60.2	63.3	56.7	61.2	66.5	70.8
Systèmes d'assurance de pensions et garanties standard	0.0	0.0	0.0	0.0	0.0	0.0	0.0	0.0
Produits financiers dérivés et options sur titres des salariés	0.0	0.0	0.0	0.1	0.1	0.0	0.0	0.0
Autres comptes à recevoir	1.3	0.8	1.5	3.3	1.3	1.2	1.1	1.0
Passifs financiers	100.0	100.0	100.0	100.0	100.0	100.0	100.0	100.0
Numéraire et dépôts	0.0	0.0	0.0	0.0	0.0	0.0	0.0	0.0
Titres de dettes	0.0	0.0	0.0	0.0	0.0	0.0	0.0	0.0
Crédits	0.0	0.0	0.7	0.0	0.0	0.0	0.0	0.0
Actions et parts de fonds d'investissement	0.0	0.0	0.0	0.0	0.0	0.0	0.0	0.0
Systèmes d'assurance de pensions et garanties standard	99.2	99.3	98.6	99.3	99.3	98.7	99.1	99.4
Produits financiers dérivés et options sur titres des salariés	0.0	0.0	0.0	0.0	0.0	0.0	0.0	0.0
Autres comptes à recevoir	0.8	0.7	0.7	0.7	0.7	1.3	0.9	0.6

Note : Voir les métadonnées détaillées sur : http://metalinks.oecd.org/instinv/20170920/a53e

FRANCE

Tableau 1. Actifs et passifs financiers des investisseurs institutionnels, 2016

Millions EUR (1999 FRF euro)

	Fonds d'investissement				
	Total	Fonds d'investissement non-monétaire			Fonds d'investissement monétaires
		Total	Fonds d'investissement à capital variable, non monétaire	Fonds d'investissement à capital fixe, non monétaire	Total
Actifs financiers	1 654 798	1 303 103	1 303 103	0	351 695
Numéraire et dépôts	87 825	43 506	43 506	0	44 319
Titres de dette	638 663	373 994	373 994	0	264 669
Titres de dette à court terme	196 842	25 989	25 989	0	170 853
Titres de dette à long terme	441 822	348 005	348 005	0	93 816
Titres de dette émis par les résidents	228 614	118 597	118 597	0	110 016
Titres de dette émis par les non-résidents	410 050	255 397	255 397	0	154 653
Crédits	4 687	4 104	4 104	0	583
Crédits à court terme	4 364	3 785	3 785	0	579
Crédits à long terme	323	319	319	0	4
Crédits accordés aux résidents	4 348	3 769	3 769	0	579
Crédits accordés aux non-résidents	338	334	334	0	4
Actions et parts de fonds d'investissement	760 199	721 835	721 835	0	38 365
Actions et parts de fonds d'investissements émises par les résidents	451 823	414 114	414 114	0	37 708
Actions et part de fonds d'investissements émises par les non-résidents	308 377	307 720	307 720	0	656
Autres comptes à recevoir	126 662	124 827	124 827	0	1 836

	Fonds d'investissement				
	Total	Fonds d'investissement non-monétaire			Fonds d'investissement monétaires
		Total	Fonds d'investissement à capital variable, non monétaire	Fonds d'investissement à capital fixe, non monétaire	Total
Pasifs financiers	1 709 965	1 358 270	1 358 270	0	351 695
Numéraire et dépôts	11 812	11 147	11 147	0	665
Titres de dette	0	0	0	0	0
Titres de dette à court terme	0	0	0	0	0
Titres de dette à long terme	0	0	0	0	0
Crédits	7 784	7 781	7 781	0	3
Crédits à court terme	4 844	4 844	4 844	0	0
Crédits à long terme	2 940	2 937	2 937	0	3
Actions et parts de fonds d'investissement	1 523 164	1 176 888	1 176 888	0	346 276
Systèmes d'assurance, de pensions et garanties standard	0	0	0	0	0
Produits financiers dérivés et options sur titres des salariés	41 582	39 535	39 535	0	2 047
Autres comptes à payer	125 624	122 920	122 920	0	2 704

	Sociétés d'assurance et fonds de pension autonomes				
	Total	Sociétés d'assurance			Fonds de pension autonomes
		Total	Sociétés d'assurance vie	Sociétés d'assurance non-vie	Total
Actifs financiers	2 688 061	2 688 061	2 346 686	341 375	..
Numéraire et dépôts	34 746	34 746	24 050	10 696	..
Titres de dette	1 574 776	1 574 776	1 457 697	117 079	..
Titres de dette à court terme	23 694	23 694	23 111	583	..
Titres de dette à long terme	1 551 082	1 551 082	1 434 586	116 496	..
Titres de dette émis par les résidents	847 152	847 152	785 095	62 057	..
Titres de dette émis par les non-résidents	727 624	727 624	672 602	55 022	..
Crédits	61 795	61 795	39 529	22 266	..
Crédits à court terme	35 864	35 864	23 397	12 467	..
Crédits à long terme	25 931	25 931	16 132	9 799	..
Crédits accordés aux résidents	51 003	51 003	36 837	14 166	..
Crédits accordés aux non-résidents	10 792	10 792	2 692	8 100	..
Actions et parts de fonds d'investissement	836 957	836 957	697 648	139 309	..
Actions et parts de fonds d'investissement émises par les résidents	682 415	682 415	566 605	115 810	..
Actions et parts de fonds d'investissement émises par les non-résidents	154 542	154 542	131 043	23 499	..
Autrescomptes à recevoir	77 073	77 073	52 068	25 005	..

	Sociétés d'assurance et fonds de pension autonomes				
	Total	Sociétés d'assurance			Fonds de pension autonomes
		Total	Sociétés d'assurance vie	Sociétés d'assurance non-vie	Total
Pasifs financiers	2 726 776	2 726 776	2 375 749	351 027	..
Numéraire et dépôts	..	..	..	..	..
Titres de dette	80 389	80 389	68 672	11 717	..
Titres de dette à court terme	..	..	..	..	..
Titres de dette à long terme	..	..	..	..	..
Crédits	63 451	63 451	52 194	11 257	..
Crédits à court terme	..	..	..	..	..
Crédits à long terme	..	..	..	..	..
Actions et parts de fonds d'investissement	274 569	274 569	136 924	137 645	..
Systèmes d'assurance, de pensions et garanties standard	2 184 597	2 184 597	2 031 611	152 986	..
Produits financiers dérivés et options sur titres des salariés	2 866	2 866	2 764	102	..
Autres comptes à payer	120 904	120 904	83 584	37 320	..

Note : Voir les métadonnées détaillées sur : http://metalinks.oecd.org/instinv/20170920/e3b8

Tableau 2. Actifs et passifs financiers des fonds d'investissement

Millions EUR

	2009	2010	2011	2012	2013	2014	2015	2016
Fonds d'investissement								
Valeur nette financière	-20 857	-23 789	-30 834	-38 900	-43 614	-51 435	-60 968	-55 168
Actifs financiers	1 493 726	1 479 830	1 326 157	1 399 454	1 399 994	1 454 248	1 539 889	1 654 798
Numéraire et dépôts	91 350	83 360	84 017	86 872	83 589	85 309	87 221	87 825
Titres de dette	631 444	595 379	558 349	590 121	552 979	575 387	601 667	638 663
Crédits	4 622	5 746	1 600	1 439	2 331	2 362	2 301	4 687
Actions et parts de fonds d'investissement	638 115	656 077	556 097	595 237	640 391	650 694	701 899	760 199
Actions	350 302	376 584	312 815	332 447	375 711	385 051	413 225	441 745
Parts de fonds d'investissement	287 813	279 493	243 282	262 789	264 681	265 643	288 674	318 454
Parts de fonds d'investissement monétaires	114 653	97 541	91 967	98 446	87 471	75 992	84 530	100 541
Parts de fonds d'investissement non monétaires	173 160	181 952	151 315	164 343	177 210	189 651	204 144	217 914
Systèmes d'assurance, de pensions et garanties standard	0	0	0	0	0	0	0	0
Produits financiers dérivés et options sur titres des salariés	13 800	13 481	25 137	25 916	26 096	27 903	26 878	36 761
Autres comptes à recevoir	114 394	125 786	100 956	99 870	94 608	112 593	119 923	126 662
Passifs financiers	1 514 582	1 503 620	1 356 990	1 438 354	1 443 608	1 505 683	1 600 857	1 709 965
Titres de dette	0	0	0	0	0	0	0	0
Titres de dette à court terme	0	0	0	0	0	0	0	0
Titres de dette à long terme	0	0	0	0	0	0	0	0
Crédits	554	4 170	588	3 912	3 020	4 050	4 190	7 784
Crédits à court terme	548	4 167	584	2 300	1 466	2 491	1 930	4 844
Crédits à long terme	5	3	4	1 612	1 555	1 559	2 260	2 940
Actions et parts de fonds d'investissement	1 384 469	1 357 039	1 220 785	1 293 864	1 307 054	1 349 244	1 441 675	1 523 164
Systèmes d'assurance, de pensions et garanties standard	0	0	0	0	0	0	0	0
Produits financiers dérivés et options sur titres des salariés	10 801	8 685	24 275	26 667	28 154	31 214	30 534	41 582
Autres comptes à payer	110 466	124 820	100 643	101 346	96 127	113 677	118 049	125 624
Actifs non financiers	20 859	23 790	30 837	38 903	43 614	51 435	60 970	55 168
Fonds d'investissement monéaires								
Valeur nette financière	0	0	0	0	0	0	0	0
Actifs financiers	501 628	413 885	369 359	370 535	324 945	294 317	318 661	351 695
Numéraire et dépôts	56 673	47 050	41 234	40 832	46 812	43 546	43 930	44 319
Titres de dette	347 523	295 112	273 595	277 341	237 529	220 601	239 966	264 669
Crédits	2 022	1 048	487	758	795	891	1 041	583
Actions et parts de fonds d'investissement	72 532	53 389	38 223	48 547	35 595	26 317	28 004	38 365
Actions	2 419	1 942	63	0	0	0	0	0
Parts de fonds d'investissement	70 113	51 447	38 160	48 547	35 595	26 317	28 004	38 365
Parts de fonds d'investissement monétaires	67 048	48 598	37 055	48 127	35 232	25 949	27 898	38 017
Parts de fonds d'investissement non monétaires	3 065	2 849	1 105	420	363	368	106	347
Systèmes d'assurance, de pensions et garanties standard	0	0	0	0	0	0	0	0
Produits financiers dérivés et options sur titres des salariés	1 172	787	371	729	703	935	2 499	1 923
Autres comptes à recevoir	21 706	16 499	15 449	2 328	3 510	2 027	3 221	1 836
Passifs financiers	501 628	413 885	369 359	370 535	324 945	294 317	318 661	351 695
Titres de dette	0	0	0	0	0	0	0	0
Titres de dette à court terme	0	0	0	0	0	0	0	0
Titres de dette à long terme	0	0	0	0	0	0	0	0
Crédits	16	3	96	140	0	1	0	3
Crédits à court terme	16	3	96	140	0	1	0	0
Crédits à long terme	0	0	0	0	0	0	0	3
Actions et parts de fonds d'investissement	479 225	394 337	351 070	365 755	318 228	288 903	311 674	346 276
Systèmes d'assurance, de pensions et garanties standard	0	0	0	0	0	0	0	0
Produits financiers dérivés et options sur titres des salariés	1 100	705	461	515	781	992	2 580	2 047
Autres comptes à payer	20 474	17 279	16 917	3 213	4 897	2 704	3 673	2 704
Actifs non financiers	0	0	0	0	0	0	0	0
Fonds d'investissement non monéaires								
Valeur nette financière	-20 857	-23 789	-30 834	-38 900	-43 614	-51 435	-60 968	-55 168
Actifs financiers	992 098	1 065 945	956 798	1 028 920	1 075 049	1 159 930	1 221 229	1 303 103
Numéraire et dépôts	34 677	36 310	42 783	46 040	36 777	41 764	43 291	43 506
Titres de dette	283 921	300 267	284 754	312 780	315 450	354 785	361 702	373 994
Crédits	2 600	4 698	1 113	681	1 536	1 471	1 261	4 104
Actions et parts de fonds d'investissement	565 583	602 688	517 874	546 690	604 796	624 377	673 894	721 835
Actions	347 883	374 643	312 752	332 447	375 711	385 051	413 225	441 745
Parts de fonds d'investissement	217 700	228 046	205 122	214 243	229 086	239 326	260 670	280 090
Parts de fonds d'investissement monétaires	47 606	48 943	54 912	50 319	52 239	50 043	56 632	62 523
Parts de fonds d'investissement non monétaires	170 094	179 103	150 210	163 923	176 846	189 283	204 037	217 566
Systèmes d'assurance, de pensions et garanties standard	0	0	0	0	0	0	0	0
Produits financiers dérivés et options sur titres des salariés	12 629	12 695	24 766	25 187	25 392	26 968	24 379	34 838
Autres comptes à recevoir	92 688	109 288	85 507	97 542	91 098	110 566	116 702	124 827
Passifs financiers	1 012 954	1 089 735	987 631	1 067 819	1 118 664	1 211 365	1 282 196	1 358 270
Titres de dette	0	0	0	0	0	0	0	0
Titres de dette à court terme	0	0	0	0	0	0	0	0
Titres de dette à long terme	0	0	0	0	0	0	0	0
Crédits	537	4 167	492	3 772	3 020	4 049	4 190	7 781
Crédits à court terme	532	4 164	488	2 160	1 466	2 490	1 930	4 844
Crédits à long terme	5	3	4	1 612	1 555	1 559	2 260	2 937
Actions et parts de fonds d'investissement	905 244	962 702	869 715	928 109	988 826	1 060 342	1 130 001	1 176 888
Systèmes d'assurance, de pensions et garanties standard	0	0	0	0	0	0	0	0
Produits financiers dérivés et options sur titres des salariés	9 702	7 980	23 814	26 152	27 373	30 222	27 954	39 535
Autres comptes à payer	89 992	107 541	83 726	98 133	91 230	110 973	114 376	122 920
Actifs non financiers	20 859	23 790	30 837	38 903	43 614	51 435	60 970	55 168
Fonds d'investissement non monéaires à capital variable								
Valeur nette financière	-20 857	-23 789	-30 834	-38 900	-43 614	-51 435	-60 968	-55 168
Actifs financiers	992 098	1 065 945	956 798	1 028 920	1 075 049	1 159 930	1 221 229	1 303 103

Tableau 2. Actifs et passifs financiers des fonds d'investissement *(suite)*

Millions EUR

	2009	2010	2011	2012	2013	2014	2015	2016
Numéraire et dépôts	34 677	36 310	42 783	46 040	36 777	41 764	43 291	43 506
Titres de dette	283 921	300 267	284 754	312 780	315 450	354 785	361 702	373 994
Crédits	2 600	4 698	1 113	681	1 536	1 471	1 261	4 104
Actions et parts de fonds d'investissement	565 583	602 688	517 874	546 690	604 796	624 377	673 894	721 835
Actions	347 883	374 643	312 752	332 447	375 711	385 051	413 225	441 745
Parts de fonds d'investissement	217 700	228 046	205 122	214 243	229 086	239 326	260 670	280 090
Parts de fonds d'investissement monétaires	47 606	48 943	54 912	50 319	52 239	50 043	56 632	62 523
Parts de fonds d'investissement non monétaires	170 094	179 103	150 210	163 923	176 846	189 283	204 037	217 566
Systèmes d'assurance, de pensions et garanties standard	0	0	0	0	0	0	0	0
Produits financiers dérivés et options sur titres des salariés	12 629	12 695	24 766	25 187	25 392	26 968	24 379	34 838
Autres comptes à recevoir	92 688	109 288	85 507	97 542	91 098	110 566	116 702	124 827
Passifs financiers	1 012 954	1 089 735	987 631	1 067 819	1 118 664	1 211 365	1 282 196	1 358 270
Titres de dette	0	0	0	0	0	0	0	0
Titres de dette à court terme	0	0	0	0	0	0	0	0
Titres de dette à long terme	0	0	0	0	0	0	0	0
Crédits	537	4 167	492	3 772	3 020	4 049	4 190	7 781
Crédits à court terme	532	4 164	488	2 160	1 466	2 490	1 930	4 844
Crédits à long terme	5	3	4	1 612	1 555	1 559	2 260	2 937
Actions et parts de fonds d'investissement	905 244	962 702	869 715	928 109	988 826	1 060 342	1 130 001	1 176 888
Systèmes d'assurance, de pensions et garanties standard	0	0	0	0	0	0	0	0
Produits financiers dérivés et options sur titres des salariés	9 702	7 980	23 814	26 152	27 373	30 222	27 954	39 535
Autres comptes à payer	89 992	107 541	83 726	98 133	91 230	110 973	114 376	122 920
Actifs non financiers	20 859	23 790	30 837	38 903	43 614	51 435	60 970	55 168
Fonds d'investissement à capital variable								
Valeur nette financière	-20 857	-23 789	-30 834	-38 900	-43 614	-51 435	-60 968	-55 168
Actifs financiers	1 493 726	1 479 830	1 326 157	1 399 454	1 399 994	1 454 248	1 539 889	1 654 798
Numéraire et dépôts	91 350	83 360	84 017	86 872	83 589	85 309	87 221	87 825
Titres de dette	631 444	595 379	558 349	590 121	552 979	575 387	601 667	638 663
Crédits	4 622	5 746	1 600	1 439	2 331	2 362	2 301	4 687
Actions et parts de fonds d'investissement	638 115	656 077	556 097	595 237	640 391	650 694	701 899	760 199
Actions	350 302	376 584	312 815	332 447	375 711	385 051	413 225	441 745
Parts de fonds d'investissement	287 813	279 493	243 282	262 789	264 681	265 643	288 674	318 454
Parts de fonds d'investissement monétaires	114 653	97 541	91 967	98 446	87 471	75 992	84 530	100 541
Parts de fonds d'investissement non monétaires	173 160	181 952	151 315	164 343	177 210	189 651	204 144	217 914
Systèmes d'assurance, de pensions et garanties standard	0	0	0	0	0	0	0	0
Produits financiers dérivés et options sur titres des salariés	13 800	13 481	25 137	25 916	26 096	27 903	26 878	36 761
Autres comptes à recevoir	114 394	125 786	100 956	99 870	94 608	112 593	119 923	126 662
Passifs financiers	1 514 582	1 503 620	1 356 990	1 438 354	1 443 608	1 505 683	1 600 857	1 709 965
Titres de dette	0	0	0	0	0	0	0	0
Titres de dette à court terme	0	0	0	0	0	0	0	0
Titres de dette à long terme	0	0	0	0	0	0	0	0
Crédits	554	4 170	588	3 912	3 020	4 050	4 190	7 784
Crédits à court terme	548	4 167	584	2 300	1 466	2 491	1 930	4 844
Crédits à long terme	5	3	4	1 612	1 555	1 559	2 260	2 940
Actions et parts de fonds d'investissement	1 384 469	1 357 039	1 220 785	1 293 864	1 307 054	1 349 244	1 441 675	1 523 164
Systèmes d'assurance, de pensions et garanties standard	0	0	0	0	0	0	0	0
Produits financiers dérivés et options sur titres des salariés	10 801	8 685	24 275	26 667	28 154	31 214	30 534	41 582
Autres comptes à payer	110 466	124 820	100 643	101 346	96 127	113 677	118 049	125 624
Actifs non financiers	20 859	23 790	30 837	38 903	43 614	51 435	60 970	55 168

Note : Voir les métadonnées détaillées sur : http://metalinks.oecd.org/instinv/20170920/e3b8

Tableau 3. Actifs et passifs financiers des sociétés d'assurance et fonds de pension

Millions EUR

	2009	2010	2011	2012	2013	2014	2015	2016
Sociétés d'assurance et fonds de pension								
Valeur nette financière	7 673	14 353	-9 339	120 316	128 281	231 981	218 294	-38 715
Actifs financiers	1 760 513	1 895 553	1 874 710	2 076 202	2 182 607	2 398 823	2 469 679	2 688 061
Numéraire et dépôts	15 322	17 513	19 010	24 992	29 306	34 039	36 878	34 746
Titres de dette	1 018 877	1 147 206	1 139 217	1 275 546	1 319 433	1 461 006	1 464 553	1 574 776
Crédits	34 976	35 546	37 501	35 278	36 169	37 266	38 632	61 795
Actions et parts de fonds d'investissement	612 297	610 397	584 317	642 192	682 792	746 752	806 263	836 957
Actions	209 951	211 909	205 339	208 716	232 519	252 642	281 492	218 248
Parts de fonds d'investissement	402 346	398 487	378 979	433 476	450 273	494 110	524 771	618 709
Parts de fonds d'investissement monétaires	58 479	50 769	64 562	84 812	61 604	66 067	65 965	73 737
Parts de fonds d'investissement non monétaires	343 866	347 719	314 416	348 664	388 669	428 043	458 806	544 972
Systèmes d'assurance, de pensions et garanties standard	74 426	80 196	86 621	92 866	111 346	115 443	119 887	97 533
Produits financiers dérivés et options sur titres des salariés	4 551	4 642	7 994	5 276	3 507	4 263	3 412	5 181
Autres comptes à recevoir	63	54	51	53	54	54	54	77 073
Passifs financiers	1 752 840	1 881 201	1 884 050	1 955 886	2 054 326	2 166 842	2 251 385	2 726 776
Titres de dette	6 827	6 603	8 522	9 335	11 235	15 892	17 338	80 389
Titres de dette à court terme	866	673	215	237	107	107	123	..
Titres de dette à long terme	5 961	5 930	8 307	9 098	11 128	15 785	17 215	..
Crédits	67 644	76 284	70 690	77 126	88 206	99 616	104 029	63 451
Crédits à court terme	37 982	45 246	36 843	43 042	53 029	63 907	66 476	..
Crédits à long terme	29 662	31 038	33 846	34 084	35 177	35 709	37 552	..
Actions et parts de fonds d'investissement	100 689	107 449	96 243	99 615	109 596	117 869	118 884	274 569
Systèmes d'assurance, de pensions et garanties standard	1 542 953	1 655 957	1 680 705	1 735 678	1 811 041	1 897 780	1 976 939	2 184 597
Produits financiers dérivés et options sur titres des salariés	466	225	324	138	426	1 895	386	2 866
Autres comptes à payer	34 261	34 682	27 566	33 995	33 822	33 790	33 809	120 904
Actifs non financiers	24 402	25 683	25 225	26 309	27 356	27 785	28 618	38 711
Sociétés d'assurance								
Valeur nette financière	7 673	14 353	-9 339	120 316	128 281	231 981	218 294	-38 715
Actifs financiers	1 760 513	1 895 553	1 874 710	2 076 202	2 182 607	2 398 823	2 469 679	2 688 061
Numéraire et dépôts	15 322	17 513	19 010	24 992	29 306	34 039	36 878	34 746
Titres de dette	1 018 877	1 147 206	1 139 217	1 275 546	1 319 433	1 461 006	1 464 553	1 574 776
Crédits	34 976	35 546	37 501	35 278	36 169	37 266	38 632	61 795
Actions et parts de fonds d'investissement	612 297	610 397	584 317	642 192	682 792	746 752	806 263	836 957
Actions	209 951	211 909	205 339	208 716	232 519	252 642	281 492	218 248
Parts de fonds d'investissement	402 346	398 487	378 979	433 476	450 273	494 110	524 771	618 709
Parts de fonds d'investissement monétaires	58 479	50 769	64 562	84 812	61 604	66 067	65 965	73 737
Parts de fonds d'investissement non monétaires	343 866	347 719	314 416	348 664	388 669	428 043	458 806	544 972
Systèmes d'assurance, de pensions et garanties standard	74 426	80 196	86 621	92 866	111 346	115 443	119 887	97 533
Produits financiers dérivés et options sur titres des salariés	4 551	4 642	7 994	5 276	3 507	4 263	3 412	5 181
Autres comptes à recevoir	63	54	51	53	54	54	54	77 073
Passifs financiers	1 752 840	1 881 201	1 884 050	1 955 886	2 054 326	2 166 842	2 251 385	2 726 776
Titres de dette	6 827	6 603	8 522	9 335	11 235	15 892	17 338	80 389
Titres de dette à court terme	866	673	215	237	107	107	123	..
Titres de dette à long terme	5 961	5 930	8 307	9 098	11 128	15 785	17 215	..
Crédits	67 644	76 284	70 690	77 126	88 206	99 616	104 029	63 451
Crédits à court terme	37 982	45 246	36 843	43 042	53 029	63 907	66 476	..
Crédits à long terme	29 662	31 038	33 846	34 084	35 177	35 709	37 552	..
Actions et parts de fonds d'investissement	100 689	107 449	96 243	99 615	109 596	117 869	118 884	274 569
Systèmes d'assurance, de pensions et garanties standard	1 542 953	1 655 957	1 680 705	1 735 678	1 811 041	1 897 780	1 976 939	2 184 597
Produits financiers dérivés et options sur titres des salariés	466	225	324	138	426	1 895	386	2 866
Autres comptes à payer	34 261	34 682	27 566	33 995	33 822	33 790	33 809	120 904
Actifs non financiers	24 402	25 683	25 225	26 309	27 356	27 785	28 618	38 711
Fonds de pension								
Valeur nette financière	..	..	..	..	..	..	..	..
Actifs financiers	..	..	..	..	..	..	..	..
Numéraire et dépôts	..	..	..	..	..	..	..	..
Titres de dette	..	..	..	..	..	..	..	..
Crédits	..	..	..	..	..	..	..	..
Actions et parts de fonds d'investissement	..	..	..	..	..	..	..	..
Actions	..	..	..	..	..	..	..	..
Parts de fonds d'investissement	..	..	..	..	..	..	..	..
Parts de fonds d'investissement monétaires	..	..	..	..	..	..	..	..
Parts de fonds d'investissement non monétaires	..	..	..	..	..	..	..	..
Systèmes d'assurance, de pensions et garanties standard	..	..	..	..	..	..	..	..
Produits financiers dérivés et options sur titres des salariés	..	..	..	..	..	..	..	..
Autres comptes à recevoir	..	..	..	..	..	..	..	..
Passifs financiers	..	..	..	..	..	..	..	..
Titres de dette	..	..	..	..	..	..	..	..
Titres de dette à court terme	..	..	..	..	..	..	..	..
Titres de dette à long terme	..	..	..	..	..	..	..	..
Crédits	..	..	..	..	..	..	..	..
Crédits à court terme	..	..	..	..	..	..	..	..
Crédits à long terme	..	..	..	..	..	..	..	..
Actions et parts de fonds d'investissement	..	..	..	..	..	..	..	..
Systèmes d'assurance, de pensions et garanties standard	..	..	..	..	..	..	..	..
Produits financiers dérivés et options sur titres des salariés	..	..	..	..	..	..	..	..
Autres comptes à payer	..	..	..	..	..	..	..	..
Actifs non financiers	..	..	..	..	..	..	..	..

Note : Voir les métadonnées détaillées sur : http://metalinks.oecd.org/instinv/20170920/e3b8

Tableau 4. Composition du portefeuille par type d'investisseur

En pourcentage des actifs financiers et des passifs financiers

Pour cent

	2009	2010	2011	2012	2013	2014	2015	2016
Fonds d'investissement								
Actifs financiers	100.0	100.0	100.0	100.0	100.0	100.0	100.0	100.0
Numéraire et dépôts	6.1	5.6	6.3	6.2	6.0	5.9	5.7	5.3
Titres de dettes	42.3	40.2	42.1	42.2	39.5	39.6	39.1	38.6
Crédits	0.3	0.4	0.1	0.1	0.2	0.2	0.1	0.3
Actions et parts de fonds d'investissement	42.7	44.3	41.9	42.5	45.7	44.7	45.6	45.9
Systèmes d'assurance de pensions et garanties standard	0.0	0.0	0.0	0.0	0.0	0.0	0.0	0.0
Produits financiers dérivés et options sur titres des salariés	0.9	0.9	1.9	1.9	1.9	1.9	1.7	2.2
Autres comptes à recevoir	7.7	8.5	7.6	7.1	6.8	7.7	7.8	7.7
Passifs financiers	100.0	100.0	100.0	100.0	100.0	100.0	100.0	100.0
Numéraire et dépôts	0.5	0.6	0.8	0.9	0.6	0.5	0.4	0.7
Titres de dettes	0.0	0.0	0.0	0.0	0.0	0.0	0.0	0.0
Crédits	0.0	0.3	0.0	0.3	0.2	0.3	0.3	0.5
Actions et parts de fonds d'investissement	91.4	90.3	90.0	90.0	90.5	89.6	90.1	89.1
Systèmes d'assurance de pensions et garanties standard	0.0	0.0	0.0	0.0	0.0	0.0	0.0	0.0
Produits financiers dérivés et options sur titres des salariés	0.7	0.6	1.8	1.9	2.0	2.1	1.9	2.4
Autres comptes à recevoir	7.3	8.3	7.4	7.0	6.7	7.5	7.4	7.3
Sociétés d'assurance								
Actifs financiers	100.0	100.0	100.0	100.0	100.0	100.0	100.0	100.0
Numéraire et dépôts	0.9	0.9	1.0	1.2	1.3	1.4	1.5	1.3
Titres de dettes	57.9	60.5	60.8	61.4	60.5	60.9	59.3	58.6
Crédits	2.0	1.9	2.0	1.7	1.7	1.6	1.6	2.3
Actions et parts de fonds d'investissement	34.8	32.2	31.2	30.9	31.3	31.1	32.6	31.1
Systèmes d'assurance de pensions et garanties standard	4.2	4.2	4.6	4.5	5.1	4.8	4.9	3.6
Produits financiers dérivés et options sur titres des salariés	0.3	0.2	0.4	0.3	0.2	0.2	0.1	0.2
Autres comptes à recevoir	0.0	0.0	0.0	0.0	0.0	0.0	0.0	2.9
Passifs financiers	100.0	100.0	100.0	100.0	100.0	100.0	100.0	100.0
Numéraire et dépôts	0.0	0.0	0.0	0.0	0.0	0.0	0.0	0.0
Titres de dettes	0.4	0.4	0.5	0.5	0.5	0.7	0.8	2.9
Crédits	3.9	4.1	3.8	3.9	4.3	4.6	4.6	2.3
Actions et parts de fonds d'investissement	5.7	5.7	5.1	5.1	5.3	5.4	5.3	10.1
Systèmes d'assurance de pensions et garanties standard	88.0	88.0	89.2	88.7	88.2	87.6	87.8	80.1
Produits financiers dérivés et options sur titres des salariés	0.0	0.0	0.0	0.0	0.0	0.1	0.0	0.1
Autres comptes à recevoir	2.0	1.8	1.5	1.7	1.6	1.6	1.5	4.4
Fonds de pension								
Actifs financiers	..	..	..	..	..	..	..	..
Numéraire et dépôts	..	..	..	..	..	..	..	..
Titres de dettes	..	..	..	..	..	..	..	..
Crédits	..	..	..	..	..	..	..	..
Actions et parts de fonds d'investissement	..	..	..	..	..	..	..	..
Systèmes d'assurance de pensions et garanties standard	..	..	..	..	..	..	..	..
Produits financiers dérivés et options sur titres des salariés	..	..	..	..	..	..	..	..
Autres comptes à recevoir	..	..	..	..	..	..	..	..
Passifs financiers	..	..	..	..	..	..	..	..
Numéraire et dépôts	..	..	..	..	..	..	..	..
Titres de dettes	..	..	..	..	..	..	..	..
Crédits	..	..	..	..	..	..	..	..
Actions et parts de fonds d'investissement	..	..	..	..	..	..	..	..
Systèmes d'assurance de pensions et garanties standard	..	..	..	..	..	..	..	..
Produits financiers dérivés et options sur titres des salariés	..	..	..	..	..	..	..	..
Autres comptes à recevoir	..	..	..	..	..	..	..	..

Note : Voir les métadonnées détaillées sur : http://metalinks.oecd.org/instinv/20170920/a53e

ALLEMAGNE

Tableau 1. Actifs et passifs financiers des investisseurs institutionnels, 2016

Millions EUR (1999 DEM euro)

	Fonds d'investissement				
	Total	Fonds d'investissement non-monétaire			Fonds d'investissement monétaires
		Total	Fonds d'investissement à capital variable, non monétaire	Fonds d'investissement à capital fixe, non monétaire	Total
Actifs financiers	1 859 528	1 856 880	..	..	2 648
Numéraire et dépôts	75 557	75 405	..	..	152
Titres de dette	914 143	911 733	..	..	2 410
Titres de dette à court terme	6 920	6 808	..	..	112
Titres de dette à long terme	907 224	904 926	..	..	2 298
Titres de dette émis par les résidents	141 973	141 384	..	..	589
Titres de dette émis par les non-résidents	772 170	770 349	..	..	1 821
Crédits	18 634	18 621	..	..	13
Crédits à court terme	13	0	..	..	13
Crédits à long terme	18 621	18 621	..	..	0
Crédits accordés aux résidents	1 720	1 717	..	..	3
Crédits accordés aux non-résidents	16 914	16 904	..	..	10
Actions et parts de fonds d'investissement	799 202	799 141	..	..	61
Actions et parts de fonds d'investissements émises par les résidents	..	..	..	..	..
Actions et part de fonds d'investissements émises par les non-résidents	..	..	..	..	..
Autres comptes à recevoir	32 764	32 752	..	..	12

	Fonds d'investissement				
	Total	Fonds d'investissement non-monétaire			Fonds d'investissement monétaires
		Total	Fonds d'investissement à capital variable, non monétaire	Fonds d'investissement à capital fixe, non monétaire	Total
Pasifs financiers	1 967 505	1 964 857	..	..	2 648
Numéraire et dépôts	..	..	..	..	..
Titres de dette	..	0	..	..	..
Titres de dette à court terme	..	0	..	..	..
Titres de dette à long terme	..	0	..	..	..
Crédits	30 583	30 583	..	..	..
Crédits à court terme	0	0	..	..	..
Crédits à long terme	30 583	30 583	..	..	..
Actions et parts de fonds d'investissement	1 907 878	1 905 233	..	..	2 645
Systèmes d'assurance, de pensions et garanties standard	..	0	..	..	..
Produits financiers dérivés et options sur titres des salariés	16 445	16 445	..	..	0
Autres comptes à payer	12 599	12 596	..	..	3

	Sociétés d'assurance et fonds de pension autonomes				
	Total	Sociétés d'assurance			Fonds de pension autonomes
		Total	Sociétés d'assurance vie	Sociétés d'assurance non-vie	Total
Actifs financiers	2 566 057	1 994 424	..	..	571 633
Numéraire et dépôts	459 199	348 231	..	..	110 968
Titres de dette	422 769	380 923	..	..	41 846
Titres de dette à court terme	2 457	2 381	..	..	76
Titres de dette à long terme	420 312	378 542	..	..	41 770
Titres de dette émis par les résidents	112 708	104 966	..	..	7 742
Titres de dette émis par les non-résidents	310 061	275 956	..	..	34 105
Crédits	330 046	298 563	..	..	31 483
Crédits à court terme	63 068	62 332	..	..	736
Crédits à long terme	266 978	236 231	..	..	30 747
Crédits accordés aux résidents	267 100	237 610	..	..	29 490
Crédits accordés aux non-résidents	62 946	60 953	..	..	1 993
Actions et parts de fonds d'investissement	1 202 392	837 739	..	..	364 653
Actions et parts de fonds d'investissement émises par les résidents	..	..	..	..	..
Actions et parts de fonds d'investissement émises par les non-résidents	..	..	..	..	..
Autrescomptes à recevoir	67 900	50 911	..	..	16 989

	Sociétés d'assurance et fonds de pension autonomes				
	Total	Sociétés d'assurance			Fonds de pension autonomes
		Total	Sociétés d'assurance vie	Sociétés d'assurance non-vie	Total
Pasifs financiers	2 513 320	2 002 193	..	..	511 126
Numéraire et dépôts	..	..	..	..	..
Titres de dette	20 409	20 384	..	..	25
Titres de dette à court terme	994	994	..	..	0
Titres de dette à long terme	19 415	19 390	..	..	25
Crédits	83 874	78 323	..	..	5 550
Crédits à court terme	48 769	44 503	..	..	4 265
Crédits à long terme	35 105	33 820	..	..	1 285
Actions et parts de fonds d'investissement	249 908	249 908	..	..	0
Systèmes d'assurance, de pensions et garanties standard	2 050 563	1 549 190	..	..	501 373
Produits financiers dérivés et options sur titres des salariés	1 153	1 153	..	..	0
Autres comptes à payer	107 413	103 235	..	..	4 178

Note : Voir les métadonnées détaillées sur : http://metalinks.oecd.org/instinv/20170920/3d13

ALLEMAGNE

Tableau 2. Actifs et passifs financiers des fonds d'investissement

Millions EUR

	2009	2010	2011	2012	2013	2014	2015	2016
Fonds d'investissement								
Valeur nette financière	-91 714	-94 052	-95 013	-96 695	-97 653	-98 074	-103 253	-107 977
Actifs financiers	980 597	1 088 601	1 091 094	1 261 524	1 368 048	1 555 369	1 695 238	1 859 528
Numéraire et dépôts	63 164	56 311	74 226	68 417	70 050	70 131	81 075	75 557
Titres de dette	558 331	599 292	607 744	693 135	715 174	824 795	845 544	914 143
Crédits	8 244	9 813	9 676	11 773	12 082	13 905	15 551	18 634
Actions et parts de fonds d'investissement	326 191	397 787	372 637	458 299	541 704	606 113	708 259	799 202
Actions	219 063	253 168	222 201	252 402	307 204	329 351	388 457	421 523
Parts de fonds d'investissement	107 128	144 619	150 436	205 897	234 500	276 762	319 802	377 679
Parts de fonds d'investissement monétaires	88	145	72	2 025	1 671	1 894	3 152	4 837
Parts de fonds d'investissement non monétaires	107 040	144 474	150 364	203 872	232 830	274 867	316 650	372 842
Systèmes d'assurance, de pensions et garanties standard	0	0	0	0	0	0	0	0
Produits financiers dérivés et options sur titres des salariés	7 594	6 727	8 008	10 889	9 256	14 586	15 504	19 228
Autres comptes à recevoir	17 073	18 672	18 802	19 010	19 782	25 839	29 306	32 764
Passifs financiers	1 072 312	1 182 653	1 186 107	1 358 219	1 465 700	1 653 443	1 798 491	1 967 505
Titres de dette	..	..	..	..	..	..	..	..
Titres de dette à court terme	..	..	..	..	..	..	..	..
Titres de dette à long terme	..	..	..	..	..	..	..	..
Crédits	28 132	30 037	29 447	32 143	29 222	30 753	30 197	30 583
Crédits à court terme	0	0	0	0	0	0	0	0
Crédits à long terme	28 132	30 037	29 447	32 143	29 222	30 753	30 197	30 583
Actions et parts de fonds d'investissement	1 027 377	1 136 949	1 138 727	1 309 466	1 421 287	1 597 283	1 743 031	1 907 878
Systèmes d'assurance, de pensions et garanties standard	..	..	..	..	..	..	..	..
Produits financiers dérivés et options sur titres des salariés	6 501	6 086	8 794	4 647	4 175	12 041	12 469	16 445
Autres comptes à payer	10 302	9 581	9 139	11 963	11 017	13 367	12 794	12 599
Actifs non financiers	..	..	..	..	..	..	..	..
Fonds d'investissement monéaires								
Valeur nette financière	0	0	0	0	0	0	0	0
Actifs financiers	12 260	10 376	6 622	7 824	4 516	3 895	3 836	2 648
Numéraire et dépôts	2 723	2 286	544	322	315	240	355	152
Titres de dette	9 367	7 880	5 927	5 414	4 129	3 633	3 462	2 410
Crédits	0	0	0	24	10	0	0	13
Actions et parts de fonds d'investissement	88	145	72	2 025	24	9	7	61
Actions	..	..	..	..	..	..	..	..
Parts de fonds d'investissement	88	145	72	2 025	24	9	7	61
Parts de fonds d'investissement monétaires	88	145	72	2 025	5	9	7	61
Parts de fonds d'investissement non monétaires	0	0	0	0	19	0	0	0
Systèmes d'assurance, de pensions et garanties standard	..	..	..	..	..	..	..	..
Produits financiers dérivés et options sur titres des salariés	2	0	2	1	0	0	0	0
Autres comptes à recevoir	80	66	76	37	38	13	12	12
Passifs financiers	12 261	10 376	6 622	7 824	4 515	3 895	3 836	2 648
Titres de dette	..	..	..	..	..	..	..	..
Titres de dette à court terme	..	..	..	..	..	..	..	..
Titres de dette à long terme	..	..	..	..	..	..	..	..
Crédits	..	..	..	..	..	..	..	..
Crédits à court terme	..	..	..	..	..	..	..	..
Crédits à long terme	..	..	..	..	..	..	..	..
Actions et parts de fonds d'investissement	11 951	10 274	6 577	7 703	4 510	3 884	3 834	2 645
Systèmes d'assurance, de pensions et garanties standard	..	..	..	..	..	..	..	..
Produits financiers dérivés et options sur titres des salariés	158	2	1	0	0	0	0	0
Autres comptes à payer	152	100	44	121	6	12	2	3
Actifs non financiers	..	..	..	..	..	..	..	..
Fonds d'investissement non monéaires								
Valeur nette financière	-91 714	-94 052	-95 013	-96 695	-97 653	-98 074	-103 253	-107 977
Actifs financiers	968 337	1 078 225	1 084 472	1 253 700	1 363 532	1 551 474	1 691 402	1 856 880
Numéraire et dépôts	60 441	54 025	73 682	68 095	69 735	69 891	80 720	75 405
Titres de dette	548 964	591 412	601 817	687 721	711 045	821 162	842 082	911 733
Crédits	8 244	9 813	9 676	11 749	12 072	13 905	15 551	18 621
Actions et parts de fonds d'investissement	326 103	397 642	372 565	456 274	541 680	606 104	708 252	799 141
Actions	219 063	253 168	222 201	252 402	307 204	329 351	388 457	421 523
Parts de fonds d'investissement	107 040	144 474	150 364	203 872	234 476	276 753	319 795	377 618
Parts de fonds d'investissement monétaires	0	0	0	0	1 666	1 885	3 145	4 776
Parts de fonds d'investissement non monétaires	107 040	144 474	150 364	203 872	232 811	274 867	316 650	372 842
Systèmes d'assurance, de pensions et garanties standard	0	0	0	0	0	0	0	0
Produits financiers dérivés et options sur titres des salariés	7 592	6 727	8 006	10 888	9 256	14 586	15 504	19 228
Autres comptes à recevoir	16 993	18 606	18 726	18 973	19 744	25 826	29 294	32 752
Passifs financiers	1 060 051	1 172 277	1 179 485	1 350 395	1 461 185	1 649 548	1 794 655	1 964 857
Titres de dette	0	0	0	0	0	0	0	0
Titres de dette à court terme	0	0	0	0	0	0	0	0
Titres de dette à long terme	0	0	0	0	0	0	0	0
Crédits	28 132	30 037	29 447	32 143	29 222	30 753	30 197	30 583
Crédits à court terme	0	0	0	0	0	0	0	0
Crédits à long terme	28 132	30 037	29 447	32 143	29 222	30 753	30 197	30 583
Actions et parts de fonds d'investissement	1 015 426	1 126 675	1 132 150	1 301 763	1 416 777	1 593 399	1 739 197	1 905 233
Systèmes d'assurance, de pensions et garanties standard	0	0	0	0	0	0	0	0
Produits financiers dérivés et options sur titres des salariés	6 343	6 084	8 793	4 647	4 175	12 041	12 469	16 445
Autres comptes à payer	10 150	9 481	9 095	11 842	11 011	13 355	12 792	12 596
Actifs non financiers	..	..	..	..	..	..	..	..
Fonds d'investissement non monéaires à capital variable								
Valeur nette financière	..	..	..	..	..	..	..	..
Actifs financiers	..	..	..	..	..	..	..	..

Tableau 2. Actifs et passifs financiers des fonds d'investissement *(suite)*

Millions EUR

	2009	2010	2011	2012	2013	2014	2015	2016
Numéraire et dépôts	..	..	..	..	..	..	..	..
Titres de dette	..	..	..	..	..	..	..	..
Crédits	..	..	..	..	..	..	..	..
Actions et parts de fonds d'investissement	..	..	..	..	..	..	..	..
Actions	..	..	..	..	..	..	..	..
Parts de fonds d'investissement	..	..	..	..	..	..	..	..
Parts de fonds d'investissement monétaires	..	..	..	..	..	..	..	..
Parts de fonds d'investissement non monétaires	..	..	..	..	..	..	..	..
Systèmes d'assurance, de pensions et garanties standard	..	..	..	..	..	..	..	..
Produits financiers dérivés et options sur titres des salariés	..	..	..	..	..	..	..	..
Autres comptes à recevoir	..	..	..	..	..	..	..	..
Passifs financiers	..	..	..	..	..	..	..	..
Titres de dette	..	..	..	..	..	..	..	..
Titres de dette à court terme	..	..	..	..	..	..	..	..
Titres de dette à long terme	..	..	..	..	..	..	..	..
Crédits	..	..	..	..	..	..	..	..
Crédits à court terme	..	..	..	..	..	..	..	..
Crédits à long terme	..	..	..	..	..	..	..	..
Actions et parts de fonds d'investissement	..	..	..	..	..	..	..	..
Systèmes d'assurance, de pensions et garanties standard	..	..	..	..	..	..	..	..
Produits financiers dérivés et options sur titres des salariés	..	..	..	..	..	..	..	..
Autres comptes à payer	..	..	..	..	..	..	..	..
Actifs non financiers	..	..	..	..	..	..	..	..
Fonds d'investissement à capital variable								
Valeur nette financière	..	..	..	..	..	..	..	..
Actifs financiers	..	..	..	..	..	..	..	..
Numéraire et dépôts	..	..	..	..	..	..	..	..
Titres de dette	..	..	..	..	..	..	..	..
Crédits	..	..	..	..	..	..	..	..
Actions et parts de fonds d'investissement	..	..	..	..	..	..	..	..
Actions	..	..	..	..	..	..	..	..
Parts de fonds d'investissement	..	..	..	..	..	..	..	..
Parts de fonds d'investissement monétaires	..	..	..	..	..	..	..	..
Parts de fonds d'investissement non monétaires	..	..	..	..	..	..	..	..
Systèmes d'assurance, de pensions et garanties standard	..	..	..	..	..	..	..	..
Produits financiers dérivés et options sur titres des salariés	..	..	..	..	..	..	..	..
Autres comptes à recevoir	..	..	..	..	..	..	..	..
Passifs financiers	..	..	..	..	..	..	..	..
Titres de dette	..	..	..	..	..	..	..	..
Titres de dette à court terme	..	..	..	..	..	..	..	..
Titres de dette à long terme	..	..	..	..	..	..	..	..
Crédits	..	..	..	..	..	..	..	..
Crédits à court terme	..	..	..	..	..	..	..	..
Crédits à long terme	..	..	..	..	..	..	..	..
Actions et parts de fonds d'investissement	..	..	..	..	..	..	..	..
Systèmes d'assurance, de pensions et garanties standard	..	..	..	..	..	..	..	..
Produits financiers dérivés et options sur titres des salariés	..	..	..	..	..	..	..	..
Autres comptes à payer	..	..	..	..	..	..	..	..
Actifs non financiers	..	..	..	..	..	..	..	..

Note : Voir les métadonnées détaillées sur : http://metalinks.oecd.org/instinv/20170920/3d13

ALLEMAGNE

Tableau 3. Actifs et passifs financiers des sociétés d'assurance et fonds de pension

Millions EUR

	2009	2010	2011	2012	2013	2014	2015	2016
Sociétés d'assurance et fonds de pension								
Valeur nette financière	-38 111	-20 078	5 842	35 412	-13 706	80 818	1 473	52 737
Actifs financiers	1 745 556	1 845 571	1 899 067	2 068 570	2 139 327	2 354 495	2 428 430	2 566 057
Numéraire et dépôts	588 867	570 834	576 218	560 467	541 268	523 691	489 446	459 199
Titres de dette	180 238	203 255	218 696	281 003	303 382	372 741	382 622	422 769
Crédits	266 258	276 338	282 144	288 668	294 355	310 488	322 616	330 046
Actions et parts de fonds d'investissement	587 614	668 535	694 381	808 638	870 968	1 007 538	1 086 988	1 202 392
Actions	192 208	202 594	197 270	205 400	196 041	201 679	213 276	234 944
Parts de fonds d'investissement	395 406	465 941	497 111	603 238	674 927	805 859	873 712	967 448
Parts de fonds d'investissement monétaires	7	8	8	1 986	614	702	1 443	1 796
Parts de fonds d'investissement non monétaires	395 399	465 933	497 103	601 252	674 313	805 158	872 269	965 652
Systèmes d'assurance, de pensions et garanties standard	58 550	59 930	62 247	63 082	64 175	68 801	76 989	79 379
Produits financiers dérivés et options sur titres des salariés	4 728	4 936	5 366	6 138	5 979	6 417	4 520	4 372
Autres comptes à recevoir	59 301	61 743	60 015	60 574	59 200	64 819	65 249	67 900
Passifs financiers	1 783 667	1 865 649	1 893 225	2 033 158	2 153 033	2 273 677	2 426 957	2 513 320
Titres de dette	17 254	18 771	19 527	24 361	17 635	18 511	20 138	20 409
Titres de dette à court terme	1 337	1 894	767	1 404	598	686	1 558	994
Titres de dette à long terme	15 917	16 877	18 760	22 957	17 037	17 825	18 580	19 415
Crédits	67 377	66 081	64 289	67 923	66 031	71 138	80 945	83 874
Crédits à court terme	36 486	40 599	38 384	40 862	36 487	40 047	47 884	48 769
Crédits à long terme	30 891	25 482	25 905	27 061	29 544	31 091	33 061	35 105
Actions et parts de fonds d'investissement	136 216	137 616	111 799	158 942	197 652	202 695	255 480	249 908
Systèmes d'assurance, de pensions et garanties standard	1 472 570	1 552 555	1 605 347	1 688 032	1 772 406	1 878 720	1 964 992	2 050 563
Produits financiers dérivés et options sur titres des salariés	1 154	1 073	1 045	789	924	1 110	1 142	1 153
Autres comptes à payer	89 096	89 553	91 218	93 111	98 385	101 503	104 260	107 413
Actifs non financiers	..	..	..	..	..	..	..	..
Sociétés d'assurance								
Valeur nette financière	-38 917	-18 410	8 619	7 013	-5 154	57 483	-29 344	-7 769
Actifs financiers	1 414 901	1 491 692	1 526 640	1 637 864	1 721 787	1 868 962	1 907 442	1 994 424
Numéraire et dépôts	447 988	431 593	437 875	427 202	407 563	405 802	371 512	348 231
Titres de dette	152 182	173 816	185 244	238 228	280 251	340 530	346 726	380 923
Crédits	243 383	252 735	256 599	262 728	266 264	280 648	291 899	298 563
Actions et parts de fonds d'investissement	459 767	518 705	532 244	593 685	652 551	723 016	772 133	837 739
Actions	182 858	190 431	185 358	191 386	186 376	189 863	198 704	218 296
Parts de fonds d'investissement	276 909	328 274	346 886	402 299	466 175	533 153	573 429	619 443
Parts de fonds d'investissement monétaires	0	0	0	0	543	601	1 327	1 636
Parts de fonds d'investissement non monétaires	276 909	328 274	346 886	402 299	465 632	532 552	572 102	617 807
Systèmes d'assurance, de pensions et garanties standard	55 552	56 473	58 424	58 984	59 802	63 942	71 582	73 685
Produits financiers dérivés et options sur titres des salariés	4 728	4 936	5 366	6 138	5 979	6 417	4 520	4 372
Autres comptes à recevoir	51 301	53 434	50 888	50 899	49 377	48 607	49 070	50 911
Passifs financiers	1 453 818	1 510 102	1 518 021	1 630 851	1 726 941	1 811 479	1 936 786	2 002 193
Titres de dette	17 254	18 771	19 527	24 361	17 635	18 490	20 116	20 384
Titres de dette à court terme	1 337	1 894	767	1 404	598	686	1 558	994
Titres de dette à long terme	15 917	16 877	18 760	22 957	17 037	17 804	18 558	19 390
Crédits	63 936	62 322	60 261	63 682	61 605	66 289	75 721	78 323
Crédits à court terme	34 002	37 755	35 308	37 602	33 029	36 221	43 858	44 503
Crédits à long terme	29 934	24 567	24 954	26 080	28 576	30 068	31 863	33 820
Actions et parts de fonds d'investissement	136 216	137 616	111 799	158 942	197 652	202 695	255 480	249 908
Systèmes d'assurance, de pensions et garanties standard	1 147 262	1 201 983	1 235 238	1 291 113	1 351 920	1 422 747	1 484 187	1 549 190
Produits financiers dérivés et options sur titres des salariés	1 154	1 073	1 045	789	924	1 110	1 142	1 153
Autres comptes à payer	87 996	88 337	90 151	91 964	97 205	100 148	100 140	103 235
Actifs non financiers	..	..	..	..	..	..	..	..
Fonds de pension								
Valeur nette financière	806	-1 668	-2 774	28 399	-8 553	23 335	30 819	60 507
Actifs financiers	330 656	353 879	372 428	430 706	417 540	485 534	520 989	571 633
Numéraire et dépôts	140 879	139 241	138 344	133 265	133 704	117 889	117 934	110 968
Titres de dette	28 056	29 439	33 452	42 775	23 131	32 211	35 896	41 846
Crédits	22 875	23 603	25 545	25 940	28 091	29 840	30 717	31 483
Actions et parts de fonds d'investissement	127 847	149 830	162 137	214 953	218 417	284 523	314 855	364 653
Actions	9 350	12 163	11 912	14 014	9 665	11 816	14 572	16 648
Parts de fonds d'investissement	118 497	137 667	150 225	200 939	208 752	272 707	300 283	348 005
Parts de fonds d'investissement monétaires	7	8	8	1 986	71	100	115	161
Parts de fonds d'investissement non monétaires	118 490	137 659	150 217	198 953	208 681	272 606	300 167	347 845
Systèmes d'assurance, de pensions et garanties standard	2 999	3 457	3 823	4 098	4 374	4 859	5 407	5 694
Produits financiers dérivés et options sur titres des salariés	0	0	0	0	0	0	0	0
Autres comptes à recevoir	8 000	8 309	9 127	9 675	9 823	16 212	16 180	16 989
Passifs financiers	329 850	355 547	375 202	402 307	426 093	462 199	490 170	511 126
Titres de dette	0	0	0	0	0	21	22	25
Titres de dette à court terme	0	0	0	0	0	0	0	0
Titres de dette à long terme	0	0	0	0	0	21	22	25
Crédits	3 442	3 759	4 026	4 241	4 427	4 850	5 224	5 550
Crédits à court terme	2 484	2 844	3 076	3 260	3 459	3 827	4 026	4 265
Crédits à long terme	958	915	950	981	968	1 023	1 198	1 285
Actions et parts de fonds d'investissement	0	0	0	0	0	0	0	0
Systèmes d'assurance, de pensions et garanties standard	325 308	350 572	370 109	396 919	420 486	455 973	480 805	501 373
Produits financiers dérivés et options sur titres des salariés	0	0	0	0	0	0	0	0
Autres comptes à payer	1 100	1 216	1 067	1 147	1 180	1 355	4 119	4 178
Actifs non financiers	..	..	..	..	..	..	..	..

Note : Voir les métadonnées détaillées sur : http://metalinks.oecd.org/instinv/20170920/3d13

Tableau 4. Composition du portefeuille par type d'investisseur

En pourcentage des actifs financiers et des passifs financiers

Pour cent

	2009	2010	2011	2012	2013	2014	2015	2016
Fonds d'investissement								
Actifs financiers	100.0	100.0	100.0	100.0	100.0	100.0	100.0	100.0
Numéraire et dépôts	6.4	5.2	6.8	5.4	5.1	4.5	4.8	4.1
Titres de dettes	56.9	55.1	55.7	54.9	52.3	53.0	49.9	49.2
Crédits	0.8	0.9	0.9	0.9	0.9	0.9	0.9	1.0
Actions et parts de fonds d'investissement	33.3	36.5	34.2	36.3	39.6	39.0	41.8	43.0
Systèmes d'assurance de pensions et garanties standard	0.0	0.0	0.0	0.0	0.0	0.0	0.0	0.0
Produits financiers dérivés et options sur titres des salariés	0.8	0.6	0.7	0.9	0.7	0.9	0.9	1.0
Autres comptes à recevoir	1.7	1.7	1.7	1.5	1.4	1.7	1.7	1.8
Passifs financiers	100.0	100.0	100.0	100.0	100.0	100.0	100.0	100.0
Numéraire et dépôts	0.0	0.0	0.0	0.0	0.0	0.0	0.0	0.0
Titres de dettes	0.0	0.0	0.0	0.0	0.0	0.0	0.0	0.0
Crédits	2.6	2.5	2.5	2.4	2.0	1.9	1.7	1.6
Actions et parts de fonds d'investissement	95.8	96.1	96.0	96.4	97.0	96.6	96.9	97.0
Systèmes d'assurance de pensions et garanties standard	0.0	0.0	0.0	0.0	0.0	0.0	0.0	0.0
Produits financiers dérivés et options sur titres des salariés	0.6	0.5	0.7	0.3	0.3	0.7	0.7	0.8
Autres comptes à recevoir	1.0	0.8	0.8	0.9	0.8	0.8	0.7	0.6
Sociétés d'assurance								
Actifs financiers	100.0	100.0	100.0	100.0	100.0	100.0	100.0	100.0
Numéraire et dépôts	31.7	28.9	28.7	26.1	23.7	21.7	19.5	17.5
Titres de dettes	10.8	11.7	12.1	14.5	16.3	18.2	18.2	19.1
Crédits	17.2	16.9	16.8	16.0	15.5	15.0	15.3	15.0
Actions et parts de fonds d'investissement	32.5	34.8	34.9	36.2	37.9	38.7	40.5	42.0
Systèmes d'assurance de pensions et garanties standard	3.9	3.8	3.8	3.6	3.5	3.4	3.8	3.7
Produits financiers dérivés et options sur titres des salariés	0.3	0.3	0.4	0.4	0.3	0.3	0.2	0.2
Autres comptes à recevoir	3.6	3.6	3.3	3.1	2.9	2.6	2.6	2.6
Passifs financiers	100.0	100.0	100.0	100.0	100.0	100.0	100.0	100.0
Numéraire et dépôts	0.0	0.0	0.0	0.0	0.0	0.0	0.0	0.0
Titres de dettes	1.2	1.2	1.3	1.5	1.0	1.0	1.0	1.0
Crédits	4.4	4.1	4.0	3.9	3.6	3.7	3.9	3.9
Actions et parts de fonds d'investissement	9.4	9.1	7.4	9.7	11.4	11.2	13.2	12.5
Systèmes d'assurance de pensions et garanties standard	78.9	79.6	81.4	79.2	78.3	78.5	76.6	77.4
Produits financiers dérivés et options sur titres des salariés	0.1	0.1	0.1	0.0	0.1	0.1	0.1	0.1
Autres comptes à recevoir	6.1	5.8	5.9	5.6	5.6	5.5	5.2	5.2
Fonds de pension								
Actifs financiers	100.0	100.0	100.0	100.0	100.0	100.0	100.0	100.0
Numéraire et dépôts	42.6	39.3	37.1	30.9	32.0	24.3	22.6	19.4
Titres de dettes	8.5	8.3	9.0	9.9	5.5	6.6	6.9	7.3
Crédits	6.9	6.7	6.9	6.0	6.7	6.1	5.9	5.5
Actions et parts de fonds d'investissement	38.7	42.3	43.5	49.9	52.3	58.6	60.4	63.8
Systèmes d'assurance de pensions et garanties standard	0.9	1.0	1.0	1.0	1.0	1.0	1.0	1.0
Produits financiers dérivés et options sur titres des salariés	0.0	0.0	0.0	0.0	0.0	0.0	0.0	0.0
Autres comptes à recevoir	2.4	2.3	2.5	2.2	2.4	3.3	3.1	3.0
Passifs financiers	100.0	100.0	100.0	100.0	100.0	100.0	100.0	100.0
Numéraire et dépôts	0.0	0.0	0.0	0.0	0.0	0.0	0.0	0.0
Titres de dettes	0.0	0.0	0.0	0.0	0.0	0.0	0.0	0.0
Crédits	1.0	1.1	1.1	1.1	1.0	1.0	1.1	1.1
Actions et parts de fonds d'investissement	0.0	0.0	0.0	0.0	0.0	0.0	0.0	0.0
Systèmes d'assurance de pensions et garanties standard	98.6	98.6	98.6	98.7	98.7	98.7	98.1	98.1
Produits financiers dérivés et options sur titres des salariés	0.0	0.0	0.0	0.0	0.0	0.0	0.0	0.0
Autres comptes à recevoir	0.3	0.3	0.3	0.3	0.3	0.3	0.8	0.8

Note : Voir les métadonnées détaillées sur : http://metalinks.oecd.org/instinv/20170920/a53e

Tableau 1. Actifs et passifs financiers des investisseurs institutionnels, 2016

Millions EUR (2001 GRD euro)

	Fonds d'investissement				
	Total	Fonds d'investissement non-monétaire			Fonds d'investissement monétaires
		Total	Fonds d'investissement à capital variable, non monétaire	Fonds d'investissement à capital fixe, non monétaire	Total
Actifs financiers	3 978	3 435	2 931	504	543
Numéraire et dépôts	443	324	187	137	119
Titres de dette	1 750	1 327	1 323	4	423
Titres de dette à court terme	577	182	182	0	395
Titres de dette à long terme	1 173	1 145	1 141	4	28
Titres de dette émis par les résidents	1 103	695	691	4	408
Titres de dette émis par les non-résidents	647	632	632	0	15
Crédits	..	..	..	..	..
Crédits à court terme	..	..	..	..	..
Crédits à long terme	..	..	..	..	..
Crédits accordés aux résidents	..	..	..	..	..
Crédits accordés aux non-résidents	..	..	..	..	..
Actions et parts de fonds d'investissement	1 641	1 641	1 375	266	0
Actions et parts de fonds d'investissements émises par les résidents	738	738	682	56	0
Actions et part de fonds d'investissements émises par les non-résidents	904	904	695	209	0
Autres comptes à recevoir	..	..	..	..	1

	Fonds d'investissement				
	Total	Fonds d'investissement non-monétaire			Fonds d'investissement monétaires
		Total	Fonds d'investissement à capital variable, non monétaire	Fonds d'investissement à capital fixe, non monétaire	Total
Pasifs financiers	6 036	5 495	2 933	2 562	541
Numéraire et dépôts	..	..	..	..	..
Titres de dette	..	..	..	..	..
Titres de dette à court terme	..	..	..	..	..
Titres de dette à long terme	..	..	..	..	..
Crédits	346	346	0	346	..
Crédits à court terme	2	2	0	2	..
Crédits à long terme	344	344	0	344	..
Actions et parts de fonds d'investissement	5 620	5 080	2 909	2 171	540
Systèmes d'assurance, de pensions et garanties standard	..	..	..	..	..
Produits financiers dérivés et options sur titres des salariés	..	..	..	..	0
Autres comptes à payer	..	..	..	..	1

	Sociétés d'assurance et fonds de pension autonomes				
	Total	Sociétés d'assurance			Fonds de pension autonomes
		Total	Sociétés d'assurance vie	Sociétés d'assurance non-vie	Total
Actifs financiers	16 507	15 333	12 550	2 783	1 173
Numéraire et dépôts	1 647	1 591	1 302	289	56
Titres de dette	9 838	9 095	7 444	1 651	743
Titres de dette à court terme	1 490	1 396	1 142	253	94
Titres de dette à long terme	8 348	7 699	6 302	1 397	649
Titres de dette émis par les résidents	3 117	2 846	2 329	517	271
Titres de dette émis par les non-résidents	6 720	6 249	5 115	1 134	471
Crédits	149	146	119	26	4
Crédits à court terme	14	10	8	2	4
Crédits à long terme	136	136	111	25	0
Crédits accordés aux résidents	144	140	115	25	4
Crédits accordés aux non-résidents	5	5	4	1	0
Actions et parts de fonds d'investissement	3 384	3 071	2 514	557	313
Actions et parts de fonds d'investissement émises par les résidents	1 247	1 172	960	213	75
Actions et parts de fonds d'investissement émises par les non-résidents	2 137	1 899	1 554	345	238
Autrescomptes à recevoir	1 190	1 132	927	206	58

	Sociétés d'assurance et fonds de pension autonomes				
	Total	Sociétés d'assurance			Fonds de pension autonomes
		Total	Sociétés d'assurance vie	Sociétés d'assurance non-vie	Total
Pasifs financiers	16 723	15 534	12 715	2 819	1 189
Numéraire et dépôts	..	..	..	..	..
Titres de dette	..	2	1	0	..
Titres de dette à court terme	..	0	0	0	..
Titres de dette à long terme	..	2	1	0	..
Crédits	..	240	196	43	..
Crédits à court terme	..	51	42	9	..
Crédits à long terme	..	189	154	34	..
Actions et parts de fonds d'investissement	..	2 421	1 982	439	..
Systèmes d'assurance, de pensions et garanties standard	13 035	11 913	9 751	2 162	1 123
Produits financiers dérivés et options sur titres des salariés	0	0	0	0	..
Autres comptes à payer	1 025	959	785	174	66

Note : Voir les métadonnées détaillées sur : http://metalinks.oecd.org/instinv/20170920/d341

Tableau 2. Actifs et passifs financiers des fonds d'investissement

Millions EUR

	2009	2010	2011	2012	2013	2014	2015	2016
Fonds d'investissement								
Valeur nette financière	-677	-1 535	-1 466	-1 399	-1 325	-1 849	-1 908	-2 058
Actifs financiers	8 680	6 879	4 380	4 866	5 129	4 868	4 235	3 978
Numéraire et dépôts	2 401	1 706	1 304	1 534	1 099	1 332	595	443
Titres de dette	2 758	2 279	1 471	1 465	1 768	1 382	1 671	1 750
Crédits	..	..	..	..	..	..	..	..
Actions et parts de fonds d'investissement	3 168	2 468	1 435	1 695	2 097	1 827	1 821	1 641
Actions	2 622	1 882	1 037	1 322	1 748	1 328	1 288	1 129
Parts de fonds d'investissement	546	586	398	373	349	499	533	512
Parts de fonds d'investissement monétaires	16	3	9	21	16	15	10	13
Parts de fonds d'investissement non monétaires	530	583	389	352	333	484	523	499
Systèmes d'assurance, de pensions et garanties standard	..	..	..	..	..	..	..	..
Produits financiers dérivés et options sur titres des salariés	..	..	..	..	..	..	..	..
Autres comptes à recevoir	..	..	..	..	..	..	..	..
Passifs financiers	9 357	8 414	5 846	6 265	6 454	6 717	6 143	6 036
Titres de dette	..	..	..	..	..	..	..	..
Titres de dette à court terme	..	..	..	..	..	..	..	..
Titres de dette à long terme	..	..	..	..	..	..	..	..
Crédits	9	16	59	86	81	312	301	346
Crédits à court terme	0	0	0	0	0	2	2	2
Crédits à long terme	9	16	59	86	81	310	299	344
Actions et parts de fonds d'investissement	8 878	7 760	5 133	5 641	6 234	6 261	5 765	5 620
Systèmes d'assurance, de pensions et garanties standard	..	..	..	..	..	..	..	..
Produits financiers dérivés et options sur titres des salariés	..	..	..	..	..	..	..	..
Autres comptes à payer	..	..	..	..	..	..	..	..
Actifs non financiers	676	1 536	1 462	1 397	1 322	1 845	1 905	2 057
Fonds d'investissement monéaires								
Valeur nette financière	-2	-2	-1	0	0	-1	-1	2
Actifs financiers	1 777	1 183	744	840	719	773	512	543
Numéraire et dépôts	1 610	1 013	627	772	365	539	161	119
Titres de dette	162	167	108	61	346	228	351	423
Crédits	..	..	..	..	..	..	..	..
Actions et parts de fonds d'investissement	0	0	5	2	2	2	0	0
Actions	0	0	0	0	0	0	0	0
Parts de fonds d'investissement	0	0	5	2	2	2	0	0
Parts de fonds d'investissement monétaires	0	0	5	2	2	2	0	0
Parts de fonds d'investissement non monétaires	0	0	0	0	0	0	0	0
Systèmes d'assurance, de pensions et garanties standard	..	..	..	..	..	..	..	..
Produits financiers dérivés et options sur titres des salariés	0	0	0	0	0	0	0	0
Autres comptes à recevoir	5	3	4	5	6	4	0	1
Passifs financiers	1 779	1 185	745	840	719	774	513	541
Titres de dette	..	..	..	..	..	..	..	..
Titres de dette à court terme	..	..	..	..	..	..	..	..
Titres de dette à long terme	..	..	..	..	..	..	..	..
Crédits	..	..	..	..	..	..	..	..
Crédits à court terme	..	..	..	..	..	..	..	..
Crédits à long terme	..	..	..	..	..	..	..	..
Actions et parts de fonds d'investissement	1 775	1 182	739	835	711	762	513	540
Systèmes d'assurance, de pensions et garanties standard	..	..	..	..	..	..	..	..
Produits financiers dérivés et options sur titres des salariés	0	0	0	0	0	0	0	0
Autres comptes à payer	4	3	6	5	8	12	0	1
Actifs non financiers	..	..	..	..	..	..	..	..
Fonds d'investissement non monéaires								
Valeur nette financière	-675	-1 533	-1 465	-1 399	-1 325	-1 848	-1 907	-2 060
Actifs financiers	6 903	5 696	3 636	4 026	4 410	4 095	3 723	3 435
Numéraire et dépôts	791	693	677	762	734	793	434	324
Titres de dette	2 596	2 112	1 363	1 404	1 422	1 154	1 320	1 327
Crédits	..	..	..	..	..	..	..	..
Actions et parts de fonds d'investissement	3 168	2 468	1 430	1 693	2 095	1 825	1 821	1 641
Actions	2 622	1 882	1 037	1 322	1 748	1 328	1 288	1 129
Parts de fonds d'investissement	546	586	393	371	347	497	533	512
Parts de fonds d'investissement monétaires	16	3	4	19	14	13	10	13
Parts de fonds d'investissement non monétaires	530	583	389	352	333	484	523	499
Systèmes d'assurance, de pensions et garanties standard	..	..	..	..	..	..	..	..
Produits financiers dérivés et options sur titres des salariés	..	..	..	..	..	..	..	..
Autres comptes à recevoir	..	..	..	..	..	..	..	..
Passifs financiers	7 578	7 229	5 101	5 425	5 735	5 943	5 630	5 495
Titres de dette	..	..	..	..	..	..	..	..
Titres de dette à court terme	..	..	..	..	..	..	..	..
Titres de dette à long terme	..	..	..	..	..	..	..	..
Crédits	9	16	59	86	81	312	301	346
Crédits à court terme	0	0	0	0	0	2	2	2
Crédits à long terme	9	16	59	86	81	310	299	344
Actions et parts de fonds d'investissement	7 103	6 578	4 394	4 806	5 523	5 499	5 252	5 080
Systèmes d'assurance, de pensions et garanties standard	..	..	..	..	..	..	..	..
Produits financiers dérivés et options sur titres des salariés	..	..	..	..	..	..	..	..
Autres comptes à payer	..	..	..	..	..	..	..	..
Actifs non financiers	676	1 536	1 462	1 397	1 322	1 845	1 905	2 057
Fonds d'investissement non monéaires à capital variable								
Valeur nette financière	0	2	-2	-2	-2	-2	-1	-2
Actifs financiers	6 453	5 190	3 262	3 572	3 797	3 344	3 138	2 931

Tableau 2. Actifs et passifs financiers des fonds d'investissement (*suite*)

Millions EUR

	2009	2010	2011	2012	2013	2014	2015	2016
Numéraire et dépôts	573	478	392	405	363	580	254	187
Titres de dette	2 596	2 112	1 363	1 404	1 420	1 151	1 319	1 323
Crédits	..	..	..	..	..	..	..	..
Actions et parts de fonds d'investissement	3 041	2 355	1 372	1 635	1 890	1 499	1 486	1 375
Actions	2 495	1 769	979	1 264	1 544	1 083	1 033	944
Parts de fonds d'investissement	546	586	393	371	346	416	453	431
Parts de fonds d'investissement monétaires	16	3	4	19	14	13	10	13
Parts de fonds d'investissement non monétaires	530	583	389	352	332	403	443	418
Systèmes d'assurance, de pensions et garanties standard	..	..	..	..	..	..	..	..
Produits financiers dérivés et options sur titres des salariés	..	..	..	..	..	..	..	..
Autres comptes à recevoir	..	..	..	..	..	..	..	..
Passifs financiers	6 453	5 188	3 264	3 574	3 799	3 346	3 139	2 933
Titres de dette	..	..	..	..	..	..	..	..
Titres de dette à court terme	..	..	..	..	..	..	..	..
Titres de dette à long terme	..	..	..	..	..	..	..	..
Crédits	0	0	0	0	0	0	0	0
Crédits à court terme	0	0	0	0	0	0	0	0
Crédits à long terme	0	0	0	0	0	0	0	0
Actions et parts de fonds d'investissement	6 296	5 008	3 161	3 467	3 696	3 254	3 089	2 909
Systèmes d'assurance, de pensions et garanties standard	..	..	..	..	..	..	..	..
Produits financiers dérivés et options sur titres des salariés	..	..	..	..	..	..	..	..
Autres comptes à payer	..	..	..	..	..	..	..	..
Actifs non financiers	0	0	0	0	0	0	0	0
Fonds d'investissement à capital variable								
Valeur nette financière	-2	0	-3	-2	-2	-3	-2	0
Actifs financiers	8 230	6 373	4 006	4 412	4 516	4 117	3 650	3 474
Numéraire et dépôts	2 183	1 491	1 019	1 177	728	1 119	415	306
Titres de dette	2 758	2 279	1 471	1 465	1 766	1 379	1 670	1 746
Crédits	..	..	..	..	..	..	..	..
Actions et parts de fonds d'investissement	3 041	2 355	1 377	1 637	1 892	1 501	1 486	1 375
Actions	2 495	1 769	979	1 264	1 544	1 083	1 033	944
Parts de fonds d'investissement	546	586	398	373	348	418	453	431
Parts de fonds d'investissement monétaires	16	3	9	21	16	15	10	13
Parts de fonds d'investissement non monétaires	530	583	389	352	332	403	443	418
Systèmes d'assurance, de pensions et garanties standard	..	..	..	..	..	..	..	..
Produits financiers dérivés et options sur titres des salariés	..	..	..	..	..	..	..	..
Autres comptes à recevoir	..	..	..	..	..	..	..	..
Passifs financiers	8 232	6 373	4 009	4 414	4 518	4 120	3 652	3 474
Titres de dette	..	..	..	..	..	..	..	..
Titres de dette à court terme	..	..	..	..	..	..	..	..
Titres de dette à long terme	..	..	..	..	..	..	..	..
Crédits	0	0	0	0	0	0	0	0
Crédits à court terme	0	0	0	0	0	0	0	0
Crédits à long terme	0	0	0	0	0	0	0	0
Actions et parts de fonds d'investissement	8 071	6 190	3 900	4 302	4 407	4 016	3 602	3 449
Systèmes d'assurance, de pensions et garanties standard	..	..	..	..	..	..	..	..
Produits financiers dérivés et options sur titres des salariés	..	..	..	..	..	..	..	..
Autres comptes à payer	..	..	..	..	..	..	..	..
Actifs non financiers	0	0	0	0	0	0	0	0

Note : Voir les métadonnées détaillées sur : http://metalinks.oecd.org/instinv/20170920/d341

Tableau 3. Actifs et passifs financiers des sociétés d'assurance et fonds de pension

Millions EUR

	2009	2010	2011	2012	2013	2014	2015	2016
Sociétés d'assurance et fonds de pension								
Valeur nette financière	..	..	..	..	-921	-879	-1 002	-217
Actifs financiers	..	..	..	..	15 509	15 893	15 969	16 507
Numéraire et dépôts	..	..	..	..	3 772	2 575	1 943	1 647
Titres de dette	..	..	..	..	6 713	8 243	8 323	9 838
Crédits	..	..	..	..	132	140	160	149
Actions et parts de fonds d'investissement	..	..	..	..	2 628	2 880	3 321	3 384
Actions	..	..	..	..	365	404	545	464
Parts de fonds d'investissement	..	..	..	..	2 264	2 476	2 776	2 920
Parts de fonds d'investissement monétaires	..	..	..	..	367	416	509	626
Parts de fonds d'investissement non monétaires	..	..	..	..	1 896	2 060	2 267	2 294
Systèmes d'assurance, de pensions et garanties standard	..	..	..	..	390	375	471	296
Produits financiers dérivés et options sur titres des salariés	..	..	..	..	8	4	4	2
Autres comptes à recevoir	..	..	..	..	1 866	1 676	1 747	1 190
Passifs financiers	..	..	..	..	16 430	16 772	16 971	16 723
Titres de dette	..	..	..	..	..	..	..	..
Titres de dette à court terme	..	..	..	..	..	..	..	..
Titres de dette à long terme	..	..	..	..	..	..	..	..
Crédits	..	..	..	..	..	..	..	..
Crédits à court terme	..	..	..	..	..	..	..	..
Crédits à long terme	..	..	..	..	..	..	..	..
Actions et parts de fonds d'investissement	..	..	..	..	..	..	..	..
Systèmes d'assurance, de pensions et garanties standard	..	..	..	..	12 146	12 213	12 523	13 035
Produits financiers dérivés et options sur titres des salariés	..	..	..	..	0	0	0	0
Autres comptes à payer	..	..	..	..	977	1 198	802	1 025
Actifs non financiers	..	..	..	..	921	879	1 002	217
Sociétés d'assurance								
Valeur nette financière	-1 236	-1 041	-987	-865	-921	-879	-1 002	-201
Actifs financiers	14 344	14 662	13 906	14 689	15 284	15 453	15 647	15 333
Numéraire et dépôts	1 988	2 837	2 771	2 800	3 547	2 439	1 836	1 591
Titres de dette	6 587	6 605	6 256	6 589	6 713	7 985	8 176	9 095
Crédits	102	101	97	145	132	132	154	146
Actions et parts de fonds d'investissement	2 809	2 331	2 150	2 632	2 628	2 842	3 260	3 071
Actions	508	352	284	341	365	399	532	432
Parts de fonds d'investissement	2 300	1 979	1 865	2 291	2 264	2 444	2 728	2 640
Parts de fonds d'investissement monétaires	114	108	174	468	367	416	509	528
Parts de fonds d'investissement non monétaires	2 186	1 871	1 692	1 823	1 896	2 028	2 218	2 112
Systèmes d'assurance, de pensions et garanties standard	372	419	404	426	390	375	471	296
Produits financiers dérivés et options sur titres des salariés	3	0	0	6	8	4	4	2
Autres comptes à recevoir	2 484	2 369	2 228	2 091	1 866	1 675	1 746	1 132
Passifs financiers	15 580	15 703	14 893	15 554	16 205	16 332	16 649	15 534
Titres de dette	37	16	15	15	29	29	29	2
Titres de dette à court terme	0	0	0	0	0	0	0	0
Titres de dette à long terme	37	16	15	15	29	29	29	2
Crédits	247	1 033	673	332	482	127	165	240
Crédits à court terme	83	837	469	275	435	65	57	51
Crédits à long terme	165	196	204	57	47	62	109	189
Actions et parts de fonds d'investissement	1 904	1 092	878	1 956	2 796	3 206	3 451	2 421
Systèmes d'assurance, de pensions et garanties standard	12 289	12 522	12 319	12 256	11 921	11 773	12 202	11 913
Produits financiers dérivés et options sur titres des salariés	6	2	1	1	0	0	0	0
Autres comptes à payer	1 097	1 038	1 007	995	977	1 198	802	959
Actifs non financiers	1 236	1 041	987	865	921	879	1 002	201
Fonds de pension								
Valeur nette financière	..	..	..	..	0	0	0	-16
Actifs financiers	..	..	..	..	225	440	322	1 173
Numéraire et dépôts	..	..	..	..	225	136	107	56
Titres de dette	..	..	..	..	0	258	146	743
Crédits	..	..	..	..	0	8	6	4
Actions et parts de fonds d'investissement	..	..	..	..	0	38	61	313
Actions	..	..	..	..	0	6	12	32
Parts de fonds d'investissement	..	..	..	..	0	32	49	280
Parts de fonds d'investissement monétaires	..	..	..	..	0	0	0	99
Parts de fonds d'investissement non monétaires	..	..	..	..	0	32	49	182
Systèmes d'assurance, de pensions et garanties standard	..	..	..	..	0	0	0	0
Produits financiers dérivés et options sur titres des salariés	..	..	..	..	0	0	0	0
Autres comptes à recevoir	..	..	..	..	0	1	1	58
Passifs financiers	..	..	..	..	225	440	322	1 189
Titres de dette	..	..	..	..	..	..	..	..
Titres de dette à court terme	..	..	..	..	..	..	..	..
Titres de dette à long terme	..	..	..	..	..	..	..	..
Crédits	..	..	..	..	..	..	..	..
Crédits à court terme	..	..	..	..	..	..	..	..
Crédits à long terme	..	..	..	..	..	..	..	..
Actions et parts de fonds d'investissement	..	..	..	..	..	..	..	..
Systèmes d'assurance, de pensions et garanties standard	..	..	..	..	225	440	322	1 123
Produits financiers dérivés et options sur titres des salariés	..	..	..	..	..	..	..	..
Autres comptes à payer	..	..	..	..	..	..	..	66
Actifs non financiers	..	..	..	..	0	0	0	16

Note : Voir les métadonnées détaillées sur : http://metalinks.oecd.org/instinv/20170920/d341

Tableau 4. Composition du portefeuille par type d'investisseur

En pourcentage des actifs financiers et des passifs financiers

Pour cent

	2009	2010	2011	2012	2013	2014	2015	2016
Fonds d'investissement								
Actifs financiers	100.0	100.0	100.0	100.0	100.0	100.0	100.0	100.0
Numéraire et dépôts	27.7	24.8	29.8	31.5	21.4	27.4	14.0	11.1
Titres de dettes	31.8	33.1	33.6	30.1	34.5	28.4	39.5	44.0
Crédits	..	..	..	..	..	..	..	..
Actions et parts de fonds d'investissement	36.5	35.9	32.8	34.8	40.9	37.5	43.0	41.3
Systèmes d'assurance de pensions et garanties standard	..	..	..	..	..	..	..	..
Produits financiers dérivés et options sur titres des salariés	..	..	..	..	..	..	..	..
Autres comptes à recevoir	..	..	..	..	..	..	..	..
Passifs financiers	100.0	100.0	100.0	100.0	100.0	100.0	100.0	100.0
Numéraire et dépôts	..	..	..	..	..	..	..	..
Titres de dettes	..	..	..	..	..	..	..	..
Crédits	0.1	0.2	1.0	1.4	1.3	4.6	4.9	5.7
Actions et parts de fonds d'investissement	94.9	92.2	87.8	90.0	96.6	93.2	93.8	93.1
Systèmes d'assurance de pensions et garanties standard	..	..	..	..	..	..	..	..
Produits financiers dérivés et options sur titres des salariés	..	..	..	..	..	..	..	..
Autres comptes à recevoir	..	..	..	..	..	..	..	..
Sociétés d'assurance								
Actifs financiers	100.0	100.0	100.0	100.0	100.0	100.0	100.0	100.0
Numéraire et dépôts	13.9	19.3	19.9	19.1	23.2	15.8	11.7	10.4
Titres de dettes	45.9	45.1	45.0	44.9	43.9	51.7	52.3	59.3
Crédits	0.7	0.7	0.7	1.0	0.9	0.9	1.0	0.9
Actions et parts de fonds d'investissement	19.6	15.9	15.5	17.9	17.2	18.4	20.8	20.0
Systèmes d'assurance de pensions et garanties standard	2.6	2.9	2.9	2.9	2.6	2.4	3.0	1.9
Produits financiers dérivés et options sur titres des salariés	0.0	0.0	0.0	0.0	0.1	0.0	0.0	0.0
Autres comptes à recevoir	17.3	16.2	16.0	14.2	12.2	10.8	11.2	7.4
Passifs financiers	100.0	100.0	100.0	100.0	100.0	100.0	100.0	100.0
Numéraire et dépôts	0.0	0.0	0.0	0.0	0.0	0.0	0.0	0.0
Titres de dettes	0.2	0.1	0.1	0.1	0.2	0.2	0.2	0.0
Crédits	1.6	6.6	4.5	2.1	3.0	0.8	1.0	1.5
Actions et parts de fonds d'investissement	12.2	7.0	5.9	12.6	17.3	19.6	20.7	15.6
Systèmes d'assurance de pensions et garanties standard	78.9	79.7	82.7	78.8	73.6	72.1	73.3	76.7
Produits financiers dérivés et options sur titres des salariés	0.0	0.0	0.0	0.0	0.0	0.0	0.0	0.0
Autres comptes à recevoir	7.0	6.6	6.8	6.4	6.0	7.3	4.8	6.2
Fonds de pension								
Actifs financiers	..	..	..	..	100.0	100.0	100.0	100.0
Numéraire et dépôts	..	..	..	..	100.0	30.8	33.4	4.8
Titres de dettes	..	..	..	..	0.0	58.5	45.5	63.3
Crédits	..	..	..	..	0.0	1.7	2.0	0.3
Actions et parts de fonds d'investissement	..	..	..	..	0.0	8.6	19.0	26.7
Systèmes d'assurance de pensions et garanties standard	..	..	..	..	0.0	0.0	0.0	0.0
Produits financiers dérivés et options sur titres des salariés	..	..	..	..	0.0	0.0	0.0	0.0
Autres comptes à recevoir	..	..	..	..	0.0	0.3	0.2	4.9
Passifs financiers	..	..	..	..	100.0	100.0	100.0	100.0
Numéraire et dépôts	..	..	..	..	0.0	0.0	0.0	0.0
Titres de dettes	..	..	..	..	0.0	0.0	0.0	0.0
Crédits	..	..	..	..	0.0	0.0	0.0	0.0
Actions et parts de fonds d'investissement	..	..	..	..	0.0	0.0	0.0	0.0
Systèmes d'assurance de pensions et garanties standard	..	..	..	..	100.0	100.0	100.0	94.4
Produits financiers dérivés et options sur titres des salariés	..	..	..	..	0.0	0.0	0.0	0.0
Autres comptes à recevoir	..	..	..	..	0.0	0.0	0.0	5.6

Note : Voir les métadonnées détaillées sur : http://metalinks.oecd.org/instinv/20170920/a53e

HONGRIE

Tableau 1. Actifs et passifs financiers des investisseurs institutionnels, 2016

Millions HUF

	Fonds d'investissement				
	Total	Fonds d'investissement non-monétaire			Fonds d'investissement monétaires
		Total	Fonds d'investissement à capital variable, non monétaire	Fonds d'investissement à capital fixe, non monétaire	Total
Actifs financiers	5 534 911	4 740 060	..	..	794 851
Numéraire et dépôts	2 107 121	1 460 691	..	..	646 430
Titres de dette	1 954 598	1 820 081	..	..	134 517
Titres de dette à court terme	295 489	211 964	..	..	83 525
Titres de dette à long terme	1 659 109	1 608 117	..	..	50 992
Titres de dette émis par les résidents	1 633 611	1 499 873	..	..	133 738
Titres de dette émis par les non-résidents	320 987	320 208	..	..	779
Crédits	0	0	..	..	0
Crédits à court terme	0	0	..	..	0
Crédits à long terme	0	0	..	..	0
Crédits accordés aux résidents	0	0	..	..	0
Crédits accordés aux non-résidents	0	0	..	..	0
Actions et parts de fonds d'investissement	1 341 383	1 339 908	..	..	1 475
Actions et parts de fonds d'investissements émises par les résidents	663 824	662 349	..	..	1 475
Actions et part de fonds d'investissements émises par les non-résidents	677 559	677 559	..	..	0
Autres comptes à recevoir	98 015	85 986	..	..	12 029

	Fonds d'investissement				
	Total	Fonds d'investissement non-monétaire			Fonds d'investissement monétaires
		Total	Fonds d'investissement à capital variable, non monétaire	Fonds d'investissement à capital fixe, non monétaire	Total
Pasifs financiers	5 938 584	5 144 174	..	..	794 410
Numéraire et dépôts	0	0	..	..	0
Titres de dette	0	0	..	..	0
Titres de dette à court terme	0	0	..	..	0
Titres de dette à long terme	0	0	..	..	0
Crédits	84 543	84 464	..	..	79
Crédits à court terme	53 345	53 266	..	..	79
Crédits à long terme	31 198	31 198	..	..	0
Actions et parts de fonds d'investissement	5 838 543	5 044 856	..	..	793 687
Systèmes d'assurance, de pensions et garanties standard	0	0	..	..	0
Produits financiers dérivés et options sur titres des salariés	13 785	13 595	..	..	190
Autres comptes à payer	1 713	1 259	..	..	454

	Sociétés d'assurance et fonds de pension autonomes				
	Total	Sociétés d'assurance			Fonds de pension autonomes
		Total	Sociétés d'assurance vie	Sociétés d'assurance non-vie	Total
Actifs financiers	4 337 496	2 779 506	..	..	1 557 990
Numéraire et dépôts	199 574	125 537	..	..	74 037
Titres de dette	2 495 597	1 505 111	..	..	990 486
Titres de dette à court terme	200 711	78 771	..	..	121 940
Titres de dette à long terme	2 294 886	1 426 340	..	..	868 546
Titres de dette émis par les résidents	2 403 102	1 429 237	..	..	973 865
Titres de dette émis par les non-résidents	92 495	75 874	..	..	16 621
Crédits	8 063	6 446	..	..	1 617
Crédits à court terme	3 047	3 047	..	..	0
Crédits à long terme	5 016	3 399	..	..	1 617
Crédits accordés aux résidents	4 842	3 225	..	..	1 617
Crédits accordés aux non-résidents	3 221	3 221	..	..	0
Actions et parts de fonds d'investissement	1 471 001	979 717	..	..	491 284
Actions et parts de fonds d'investissement émises par les résidents	708 273	417 609	..	..	290 664
Actions et parts de fonds d'investissement émises par les non-résidents	762 728	562 108	..	..	200 620
Autrescomptes à recevoir	57 253	57 075	..	..	178

	Sociétés d'assurance et fonds de pension autonomes				
	Total	Sociétés d'assurance			Fonds de pension autonomes
		Total	Sociétés d'assurance vie	Sociétés d'assurance non-vie	Total
Pasifs financiers	4 332 117	2 745 402	..	..	1 586 715
Numéraire et dépôts	0	0	..	..	0
Titres de dette	0	0	..	..	0
Titres de dette à court terme	0	0	..	..	0
Titres de dette à long terme	0	0	..	..	0
Crédits	5 381	5 377	..	..	4
Crédits à court terme	130	126	..	..	4
Crédits à long terme	5 251	5 251	..	..	0
Actions et parts de fonds d'investissement	303 872	282 304	..	..	21 568
Systèmes d'assurance, de pensions et garanties standard	3 945 758	2 382 520	..	..	1 563 238
Produits financiers dérivés et options sur titres des salariés	2 282	1 032	..	..	1 250
Autres comptes à payer	74 824	74 169	..	..	655

Note : Voir les métadonnées détaillées sur : http://metalinks.oecd.org/instinv/20170920/e3b8

Tableau 2. Actifs et passifs financiers des fonds d'investissement

Millions HUF

	2009	2010	2011	2012	2013	2014	2015	2016
Fonds d'investissement								
Valeur nette financière	-147 569	-237 433	-284 097	-319 083	-322 019	-312 020	-305 122	-403 673
Actifs financiers	3 028 570	3 732 362	3 109 859	3 283 329	4 415 435	5 334 967	5 539 867	5 534 911
Numéraire et dépôts	1 358 597	1 416 054	1 594 876	1 745 945	2 008 519	2 352 275	2 269 890	2 107 121
Titres de dette	772 975	1 060 369	745 223	823 020	1 438 362	1 754 128	1 919 808	1 954 598
Crédits	0	0	0	0	0	0	0	0
Actions et parts de fonds d'investissement	851 263	1 180 774	681 357	612 122	772 543	1 103 523	1 238 349	1 341 383
Actions	319 629	472 378	180 100	197 861	165 187	210 271	254 708	322 341
Parts de fonds d'investissement	531 634	708 396	501 257	414 261	607 356	893 252	983 641	1 019 042
Parts de fonds d'investissement monétaires	42 399	45 855	41 749	27 455	47 197	59 753	130 626	36 576
Parts de fonds d'investissement non monétaires	489 235	662 541	459 508	386 806	560 159	833 499	853 015	982 466
Systèmes d'assurance, de pensions et garanties standard	0	0	0	0	0	0	0	0
Produits financiers dérivés et options sur titres des salariés	45 725	49 155	27 389	41 238	55 009	45 041	31 810	33 794
Autres comptes à recevoir	10	26 010	61 014	61 004	141 002	80 000	80 010	98 015
Passifs financiers	3 176 139	3 969 795	3 393 956	3 602 412	4 737 454	5 646 987	5 844 989	5 938 584
Titres de dette	0	0	0	0	0	0	0	0
Titres de dette à court terme	0	0	0	0	0	0	0	0
Titres de dette à long terme	0	0	0	0	0	0	0	0
Crédits	71 890	68 096	77 994	71 011	66 700	81 145	50 867	84 543
Crédits à court terme	17 635	24 495	27 991	25 836	23 824	45 686	33 031	53 345
Crédits à long terme	54 255	43 601	50 003	45 175	42 876	35 459	17 836	31 198
Actions et parts de fonds d'investissement	3 098 940	3 895 195	3 302 829	3 463 811	4 662 549	5 528 624	5 778 120	5 838 543
Systèmes d'assurance, de pensions et garanties standard	0	0	0	0	0	0	0	0
Produits financiers dérivés et options sur titres des salariés	3 867	6 142	8 604	9 006	3 269	33 897	10 961	13 785
Autres comptes à payer	1 442	362	4 529	58 584	4 936	3 321	5 041	1 713
Actifs non financiers	..	..	..	..	..	..	..	..
Fonds d'investissement monéaires								
Valeur nette financière	-31 343	-17 659	1 262	43 912	20 044	-21 629	5 738	441
Actifs financiers	1 121 760	1 359 714	1 360 019	1 270 751	1 455 722	1 224 273	1 173 427	794 851
Numéraire et dépôts	832 161	852 059	1 014 210	1 004 275	1 037 929	981 956	982 384	646 430
Titres de dette	285 112	477 397	284 129	201 169	353 790	241 201	187 867	134 517
Crédits	0	0	0	0	0	0	0	0
Actions et parts de fonds d'investissement	4 477	4 248	666	4 303	3 001	1 116	3 166	1 475
Actions	0	0	0	0	0	0	0	0
Parts de fonds d'investissement	4 477	4 248	666	4 303	3 001	1 116	3 166	1 475
Parts de fonds d'investissement monétaires	4 477	4 248	666	4 303	3 001	1 116	3 166	1 475
Parts de fonds d'investissement non monétaires	0	0	0	0	0	0	0	0
Systèmes d'assurance, de pensions et garanties standard	0	0	0	0	0	0	0	0
Produits financiers dérivés et options sur titres des salariés	0	0	0	0	0	0	0	400
Autres comptes à recevoir	10	26 010	61 014	61 004	61 002	0	10	12 029
Passifs financiers	1 153 103	1 377 373	1 358 757	1 226 839	1 435 678	1 245 902	1 167 689	794 410
Titres de dette	0	0	0	0	0	0	0	0
Titres de dette à court terme	0	0	0	0	0	0	0	0
Titres de dette à long terme	0	0	0	0	0	0	0	0
Crédits	72	9	14	33	42	59	67	79
Crédits à court terme	72	9	14	33	42	59	67	79
Crédits à long terme	0	0	0	0	0	0	0	0
Actions et parts de fonds d'investissement	1 152 781	1 377 347	1 358 175	1 226 331	1 435 555	1 245 738	1 167 563	793 687
Systèmes d'assurance, de pensions et garanties standard	0	0	0	0	0	0	0	0
Produits financiers dérivés et options sur titres des salariés	0	0	0	0	0	0	0	190
Autres comptes à payer	250	17	568	475	81	105	59	454
Actifs non financiers	..	..	..	..	..	..	..	..
Fonds d'investissement non monéaires								
Valeur nette financière	-116 226	-219 774	-285 359	-362 995	-342 063	-290 391	-310 860	-404 114
Actifs financiers	1 906 810	2 372 648	1 749 840	2 012 578	2 959 713	4 110 694	4 366 440	4 740 060
Numéraire et dépôts	526 436	563 995	580 666	741 670	970 590	1 370 319	1 287 506	1 460 691
Titres de dette	487 863	582 972	461 094	621 851	1 084 572	1 512 927	1 731 941	1 820 081
Crédits	0	0	0	0	0	0	0	0
Actions et parts de fonds d'investissement	846 786	1 176 526	680 691	607 819	769 542	1 102 407	1 235 183	1 339 908
Actions	319 629	472 378	180 100	197 861	165 187	210 271	254 708	322 341
Parts de fonds d'investissement	527 157	704 148	500 591	409 958	604 355	892 136	980 475	1 017 567
Parts de fonds d'investissement monétaires	37 922	41 607	41 083	23 152	44 196	58 637	127 460	35 101
Parts de fonds d'investissement non monétaires	489 235	662 541	459 508	386 806	560 159	833 499	853 015	982 466
Systèmes d'assurance, de pensions et garanties standard	0	0	0	0	0	0	0	0
Produits financiers dérivés et options sur titres des salariés	45 725	49 155	27 389	41 238	55 009	45 041	31 810	33 394
Autres comptes à recevoir	0	0	0	0	80 000	80 000	80 000	85 986
Passifs financiers	2 023 036	2 592 422	2 035 199	2 375 573	3 301 776	4 401 085	4 677 300	5 144 174
Titres de dette	0	0	0	0	0	0	0	0
Titres de dette à court terme	0	0	0	0	0	0	0	0
Titres de dette à long terme	0	0	0	0	0	0	0	0
Crédits	71 818	68 087	77 980	70 978	66 658	81 086	50 800	84 464
Crédits à court terme	17 563	24 486	27 977	25 803	23 782	45 627	32 964	53 266
Crédits à long terme	54 255	43 601	50 003	45 175	42 876	35 459	17 836	31 198
Actions et parts de fonds d'investissement	1 946 159	2 517 848	1 944 654	2 237 480	3 226 994	4 282 886	4 610 557	5 044 856
Systèmes d'assurance, de pensions et garanties standard	0	0	0	0	0	0	0	0
Produits financiers dérivés et options sur titres des salariés	3 867	6 142	8 604	9 006	3 269	33 897	10 961	13 595
Autres comptes à payer	1 192	345	3 961	58 109	4 855	3 216	4 982	1 259
Actifs non financiers	..	..	..	..	..	..	..	..
Fonds d'investissement non monéaires à capital variable								
Valeur nette financière	..	..	..	..	..	..	..	..
Actifs financiers	..	..	..	..	..	..	..	..

Tableau 2. Actifs et passifs financiers des fonds d'investissement *(suite)*

Millions HUF

	2009	2010	2011	2012	2013	2014	2015	2016
Numéraire et dépôts	..	..	..	..	..	..	..	..
Titres de dette	..	..	..	..	..	..	..	..
Crédits	..	..	..	..	..	..	..	..
Actions et parts de fonds d'investissement	..	..	..	..	..	..	..	..
Actions	..	..	..	..	..	..	..	..
Parts de fonds d'investissement	..	..	..	..	..	..	..	..
Parts de fonds d'investissement monétaires	..	..	..	..	..	..	..	..
Parts de fonds d'investissement non monétaires	..	..	..	..	..	..	..	..
Systèmes d'assurance, de pensions et garanties standard	..	..	..	..	..	..	..	..
Produits financiers dérivés et options sur titres des salariés	..	..	..	..	..	..	..	..
Autres comptes à recevoir	..	..	..	..	..	..	..	..
Passifs financiers	..	..	..	..	..	..	..	..
Titres de dette	..	..	..	..	..	..	..	..
Titres de dette à court terme	..	..	..	..	..	..	..	..
Titres de dette à long terme	..	..	..	..	..	..	..	..
Crédits	..	..	..	..	..	..	..	..
Crédits à court terme	..	..	..	..	..	..	..	..
Crédits à long terme	..	..	..	..	..	..	..	..
Actions et parts de fonds d'investissement	..	..	..	..	..	..	..	..
Systèmes d'assurance, de pensions et garanties standard	..	..	..	..	..	..	..	..
Produits financiers dérivés et options sur titres des salariés	..	..	..	..	..	..	..	..
Autres comptes à payer	..	..	..	..	..	..	..	..
Actifs non financiers	..	..	..	..	..	..	..	..
Fonds d'investissement à capital variable								
Valeur nette financière	..	..	..	..	..	..	..	..
Actifs financiers	..	..	..	..	..	..	..	..
Numéraire et dépôts	..	..	..	..	..	..	..	..
Titres de dette	..	..	..	..	..	..	..	..
Crédits	..	..	..	..	..	..	..	..
Actions et parts de fonds d'investissement	..	..	..	..	..	..	..	..
Actions	..	..	..	..	..	..	..	..
Parts de fonds d'investissement	..	..	..	..	..	..	..	..
Parts de fonds d'investissement monétaires	..	..	..	..	..	..	..	..
Parts de fonds d'investissement non monétaires	..	..	..	..	..	..	..	..
Systèmes d'assurance, de pensions et garanties standard	..	..	..	..	..	..	..	..
Produits financiers dérivés et options sur titres des salariés	..	..	..	..	..	..	..	..
Autres comptes à recevoir	..	..	..	..	..	..	..	..
Passifs financiers	..	..	..	..	..	..	..	..
Titres de dette	..	..	..	..	..	..	..	..
Titres de dette à court terme	..	..	..	..	..	..	..	..
Titres de dette à long terme	..	..	..	..	..	..	..	..
Crédits	..	..	..	..	..	..	..	..
Crédits à court terme	..	..	..	..	..	..	..	..
Crédits à long terme	..	..	..	..	..	..	..	..
Actions et parts de fonds d'investissement	..	..	..	..	..	..	..	..
Systèmes d'assurance, de pensions et garanties standard	..	..	..	..	..	..	..	..
Produits financiers dérivés et options sur titres des salariés	..	..	..	..	..	..	..	..
Autres comptes à payer	..	..	..	..	..	..	..	..
Actifs non financiers	..	..	..	..	..	..	..	..

Note : Voir les métadonnées détaillées sur : http://metalinks.oecd.org/instinv/20170920/e3b8

Tableau 3. Actifs et passifs financiers des sociétés d'assurance et fonds de pension

Millions HUF

	2009	2010	2011	2012	2013	2014	2015	2016
Sociétés d'assurance et fonds de pension								
Valeur nette financière	-75 209	-76 736	-174 696	-69 533	-78 630	-43 643	-15 286	5 379
Actifs financiers	5 878 927	6 485 845	3 410 329	3 543 272	3 665 201	3 977 513	4 129 293	4 337 496
Numéraire et dépôts	279 529	242 713	212 447	172 142	212 288	252 487	265 046	199 574
Titres de dette	3 475 654	3 654 838	2 030 279	2 174 370	2 238 054	2 386 935	2 385 013	2 495 597
Crédits	23 977	18 228	16 658	10 449	7 755	7 992	8 073	8 063
Actions et parts de fonds d'investissement	1 938 728	2 392 998	1 003 348	1 027 638	1 054 997	1 177 150	1 309 289	1 471 001
Actions	484 040	448 869	133 573	120 920	112 582	125 361	145 827	187 031
Parts de fonds d'investissement	1 454 688	1 944 129	869 775	906 718	942 415	1 051 789	1 163 462	1 283 970
Parts de fonds d'investissement monétaires	64 163	78 548	77 130	72 978	77 076	54 223	68 926	52 862
Parts de fonds d'investissement non monétaires	1 390 525	1 865 581	792 645	833 740	865 339	997 566	1 094 536	1 231 108
Systèmes d'assurance, de pensions et garanties standard	79 689	88 503	89 953	93 929	88 982	92 294	100 164	104 736
Produits financiers dérivés et options sur titres des salariés	0	78	75	2	218	4 226	3 743	1 272
Autres comptes à recevoir	81 350	88 487	57 569	64 742	62 907	56 429	57 965	57 253
Passifs financiers	5 954 136	6 562 581	3 585 025	3 612 805	3 743 831	4 021 156	4 144 579	4 332 117
Titres de dette	0	0	0	0	26	25	0	0
Titres de dette à court terme	0	0	0	0	0	0	0	0
Titres de dette à long terme	0	0	0	0	26	25	0	0
Crédits	4 465	4 187	7 853	6 577	5 832	8 111	20 002	5 381
Crédits à court terme	1 501	1 149	1 533	3 341	1 239	1 818	14 836	130
Crédits à long terme	2 964	3 038	6 320	3 236	4 593	6 293	5 166	5 251
Actions et parts de fonds d'investissement	366 674	358 794	332 603	300 311	307 168	307 765	304 553	303 872
Systèmes d'assurance, de pensions et garanties standard	5 511 962	6 132 265	3 163 128	3 217 327	3 339 065	3 608 519	3 725 694	3 945 758
Produits financiers dérivés et options sur titres des salariés	0	85	1 228	336	56	4 955	3 684	2 282
Autres comptes à payer	71 035	67 250	80 213	88 254	91 684	91 781	90 646	74 824
Actifs non financiers	..	..	..	..	..	..	..	..
Sociétés d'assurance								
Valeur nette financière	-90 362	-114 867	-149 156	-33 036	-38 362	-14 623	14 397	34 104
Actifs financiers	2 331 654	2 411 337	2 297 550	2 386 170	2 437 065	2 618 814	2 697 667	2 779 506
Numéraire et dépôts	171 305	158 747	149 104	109 486	123 434	160 378	181 477	125 537
Titres de dette	1 366 811	1 281 553	1 314 391	1 426 933	1 442 501	1 498 223	1 443 686	1 505 111
Crédits	22 715	16 571	15 019	8 873	6 150	6 337	6 384	6 446
Actions et parts de fonds d'investissement	639 429	777 476	671 512	682 243	712 903	800 962	904 283	979 717
Actions	116 334	83 432	64 131	57 800	55 435	58 561	56 065	70 438
Parts de fonds d'investissement	523 095	694 044	607 381	624 443	657 468	742 401	848 218	909 279
Parts de fonds d'investissement monétaires	59 826	73 257	73 575	70 532	74 389	51 016	67 718	50 009
Parts de fonds d'investissement non monétaires	463 269	620 787	533 806	553 911	583 079	691 385	780 500	859 270
Systèmes d'assurance, de pensions et garanties standard	79 689	88 503	89 953	93 929	88 982	92 294	100 164	104 736
Produits financiers dérivés et options sur titres des salariés	0	78	75	2	218	4 226	3 743	884
Autres comptes à recevoir	51 705	88 409	57 496	64 704	62 877	56 394	57 930	57 075
Passifs financiers	2 422 016	2 526 204	2 446 706	2 419 206	2 475 427	2 633 437	2 683 270	2 745 402
Titres de dette	0	0	0	0	26	25	0	0
Titres de dette à court terme	0	0	0	0	0	0	0	0
Titres de dette à long terme	0	0	0	0	26	25	0	0
Crédits	4 465	4 187	7 853	6 577	5 832	8 111	20 002	5 377
Crédits à court terme	1 501	1 149	1 533	3 341	1 239	1 818	14 836	126
Crédits à long terme	2 964	3 038	6 320	3 236	4 593	6 293	5 166	5 251
Actions et parts de fonds d'investissement	351 334	342 938	316 437	283 978	290 538	290 102	284 937	282 304
Systèmes d'assurance, de pensions et garanties standard	2 015 735	2 113 867	2 045 389	2 042 932	2 088 549	2 238 849	2 284 451	2 382 520
Produits financiers dérivés et options sur titres des salariés	0	85	1 228	336	56	4 955	3 684	1 032
Autres comptes à payer	50 482	65 127	75 799	85 383	90 426	91 395	90 196	74 169
Actifs non financiers	..	..	..	..	..	..	..	..
Fonds de pension								
Valeur nette financière	15 153	38 131	-25 540	-36 497	-40 268	-29 020	-29 683	-28 725
Actifs financiers	3 547 273	4 074 508	1 112 779	1 157 102	1 228 136	1 358 699	1 431 626	1 557 990
Numéraire et dépôts	108 224	83 966	63 343	62 656	88 854	92 109	83 569	74 037
Titres de dette	2 108 843	2 373 285	715 888	747 437	795 553	888 712	941 327	990 486
Crédits	1 262	1 657	1 639	1 576	1 605	1 655	1 689	1 617
Actions et parts de fonds d'investissement	1 299 299	1 615 522	331 836	345 395	342 094	376 188	405 006	491 284
Actions	367 706	365 437	69 442	63 120	57 147	66 800	89 762	116 593
Parts de fonds d'investissement	931 593	1 250 085	262 394	282 275	284 947	309 388	315 244	374 691
Parts de fonds d'investissement monétaires	4 337	5 291	3 555	2 446	2 687	3 207	1 208	2 853
Parts de fonds d'investissement non monétaires	927 256	1 244 794	258 839	279 829	282 260	306 181	314 036	371 838
Systèmes d'assurance, de pensions et garanties standard	0	0	0	0	0	0	0	0
Produits financiers dérivés et options sur titres des salariés	0	0	0	0	0	0	0	388
Autres comptes à recevoir	29 645	78	73	38	30	35	35	178
Passifs financiers	3 532 120	4 036 377	1 138 319	1 193 599	1 268 404	1 387 719	1 461 309	1 586 715
Titres de dette	0	0	0	0	0	0	0	0
Titres de dette à court terme	0	0	0	0	0	0	0	0
Titres de dette à long terme	0	0	0	0	0	0	0	0
Crédits	0	0	0	0	0	0	0	4
Crédits à court terme	0	0	0	0	0	0	0	4
Crédits à long terme	0	0	0	0	0	0	0	0
Actions et parts de fonds d'investissement	15 340	15 856	16 166	16 333	16 630	17 663	19 616	21 568
Systèmes d'assurance, de pensions et garanties standard	3 496 227	4 018 398	1 117 739	1 174 395	1 250 516	1 369 670	1 441 243	1 563 238
Produits financiers dérivés et options sur titres des salariés	0	0	0	0	0	0	0	1 250
Autres comptes à payer	20 553	2 123	4 414	2 871	1 258	386	450	655
Actifs non financiers	..	..	..	..	..	..	..	..

Note : Voir les métadonnées détaillées sur : http://metalinks.oecd.org/instinv/20170920/e3b8

Tableau 4. Composition du portefeuille par type d'investisseur

En pourcentage des actifs financiers et des passifs financiers

Pour cent

	2009	2010	2011	2012	2013	2014	2015	2016
Fonds d'investissement								
Actifs financiers	100.0	100.0	100.0	100.0	100.0	100.0	100.0	100.0
Numéraire et dépôts	44.9	37.9	51.3	53.2	45.5	44.1	41.0	38.1
Titres de dettes	25.5	28.4	24.0	25.1	32.6	32.9	34.7	35.3
Crédits	0.0	0.0	0.0	0.0	0.0	0.0	0.0	0.0
Actions et parts de fonds d'investissement	28.1	31.6	21.9	18.6	17.5	20.7	22.4	24.2
Systèmes d'assurance de pensions et garanties standard	0.0	0.0	0.0	0.0	0.0	0.0	0.0	0.0
Produits financiers dérivés et options sur titres des salariés	1.5	1.3	0.9	1.3	1.2	0.8	0.6	0.6
Autres comptes à recevoir	0.0	0.7	2.0	1.9	3.2	1.5	1.4	1.8
Passifs financiers	100.0	100.0	100.0	100.0	100.0	100.0	100.0	100.0
Numéraire et dépôts	0.0	0.0	0.0	0.0	0.0	0.0	0.0	0.0
Titres de dettes	0.0	0.0	0.0	0.0	0.0	0.0	0.0	0.0
Crédits	2.3	1.7	2.3	2.0	1.4	1.4	0.9	1.4
Actions et parts de fonds d'investissement	97.6	98.1	97.3	96.2	98.4	97.9	98.9	98.3
Systèmes d'assurance de pensions et garanties standard	0.0	0.0	0.0	0.0	0.0	0.0	0.0	0.0
Produits financiers dérivés et options sur titres des salariés	0.1	0.2	0.3	0.2	0.1	0.6	0.2	0.2
Autres comptes à recevoir	0.0	0.0	0.1	1.6	0.1	0.1	0.1	0.0
Sociétés d'assurance								
Actifs financiers	100.0	100.0	100.0	100.0	100.0	100.0	100.0	100.0
Numéraire et dépôts	7.3	6.6	6.5	4.6	5.1	6.1	6.7	4.5
Titres de dettes	58.6	53.1	57.2	59.8	59.2	57.2	53.5	54.2
Crédits	1.0	0.7	0.7	0.4	0.3	0.2	0.2	0.2
Actions et parts de fonds d'investissement	27.4	32.2	29.2	28.6	29.3	30.6	33.5	35.2
Systèmes d'assurance de pensions et garanties standard	3.4	3.7	3.9	3.9	3.7	3.5	3.7	3.8
Produits financiers dérivés et options sur titres des salariés	0.0	0.0	0.0	0.0	0.0	0.2	0.1	0.0
Autres comptes à recevoir	2.2	3.7	2.5	2.7	2.6	2.2	2.1	2.1
Passifs financiers	100.0	100.0	100.0	100.0	100.0	100.0	100.0	100.0
Numéraire et dépôts	0.0	0.0	0.0	0.0	0.0	0.0	0.0	0.0
Titres de dettes	0.0	0.0	0.0	0.0	0.0	0.0	0.0	0.0
Crédits	0.2	0.2	0.3	0.3	0.2	0.3	0.7	0.2
Actions et parts de fonds d'investissement	14.5	13.6	12.9	11.7	11.7	11.0	10.6	10.3
Systèmes d'assurance de pensions et garanties standard	83.2	83.7	83.6	84.4	84.4	85.0	85.1	86.8
Produits financiers dérivés et options sur titres des salariés	0.0	0.0	0.1	0.0	0.0	0.2	0.1	0.0
Autres comptes à recevoir	2.1	2.6	3.1	3.5	3.7	3.5	3.4	2.7
Fonds de pension								
Actifs financiers	100.0	100.0	100.0	100.0	100.0	100.0	100.0	100.0
Numéraire et dépôts	3.1	2.1	5.7	5.4	7.2	6.8	5.8	4.8
Titres de dettes	59.4	58.2	64.3	64.6	64.8	65.4	65.8	63.6
Crédits	0.0	0.0	0.1	0.1	0.1	0.1	0.1	0.1
Actions et parts de fonds d'investissement	36.6	39.6	29.8	29.9	27.9	27.7	28.3	31.5
Systèmes d'assurance de pensions et garanties standard	0.0	0.0	0.0	0.0	0.0	0.0	0.0	0.0
Produits financiers dérivés et options sur titres des salariés	0.0	0.0	0.0	0.0	0.0	0.0	0.0	0.0
Autres comptes à recevoir	0.8	0.0	0.0	0.0	0.0	0.0	0.0	0.0
Passifs financiers	100.0	100.0	100.0	100.0	100.0	100.0	100.0	100.0
Numéraire et dépôts	0.0	0.0	0.0	0.0	0.0	0.0	0.0	0.0
Titres de dettes	0.0	0.0	0.0	0.0	0.0	0.0	0.0	0.0
Crédits	0.0	0.0	0.0	0.0	0.0	0.0	0.0	0.0
Actions et parts de fonds d'investissement	0.4	0.4	1.4	1.4	1.3	1.3	1.3	1.4
Systèmes d'assurance de pensions et garanties standard	99.0	99.6	98.2	98.4	98.6	98.7	98.6	98.5
Produits financiers dérivés et options sur titres des salariés	0.0	0.0	0.0	0.0	0.0	0.0	0.0	0.1
Autres comptes à recevoir	0.6	0.1	0.4	0.2	0.1	0.0	0.0	0.0

Note : Voir les métadonnées détaillées sur : http://metalinks.oecd.org/instinv/20170920/a53e

Tableau 1. Actifs et passifs financiers des investisseurs institutionnels, 2016

Millions ISK

	Fonds d'investissement				
	Total	Fonds d'investissement non-monétaire			Fonds d'investissement monétaires
		Total	Fonds d'investissement à capital variable, non monétaire	Fonds d'investissement à capital fixe, non monétaire	Total
Actifs financiers	668 211	490 962	340 782	150 180	177 249
Numéraire et dépôts	170 825	29 318	14 620	14 698	141 507
Titres de dette	277 617	242 544	185 619	56 925	35 074
Titres de dette à court terme	12 512	7 082	4 507	2 574	5 430
Titres de dette à long terme	265 105	235 462	181 112	54 350	29 643
Titres de dette émis par les résidents	277 429	242 355	185 619	56 737	35 074
Titres de dette émis par les non-résidents	188	188	0	188	0
Crédits	8 415	8 415	0	8 415	0
Crédits à court terme	..	..	..	..	..
Crédits à long terme	..	..	..	..	..
Crédits accordés aux résidents	..	..	..	..	..
Crédits accordés aux non-résidents	..	..	..	..	..
Actions et parts de fonds d'investissement	201 393	201 393	139 925	61 468	0
Actions et parts de fonds d'investissements émises par les résidents	187 030	187 030	134 460	52 570	0
Actions et part de fonds d'investissements émises par les non-résidents	14 363	14 363	5 465	8 898	0
Autres comptes à recevoir	6 707	6 038	538	5 501	668

	Fonds d'investissement				
	Total	Fonds d'investissement non-monétaire			Fonds d'investissement monétaires
		Total	Fonds d'investissement à capital variable, non monétaire	Fonds d'investissement à capital fixe, non monétaire	Total
Pasifs financiers	670 451	493 202	340 783	152 419	177 249
Numéraire et dépôts	..	..	..	..	..
Titres de dette	61 249	61 249	0	61 249	0
Titres de dette à court terme	0	0	0	0	0
Titres de dette à long terme	61 249	61 249	0	61 249	0
Crédits	6 000	6 000	0	6 000	0
Crédits à court terme	5 230	5 230	0	5 230	0
Crédits à long terme	771	771	0	771	0
Actions et parts de fonds d'investissement	595 370	423 370	339 854	83 517	..
Systèmes d'assurance, de pensions et garanties standard	..	..	..	..	..
Produits financiers dérivés et options sur titres des salariés	751	751	2	750	0
Autres comptes à payer	7 079	1 830	927	903	5 249

	Sociétés d'assurance et fonds de pension autonomes				
	Total	Sociétés d'assurance			Fonds de pension autonomes
		Total	Sociétés d'assurance vie	Sociétés d'assurance non-vie	Total
Actifs financiers	3 697 616	175 547	16 369	159 177	3 522 069
Numéraire et dépôts	143 423	6 713	1 282	5 431	136 710
Titres de dette	1 779 307	71 335	5 770	65 565	1 707 972
Titres de dette à court terme	6 779	1 305	229	1 076	5 475
Titres de dette à long terme	1 772 527	70 030	5 541	64 489	1 702 497
Titres de dette émis par les résidents	1 774 562	67 595	5 765	61 830	1 706 967
Titres de dette émis par les non-résidents	4 744	3 740	5	3 734	1 005
Crédits	244 182	1 742	0	1 742	242 441
Crédits à court terme	91	..	..	..	91
Crédits à long terme	244 092	1 742	0	1 742	242 350
Crédits accordés aux résidents	243 983	1 742	0	1 742	242 242
Crédits accordés aux non-résidents	199	0	0	0	199
Actions et parts de fonds d'investissement	1 479 814	66 609	2 231	64 378	1 413 204
Actions et parts de fonds d'investissement émises par les résidents	728 882	60 664	2 166	58 499	668 217
Actions et parts de fonds d'investissement émises par les non-résidents	750 932	5 945	65	5 879	744 987
Autrescomptes à recevoir	8 441	3 606	40	3 566	4 835

	Sociétés d'assurance et fonds de pension autonomes				
	Total	Sociétés d'assurance			Fonds de pension autonomes
		Total	Sociétés d'assurance vie	Sociétés d'assurance non-vie	Total
Pasifs financiers	3 701 870	177 456	16 578	160 878	3 524 414
Numéraire et dépôts	..	..	..	..	..
Titres de dette	2 070	2 070	0	2 070	..
Titres de dette à court terme	0	0	0	0	..
Titres de dette à long terme	2 070	2 070	0	2 070	..
Crédits	2 574	2 574	0	2 574	0
Crédits à court terme	..	0	0	0	0
Crédits à long terme	2 574	2 574	0	2 574	0
Actions et parts de fonds d'investissement	88 619	88 619	6 228	82 391	..
Systèmes d'assurance, de pensions et garanties standard	3 592 991	78 715	9 798	68 917	3 514 276
Produits financiers dérivés et options sur titres des salariés	13	0	..	..	13
Autres comptes à payer	15 604	5 478	552	4 926	10 125

Note : Voir les métadonnées détaillées sur : http://metalinks.oecd.org/instinv/20170920/e3b8

Tableau 2. Actifs et passifs financiers des fonds d'investissement

Millions ISK

	2009	2010	2011	2012	2013	2014	2015	2016
Fonds d'investissement								
Valeur nette financière	0	0	-3 577	-1 510	-714	-124	-172	-2 240
Actifs financiers	195 242	284 249	386 382	427 809	468 126	502 500	598 476	668 211
Numéraire et dépôts	18 306	18 087	41 917	35 503	51 558	78 987	117 278	170 825
Titres de dette	159 973	236 679	279 886	305 040	285 132	262 187	257 126	277 617
Crédits	..	0	0	0	0	0	1 425	8 415
Actions et parts de fonds d'investissement	16 318	28 234	58 147	85 288	129 033	158 331	213 701	201 393
Actions	6 560	8 832	19 953	39 615	77 810	102 435	152 482	140 906
Parts de fonds d'investissement	9 758	19 402	38 194	45 673	51 223	55 897	61 220	60 487
Parts de fonds d'investissement monétaires	..	..	..	..	..	..	6 706	4 371
Parts de fonds d'investissement non monétaires	..	..	..	..	..	..	54 514	56 116
Systèmes d'assurance, de pensions et garanties standard	..	..	..	..	..	..	..	..
Produits financiers dérivés et options sur titres des salariés	..	0	1 492	1 455	2 016	2 138	4 529	3 253
Autres comptes à recevoir	646	1 249	4 941	523	387	856	4 418	6 707
Passifs financiers	195 242	284 249	389 960	429 319	468 840	502 624	598 648	670 451
Titres de dette	..	0	4 789	26 608	32 451	56 263	57 924	61 249
Titres de dette à court terme	..	..	..	..	..	..	0	0
Titres de dette à long terme	..	..	..	..	..	..	57 924	61 249
Crédits	..	0	10 071	3 115	3 654	4 416	6 082	6 000
Crédits à court terme	..	..	..	..	..	..	5 230	5 230
Crédits à long terme	..	..	..	..	..	..	852	771
Actions et parts de fonds d'investissement	190 788	280 414	347 714	378 034	414 466	422 661	530 398	595 370
Systèmes d'assurance, de pensions et garanties standard	..	..	..	..	..	..	..	..
Produits financiers dérivés et options sur titres des salariés	..	0	1 555	96	190	224	753	751
Autres comptes à payer	4 454	3 835	25 832	21 466	18 077	19 061	3 491	7 079
Actifs non financiers	..	0	3 577	1 510	714	124	172	2 240
Fonds d'investissement monéaires								
Valeur nette financière	0	0	0	0	0	0	0	0
Actifs financiers	..	13 391	18 294	19 624	26 449	50 837	92 534	177 249
Numéraire et dépôts	..	6 138	11 479	14 872	22 584	47 838	86 303	141 507
Titres de dette	..	7 251	6 801	4 715	3 798	2 890	6 060	35 074
Crédits	..	0	0	0	0	0	0	0
Actions et parts de fonds d'investissement	..	0	0	0	0	0	0	0
Actions	0	0	0	0	0	0	0	0
Parts de fonds d'investissement	0	0	0	0	0	0	0	0
Parts de fonds d'investissement monétaires	..	..	..	..	..	..	0	0
Parts de fonds d'investissement non monétaires	..	..	..	..	..	..	0	0
Systèmes d'assurance, de pensions et garanties standard	..	..	..	..	..	..	..	..
Produits financiers dérivés et options sur titres des salariés	..	0	0	0	0	0	0	0
Autres comptes à recevoir	..	2	13	37	67	110	170	668
Passifs financiers	..	13 391	18 294	19 624	26 449	50 837	92 534	177 249
Titres de dette	..	0	0	0	0	0	0	0
Titres de dette à court terme	..	..	..	..	..	..	0	0
Titres de dette à long terme	..	..	..	..	..	..	0	0
Crédits	..	0	0	93	0	0	0	0
Crédits à court terme	..	..	..	..	..	..	0	0
Crédits à long terme	..	..	..	..	..	..	0	0
Actions et parts de fonds d'investissement	..	13 377	18 270	19 497	26 422	..	..	..
Systèmes d'assurance, de pensions et garanties standard	..	..	..	..	..	..	..	..
Produits financiers dérivés et options sur titres des salariés	..	0	0	0	0	0	0	0
Autres comptes à payer	11	15	24	34	26	53	323	5 249
Actifs non financiers	..	0	0	0	0	0	0	0
Fonds d'investissement non monéaires								
Valeur nette financière	0	0	-3 577	-1 510	-714	-124	-172	-2 240
Actifs financiers	190 512	270 858	368 089	408 185	441 677	451 663	505 943	490 962
Numéraire et dépôts	15 537	11 949	30 437	20 631	28 975	31 149	30 975	29 318
Titres de dette	158 013	229 428	273 085	300 325	281 333	259 297	251 066	242 544
Crédits	..	0	0	0	0	0	1 425	8 415
Actions et parts de fonds d'investissement	16 318	28 234	58 147	85 288	129 033	158 331	213 701	201 393
Actions	6 560	8 832	19 953	39 615	77 810	102 435	152 482	140 906
Parts de fonds d'investissement	9 758	19 402	38 194	45 673	51 223	55 897	61 220	60 487
Parts de fonds d'investissement monétaires	..	..	..	..	..	..	6 706	4 371
Parts de fonds d'investissement non monétaires	..	..	..	..	..	..	54 514	56 116
Systèmes d'assurance, de pensions et garanties standard	..	..	..	..	..	..	..	..
Produits financiers dérivés et options sur titres des salariés	..	0	1 492	1 455	2 016	2 138	4 529	3 253
Autres comptes à recevoir	645	1 247	4 928	485	320	747	4 247	6 038
Passifs financiers	190 512	270 858	371 666	409 695	442 391	451 787	506 115	493 202
Titres de dette	..	0	4 789	26 608	32 451	56 263	57 924	61 249
Titres de dette à court terme	..	..	..	..	..	..	0	0
Titres de dette à long terme	..	..	..	..	..	..	57 924	61 249
Crédits	..	0	10 071	3 022	3 654	4 416	6 082	6 000
Crédits à court terme	..	..	..	..	..	..	5 230	5 230
Crédits à long terme	..	..	..	..	..	..	852	771
Actions et parts de fonds d'investissement	186 068	267 037	329 444	358 537	388 044	371 876	438 187	423 370
Systèmes d'assurance, de pensions et garanties standard	..	..	..	..	..	..	..	..
Produits financiers dérivés et options sur titres des salariés	..	0	1 555	96	190	224	753	751
Autres comptes à payer	4 444	3 820	25 808	21 431	18 051	19 008	3 168	1 830
Actifs non financiers	..	0	3 577	1 510	714	124	172	2 240
Fonds d'investissement non monéaires à capital variable								
Valeur nette financière	0	0	-1 070	-447	-110	-20	-77	-1
Actifs financiers	190 512	270 858	296 547	319 872	340 054	323 700	368 304	340 782

Tableau 2. Actifs et passifs financiers des fonds d'investissement *(suite)*

Millions ISK

	2009	2010	2011	2012	2013	2014	2015	2016
Numéraire et dépôts	15 537	11 949	14 510	14 152	22 560	15 162	16 667	14 620
Titres de dette	158 013	229 428	246 295	252 614	225 847	199 817	197 031	185 619
Crédits	..	0	0	0	0	0	0	0
Actions et parts de fonds d'investissement	16 318	28 234	33 465	52 696	91 383	108 011	153 403	139 925
Actions	6 560	8 832	11 177	27 168	59 541	73 907	112 890	100 679
Parts de fonds d'investissement	9 758	19 402	22 287	25 528	31 842	34 104	40 513	39 247
Parts de fonds d'investissement monétaires	..	..	..	..	..	..	1 838	1 012
Parts de fonds d'investissement non monétaires	..	..	..	..	..	..	38 675	38 235
Systèmes d'assurance, de pensions et garanties standard	..	..	..	..	..	..	..	..
Produits financiers dérivés et options sur titres des salariés	..	0	703	0	12	13	50	81
Autres comptes à recevoir	645	1 247	1 573	409	252	698	1 153	538
Passifs financiers	190 512	270 858	297 617	320 318	340 164	323 721	368 381	340 783
Titres de dette	..	0	0	0	0	0	0	0
Titres de dette à court terme	..	..	..	..	..	..	0	0
Titres de dette à long terme	..	..	..	..	..	..	0	0
Crédits	..	0	1 883	669	1	161	0	0
Crédits à court terme	..	..	..	..	..	..	0	0
Crédits à long terme	..	..	..	..	..	..	0	0
Actions et parts de fonds d'investissement	186 068	267 037	279 654	307 669	330 434	315 716	366 534	339 854
Systèmes d'assurance, de pensions et garanties standard	..	..	..	..	..	..	..	..
Produits financiers dérivés et options sur titres des salariés	..	0	1 554	0	0	9	13	2
Autres comptes à payer	4 444	3 820	14 525	11 980	9 729	7 836	1 834	927
Actifs non financiers	..	0	1 070	447	110	20	77	1
Fonds d'investissement à capital variable								
Valeur nette financière	0	0	-1 070	-447	-110	-20	-77	-1
Actifs financiers	195 242	284 249	314 840	339 496	366 503	374 538	460 837	518 031
Numéraire et dépôts	18 306	18 087	25 990	29 024	45 143	63 000	102 970	156 127
Titres de dette	159 973	236 679	253 096	257 330	229 645	202 706	203 091	220 692
Crédits	..	0	0	0	0	0	0	0
Actions et parts de fonds d'investissement	16 318	28 234	33 465	52 696	91 383	108 011	153 403	139 925
Actions	6 560	8 832	11 177	27 168	59 541	73 907	112 890	100 679
Parts de fonds d'investissement	9 758	19 402	22 287	25 528	31 842	34 104	40 513	39 247
Parts de fonds d'investissement monétaires	..	..	..	..	..	..	1 838	1 012
Parts de fonds d'investissement non monétaires	..	..	..	..	..	..	38 675	38 235
Systèmes d'assurance, de pensions et garanties standard	..	..	..	..	..	..	..	..
Produits financiers dérivés et options sur titres des salariés	..	0	703	0	12	13	50	81
Autres comptes à recevoir	646	1 249	1 586	446	319	808	1 323	1 206
Passifs financiers	195 242	284 249	315 911	339 943	366 613	374 558	460 914	518 032
Titres de dette	..	0	0	0	0	0	0	0
Titres de dette à court terme	..	..	..	..	..	..	0	0
Titres de dette à long terme	..	..	..	..	..	..	0	0
Crédits	..	0	1 883	762	1	161	0	0
Crédits à court terme	..	..	..	..	..	..	0	0
Crédits à long terme	..	..	..	..	..	..	0	0
Actions et parts de fonds d'investissement	190 788	280 414	297 924	327 166	356 856	366 500	458 745	511 853
Systèmes d'assurance, de pensions et garanties standard	..	..	..	..	..	..	..	..
Produits financiers dérivés et options sur titres des salariés	..	0	1 554	0	0	9	13	2
Autres comptes à payer	4 454	3 835	14 549	12 015	9 756	7 888	2 156	6 176
Actifs non financiers	..	0	1 070	447	110	20	77	1

Note : Voir les métadonnées détaillées sur : http://metalinks.oecd.org/instinv/20170920/e3b8

Tableau 3. Actifs et passifs financiers des sociétés d'assurance et fonds de pension

Millions ISK

	2009	2010	2011	2012	2013	2014	2015	2016
Sociétés d'assurance et fonds de pension								
Valeur nette financière	-2 860	-2 733	-5 042	-11 693	-10 335	-10 336	-5 042	-4 254
Actifs financiers	1 977 202	2 124 243	2 315 595	2 587 644	2 855 350	3 098 164	3 454 444	3 697 616
Numéraire et dépôts	175 635	171 342	170 368	183 380	179 613	144 010	170 737	143 423
Titres de dette	923 791	1 094 265	1 208 952	1 305 933	1 401 813	1 486 747	1 581 297	1 779 307
Crédits	181 726	177 135	186 050	184 357	184 620	178 808	180 881	244 182
Actions et parts de fonds d'investissement	647 969	633 917	710 263	877 334	1 048 642	1 247 478	1 476 685	1 479 814
Actions	124 997	142 187	205 831	264 612	378 316	506 991	685 575	658 652
Parts de fonds d'investissement	522 973	491 730	504 433	612 722	670 326	740 486	791 110	821 162
Parts de fonds d'investissement monétaires	..	..	..	..	..	..	..	..
Parts de fonds d'investissement non monétaires	..	..	..	..	..	..	..	..
Systèmes d'assurance, de pensions et garanties standard	40 862	40 392	36 159	31 627	34 942	36 004	38 967	42 450
Produits financiers dérivés et options sur titres des salariés	172	0	0	0	0	0	0	0
Autres comptes à recevoir	7 048	7 190	3 802	5 013	5 720	5 117	5 878	8 441
Passifs financiers	1 980 063	2 126 976	2 320 637	2 599 338	2 865 685	3 108 500	3 459 486	3 701 870
Titres de dette	3 976	4 078	0	0	0	0	2 026	2 070
Titres de dette à court terme	0	0	0	0	0	0	0	0
Titres de dette à long terme	3 976	4 078	0	0	0	0	2 026	2 070
Crédits	585	455	844	516	151	118	0	2 574
Crédits à court terme	..	..	..	..	..	..	..	..
Crédits à long terme	308	238	271	82	70	95	0	2 574
Actions et parts de fonds d'investissement	53 177	57 988	64 995	72 184	79 851	84 610	86 984	88 619
Systèmes d'assurance, de pensions et garanties standard	1 843 957	1 981 275	2 173 761	2 469 525	2 740 835	3 003 095	3 351 115	3 592 991
Produits financiers dérivés et options sur titres des salariés	69 865	72 165	60 162	31 941	21 575	2 171	13	13
Autres comptes à payer	8 503	11 016	20 874	25 171	23 273	18 506	19 348	15 604
Actifs non financiers	2 860	2 733	5 042	11 693	10 335	10 336	5 042	4 254
Sociétés d'assurance								
Valeur nette financière	-1 722	-1 598	-1 647	-6 691	-6 083	-6 615	-2 018	-1 909
Actifs financiers	129 004	136 528	143 748	147 901	158 612	161 950	169 075	175 547
Numéraire et dépôts	13 106	12 698	13 060	15 493	14 849	8 463	10 406	6 713
Titres de dette	45 459	54 920	60 754	65 643	72 049	75 073	70 091	71 335
Crédits	7 290	5 246	4 698	3 418	3 078	2 881	1 485	1 742
Actions et parts de fonds d'investissement	32 540	34 723	39 904	41 358	44 514	50 677	59 878	66 609
Actions	14 866	16 372	20 241	22 153	25 514	35 394	46 244	51 800
Parts de fonds d'investissement	17 673	18 351	19 663	19 205	18 999	15 283	13 634	14 810
Parts de fonds d'investissement monétaires	..	..	..	..	..	..	..	..
Parts de fonds d'investissement non monétaires	..	..	..	..	..	..	..	..
Systèmes d'assurance, de pensions et garanties standard	27 030	27 990	24 272	19 675	21 728	22 714	24 650	25 542
Produits financiers dérivés et options sur titres des salariés	..	..	..	..	..	..	..	..
Autres comptes à recevoir	3 579	951	1 060	2 315	2 394	2 143	2 564	3 606
Passifs financiers	130 726	138 126	145 395	154 592	164 694	168 565	171 093	177 456
Titres de dette	3 976	4 078	0	0	0	0	2 026	2 070
Titres de dette à court terme	0	0	0	0	0	0	0	0
Titres de dette à long terme	3 976	4 078	0	0	0	0	2 026	2 070
Crédits	308	238	271	82	70	95	0	2 574
Crédits à court terme	0	0	0	0	0	0	0	0
Crédits à long terme	308	238	271	82	70	95	0	2 574
Actions et parts de fonds d'investissement	53 177	57 988	64 995	72 184	79 851	84 610	86 984	88 619
Systèmes d'assurance, de pensions et garanties standard	69 233	71 758	75 913	77 383	80 216	78 703	75 215	78 715
Produits financiers dérivés et options sur titres des salariés	0	0	0	0	0	0	0	0
Autres comptes à payer	4 032	4 065	4 216	4 943	4 557	5 156	6 869	5 478
Actifs non financiers	1 722	1 598	1 647	6 691	6 083	6 615	2 018	1 909
Fonds de pension								
Valeur nette financière	-1 138	-1 135	-3 395	-5 002	-4 253	-3 721	-3 024	-2 345
Actifs financiers	1 848 199	1 987 715	2 171 846	2 439 744	2 696 738	2 936 214	3 285 369	3 522 069
Numéraire et dépôts	162 529	158 644	157 308	167 887	164 764	135 548	160 331	136 710
Titres de dette	878 331	1 039 345	1 148 198	1 240 290	1 329 764	1 411 674	1 511 206	1 707 972
Crédits	174 436	171 889	181 352	180 939	181 543	175 927	179 396	242 441
Actions et parts de fonds d'investissement	615 430	599 195	670 360	835 977	1 004 128	1 196 801	1 416 807	1 413 204
Actions	110 130	125 816	185 590	242 459	352 802	471 597	639 331	606 853
Parts de fonds d'investissement	505 299	473 379	484 770	593 517	651 326	725 204	777 476	806 352
Parts de fonds d'investissement monétaires	..	..	..	..	..	..	..	..
Parts de fonds d'investissement non monétaires	..	..	..	..	..	..	..	..
Systèmes d'assurance, de pensions et garanties standard	13 832	12 402	11 887	11 953	13 214	13 291	14 316	16 907
Produits financiers dérivés et options sur titres des salariés	172	0	0	0	0	0	0	0
Autres comptes à recevoir	3 469	6 239	2 742	2 698	3 326	2 974	3 314	4 835
Passifs financiers	1 849 337	1 988 850	2 175 242	2 444 746	2 700 991	2 939 935	3 288 393	3 524 414
Titres de dette	..	..	..	..	..	..	..	..
Titres de dette à court terme	..	..	..	..	..	..	..	..
Titres de dette à long terme	..	..	..	..	..	..	..	..
Crédits	277	217	574	435	81	22	0	0
Crédits à court terme	277	217	574	435	81	22	0	0
Crédits à long terme	0	0	0	0	0	0	0	0
Actions et parts de fonds d'investissement	..	..	..	..	..	..	..	..
Systèmes d'assurance, de pensions et garanties standard	1 774 723	1 909 517	2 097 849	2 392 142	2 660 618	2 924 392	3 275 901	3 514 276
Produits financiers dérivés et options sur titres des salariés	69 865	72 165	60 162	31 941	21 575	2 171	13	13
Autres comptes à payer	4 471	6 951	16 658	20 228	18 716	13 350	12 480	10 125
Actifs non financiers	1 138	1 135	3 395	5 002	4 253	3 721	3 024	2 345

Note : Voir les métadonnées détaillées sur : http://metalinks.oecd.org/instinv/20170920/e3b8

Tableau 4. Composition du portefeuille par type d'investisseur

En pourcentage des actifs financiers et des passifs financiers

Pour cent

	2009	2010	2011	2012	2013	2014	2015	2016
Fonds d'investissement								
Actifs financiers	100.0	100.0	100.0	100.0	100.0	100.0	100.0	100.0
Numéraire et dépôts	9.4	6.4	10.8	8.3	11.0	15.7	19.6	25.6
Titres de dettes	81.9	83.3	72.4	71.3	60.9	52.2	43.0	41.5
Crédits	0.0	0.0	0.0	0.0	0.0	0.0	0.2	1.3
Actions et parts de fonds d'investissement	8.4	9.9	15.0	19.9	27.6	31.5	35.7	30.1
Systèmes d'assurance de pensions et garanties standard	0.0	0.0	0.0	0.0	0.0	0.0	0.0	0.0
Produits financiers dérivés et options sur titres des salariés	0.0	0.0	0.4	0.3	0.4	0.4	0.8	0.5
Autres comptes à recevoir	0.3	0.4	1.3	0.1	0.1	0.2	0.7	1.0
Passifs financiers	100.0	100.0	100.0	100.0	100.0	100.0	100.0	100.0
Numéraire et dépôts	0.0	0.0	0.0	0.0	0.0	0.0	0.0	0.0
Titres de dettes	0.0	0.0	1.2	6.2	6.9	11.2	9.7	9.1
Crédits	0.0	0.0	2.6	0.7	0.8	0.9	1.0	0.9
Actions et parts de fonds d'investissement	97.7	98.7	89.2	88.1	88.4	84.1	88.6	88.8
Systèmes d'assurance de pensions et garanties standard	0.0	0.0	0.0	0.0	0.0	0.0	0.0	0.0
Produits financiers dérivés et options sur titres des salariés	0.0	0.0	0.4	0.0	0.0	0.0	0.1	0.1
Autres comptes à recevoir	2.3	1.3	6.6	5.0	3.9	3.8	0.6	1.1
Sociétés d'assurance								
Actifs financiers	100.0	100.0	100.0	100.0	100.0	100.0	100.0	100.0
Numéraire et dépôts	10.2	9.3	9.1	10.5	9.4	5.2	6.2	3.8
Titres de dettes	35.2	40.2	42.3	44.4	45.4	46.4	41.5	40.6
Crédits	5.7	3.8	3.3	2.3	1.9	1.8	0.9	1.0
Actions et parts de fonds d'investissement	25.2	25.4	27.8	28.0	28.1	31.3	35.4	37.9
Systèmes d'assurance de pensions et garanties standard	21.0	20.5	16.9	13.3	13.7	14.0	14.6	14.6
Produits financiers dérivés et options sur titres des salariés	0.0	0.0	0.0	0.0	0.0	0.0	0.0	0.0
Autres comptes à recevoir	2.8	0.7	0.7	1.6	1.5	1.3	1.5	2.1
Passifs financiers	100.0	100.0	100.0	100.0	100.0	100.0	100.0	100.0
Numéraire et dépôts	0.0	0.0	0.0	0.0	0.0	0.0	0.0	0.0
Titres de dettes	3.0	3.0	0.0	0.0	0.0	0.0	1.2	1.2
Crédits	0.2	0.2	0.2	0.1	0.0	0.1	0.0	1.5
Actions et parts de fonds d'investissement	40.7	42.0	44.7	46.7	48.5	50.2	50.8	49.9
Systèmes d'assurance de pensions et garanties standard	53.0	52.0	52.2	50.1	48.7	46.7	44.0	44.4
Produits financiers dérivés et options sur titres des salariés	0.0	0.0	0.0	0.0	0.0	0.0	0.0	0.0
Autres comptes à recevoir	3.1	2.9	2.9	3.2	2.8	3.1	4.0	3.1
Fonds de pension								
Actifs financiers	100.0	100.0	100.0	100.0	100.0	100.0	100.0	100.0
Numéraire et dépôts	8.8	8.0	7.2	6.9	6.1	4.6	4.9	3.9
Titres de dettes	47.5	52.3	52.9	50.8	49.3	48.1	46.0	48.5
Crédits	9.4	8.6	8.4	7.4	6.7	6.0	5.5	6.9
Actions et parts de fonds d'investissement	33.3	30.1	30.9	34.3	37.2	40.8	43.1	40.1
Systèmes d'assurance de pensions et garanties standard	0.7	0.6	0.5	0.5	0.5	0.5	0.4	0.5
Produits financiers dérivés et options sur titres des salariés	0.0	0.0	0.0	0.0	0.0	0.0	0.0	0.0
Autres comptes à recevoir	0.2	0.3	0.1	0.1	0.1	0.1	0.1	0.1
Passifs financiers	100.0	100.0	100.0	100.0	100.0	100.0	100.0	100.0
Numéraire et dépôts	0.0	0.0	0.0	0.0	0.0	0.0	0.0	0.0
Titres de dettes	0.0	0.0	0.0	0.0	0.0	0.0	0.0	0.0
Crédits	0.0	0.0	0.0	0.0	0.0	0.0	0.0	0.0
Actions et parts de fonds d'investissement	0.0	0.0	0.0	0.0	0.0	0.0	0.0	0.0
Systèmes d'assurance de pensions et garanties standard	96.0	96.0	96.4	97.8	98.5	99.5	99.6	99.7
Produits financiers dérivés et options sur titres des salariés	3.8	3.6	2.8	1.3	0.8	0.1	0.0	0.0
Autres comptes à recevoir	0.2	0.3	0.8	0.8	0.7	0.5	0.4	0.3

Note : Voir les métadonnées détaillées sur : http://metalinks.oecd.org/instinv/20170920/a53e

IRLANDE

Tableau 1. Actifs et passifs financiers des investisseurs institutionnels, 2016

Millions EUR (1999 IEP euro)

	Total	Fonds d'investissement			
		Fonds d'investissement non-monétaire			Fonds d'investissement monétaires
		Total	Fonds d'investissement à capital variable, non monétaire	Fonds d'investissement à capital fixe, non monétaire	Total
Actifs financiers	..	1 919 975 e	..	..	..
Numéraire et dépôts	..	67 519 e	..	..	..
Titres de dette	..	745 267 e	..	..	..
Titres de dette à court terme	..	53 949 e	..	..	..
Titres de dette à long terme	..	691 318 e	..	..	..
Titres de dette émis par les résidents	..	..	..	..	..
Titres de dette émis par les non-résidents	..	..	..	..	..
Crédits	..	33 795 e	..	..	..
Crédits à court terme	..	..	..	..	..
Crédits à long terme	..	33 795 e	..	..	..
Crédits accordés aux résidents	..	..	..	..	..
Crédits accordés aux non-résidents	..	..	..	..	..
Actions et parts de fonds d'investissement	..	848 788 e	..	..	..
Actions et parts de fonds d'investissements émises par les résidents	..	..	..	..	..
Actions et part de fonds d'investissements émises par les non-résidents	..	..	..	..	..
Autres comptes à recevoir	..	63 580 e	..	..	..

	Total	Fonds d'investissement			
		Fonds d'investissement non-monétaire			Fonds d'investissement monétaires
		Total	Fonds d'investissement à capital variable, non monétaire	Fonds d'investissement à capital fixe, non monétaire	Total
Pasifs financiers	..	1 919 199 e	..	..	..
Numéraire et dépôts	..	0 e	..	..	..
Titres de dette	..	0 e	..	..	..
Titres de dette à court terme	..	0 e	..	..	..
Titres de dette à long terme	..	0 e	..	..	..
Crédits	..	119 940 e	..	..	..
Crédits à court terme	..	109 346 e	..	..	..
Crédits à long terme	..	10 594 e	..	..	..
Actions et parts de fonds d'investissement	..	1 590 086 e	..	..	..
Systèmes d'assurance, de pensions et garanties standard	..	0 e	..	..	..
Produits financiers dérivés et options sur titres des salariés	..	153 592 e	..	..	..
Autres comptes à payer	..	55 581 e	..	..	..

	Total	Sociétés d'assurance et fonds de pension autonomes			
		Sociétés d'assurance			Fonds de pension autonomes
		Total	Sociétés d'assurance vie	Sociétés d'assurance non-vie	Total
Actifs financiers	391 213 e	274 452 e	..	..	116 761 e
Numéraire et dépôts	28 641 e	23 580 e	..	..	5 061 e
Titres de dette	93 839 e	42 505 e	..	..	51 334 e
Titres de dette à court terme	10 499 e	6 832 e	..	..	3 667 e
Titres de dette à long terme	83 340 e	35 673 e	..	..	47 667 e
Titres de dette émis par les résidents	..	..	..	..	..
Titres de dette émis par les non-résidents	..	..	..	..	..
Crédits	1 669 e	1 669 e	..	..	0 e
Crédits à court terme	1 138 e	1 138 e	..	..	0 e
Crédits à long terme	532 e	532 e	..	..	0 e
Crédits accordés aux résidents	..	..	..	..	..
Crédits accordés aux non-résidents	..	..	..	..	..
Actions et parts de fonds d'investissement	205 353 e	147 117 e	..	..	58 236 e
Actions et parts de fonds d'investissement émises par les résidents	..	..	..	..	..
Actions et parts de fonds d'investissement émises par les non-résidents	..	..	..	..	..
Autrescomptes à recevoir	23 777 e	21 766 e	..	..	2 011 e

	Total	Sociétés d'assurance et fonds de pension autonomes			
		Sociétés d'assurance			Fonds de pension autonomes
		Total	Sociétés d'assurance vie	Sociétés d'assurance non-vie	Total
Pasifs financiers	400 820 e	284 146 e	..	..	116 674 e
Numéraire et dépôts	0 e	0 e	..	..	0 e
Titres de dette	1 933 e	1 933 e	..	..	0 e
Titres de dette à court terme	0 e	0 e	..	..	0 e
Titres de dette à long terme	1 933 e	1 933 e	..	..	0 e
Crédits	3 573 e	3 539 e	..	..	34 e
Crédits à court terme	190 e	181 e	..	..	9 e
Crédits à long terme	3 383 e	3 358 e	..	..	25 e
Actions et parts de fonds d'investissement	31 451 e	31 451 e	..	..	0 e
Systèmes d'assurance, de pensions et garanties standard	344 514 e	227 874 e	..	..	116 640 e
Produits financiers dérivés et options sur titres des salariés	0 e	0 e	..	..	0 e
Autres comptes à payer	19 349 e	19 349 e	..	..	0 e

Note : Voir les métadonnées détaillées sur : http://metalinks.oecd.org/instinv/20170920/e3b8

IRLANDE

Tableau 2. Actifs et passifs financiers des fonds d'investissement

Millions EUR

	2009	2010	2011	2012	2013	2014	2015	2016
Fonds d'investissement								
Valeur nette financière	..	..	..	..	..	..	..	..
Actifs financiers	..	..	..	..	..	..	..	..
Numéraire et dépôts	..	..	..	..	..	..	..	..
Titres de dette	..	..	..	..	..	..	..	..
Crédits	..	..	..	..	..	..	..	..
Actions et parts de fonds d'investissement	..	..	..	..	..	..	..	..
Actions	..	..	..	..	..	..	..	..
Parts de fonds d'investissement	..	..	..	..	..	..	..	..
Parts de fonds d'investissement monétaires	..	..	..	..	..	..	..	..
Parts de fonds d'investissement non monétaires	..	..	..	..	..	..	..	..
Systèmes d'assurance, de pensions et garanties standard	..	..	..	..	..	..	..	..
Produits financiers dérivés et options sur titres des salariés	..	..	..	..	..	..	..	..
Autres comptes à recevoir	..	..	..	..	..	..	..	..
Passifs financiers	..	..	..	..	..	..	..	..
Titres de dette	..	..	..	..	..	..	..	..
Titres de dette à court terme	..	..	..	..	..	..	..	..
Titres de dette à long terme	..	..	..	..	..	..	..	..
Crédits	..	..	..	..	..	..	..	..
Crédits à court terme	..	..	..	..	..	..	..	..
Crédits à long terme	..	..	..	..	..	..	..	..
Actions et parts de fonds d'investissement	..	..	..	..	..	..	..	..
Systèmes d'assurance, de pensions et garanties standard	..	..	..	..	..	..	..	..
Produits financiers dérivés et options sur titres des salariés	..	..	..	..	..	..	..	..
Autres comptes à payer	..	..	..	..	..	..	..	..
Actifs non financiers	..	..	..	..	..	..	..	..
Fonds d'investissement monéaires								
Valeur nette financière	..	..	..	..	..	..	..	..
Actifs financiers	..	..	..	..	..	..	..	..
Numéraire et dépôts	..	..	..	..	..	..	..	..
Titres de dette	..	..	..	..	..	..	..	..
Crédits	..	..	..	..	..	..	..	..
Actions et parts de fonds d'investissement	..	..	..	..	..	..	..	..
Actions	..	..	..	..	..	..	..	..
Parts de fonds d'investissement	..	..	..	..	..	..	..	..
Parts de fonds d'investissement monétaires	..	..	..	..	..	..	..	..
Parts de fonds d'investissement non monétaires	..	..	..	..	..	..	..	..
Systèmes d'assurance, de pensions et garanties standard	..	..	..	..	..	..	..	..
Produits financiers dérivés et options sur titres des salariés	..	..	..	..	..	..	..	..
Autres comptes à recevoir	..	..	..	..	..	..	..	..
Passifs financiers	..	..	..	..	..	..	..	..
Titres de dette	..	..	..	..	..	..	..	..
Titres de dette à court terme	..	..	..	..	..	..	..	..
Titres de dette à long terme	..	..	..	..	..	..	..	..
Crédits	..	..	..	..	..	..	..	..
Crédits à court terme	..	..	..	..	..	..	..	..
Crédits à long terme	..	..	..	..	..	..	..	..
Actions et parts de fonds d'investissement	..	..	..	..	..	..	..	..
Systèmes d'assurance, de pensions et garanties standard	..	..	..	..	..	..	..	..
Produits financiers dérivés et options sur titres des salariés	..	..	..	..	..	..	..	..
Autres comptes à payer	..	..	..	..	..	..	..	..
Actifs non financiers	..	..	..	..	..	..	..	..
Fonds d'investissement non monéaires								
Valeur nette financière	..	..	..	..	..	..	..	..
Actifs financiers	..	613 224 e	789 320 e	1 027 455 e	1 204 707 e	1 525 918 e	1 803 592 e	1 919 975 e
Numéraire et dépôts	..	14 567 e	42 886 e	49 293 e	52 075 e	55 251 e	70 416 e	67 519 e
Titres de dette	..	231 013 e	355 204 e	459 271 e	517 807 e	554 030 e	616 171 e	745 267 e
Crédits	..	6 668 e	17 831 e	31 131 e	23 290 e	15 179 e	31 364 e	33 795 e
Actions et parts de fonds d'investissement	..	337 394 e	340 748 e	417 717 e	524 418 e	688 070 e	810 230 e	848 788 e
Actions	..	278 592 e	267 563 e	330 951 e	413 914 e	502 401 e	591 845 e	619 972 e
Parts de fonds d'investissement	..	58 802 e	73 185 e	86 766 e	110 504 e	185 668 e	218 386 e	228 816 e
Parts de fonds d'investissement monétaires	..	1 140 e	1 425 e	1 356 e	1 670 e	17 786 e	27 097 e	30 000 e
Parts de fonds d'investissement non monétaires	..	57 662 e	71 760 e	85 410 e	108 834 e	167 883 e	191 289 e	198 816 e
Systèmes d'assurance, de pensions et garanties standard	..	0 e	0 e	0 e	..	..	..	..
Produits financiers dérivés et options sur titres des salariés	..	12 815 e	18 907 e	32 231 e	39 759 e	139 229 e	168 378 e	161 026 e
Autres comptes à recevoir	..	10 768 e	13 744 e	37 813 e	47 357 e	74 159 e	107 033 e	63 580 e
Passifs financiers	..	641 318 e	825 228 e	1 015 896 e	1 191 829 e	1 552 474 e	1 778 529 e	1 919 199 e
Titres de dette	..	0 e	0 e	0 e	0 e	0 e	0 e	0 e
Titres de dette à court terme	..	0 e	0 e	0 e	0 e	0 e	0 e	0 e
Titres de dette à long terme	..	0 e	0 e	0 e	0 e	0 e	0 e	0 e
Crédits	..	3 727 e	5 877 e	22 179 e	36 093 e	57 624 e	95 654 e	119 940 e
Crédits à court terme	..	3 414 e	5 387 e	21 744 e	33 183 e	52 446 e	86 342 e	109 346 e
Crédits à long terme	..	313 e	490 e	435 e	2 911 e	5 178 e	9 312 e	10 594 e
Actions et parts de fonds d'investissement	..	601 764 e	775 906 e	921 025 e	1 062 907 e	1 285 078 e	1 419 740 e	1 590 086 e
Systèmes d'assurance, de pensions et garanties standard	..	0 e	0 e	0 e	0 e	0 e	0 e	0 e
Produits financiers dérivés et options sur titres des salariés	..	9 024 e	10 943 e	34 873 e	40 270 e	131 161 e	161 926 e	153 592 e
Autres comptes à payer	..	26 802 e	32 503 e	37 819 e	52 559 e	78 612 e	101 209 e	55 581 e
Actifs non financiers	..	..	..	..	..	..	..	..
Fonds d'investissement non monéaires à capital variable								
Valeur nette financière	..	..	..	..	..	..	..	..
Actifs financiers	..	..	..	..	..	..	..	..

Tableau 2. Actifs et passifs financiers des fonds d'investissement *(suite)*

Millions EUR

	2009	2010	2011	2012	2013	2014	2015	2016
Numéraire et dépôts	..	..	..	..	..	..	..	..
Titres de dette	..	..	..	..	..	..	..	..
Crédits	..	..	..	..	..	..	..	..
Actions et parts de fonds d'investissement	..	..	..	..	..	..	..	..
Actions	..	..	..	..	..	..	..	..
Parts de fonds d'investissement	..	..	..	..	..	..	..	..
Parts de fonds d'investissement monétaires	..	..	..	..	..	..	..	..
Parts de fonds d'investissement non monétaires	..	..	..	..	..	..	..	..
Systèmes d'assurance, de pensions et garanties standard	..	..	..	..	..	..	..	..
Produits financiers dérivés et options sur titres des salariés	..	..	..	..	..	..	..	..
Autres comptes à recevoir	..	..	..	..	..	..	..	..
Passifs financiers	..	..	..	..	..	..	..	..
Titres de dette	..	..	..	..	..	..	..	..
Titres de dette à court terme	..	..	..	..	..	..	..	..
Titres de dette à long terme	..	..	..	..	..	..	..	..
Crédits	..	..	..	..	..	..	..	..
Crédits à court terme	..	..	..	..	..	..	..	..
Crédits à long terme	..	..	..	..	..	..	..	..
Actions et parts de fonds d'investissement	..	..	..	..	..	..	..	..
Systèmes d'assurance, de pensions et garanties standard	..	..	..	..	..	..	..	..
Produits financiers dérivés et options sur titres des salariés	..	..	..	..	..	..	..	..
Autres comptes à payer	..	..	..	..	..	..	..	..
Actifs non financiers	..	..	..	..	..	..	..	..
Fonds d'investissement à capital variable								
Valeur nette financière	..	..	..	..	..	..	..	..
Actifs financiers	..	..	..	..	..	..	..	..
Numéraire et dépôts	..	..	..	..	..	..	..	..
Titres de dette	..	..	..	..	..	..	..	..
Crédits	..	..	..	..	..	..	..	..
Actions et parts de fonds d'investissement	..	..	..	..	..	..	..	..
Actions	..	..	..	..	..	..	..	..
Parts de fonds d'investissement	..	..	..	..	..	..	..	..
Parts de fonds d'investissement monétaires	..	..	..	..	..	..	..	..
Parts de fonds d'investissement non monétaires	..	..	..	..	..	..	..	..
Systèmes d'assurance, de pensions et garanties standard	..	..	..	..	..	..	..	..
Produits financiers dérivés et options sur titres des salariés	..	..	..	..	..	..	..	..
Autres comptes à recevoir	..	..	..	..	..	..	..	..
Passifs financiers	..	..	..	..	..	..	..	..
Titres de dette	..	..	..	..	..	..	..	..
Titres de dette à court terme	..	..	..	..	..	..	..	..
Titres de dette à long terme	..	..	..	..	..	..	..	..
Crédits	..	..	..	..	..	..	..	..
Crédits à court terme	..	..	..	..	..	..	..	..
Crédits à long terme	..	..	..	..	..	..	..	..
Actions et parts de fonds d'investissement	..	..	..	..	..	..	..	..
Systèmes d'assurance, de pensions et garanties standard	..	..	..	..	..	..	..	..
Produits financiers dérivés et options sur titres des salariés	..	..	..	..	..	..	..	..
Autres comptes à payer	..	..	..	..	..	..	..	..
Actifs non financiers	..	..	..	..	..	..	..	..

Note : Voir les métadonnées détaillées sur : http://metalinks.oecd.org/instinv/20170920/e3b8

Tableau 3. Actifs et passifs financiers des sociétés d'assurance et fonds de pension

Millions EUR

	2009	2010	2011	2012	2013	2014	2015	2016
Sociétés d'assurance et fonds de pension								
Valeur nette financière	..	..	..	..	..	..	..	..
Actifs financiers	..	298 878 e	284 970 e	296 717 e	307 803 e	343 199 e	370 007 e	391 213 e
Numéraire et dépôts	..	24 214 e	24 688 e	25 444 e	24 061 e	24 091 e	27 160 e	28 641 e
Titres de dette	..	73 745 e	80 232 e	83 276 e	79 530 e	88 796 e	92 423 e	93 839 e
Crédits	..	3 504 e	3 678 e	2 785 e	1 290 e	1 515 e	1 349 e	1 669 e
Actions et parts de fonds d'investissement	..	135 693 e	127 488 e	138 204 e	152 008 e	176 131 e	191 024 e	205 353 e
Actions	..	65 407 e	62 439 e	67 598 e	70 048 e	76 673 e	76 362 e	78 264 e
Parts de fonds d'investissement	..	70 286 e	65 049 e	70 606 e	81 960 e	99 458 e	114 661 e	127 089 e
Parts de fonds d'investissement monétaires	..	756 e	706 e	4 305 e	3 211 e	1 550 e	1 467 e	1 460 e
Parts de fonds d'investissement non monétaires	..	69 531 e	64 343 e	66 301 e	78 748 e	97 908 e	113 195 e	125 629 e
Systèmes d'assurance, de pensions et garanties standard	..	44 055 e	29 978 e	28 352 e	26 698 e	31 991 e	33 734 e	35 968 e
Produits financiers dérivés et options sur titres des salariés	..	1 651 e	2 433 e	2 461 e	1 769 e	2 443 e	1 786 e	1 967 e
Autres comptes à recevoir	..	16 017 e	16 472 e	16 196 e	22 448 e	18 232 e	22 532 e	23 777 e
Passifs financiers	..	303 377 e	289 874 e	303 791 e	309 358 e	352 952 e	380 082 e	400 820 e
Titres de dette	..	1 294 e	1 169 e	1 152 e	634 e	1 126 e	1 710 e	1 933 e
Titres de dette à court terme	..	0 e	0 e	0 e	0 e	0 e	0 e	0 e
Titres de dette à long terme	..	1 294 e	1 169 e	1 152 e	634 e	1 126 e	1 710 e	1 933 e
Crédits	..	3 723 e	4 103 e	4 236 e	3 163 e	3 204 e	3 395 e	3 573 e
Crédits à court terme	..	668 e	743 e	887 e	207 e	143 e	197 e	190 e
Crédits à long terme	..	3 055 e	3 359 e	3 348 e	2 956 e	3 061 e	3 198 e	3 383 e
Actions et parts de fonds d'investissement	..	26 626 e	25 919 e	27 241 e	25 156 e	26 949 e	29 191 e	31 451 e
Systèmes d'assurance, de pensions et garanties standard	..	261 635 e	244 837 e	257 654 e	265 223 e	305 924 e	327 749 e	344 514 e
Produits financiers dérivés et options sur titres des salariés	..	0 e	0 e	0 e	0 e	0 e	0 e	0 e
Autres comptes à payer	..	10 100 e	13 847 e	13 508 e	15 184 e	15 748 e	18 037 e	19 349 e
Actifs non financiers	..	..	..	..	..	..	..	..
Sociétés d'assurance								
Valeur nette financière	..	..	..	..	..	..	..	..
Actifs financiers	..	225 113 e	214 971 e	219 876 e	217 800 e	242 516 e	259 277 e	274 452 e
Numéraire et dépôts	..	20 665 e	22 325 e	22 139 e	20 735 e	19 872 e	22 433 e	23 580 e
Titres de dette	..	50 678 e	55 341 e	55 247 e	47 534 e	48 649 e	46 079 e	42 505 e
Crédits	..	3 504 e	3 678 e	2 785 e	1 290 e	1 515 e	1 349 e	1 669 e
Actions et parts de fonds d'investissement	..	89 658 e	85 481 e	93 656 e	100 662 e	121 172 e	133 682 e	147 117 e
Actions	..	28 846 e	28 909 e	30 185 e	24 962 e	27 598 e	24 097 e	25 384 e
Parts de fonds d'investissement	..	60 812 e	56 572 e	63 471 e	75 700 e	93 574 e	109 584 e	121 733 e
Parts de fonds d'investissement monétaires	..	420 e	397 e	4 198 e	3 131 e	1 216 e	1 174 e	1 218 e
Parts de fonds d'investissement non monétaires	..	60 392 e	56 175 e	59 273 e	72 568 e	92 358 e	108 411 e	120 515 e
Systèmes d'assurance, de pensions et garanties standard	..	44 055 e	29 978 e	28 352 e	26 698 e	31 991 e	33 734 e	35 968 e
Produits financiers dérivés et options sur titres des salariés	..	830 e	2 225 e	2 235 e	1 619 e	2 316 e	1 649 e	1 848 e
Autres comptes à recevoir	..	15 723 e	15 942 e	15 462 e	19 262 e	17 001 e	20 353 e	21 766 e
Passifs financiers	..	229 046 e	219 375 e	226 701 e	221 685 e	252 371 e	269 463 e	284 146 e
Titres de dette	..	1 294 e	1 169 e	1 152 e	634 e	1 126 e	1 710 e	1 933 e
Titres de dette à court terme	..	0 e	0 e	0 e	0 e	0 e	0 e	0 e
Titres de dette à long terme	..	1 294 e	1 169 e	1 152 e	634 e	1 126 e	1 710 e	1 933 e
Crédits	..	3 723 e	4 103 e	3 987 e	3 017 e	3 184 e	3 364 e	3 539 e
Crédits à court terme	..	668 e	743 e	887 e	207 e	123 e	184 e	181 e
Crédits à long terme	..	3 055 e	3 359 e	3 099 e	2 810 e	3 061 e	3 180 e	3 358 e
Actions et parts de fonds d'investissement	..	26 626 e	25 919 e	27 241 e	25 137 e	26 930 e	29 191 e	31 451 e
Systèmes d'assurance, de pensions et garanties standard	..	187 304 e	174 338 e	180 813 e	177 714 e	205 382 e	217 161 e	227 874 e
Produits financiers dérivés et options sur titres des salariés	..	0 e	0 e	0 e	0 e	0 e	0 e	0 e
Autres comptes à payer	..	10 100 e	13 847 e	13 508 e	15 184 e	15 748 e	18 037 e	19 349 e
Actifs non financiers	..	..	..	..	..	..	..	..
Fonds de pension								
Valeur nette financière	..	..	..	..	..	..	..	..
Actifs financiers	..	73 765 e	69 999 e	76 841 e	90 003 e	100 683 e	110 730 e	116 761 e
Numéraire et dépôts	..	3 549 e	2 363 e	3 305 e	3 326 e	4 219 e	4 727 e	5 061 e
Titres de dette	..	23 067 e	24 891 e	28 029 e	31 996 e	40 147 e	46 344 e	51 334 e
Crédits	..	0 e	0 e	0 e	0 e	0 e	0 e	0 e
Actions et parts de fonds d'investissement	..	46 035 e	42 007 e	44 548 e	51 346 e	54 959 e	57 342 e	58 236 e
Actions	..	36 561 e	33 530 e	37 413 e	45 086 e	49 075 e	52 265 e	52 880 e
Parts de fonds d'investissement	..	9 474 e	8 477 e	7 135 e	6 260 e	5 884 e	5 077 e	5 356 e
Parts de fonds d'investissement monétaires	..	336 e	309 e	107 e	80 e	334 e	293 e	242 e
Parts de fonds d'investissement non monétaires	..	9 139 e	8 168 e	7 028 e	6 180 e	5 550 e	4 784 e	5 114 e
Systèmes d'assurance, de pensions et garanties standard	..	0 e	0 e	0 e	0 e	0 e	0 e	0 e
Produits financiers dérivés et options sur titres des salariés	..	821 e	208 e	226 e	150 e	127 e	137 e	119 e
Autres comptes à recevoir	..	294 e	530 e	734 e	3 186 e	1 231 e	2 179 e	2 011 e
Passifs financiers	..	74 331 e	70 499 e	77 090 e	87 673 e	100 581 e	110 619 e	116 674 e
Titres de dette	..	0 e	0 e	0 e	0 e	0 e	0 e	0 e
Titres de dette à court terme	..	0 e	0 e	0 e	0 e	0 e	0 e	0 e
Titres de dette à long terme	..	0 e	0 e	0 e	0 e	0 e	0 e	0 e
Crédits	..	0 e	0 e	249 e	146 e	20 e	31 e	34 e
Crédits à court terme	..	0 e	0 e	0 e	0 e	20 e	13 e	9 e
Crédits à long terme	..	0 e	0 e	249 e	146 e	0 e	18 e	25 e
Actions et parts de fonds d'investissement	..	0 e	0 e	0 e	19 e	19 e	0 e	0 e
Systèmes d'assurance, de pensions et garanties standard	..	74 331 e	70 499 e	76 841 e	87 509 e	100 542 e	110 588 e	116 640 e
Produits financiers dérivés et options sur titres des salariés	..	0 e	0 e	0 e	0 e	0 e	0 e	0 e
Autres comptes à payer	..	0 e	0 e	0 e	0 e	0 e	0 e	0 e
Actifs non financiers	..	..	..	..	..	..	..	..

Note : Voir les métadonnées détaillées sur : http://metalinks.oecd.org/instinv/20170920/e3b8

Tableau 4. Composition du portefeuille par type d'investisseur

En pourcentage des actifs financiers et des passifs financiers

Pour cent

	2009	2010	2011	2012	2013	2014	2015	2016
Fonds d'investissement								
Actifs financiers	..	..	..	..	..	..	..	..
Numéraire et dépôts	..	..	..	..	..	..	..	..
Titres de dettes	..	..	..	..	..	..	..	..
Crédits	..	..	..	..	..	..	..	..
Actions et parts de fonds d'investissement	..	..	..	..	..	..	..	..
Systèmes d'assurance de pensions et garanties standard	..	..	..	..	..	..	..	..
Produits financiers dérivés et options sur titres des salariés	..	..	..	..	..	..	..	..
Autres comptes à recevoir	..	..	..	..	..	..	..	..
Passifs financiers	..	..	..	..	..	..	..	..
Numéraire et dépôts	..	..	..	..	..	..	..	..
Titres de dettes	..	..	..	..	..	..	..	..
Crédits	..	..	..	..	..	..	..	..
Actions et parts de fonds d'investissement	..	..	..	..	..	..	..	..
Systèmes d'assurance de pensions et garanties standard	..	..	..	..	..	..	..	..
Produits financiers dérivés et options sur titres des salariés	..	..	..	..	..	..	..	..
Autres comptes à recevoir	..	..	..	..	..	..	..	..
Sociétés d'assurance								
Actifs financiers	..	100.0	100.0	100.0	100.0	100.0	100.0	100.0
Numéraire et dépôts	..	9.2	10.4	10.1	9.5	8.2	8.7	8.6
Titres de dettes	..	22.5	25.7	25.1	21.8	20.1	17.8	15.5
Crédits	..	1.6	1.7	1.3	0.6	0.6	0.5	0.6
Actions et parts de fonds d'investissement	..	39.8	39.8	42.6	46.2	50.0	51.6	53.6
Systèmes d'assurance de pensions et garanties standard	..	19.6	13.9	12.9	12.3	13.2	13.0	13.1
Produits financiers dérivés et options sur titres des salariés	..	0.4	1.0	1.0	0.7	1.0	0.6	0.7
Autres comptes à recevoir	..	7.0	7.4	7.0	8.8	7.0	7.8	7.9
Passifs financiers	..	100.0	100.0	100.0	100.0	100.0	100.0	100.0
Numéraire et dépôts	..	0.0	0.0	0.0	0.0	0.0	0.0	0.0
Titres de dettes	..	0.6	0.5	0.5	0.3	0.4	0.6	0.7
Crédits	..	1.6	1.9	1.8	1.4	1.3	1.2	1.2
Actions et parts de fonds d'investissement	..	11.6	11.8	12.0	11.3	10.7	10.8	11.1
Systèmes d'assurance de pensions et garanties standard	..	81.8	79.5	79.8	80.2	81.4	80.6	80.2
Produits financiers dérivés et options sur titres des salariés	..	0.0	0.0	0.0	0.0	0.0	0.0	0.0
Autres comptes à recevoir	..	4.4	6.3	6.0	6.8	6.2	6.7	6.8
Fonds de pension								
Actifs financiers	..	100.0	100.0	100.0	100.0	100.0	100.0	100.0
Numéraire et dépôts	..	4.8	3.4	4.3	3.7	4.2	4.3	4.3
Titres de dettes	..	31.3	35.6	36.5	35.5	39.9	41.9	44.0
Crédits	..	0.0	0.0	0.0	0.0	0.0	0.0	0.0
Actions et parts de fonds d'investissement	..	62.4	60.0	58.0	57.0	54.6	51.8	49.9
Systèmes d'assurance de pensions et garanties standard	..	0.0	0.0	0.0	0.0	0.0	0.0	0.0
Produits financiers dérivés et options sur titres des salariés	..	1.1	0.3	0.3	0.2	0.1	0.1	0.1
Autres comptes à recevoir	..	0.4	0.8	1.0	3.5	1.2	2.0	1.7
Passifs financiers	..	100.0	100.0	100.0	100.0	100.0	100.0	100.0
Numéraire et dépôts	..	0.0	0.0	0.0	0.0	0.0	0.0	0.0
Titres de dettes	..	0.0	0.0	0.0	0.0	0.0	0.0	0.0
Crédits	..	0.0	0.0	0.3	0.2	0.0	0.0	0.0
Actions et parts de fonds d'investissement	..	0.0	0.0	0.0	0.0	0.0	0.0	0.0
Systèmes d'assurance de pensions et garanties standard	..	100.0	100.0	99.7	99.8	100.0	100.0	100.0
Produits financiers dérivés et options sur titres des salariés	..	0.0	0.0	0.0	0.0	0.0	0.0	0.0
Autres comptes à recevoir	..	0.0	0.0	0.0	0.0	0.0	0.0	0.0

Note : Voir les métadonnées détaillées sur : http://metalinks.oecd.org/instinv/20170920/a53e

Tableau 1. Actifs et passifs financiers des investisseurs institutionnels, 2016

Millions ILS

	Fonds d'investissement				
	Total	Fonds d'investissement non-monétaire			Fonds d'investissement monétaires
		Total	Fonds d'investissement à capital variable, non monétaire	Fonds d'investissement à capital fixe, non monétaire	Total
Actifs financiers	214 080	195 196	195 196	..	18 884
Numéraire et dépôts	20 568	13 762	13 762	..	6 805
Titres de dette	165 512	153 433	153 433	..	12 079
Titres de dette à court terme	18 386	10 840	10 840	..	7 546
Titres de dette à long terme	147 125	142 593	142 593	..	4 533
Titres de dette émis par les résidents	152 230	140 981	140 981	..	11 250
Titres de dette émis par les non-résidents	13 282	12 452	12 452	..	829
Crédits	0	0	0	..	0
Crédits à court terme	0	0	0	..	0
Crédits à long terme	0	0	0	..	0
Crédits accordés aux résidents	0	0	0	..	0
Crédits accordés aux non-résidents	0	0	0	..	0
Actions et parts de fonds d'investissement	28 059	28 059	28 059	..	0
Actions et parts de fonds d'investissements émises par les résidents	21 270	21 270	21 270	..	0
Actions et part de fonds d'investissements émises par les non-résidents	6 790	6 790	6 790	..	0
Autres comptes à recevoir	..	..	..	..	..

	Fonds d'investissement				
	Total	Fonds d'investissement non-monétaire			Fonds d'investissement monétaires
		Total	Fonds d'investissement à capital variable, non monétaire	Fonds d'investissement à capital fixe, non monétaire	Total
Pasifs financiers	..	..	..	..	..
Numéraire et dépôts	..	..	..	..	..
Titres de dette	..	..	..	..	..
Titres de dette à court terme	..	..	..	..	..
Titres de dette à long terme	..	..	..	..	..
Crédits	..	..	..	..	..
Crédits à court terme	..	..	..	..	..
Crédits à long terme	..	..	..	..	..
Actions et parts de fonds d'investissement	..	..	..	..	..
Systèmes d'assurance, de pensions et garanties standard	..	..	..	..	..
Produits financiers dérivés et options sur titres des salariés	..	..	..	..	..
Autres comptes à payer	..	..	..	..	..

	Sociétés d'assurance et fonds de pension autonomes				
	Total	Sociétés d'assurance			Fonds de pension autonomes
		Total	Sociétés d'assurance vie	Sociétés d'assurance non-vie	Total
Actifs financiers	1 386 621	444 817	..	..	941 804
Numéraire et dépôts	107 142	37 845	..	..	69 297
Titres de dette	749 440	207 021	..	..	542 420
Titres de dette à court terme	29 882	4 164	..	..	25 718
Titres de dette à long terme	719 559	202 856	..	..	516 702
Titres de dette émis par les résidents	689 377	187 239	..	..	502 138
Titres de dette émis par les non-résidents	60 063	19 782	..	..	40 282
Crédits	92 274	39 316	..	..	52 958
Crédits à court terme	..	..	..	..	..
Crédits à long terme	..	..	..	..	..
Crédits accordés aux résidents	85 630	36 134	..	..	49 496
Crédits accordés aux non-résidents	6 644	3 181	..	..	3 463
Actions et parts de fonds d'investissement	385 783	119 747	..	..	266 036
Actions et parts de fonds d'investissement émises par les résidents	181 343	56 269	..	..	125 074
Actions et parts de fonds d'investissement émises par les non-résidents	204 440	63 477	..	..	140 962
Autrescomptes à recevoir	30 877	22 701	..	..	8 177

	Sociétés d'assurance et fonds de pension autonomes				
	Total	Sociétés d'assurance			Fonds de pension autonomes
		Total	Sociétés d'assurance vie	Sociétés d'assurance non-vie	Total
Pasifs financiers	..	..	..	..	..
Numéraire et dépôts	..	..	..	..	..
Titres de dette	..	..	..	..	..
Titres de dette à court terme	..	..	..	..	..
Titres de dette à long terme	..	..	..	..	..
Crédits	..	..	..	..	..
Crédits à court terme	..	..	..	..	..
Crédits à long terme	..	..	..	..	..
Actions et parts de fonds d'investissement	..	..	..	..	..
Systèmes d'assurance, de pensions et garanties standard	..	..	..	..	..
Produits financiers dérivés et options sur titres des salariés	..	..	..	..	..
Autres comptes à payer	..	..	..	..	..

Note : Voir les métadonnées détaillées sur : http://metalinks.oecd.org/instinv/20170920/02f8
Informations sur les données concernant Israël : http://oe.cd/israel-disclaimer

Tableau 2. Actifs et passifs financiers des fonds d'investissement

Millions ILS

	2009	2010	2011	2012	2013	2014	2015	2016
Fonds d'investissement								
Valeur nette financière	..	..	..	..	..	..	..	..
Actifs financiers	133 200	156 582	142 353	170 099	230 785	261 522	229 155	214 080
Numéraire et dépôts	13 932	14 926	17 173	23 524	42 730	42 192	28 026	20 568
Titres de dette	104 230	120 707	112 183	133 809	167 843	194 131	174 598	165 512
Crédits	0	0	0	0	0	0	0	0
Actions et parts de fonds d'investissement	15 020	21 079	13 198	12 863	20 295	25 218	26 690	28 059
Actions	14 726	19 958	12 469	12 028	19 845	24 395	26 130	26 978
Parts de fonds d'investissement	294	1 121	729	835	450	822	560	1 081
Parts de fonds d'investissement monétaires	..	..	..	..	..	..	..	..
Parts de fonds d'investissement non monétaires	..	..	..	..	..	..	..	..
Systèmes d'assurance, de pensions et garanties standard	..	..	..	..	..	..	..	..
Produits financiers dérivés et options sur titres des salariés	18	-129	-201	-97	-83	-17	-160	-58
Autres comptes à recevoir	..	..	..	..	..	..	..	..
Passifs financiers	..	..	..	..	..	..	..	..
Titres de dette	..	..	..	..	..	..	..	..
Titres de dette à court terme	..	..	..	..	..	..	..	..
Titres de dette à long terme	..	..	..	..	..	..	..	..
Crédits	..	..	..	..	..	..	..	..
Crédits à court terme	..	..	..	..	..	..	..	..
Crédits à long terme	..	..	..	..	..	..	..	..
Actions et parts de fonds d'investissement	..	..	..	..	..	..	..	..
Systèmes d'assurance, de pensions et garanties standard	..	..	..	..	..	..	..	..
Produits financiers dérivés et options sur titres des salariés	..	..	..	..	..	..	..	..
Autres comptes à payer	..	..	..	..	..	..	..	..
Actifs non financiers	0	0	0	0	0	0	0	0
Fonds d'investissement monéaires								
Valeur nette financière	..	..	..	..	..	..	..	..
Actifs financiers	16 959	17 941	34 076	35 688	61 079	54 035	27 383	18 884
Numéraire et dépôts	7 104	7 736	12 934	16 635	31 060	28 956	14 830	6 805
Titres de dette	9 855	10 204	21 141	19 053	30 019	25 078	12 553	12 079
Crédits	0	0	0	0	0	0	0	0
Actions et parts de fonds d'investissement	0	0	0	0	0	0	0	0
Actions	0	0	0	0	0	0	0	0
Parts de fonds d'investissement	0	0	0	0	0	0	0	0
Parts de fonds d'investissement monétaires	..	..	..	..	..	..	..	..
Parts de fonds d'investissement non monétaires	..	..	..	..	..	..	..	..
Systèmes d'assurance, de pensions et garanties standard	..	..	..	..	..	..	..	..
Produits financiers dérivés et options sur titres des salariés	0	0	0	0	0	0	0	0
Autres comptes à recevoir	..	..	..	..	..	..	..	..
Passifs financiers	..	..	..	..	..	..	..	..
Titres de dette	..	..	..	..	..	..	..	..
Titres de dette à court terme	..	..	..	..	..	..	..	..
Titres de dette à long terme	..	..	..	..	..	..	..	..
Crédits	..	..	..	..	..	..	..	..
Crédits à court terme	..	..	..	..	..	..	..	..
Crédits à long terme	..	..	..	..	..	..	..	..
Actions et parts de fonds d'investissement	..	..	..	..	..	..	..	..
Systèmes d'assurance, de pensions et garanties standard	..	..	..	..	..	..	..	..
Produits financiers dérivés et options sur titres des salariés	..	..	..	..	..	..	..	..
Autres comptes à payer	..	..	..	..	..	..	..	..
Actifs non financiers	0	0	0	0	0	0	0	0
Fonds d'investissement non monéaires								
Valeur nette financière	..	..	..	..	..	..	..	..
Actifs financiers	116 240	138 641	108 277	134 411	169 705	207 488	201 771	195 196
Numéraire et dépôts	6 828	7 189	4 239	6 889	11 670	13 235	13 197	13 762
Titres de dette	94 375	110 503	91 042	114 756	137 824	169 053	162 045	153 433
Crédits	0	0	0	0	0	0	0	0
Actions et parts de fonds d'investissement	15 020	21 079	13 198	12 863	20 295	25 218	26 690	28 059
Actions	14 726	19 958	12 469	12 028	19 845	24 395	26 130	26 978
Parts de fonds d'investissement	294	1 121	729	835	450	822	560	1 081
Parts de fonds d'investissement monétaires	..	..	..	..	..	..	..	..
Parts de fonds d'investissement non monétaires	..	..	..	..	..	..	..	..
Systèmes d'assurance, de pensions et garanties standard	..	..	..	..	..	..	..	..
Produits financiers dérivés et options sur titres des salariés	18	-129	-201	-97	-83	-17	-160	-58
Autres comptes à recevoir	..	..	..	..	..	..	..	..
Passifs financiers	..	..	..	..	..	..	..	..
Titres de dette	..	..	..	..	..	..	..	..
Titres de dette à court terme	..	..	..	..	..	..	..	..
Titres de dette à long terme	..	..	..	..	..	..	..	..
Crédits	..	..	..	..	..	..	..	..
Crédits à court terme	..	..	..	..	..	..	..	..
Crédits à long terme	..	..	..	..	..	..	..	..
Actions et parts de fonds d'investissement	..	..	..	..	..	..	..	..
Systèmes d'assurance, de pensions et garanties standard	..	..	..	..	..	..	..	..
Produits financiers dérivés et options sur titres des salariés	..	..	..	..	..	..	..	..
Autres comptes à payer	..	..	..	..	..	..	..	..
Actifs non financiers	0	0	0	0	0	0	0	0
Fonds d'investissement non monéaires à capital variable								
Valeur nette financière	..	..	..	..	..	..	..	..
Actifs financiers	116 240	138 641	108 277	134 411	169 705	207 488	201 771	195 196

Tableau 2. Actifs et passifs financiers des fonds d'investissement *(suite)*

Millions ILS

	2009	2010	2011	2012	2013	2014	2015	2016
Numéraire et dépôts	6 828	7 189	4 239	6 889	11 670	13 235	13 197	13 762
Titres de dette	94 375	110 503	91 042	114 756	137 824	169 053	162 045	153 433
Crédits	0	0	0	0	0	0	0	0
Actions et parts de fonds d'investissement	15 020	21 079	13 198	12 863	20 295	25 218	26 690	28 059
Actions	14 726	19 958	12 469	12 028	19 845	24 395	26 130	26 978
Parts de fonds d'investissement	294	1 121	729	835	450	822	560	1 081
Parts de fonds d'investissement monétaires	..	..	..	..	..	..	..	..
Parts de fonds d'investissement non monétaires	..	..	..	..	..	..	..	..
Systèmes d'assurance, de pensions et garanties standard	..	..	..	..	..	..	..	..
Produits financiers dérivés et options sur titres des salariés	18	-129	-201	-97	-83	-17	-160	-58
Autres comptes à recevoir	..	..	..	..	..	..	..	..
Passifs financiers	..	..	..	..	..	..	..	..
Titres de dette	..	..	..	..	..	..	..	..
Titres de dette à court terme	..	..	..	..	..	..	..	..
Titres de dette à long terme	..	..	..	..	..	..	..	..
Crédits	..	..	..	..	..	..	..	..
Crédits à court terme	..	..	..	..	..	..	..	..
Crédits à long terme	..	..	..	..	..	..	..	..
Actions et parts de fonds d'investissement	..	..	..	..	..	..	..	..
Systèmes d'assurance, de pensions et garanties standard	..	..	..	..	..	..	..	..
Produits financiers dérivés et options sur titres des salariés	..	..	..	..	..	..	..	..
Autres comptes à payer	..	..	..	..	..	..	..	..
Actifs non financiers	0	0	0	0	0	0	0	0
Fonds d'investissement à capital variable								
Valeur nette financière	..	..	..	..	..	..	..	..
Actifs financiers	133 200	156 582	142 353	170 099	230 785	261 522	229 155	214 080
Numéraire et dépôts	13 932	14 926	17 173	23 524	42 730	42 192	28 026	20 568
Titres de dette	104 230	120 707	112 183	133 809	167 843	194 131	174 598	165 512
Crédits	0	0	0	0	0	0	0	0
Actions et parts de fonds d'investissement	15 020	21 079	13 198	12 863	20 295	25 218	26 690	28 059
Actions	14 726	19 958	12 469	12 028	19 845	24 395	26 130	26 978
Parts de fonds d'investissement	294	1 121	729	835	450	822	560	1 081
Parts de fonds d'investissement monétaires	..	..	..	..	..	..	..	..
Parts de fonds d'investissement non monétaires	..	..	..	..	..	..	..	..
Systèmes d'assurance, de pensions et garanties standard	..	..	..	..	..	..	..	..
Produits financiers dérivés et options sur titres des salariés	18	-129	-201	-97	-83	-17	-160	-58
Autres comptes à recevoir	..	..	..	..	..	..	..	..
Passifs financiers	..	..	..	..	..	..	..	..
Titres de dette	..	..	..	..	..	..	..	..
Titres de dette à court terme	..	..	..	..	..	..	..	..
Titres de dette à long terme	..	..	..	..	..	..	..	..
Crédits	..	..	..	..	..	..	..	..
Crédits à court terme	..	..	..	..	..	..	..	..
Crédits à long terme	..	..	..	..	..	..	..	..
Actions et parts de fonds d'investissement	..	..	..	..	..	..	..	..
Systèmes d'assurance, de pensions et garanties standard	..	..	..	..	..	..	..	..
Produits financiers dérivés et options sur titres des salariés	..	..	..	..	..	..	..	..
Autres comptes à payer	..	..	..	..	..	..	..	..
Actifs non financiers	0	0	0	0	0	0	0	0

Note : Voir les métadonnées détaillées sur : http://metalinks.oecd.org/instinv/20170920/02f8
Informations sur les données concernant Israël : http://oe.cd/israel-disclaimer

Tableau 3. Actifs et passifs financiers des sociétés d'assurance et fonds de pension

Millions ILS

	2009	2010	2011	2012	2013	2014	2015	2016
Sociétés d'assurance et fonds de pension								
Valeur nette financière	..	..	..	..	..	..	..	..
Actifs financiers	810 580	897 183	906 865	1 011 560	1 117 101	1 221 043	1 302 591	1 386 621
Numéraire et dépôts	74 364	75 010	68 910	73 576	78 134	82 003	100 245	107 142
Titres de dette	511 832	543 987	561 429	607 790	642 423	690 205	722 299	749 440
Crédits	19 789	23 405	31 599	41 079	51 951	60 459	73 731	92 274
Actions et parts de fonds d'investissement	168 253	217 104	208 026	247 784	300 937	343 806	360 762	385 783
Actions	133 935	166 584	149 408	181 334	221 469	250 003	259 311	277 446
Parts de fonds d'investissement	34 319	50 521	58 618	66 450	79 468	93 803	101 451	108 337
Parts de fonds d'investissement monétaires	..	..	..	..	..	..	..	..
Parts de fonds d'investissement non monétaires	..	..	..	..	..	..	..	..
Systèmes d'assurance, de pensions et garanties standard	12 521	13 704	14 386	14 639	14 997	14 819	14 015	16 375
Produits financiers dérivés et options sur titres des salariés	597	2 745	-504	2 358	4 691	2 154	1 857	4 730
Autres comptes à recevoir	23 225	21 228	23 018	24 334	23 968	27 597	29 682	30 877
Passifs financiers	..	..	..	..	..	..	..	..
Titres de dette	..	..	..	..	..	..	..	..
Titres de dette à court terme	..	..	..	..	..	..	..	..
Titres de dette à long terme	..	..	..	..	..	..	..	..
Crédits	..	..	..	..	..	..	..	..
Crédits à court terme	..	..	..	..	..	..	..	..
Crédits à long terme	..	..	..	..	..	..	..	..
Actions et parts de fonds d'investissement	..	..	..	..	..	..	..	..
Systèmes d'assurance, de pensions et garanties standard	..	..	..	..	..	..	..	..
Produits financiers dérivés et options sur titres des salariés	..	..	..	..	..	..	..	..
Autres comptes à payer	..	..	..	..	..	..	..	..
Actifs non financiers	10 814	12 396	15 151	17 111	19 996	22 771	24 408	25 535
Sociétés d'assurance								
Valeur nette financière	..	..	..	..	..	..	..	..
Actifs financiers	251 815	282 779	292 257	328 405	363 866	395 785	419 748	444 817
Numéraire et dépôts	22 041	22 201	24 361	25 111	26 780	25 346	34 952	37 845
Titres de dette	131 346	144 142	149 944	167 129	180 900	194 668	200 576	207 021
Crédits	12 598	13 503	16 885	19 832	23 579	25 704	30 733	39 316
Actions et parts de fonds d'investissement	57 384	72 661	69 613	82 930	97 803	113 666	116 783	119 747
Actions	43 062	52 716	50 347	61 276	71 969	83 613	83 647	83 323
Parts de fonds d'investissement	14 322	19 945	19 266	21 654	25 835	30 052	33 136	36 423
Parts de fonds d'investissement monétaires	..	..	..	..	..	..	..	..
Parts de fonds d'investissement non monétaires	..	..	..	..	..	..	..	..
Systèmes d'assurance, de pensions et garanties standard	12 521	13 704	14 386	14 639	14 997	14 819	14 015	16 375
Produits financiers dérivés et options sur titres des salariés	391	1 035	373	1 407	1 664	1 486	1 060	1 814
Autres comptes à recevoir	15 535	15 533	16 696	17 358	18 142	20 097	21 628	22 701
Passifs financiers	..	..	..	..	..	..	..	..
Titres de dette	..	..	..	..	..	..	..	..
Titres de dette à court terme	..	..	..	..	..	..	..	..
Titres de dette à long terme	..	..	..	..	..	..	..	..
Crédits	..	..	..	..	..	..	..	..
Crédits à court terme	..	..	..	..	..	..	..	..
Crédits à long terme	..	..	..	..	..	..	..	..
Actions et parts de fonds d'investissement	..	..	..	..	..	..	..	..
Systèmes d'assurance, de pensions et garanties standard	..	..	..	..	..	..	..	..
Produits financiers dérivés et options sur titres des salariés	..	..	..	..	..	..	..	..
Autres comptes à payer	..	..	..	..	..	..	..	..
Actifs non financiers	8 599	9 937	12 093	13 654	15 955	18 156	19 581	20 729
Fonds de pension								
Valeur nette financière	..	..	..	..	..	..	..	..
Actifs financiers	558 765	614 404	614 608	683 155	753 235	825 258	882 843	941 804
Numéraire et dépôts	52 322	52 809	44 550	48 465	51 354	56 657	65 293	69 297
Titres de dette	380 486	399 845	411 485	440 661	461 523	495 537	521 723	542 420
Crédits	7 191	9 901	14 715	21 247	28 372	34 755	42 998	52 958
Actions et parts de fonds d'investissement	110 870	144 443	138 413	164 854	203 134	230 140	243 979	266 036
Actions	90 873	113 867	99 061	120 058	149 501	166 389	175 664	194 123
Parts de fonds d'investissement	19 997	30 576	39 352	44 796	53 633	63 751	68 315	71 914
Parts de fonds d'investissement monétaires	..	..	..	..	..	..	..	..
Parts de fonds d'investissement non monétaires	..	..	..	..	..	..	..	..
Systèmes d'assurance, de pensions et garanties standard	0	0	0	0	0	0	0	0
Produits financiers dérivés et options sur titres des salariés	206	1 710	-877	951	3 027	668	797	2 916
Autres comptes à recevoir	7 691	5 695	6 322	6 977	5 826	7 500	8 053	8 177
Passifs financiers	..	..	..	..	..	..	..	..
Titres de dette	..	..	..	..	..	..	..	..
Titres de dette à court terme	..	..	..	..	..	..	..	..
Titres de dette à long terme	..	..	..	..	..	..	..	..
Crédits	..	..	..	..	..	..	..	..
Crédits à court terme	..	..	..	..	..	..	..	..
Crédits à long terme	..	..	..	..	..	..	..	..
Actions et parts de fonds d'investissement	..	..	..	..	..	..	..	..
Systèmes d'assurance, de pensions et garanties standard	..	..	..	..	..	..	..	..
Produits financiers dérivés et options sur titres des salariés	..	..	..	..	..	..	..	..
Autres comptes à payer	..	..	..	..	..	..	..	..
Actifs non financiers	2 214	2 459	3 059	3 457	4 041	4 616	4 828	4 806

Note : Voir les métadonnées détaillées sur : http://metalinks.oecd.org/instinv/20170920/02f8
Informations sur les données concernant Israël : http://oe.cd/israel-disclaimer

Tableau 4. Composition du portefeuille par type d'investisseur

En pourcentage des actifs financiers et des passifs financiers

Pour cent

	2009	2010	2011	2012	2013	2014	2015	2016
Fonds d'investissement								
Actifs financiers	100.0	100.0	100.0	100.0	100.0	100.0	100.0	100.0
Numéraire et dépôts	10.5	9.5	12.1	13.8	18.5	16.1	12.2	9.6
Titres de dettes	78.3	77.1	78.8	78.7	72.7	74.2	76.2	77.3
Crédits	0.0	0.0	0.0	0.0	0.0	0.0	0.0	0.0
Actions et parts de fonds d'investissement	11.3	13.5	9.3	7.6	8.8	9.6	11.6	13.1
Systèmes d'assurance de pensions et garanties standard	0.0	0.0	0.0	0.0	0.0	0.0	0.0	0.0
Produits financiers dérivés et options sur titres des salariés	0.0	-0.1	-0.1	-0.1	0.0	0.0	-0.1	0.0
Autres comptes à recevoir	0.0	0.0	0.0	0.0	0.0	0.0	0.0	0.0
Passifs financiers	..	..	..	..	..	..	..	..
Numéraire et dépôts	..	..	..	..	..	..	..	..
Titres de dettes	..	..	..	..	..	..	..	..
Crédits	..	..	..	..	..	..	..	..
Actions et parts de fonds d'investissement	..	..	..	..	..	..	..	..
Systèmes d'assurance de pensions et garanties standard	..	..	..	..	..	..	..	..
Produits financiers dérivés et options sur titres des salariés	..	..	..	..	..	..	..	..
Autres comptes à recevoir	..	..	..	..	..	..	..	..
Sociétés d'assurance								
Actifs financiers	100.0	100.0	100.0	100.0	100.0	100.0	100.0	100.0
Numéraire et dépôts	8.8	7.9	8.3	7.6	7.4	6.4	8.3	8.5
Titres de dettes	52.2	51.0	51.3	50.9	49.7	49.2	47.8	46.5
Crédits	5.0	4.8	5.8	6.0	6.5	6.5	7.3	8.8
Actions et parts de fonds d'investissement	22.8	25.7	23.8	25.3	26.9	28.7	27.8	26.9
Systèmes d'assurance de pensions et garanties standard	5.0	4.8	4.9	4.5	4.1	3.7	3.3	3.7
Produits financiers dérivés et options sur titres des salariés	0.2	0.4	0.1	0.4	0.5	0.4	0.3	0.4
Autres comptes à recevoir	6.2	5.5	5.7	5.3	5.0	5.1	5.2	5.1
Passifs financiers	..	..	..	..	..	..	..	..
Numéraire et dépôts	..	..	..	..	..	..	..	..
Titres de dettes	..	..	..	..	..	..	..	..
Crédits	..	..	..	..	..	..	..	..
Actions et parts de fonds d'investissement	..	..	..	..	..	..	..	..
Systèmes d'assurance de pensions et garanties standard	..	..	..	..	..	..	..	..
Produits financiers dérivés et options sur titres des salariés	..	..	..	..	..	..	..	..
Autres comptes à recevoir	..	..	..	..	..	..	..	..
Fonds de pension								
Actifs financiers	100.0	100.0	100.0	100.0	100.0	100.0	100.0	100.0
Numéraire et dépôts	9.4	8.6	7.2	7.1	6.8	6.9	7.4	7.4
Titres de dettes	68.1	65.1	67.0	64.5	61.3	60.0	59.1	57.6
Crédits	1.3	1.6	2.4	3.1	3.8	4.2	4.9	5.6
Actions et parts de fonds d'investissement	19.8	23.5	22.5	24.1	27.0	27.9	27.6	28.2
Systèmes d'assurance de pensions et garanties standard	0.0	0.0	0.0	0.0	0.0	0.0	0.0	0.0
Produits financiers dérivés et options sur titres des salariés	0.0	0.3	-0.1	0.1	0.4	0.1	0.1	0.3
Autres comptes à recevoir	1.4	0.9	1.0	1.0	0.8	0.9	0.9	0.9
Passifs financiers	..	..	..	..	..	..	..	..
Numéraire et dépôts	..	..	..	..	..	..	..	..
Titres de dettes	..	..	..	..	..	..	..	..
Crédits	..	..	..	..	..	..	..	..
Actions et parts de fonds d'investissement	..	..	..	..	..	..	..	..
Systèmes d'assurance de pensions et garanties standard	..	..	..	..	..	..	..	..
Produits financiers dérivés et options sur titres des salariés	..	..	..	..	..	..	..	..
Autres comptes à recevoir	..	..	..	..	..	..	..	..

Note : Voir les métadonnées détaillées sur : http://metalinks.oecd.org/instinv/20170920/a53e
Informations sur les données concernant Israël : http://oe.cd/israel-disclaimer

Tableau 1. Actifs et passifs financiers des investisseurs institutionnels, 2016

Millions EUR (1999 ITL euro)

	Total	Fonds d'investissement – Fonds d'investissement non-monétaire – Total	Fonds d'investissement à capital variable, non monétaire	Fonds d'investissement à capital fixe, non monétaire	Fonds d'investissement monétaires – Total
Actifs financiers	303 198	298 251	278 855	19 396	4 947
Numéraire et dépôts	..	21 839	16 550	5 289	..
Titres de dette	138 619	134 147	134 039	108	4 472
Titres de dette à court terme	5 779	5 779	5 725	54	0
Titres de dette à long terme	132 840	128 368	128 314	53	4 472
Titres de dette émis par les résidents	71 140	71 073	70 110	963	67
Titres de dette émis par les non-résidents	67 478	63 074	63 929	-855	4 405
Crédits	442	0	0	0	442
Crédits à court terme	442	0	0	0	442
Crédits à long terme	0	0	0	0	0
Crédits accordés aux résidents	442	0	0	0	442
Crédits accordés aux non-résidents	0	0	0	0	0
Actions et parts de fonds d'investissement	140 692	140 659	126 660	14 000	33
Actions et parts de fonds d'investissements émises par les résidents	35 621	35 621	23 972	11 649	0
Actions et part de fonds d'investissements émises par les non-résidents	105 071	105 038	102 688	2 350	33
Autres comptes à recevoir	0	0	0	0	0

	Total	Fonds d'investissement – Fonds d'investissement non-monétaire – Total	Fonds d'investissement à capital variable, non monétaire	Fonds d'investissement à capital fixe, non monétaire	Fonds d'investissement monétaires – Total
Passifs financiers	300 798	296 042	260 549	35 493	4 756
Numéraire et dépôts	0	0	0	0	0
Titres de dette	0	0	0	0	0
Titres de dette à court terme	0	0	0	0	0
Titres de dette à long terme	0	0	0	0	0
Crédits	0	0	0	0	0
Crédits à court terme	0	0	0	0	0
Crédits à long terme	0	0	0	0	0
Actions et parts de fonds d'investissement	300 798	296 042	260 549	35 493	4 756
Systèmes d'assurance, de pensions et garanties standard	0	0	0	0	0
Produits financiers dérivés et options sur titres des salariés	0	0	0	0	0
Autres comptes à payer	0	0	0	0	0

	Total	Sociétés d'assurance et fonds de pension autonomes – Sociétés d'assurance – Total	Sociétés d'assurance vie	Sociétés d'assurance non-vie	Fonds de pension autonomes – Total
Actifs financiers	898 604	811 190	732 124	79 066	87 414
Numéraire et dépôts	24 930	19 304	17 422	1 882	5 626
Titres de dette	574 678	523 328	472 319	51 008	51 350
Titres de dette à court terme	2 462	2 322	2 095	226	140
Titres de dette à long terme	572 215	521 006	470 224	50 782	51 210
Titres de dette émis par les résidents	388 294	376 581	339 876	36 705	11 713
Titres de dette émis par les non-résidents	186 384	146 747	132 443	14 303	39 637
Crédits	9 084	9 084	8 199	885	0
Crédits à court terme	1 181	1 181	1 066	115	0
Crédits à long terme	7 903	7 903	7 133	770	0
Crédits accordés aux résidents	647	631	569	61	16
Crédits accordés aux non-résidents	8 437	8 453	7 629	824	-16
Actions et parts de fonds d'investissement	284 840	254 402	229 606	24 796	30 438
Actions et parts de fonds d'investissement émises par les résidents	56 587	39 904	36 015	3 889	16 683
Actions et parts de fonds d'investissement émises par les non-résidents	..	..	..	..	..
Autrescomptes à recevoir	2 214	2 214	1 998	216	0

	Total	Sociétés d'assurance et fonds de pension autonomes – Sociétés d'assurance – Total	Sociétés d'assurance vie	Sociétés d'assurance non-vie	Fonds de pension autonomes – Total
Passifs financiers	906 910	812 114	732 957	79 156	94 796
Numéraire et dépôts	0	0	0	0	0
Titres de dette	16 068	16 068	14 502	1 566	0
Titres de dette à court terme	0	0	0	0	0
Titres de dette à long terme	16 068	16 068	14 502	1 566	0
Crédits	11 762	11 745	10 600	1 145	17
Crédits à court terme	1 474	1 458	1 316	142	16
Crédits à long terme	10 288	10 287	9 284	1 003	1
Actions et parts de fonds d'investissement	80 920	80 920	73 032	7 887	0
Systèmes d'assurance, de pensions et garanties standard	795 317	700 538	632 257	68 281	94 779
Produits financiers dérivés et options sur titres des salariés	249	249	225	24	0
Autres comptes à payer	2 594	2 594	2 341	253	0

Note : Voir les métadonnées détaillées sur : http://metalinks.oecd.org/instinv/20170920/e3b8

Tableau 2. Actifs et passifs financiers des fonds d'investissement

Millions EUR

	2009	2010	2011	2012	2013	2014	2015	2016
Fonds d'investissement								
Valeur nette financière	-21 411	-13 526	-16 742	-18 688	-11 163	-9 845	-523	2 400
Actifs financiers	221 063	210 872	170 013	164 439	190 901	243 800	285 696	303 198
Numéraire et dépôts	..	..	..	..	..	..	..	..
Titres de dette	142 552	126 711	98 563	94 549	102 404	130 241	136 672	138 619
Crédits	9 648	2 666	2 925	1 347	749	232	168	442
Actions et parts de fonds d'investissement	56 773	69 174	55 161	52 278	68 666	94 144	125 165	140 692
Actions	54 523	57 128	44 935	43 478	51 060	68 232	93 951	106 556
Parts de fonds d'investissement	2 250	12 046	10 226	8 800	17 606	25 912	31 213	34 136
Parts de fonds d'investissement monétaires	..	..	..	..	..	..	..	..
Parts de fonds d'investissement non monétaires	..	..	..	..	..	..	..	..
Systèmes d'assurance, de pensions et garanties standard	0	0	0	0	0	0	0	0
Produits financiers dérivés et options sur titres des salariés	464	361	335	449	884	1 266	1 385	1 606
Autres comptes à recevoir	0	0	0	0	0	0	0	0
Passifs financiers	242 474	224 398	186 755	183 127	202 064	253 645	286 218	300 798
Titres de dette	0	0	0	0	0	0	0	0
Titres de dette à court terme	0	0	0	0	0	0	0	0
Titres de dette à long terme	0	0	0	0	0	0	0	0
Crédits	0	0	0	0	0	0	0	0
Crédits à court terme	0	0	0	0	0	0	0	0
Crédits à long terme	0	0	0	0	0	0	0	0
Actions et parts de fonds d'investissement	242 474	224 398	186 755	183 127	202 064	253 645	286 218	300 798
Systèmes d'assurance, de pensions et garanties standard	0	0	0	0	0	0	0	0
Produits financiers dérivés et options sur titres des salariés	0	0	0	0	0	0	0	0
Autres comptes à payer	0	0	0	0	0	0	0	0
Actifs non financiers	..	..	..	..	..	..	..	..
Fonds d'investissement monéaires								
Valeur nette financière	369	319	604	31	114	22	99	191
Actifs financiers	55 221	38 664	27 537	9 154	9 636	7 325	6 033	4 947
Numéraire et dépôts	..	..	..	..	..	..	..	..
Titres de dette	45 393	35 878	24 485	7 770	8 775	7 093	5 826	4 472
Crédits	9 648	2 666	2 925	1 347	749	232	168	442
Actions et parts de fonds d'investissement	180	120	127	36	112	0	38	33
Actions	154	86	116	36	37	0	38	33
Parts de fonds d'investissement	26	34	11	0	76	0	0	0
Parts de fonds d'investissement monétaires	..	..	..	..	..	..	..	..
Parts de fonds d'investissement non monétaires	..	..	..	..	..	..	..	..
Systèmes d'assurance, de pensions et garanties standard	0	0	0	0	0	0	0	0
Produits financiers dérivés et options sur titres des salariés	0	0	0	0	0	0	0	0
Autres comptes à recevoir	0	0	0	0	0	0	0	0
Passifs financiers	54 852	38 345	26 933	9 123	9 522	7 303	5 933	4 756
Titres de dette	0	0	0	0	0	0	0	0
Titres de dette à court terme	0	0	0	0	0	0	0	0
Titres de dette à long terme	0	0	0	0	0	0	0	0
Crédits	0	0	0	0	0	0	0	0
Crédits à court terme	0	0	0	0	0	0	0	0
Crédits à long terme	0	0	0	0	0	0	0	0
Actions et parts de fonds d'investissement	54 852	38 345	26 933	9 123	9 522	7 303	5 933	4 756
Systèmes d'assurance, de pensions et garanties standard	0	0	0	0	0	0	0	0
Produits financiers dérivés et options sur titres des salariés	0	0	0	0	0	0	0	0
Autres comptes à payer	0	0	0	0	0	0	0	0
Actifs non financiers	..	..	..	..	..	..	..	..
Fonds d'investissement non monéaires								
Valeur nette financière	-21 780	-13 845	-17 346	-18 718	-11 277	-9 867	-622	2 209
Actifs financiers	165 842	172 208	142 475	155 285	181 265	236 475	279 663	298 251
Numéraire et dépôts	11 626	11 960	13 029	15 815	18 198	17 917	22 305	21 839
Titres de dette	97 159	90 833	74 078	86 779	93 630	123 148	130 845	134 147
Crédits	0	0	0	0	0	0	0	0
Actions et parts de fonds d'investissement	56 593	69 054	55 034	52 242	68 554	94 144	125 127	140 659
Actions	54 369	57 042	44 819	43 442	51 024	68 232	93 914	106 523
Parts de fonds d'investissement	2 224	12 013	10 215	8 800	17 530	25 912	31 213	34 136
Parts de fonds d'investissement monétaires	..	..	..	..	..	..	..	..
Parts de fonds d'investissement non monétaires	..	..	..	..	..	..	..	..
Systèmes d'assurance, de pensions et garanties standard	0	0	0	0	0	0	0	0
Produits financiers dérivés et options sur titres des salariés	464	361	335	449	884	1 266	1 385	1 606
Autres comptes à recevoir	0	0	0	0	0	0	0	0
Passifs financiers	187 622	186 054	159 822	174 004	192 543	246 342	280 285	296 042
Titres de dette	0	0	0	0	0	0	0	0
Titres de dette à court terme	0	0	0	0	0	0	0	0
Titres de dette à long terme	0	0	0	0	0	0	0	0
Crédits	0	0	0	0	0	0	0	0
Crédits à court terme	0	0	0	0	0	0	0	0
Crédits à long terme	0	0	0	0	0	0	0	0
Actions et parts de fonds d'investissement	187 622	186 054	159 822	174 004	192 543	246 342	280 285	296 042
Systèmes d'assurance, de pensions et garanties standard	0	0	0	0	0	0	0	0
Produits financiers dérivés et options sur titres des salariés	0	0	0	0	0	0	0	0
Autres comptes à payer	0	0	0	0	0	0	0	0
Actifs non financiers	..	..	..	..	..	..	..	..
Fonds d'investissement non monéaires à capital variable								
Valeur nette financière	-4 640	5 384	1 534	-1 792	4 174	6 844	15 609	18 305
Actifs financiers	163 884	170 512	141 166	153 370	179 492	222 448	264 161	278 855

Tableau 2. Actifs et passifs financiers des fonds d'investissement *(suite)*

Millions EUR

	2009	2010	2011	2012	2013	2014	2015	2016
Numéraire et dépôts	11 626	11 960	13 029	15 815	18 198	14 232	18 131	16 550
Titres de dette	96 930	90 406	73 886	86 477	93 397	122 787	130 645	134 039
Crédits	0	0	0	0	0	0	0	0
Actions et parts de fonds d'investissement	54 865	67 785	53 916	50 629	67 013	84 163	114 000	126 660
Actions	54 369	57 042	44 819	43 442	51 024	61 554	86 569	97 072
Parts de fonds d'investissement	497	10 744	9 097	7 187	15 989	22 609	27 431	29 587
Parts de fonds d'investissement monétaires	..	..	..	..	..	..	..	..
Parts de fonds d'investissement non monétaires	..	..	..	..	..	..	..	..
Systèmes d'assurance, de pensions et garanties standard	0	0	0	0	0	0	0	0
Produits financiers dérivés et options sur titres des salariés	464	361	335	449	884	1 266	1 385	1 606
Autres comptes à recevoir	0	0	0	0	0	0	0	0
Passifs financiers	168 525	165 128	139 632	155 162	175 318	215 604	248 552	260 549
Titres de dette	0	0	0	0	0	0	0	0
Titres de dette à court terme	0	0	0	0	0	0	0	0
Titres de dette à long terme	0	0	0	0	0	0	0	0
Crédits	0	0	0	0	0	0	0	0
Crédits à court terme	0	0	0	0	0	0	0	0
Crédits à long terme	0	0	0	0	0	0	0	0
Actions et parts de fonds d'investissement	168 525	165 128	139 632	155 162	175 318	215 604	248 552	260 549
Systèmes d'assurance, de pensions et garanties standard	0	0	0	0	0	0	0	0
Produits financiers dérivés et options sur titres des salariés	0	0	0	0	0	0	0	0
Autres comptes à payer	0	0	0	0	0	0	0	0
Actifs non financiers	..	..	..	..	..	..	..	..
Fonds d'investissement à capital variable								
Valeur nette financière	-4 271	5 703	2 138	-1 761	4 288	6 866	15 709	18 496
Actifs financiers	219 105	209 176	168 703	162 524	189 128	229 773	270 194	283 802
Numéraire et dépôts	11 626	11 960	13 029	15 815	18 198	14 232	18 131	16 550
Titres de dette	142 323	126 283	98 371	94 247	102 172	129 881	136 471	138 511
Crédits	9 648	2 666	2 925	1 347	749	232	168	442
Actions et parts de fonds d'investissement	55 045	67 905	54 043	50 665	67 125	84 163	114 038	126 692
Actions	54 523	57 128	44 935	43 478	51 060	61 554	86 607	97 105
Parts de fonds d'investissement	523	10 778	9 108	7 187	16 065	22 609	27 431	29 587
Parts de fonds d'investissement monétaires	..	..	..	..	..	..	..	..
Parts de fonds d'investissement non monétaires	..	..	..	..	..	..	..	..
Systèmes d'assurance, de pensions et garanties standard	0	0	0	0	0	0	0	0
Produits financiers dérivés et options sur titres des salariés	464	361	335	449	884	1 266	1 385	1 606
Autres comptes à recevoir	0	0	0	0	0	0	0	0
Passifs financiers	223 377	203 473	166 565	164 285	184 840	222 907	254 485	265 306
Titres de dette	0	0	0	0	0	0	0	0
Titres de dette à court terme	0	0	0	0	0	0	0	0
Titres de dette à long terme	0	0	0	0	0	0	0	0
Crédits	0	0	0	0	0	0	0	0
Crédits à court terme	0	0	0	0	0	0	0	0
Crédits à long terme	0	0	0	0	0	0	0	0
Actions et parts de fonds d'investissement	223 377	203 473	166 565	164 285	184 840	222 907	254 485	265 306
Systèmes d'assurance, de pensions et garanties standard	0	0	0	0	0	0	0	0
Produits financiers dérivés et options sur titres des salariés	0	0	0	0	0	0	0	0
Autres comptes à payer	0	0	0	0	0	0	0	0
Actifs non financiers	..	..	..	..	..	..	..	..

Note : Voir les métadonnées détaillées sur : http://metalinks.oecd.org/instinv/20170920/e3b8

Tableau 3. Actifs et passifs financiers des sociétés d'assurance et fonds de pension

Millions EUR

	2009	2010	2011	2012	2013	2014	2015	2016
Sociétés d'assurance et fonds de pension								
Valeur nette financière	-38 700	-78 983	-82 626	-51 253	-50 707	-28 556	-1 637	-8 305
Actifs financiers	559 538	543 486	534 948	588 660	643 475	740 319	837 910	898 604
Numéraire et dépôts	18 485	17 584	21 242	27 781	25 655	22 987	29 038	24 930
Titres de dette	365 238	356 160	351 523	392 597	430 890	500 873	553 876	574 678
Crédits	13 650	13 567	11 412	10 701	9 115	9 002	8 304	9 084
Actions et parts de fonds d'investissement	158 102	152 728	146 904	153 467	173 493	203 291	241 722	284 840
Actions	85 872	72 631	66 320	65 095	75 028	77 653	81 956	101 505
Parts de fonds d'investissement	72 230	80 097	80 584	88 372	98 465	125 638	159 766	183 335
Parts de fonds d'investissement monétaires	559	403	292	127	180	160	331	175
Parts de fonds d'investissement non monétaires	71 671	79 694	80 292	88 245	98 285	125 477	159 435	183 160
Systèmes d'assurance, de pensions et garanties standard	2 148	2 153	2 146	2 122	1 973	1 533	2 555	2 383
Produits financiers dérivés et options sur titres des salariés	1 689	1 085	1 567	1 391	1 321	653	477	476
Autres comptes à recevoir	226	208	154	601	1 028	1 980	1 938	2 214
Passifs financiers	598 239	622 469	617 574	639 913	694 182	768 874	839 547	906 910
Titres de dette	7 904	6 914	6 334	9 380	9 203	14 118	15 045	16 068
Titres de dette à court terme	0	0	0	0	0	0	0	0
Titres de dette à long terme	7 904	6 914	6 334	9 380	9 203	14 118	15 045	16 068
Crédits	17 402	15 852	14 080	13 502	12 680	11 149	11 781	11 762
Crédits à court terme	444	403	622	154	5 644	629	512	1 474
Crédits à long terme	16 958	15 449	13 458	13 349	7 036	10 520	11 270	10 288
Actions et parts de fonds d'investissement	59 415	46 770	39 538	41 082	60 330	60 520	69 827	80 920
Systèmes d'assurance, de pensions et garanties standard	510 644	550 216	554 283	572 492	608 065	678 910	739 739	795 317
Produits financiers dérivés et options sur titres des salariés	1 192	1 039	1 645	1 803	1 350	1 514	645	249
Autres comptes à payer	1 681	1 678	1 695	1 653	2 554	2 663	2 509	2 594
Actifs non financiers	..	..	..	..	..	..	..	..
Sociétés d'assurance								
Valeur nette financière	-14 764	-53 221	-53 688	-43 593	-39 999	-22 390	477	-923
Actifs financiers	533 622	512 825	503 318	526 642	577 360	660 504	751 774	811 190
Numéraire et dépôts	15 369	13 037	17 710	24 126	22 254	19 099	24 750	19 304
Titres de dette	355 269	345 598	339 906	353 113	388 045	450 553	499 663	523 328
Crédits	13 650	13 567	11 412	10 701	9 115	9 002	8 304	9 084
Actions et parts de fonds d'investissement	145 271	137 176	130 423	134 588	153 624	177 684	214 086	254 402
Actions	79 586	65 353	59 279	55 217	64 907	63 077	66 235	84 822
Parts de fonds d'investissement	65 685	71 823	71 144	79 371	88 717	114 607	147 851	169 580
Parts de fonds d'investissement monétaires	512	368	265	116	164	147	306	162
Parts de fonds d'investissement non monétaires	65 173	71 455	70 879	79 255	88 553	114 460	147 545	169 418
Systèmes d'assurance, de pensions et garanties standard	2 148	2 153	2 146	2 122	1 973	1 533	2 555	2 383
Produits financiers dérivés et options sur titres des salariés	1 689	1 085	1 567	1 391	1 321	653	477	476
Autres comptes à recevoir	226	208	154	601	1 028	1 980	1 938	2 214
Passifs financiers	548 387	566 046	557 006	570 235	617 359	682 894	751 297	812 114
Titres de dette	7 904	6 914	6 334	9 380	9 203	14 118	15 045	16 068
Titres de dette à court terme	0	0	0	0	0	0	0	0
Titres de dette à long terme	7 904	6 914	6 334	9 380	9 203	14 118	15 045	16 068
Crédits	17 399	15 847	14 072	13 477	12 677	11 145	11 779	11 745
Crédits à court terme	443	399	614	129	5 642	626	510	1 458
Crédits à long terme	16 956	15 448	13 458	13 348	7 035	10 519	11 269	10 287
Actions et parts de fonds d'investissement	59 415	46 770	39 538	41 082	60 330	60 520	69 827	80 920
Systèmes d'assurance, de pensions et garanties standard	460 795	493 798	493 723	502 839	531 244	592 933	651 491	700 538
Produits financiers dérivés et options sur titres des salariés	1 192	1 039	1 645	1 803	1 350	1 514	645	249
Autres comptes à payer	1 681	1 678	1 695	1 653	2 554	2 663	2 509	2 594
Actifs non financiers	..	..	..	..	..	..	..	..
Fonds de pension								
Valeur nette financière	-23 936	-25 762	-28 938	-7 660	-10 708	-6 165	-2 114	-7 382
Actifs financiers	25 916	30 661	31 630	62 018	66 116	79 815	86 137	87 414
Numéraire et dépôts	3 116	4 547	3 532	3 655	3 401	3 888	4 287	5 626
Titres de dette	9 969	10 562	11 616	39 483	42 845	50 320	54 213	51 350
Crédits	0	0	0	0	0	0	0	0
Actions et parts de fonds d'investissement	12 831	15 552	16 481	18 879	19 869	25 607	27 636	30 438
Actions	6 286	7 278	7 041	9 878	10 121	14 576	15 721	16 683
Parts de fonds d'investissement	6 545	8 274	9 440	9 001	9 748	11 031	11 915	13 755
Parts de fonds d'investissement monétaires	47	35	27	11	16	13	25	13
Parts de fonds d'investissement non monétaires	6 498	8 239	9 413	8 990	9 732	11 017	11 890	13 742
Systèmes d'assurance, de pensions et garanties standard	0	0	0	0	0	0	0	0
Produits financiers dérivés et options sur titres des salariés	0	0	0	0	0	0	0	0
Autres comptes à recevoir	0	0	0	0	0	0	0	0
Passifs financiers	49 852	56 423	60 568	69 678	76 823	85 981	88 250	94 796
Titres de dette	0	0	0	0	0	0	0	0
Titres de dette à court terme	0	0	0	0	0	0	0	0
Titres de dette à long terme	0	0	0	0	0	0	0	0
Crédits	3	5	8	25	2	4	2	17
Crédits à court terme	1	4	8	24	2	3	2	16
Crédits à long terme	2	1	1	0	1	0	1	1
Actions et parts de fonds d'investissement	0	0	0	0	0	0	0	0
Systèmes d'assurance, de pensions et garanties standard	49 849	56 418	60 560	69 653	76 821	85 977	88 248	94 779
Produits financiers dérivés et options sur titres des salariés	0	0	0	0	0	0	0	0
Autres comptes à payer	0	0	0	0	0	0	0	0
Actifs non financiers	..	..	..	..	..	..	..	..

Note : Voir les métadonnées détaillées sur : http://metalinks.oecd.org/instinv/20170920/e3b8

Tableau 4. Composition du portefeuille par type d'investisseur

En pourcentage des actifs financiers et des passifs financiers

Pour cent

	2009	2010	2011	2012	2013	2014	2015	2016
Fonds d'investissement								
Actifs financiers	100.0	100.0	100.0	100.0	100.0	100.0	100.0	100.0
Numéraire et dépôts	..	..	..	..	..	..	..	..
Titres de dettes	64.5	60.1	58.0	57.5	53.6	53.4	47.8	45.7
Crédits	4.4	1.3	1.7	0.8	0.4	0.1	0.1	0.1
Actions et parts de fonds d'investissement	25.7	32.8	32.4	31.8	36.0	38.6	43.8	46.4
Systèmes d'assurance de pensions et garanties standard	0.0	0.0	0.0	0.0	0.0	0.0	0.0	0.0
Produits financiers dérivés et options sur titres des salariés	0.2	0.2	0.2	0.3	0.5	0.5	0.5	0.5
Autres comptes à recevoir	0.0	0.0	0.0	0.0	0.0	0.0	0.0	0.0
Passifs financiers	100.0	100.0	100.0	100.0	100.0	100.0	100.0	100.0
Numéraire et dépôts	0.0	0.0	0.0	0.0	0.0	0.0	0.0	0.0
Titres de dettes	0.0	0.0	0.0	0.0	0.0	0.0	0.0	0.0
Crédits	0.0	0.0	0.0	0.0	0.0	0.0	0.0	0.0
Actions et parts de fonds d'investissement	100.0	100.0	100.0	100.0	100.0	100.0	100.0	100.0
Systèmes d'assurance de pensions et garanties standard	0.0	0.0	0.0	0.0	0.0	0.0	0.0	0.0
Produits financiers dérivés et options sur titres des salariés	0.0	0.0	0.0	0.0	0.0	0.0	0.0	0.0
Autres comptes à recevoir	0.0	0.0	0.0	0.0	0.0	0.0	0.0	0.0
Sociétés d'assurance								
Actifs financiers	100.0	100.0	100.0	100.0	100.0	100.0	100.0	100.0
Numéraire et dépôts	2.9	2.5	3.5	4.6	3.9	2.9	3.3	2.4
Titres de dettes	66.6	67.4	67.5	67.0	67.2	68.2	66.5	64.5
Crédits	2.6	2.6	2.3	2.0	1.6	1.4	1.1	1.1
Actions et parts de fonds d'investissement	27.2	26.7	25.9	25.6	26.6	26.9	28.5	31.4
Systèmes d'assurance de pensions et garanties standard	0.4	0.4	0.4	0.4	0.3	0.2	0.3	0.3
Produits financiers dérivés et options sur titres des salariés	0.3	0.2	0.3	0.3	0.2	0.1	0.1	0.1
Autres comptes à recevoir	0.0	0.0	0.0	0.1	0.2	0.3	0.3	0.3
Passifs financiers	100.0	100.0	100.0	100.0	100.0	100.0	100.0	100.0
Numéraire et dépôts	0.0	0.0	0.0	0.0	0.0	0.0	0.0	0.0
Titres de dettes	1.4	1.2	1.1	1.6	1.5	2.1	2.0	2.0
Crédits	3.2	2.8	2.5	2.4	2.1	1.6	1.6	1.4
Actions et parts de fonds d'investissement	10.8	8.3	7.1	7.2	9.8	8.9	9.3	10.0
Systèmes d'assurance de pensions et garanties standard	84.0	87.2	88.6	88.2	86.1	86.8	86.7	86.3
Produits financiers dérivés et options sur titres des salariés	0.2	0.2	0.3	0.3	0.2	0.2	0.1	0.0
Autres comptes à recevoir	0.3	0.3	0.3	0.3	0.4	0.4	0.3	0.3
Fonds de pension								
Actifs financiers	100.0	100.0	100.0	100.0	100.0	100.0	100.0	100.0
Numéraire et dépôts	12.0	14.8	11.2	5.9	5.1	4.9	5.0	6.4
Titres de dettes	38.5	34.4	36.7	63.7	64.8	63.0	62.9	58.7
Crédits	0.0	0.0	0.0	0.0	0.0	0.0	0.0	0.0
Actions et parts de fonds d'investissement	49.5	50.7	52.1	30.4	30.1	32.1	32.1	34.8
Systèmes d'assurance de pensions et garanties standard	0.0	0.0	0.0	0.0	0.0	0.0	0.0	0.0
Produits financiers dérivés et options sur titres des salariés	0.0	0.0	0.0	0.0	0.0	0.0	0.0	0.0
Autres comptes à recevoir	0.0	0.0	0.0	0.0	0.0	0.0	0.0	0.0
Passifs financiers	100.0	100.0	100.0	100.0	100.0	100.0	100.0	100.0
Numéraire et dépôts	0.0	0.0	0.0	0.0	0.0	0.0	0.0	0.0
Titres de dettes	0.0	0.0	0.0	0.0	0.0	0.0	0.0	0.0
Crédits	0.0	0.0	0.0	0.0	0.0	0.0	0.0	0.0
Actions et parts de fonds d'investissement	0.0	0.0	0.0	0.0	0.0	0.0	0.0	0.0
Systèmes d'assurance de pensions et garanties standard	100.0	100.0	100.0	100.0	100.0	100.0	100.0	100.0
Produits financiers dérivés et options sur titres des salariés	0.0	0.0	0.0	0.0	0.0	0.0	0.0	0.0
Autres comptes à recevoir	0.0	0.0	0.0	0.0	0.0	0.0	0.0	0.0

Note : Voir les métadonnées détaillées sur : http://metalinks.oecd.org/instinv/20170920/a53e

JAPON

Tableau 1. Actifs et passifs financiers des investisseurs institutionnels, 2016

Milliards JPY

	Fonds d'investissement				
	Total	Fonds d'investissement non-monétaire			Fonds d'investissement monétaires
		Total	Fonds d'investissement à capital variable, non monétaire	Fonds d'investissement à capital fixe, non monétaire	Total
Actifs financiers	182 476	169 569	..	..	12 907
Numéraire et dépôts	8 917	2 196	..	..	6 722
Titres de dette	19 349	13 350	..	..	5 999
Titres de dette à court terme	..	..	..	..	..
Titres de dette à long terme	..	..	..	..	..
Titres de dette émis par les résidents	19 349	13 350	..	..	5 999
Titres de dette émis par les non-résidents	..	..	..	..	..
Crédits	9 507	9 329	..	..	178
Crédits à court terme	..	..	..	..	..
Crédits à long terme	..	..	..	..	..
Crédits accordés aux résidents	..	..	..	..	..
Crédits accordés aux non-résidents	..	..	..	..	..
Actions et parts de fonds d'investissement	40 291	40 291	..	..	0
Actions et parts de fonds d'investissements émises par les résidents	40 291	40 291	..	..	0
Actions et part de fonds d'investissements émises par les non-résidents	..	..	..	..	..
Autres comptes à recevoir	103 911	103 902	..	..	9

	Fonds d'investissement				
	Total	Fonds d'investissement non-monétaire			Fonds d'investissement monétaires
		Total	Fonds d'investissement à capital variable, non monétaire	Fonds d'investissement à capital fixe, non monétaire	Total
Pasifs financiers	182 476	169 570	..	..	12 907
Numéraire et dépôts	0	0	..	..	0
Titres de dette	0	0	..	..	0
Titres de dette à court terme	..	..	..	..	..
Titres de dette à long terme	..	..	..	..	..
Crédits	0	0	..	..	0
Crédits à court terme	..	..	..	..	..
Crédits à long terme	..	..	..	..	..
Actions et parts de fonds d'investissement	170 738	157 975	..	..	12 763
Systèmes d'assurance, de pensions et garanties standard	0	0	..	..	0
Produits financiers dérivés et options sur titres des salariés	873	873	..	..	0
Autres comptes à payer	10 866	10 722	..	..	144

	Sociétés d'assurance et fonds de pension autonomes				
	Total	Sociétés d'assurance			Fonds de pension autonomes
		Total	Sociétés d'assurance vie	Sociétés d'assurance non-vie	Total
Actifs financiers	641 708	482 085	435 569	46 516	159 623
Numéraire et dépôts	29 250	18 677	7 189	11 488	10 573
Titres de dette	309 909	269 274	257 123	12 151	40 635
Titres de dette à court terme	..	..	..	..	..
Titres de dette à long terme	..	..	..	..	..
Titres de dette émis par les résidents	309 909	269 274	257 123	12 151	40 635
Titres de dette émis par les non-résidents	..	..	..	..	..
Crédits	47 661	42 705	40 214	2 492	4 956
Crédits à court terme	..	..	..	..	..
Crédits à long terme	..	..	..	..	..
Crédits accordés aux résidents	..	..	..	..	..
Crédits accordés aux non-résidents	..	..	..	..	..
Actions et parts de fonds d'investissement	67 401	43 232	35 831	7 402	24 168
Actions et parts de fonds d'investissement émises par les résidents	67 401	43 232	35 831	7 402	24 168
Actions et parts de fonds d'investissement émises par les non-résidents	..	..	..	..	..
Autrescomptes à recevoir	149 296	104 244	92 890	11 354	45 052

	Sociétés d'assurance et fonds de pension autonomes				
	Total	Sociétés d'assurance			Fonds de pension autonomes
		Total	Sociétés d'assurance vie	Sociétés d'assurance non-vie	Total
Pasifs financiers	576 990	419 308	383 003	36 305	157 682
Numéraire et dépôts	0	0	0	0	0
Titres de dette	3 770	3 339	2 546	793	431
Titres de dette à court terme	..	..	..	..	..
Titres de dette à long terme	..	..	..	..	..
Crédits	15 552	15 459	13 973	1 487	93
Crédits à court terme	..	..	..	..	..
Crédits à long terme	..	..	..	..	..
Actions et parts de fonds d'investissement	20 079	20 063	7 806	12 257	16
Systèmes d'assurance, de pensions et garanties standard	524 979	370 355	351 974	18 381	154 624
Produits financiers dérivés et options sur titres des salariés	1 973	917	816	101	1 056
Autres comptes à payer	10 637	9 174	5 888	3 286	1 463

Note : Voir les métadonnées détaillées sur : http://metalinks.oecd.org/instinv/20170920/e3b8

Tableau 2. Actifs et passifs financiers des fonds d'investissement

Milliards JPY

	2009	2010	2011	2012	2013	2014	2015	2016
Fonds d'investissement								
Valeur nette financière	0	-65	0	0	0	0	0	0
Actifs financiers	93 953	98 618	90 631	102 456	131 673	151 055	173 164	182 476
Numéraire et dépôts	577	588	481	630	620	841	828	8 917
Titres de dette	13 656	14 443	13 752	14 242	18 219	21 226	21 870	19 349
Crédits	4 199	4 155	4 587	5 467	7 625	8 608	13 389	9 507
Actions et parts de fonds d'investissement	17 798	17 560	14 975	17 796	27 284	28 929	38 358	40 291
Actions	14 695	14 712	12 695	15 103	24 124	24 849	33 409	35 271
Parts de fonds d'investissement	3 103	2 849	2 281	2 693	3 160	4 080	4 949	5 020
Parts de fonds d'investissement monétaires	..	..	..	..	..	..	..	..
Parts de fonds d'investissement non monétaires	..	..	..	..	..	..	..	..
Systèmes d'assurance, de pensions et garanties standard	0	0	0	0	0	0	0	0
Produits financiers dérivés et options sur titres des salariés	191	170	139	260	350	422	478	502
Autres comptes à recevoir	57 533	61 702	56 697	64 061	77 575	91 029	98 241	103 911
Passifs financiers	93 953	98 683	90 631	102 457	131 674	151 055	173 164	182 476
Titres de dette	0	0	0	0	0	0	0	0
Titres de dette à court terme	..	..	..	..	..	..	..	..
Titres de dette à long terme	..	..	..	..	..	..	..	..
Crédits	0	0	0	0	0	0	0	0
Crédits à court terme	..	..	..	..	..	..	..	..
Crédits à long terme	..	..	..	..	..	..	..	..
Actions et parts de fonds d'investissement	91 099	94 407	85 930	95 944	122 003	140 435	159 772	170 738
Systèmes d'assurance, de pensions et garanties standard	0	0	0	0	0	0	0	0
Produits financiers dérivés et options sur titres des salariés	797	760	627	631	631	689	711	873
Autres comptes à payer	2 057	3 516	4 074	5 882	9 040	9 931	12 682	10 866
Actifs non financiers	..	..	..	..	..	..	..	..
Fonds d'investissement monéaires								
Valeur nette financière	0	0	0	0	0	0	0	0
Actifs financiers	8 543	8 639	8 075	8 610	14 237	13 888	13 541	12 907
Numéraire et dépôts	25	14	32	15	13	0	0	6 722
Titres de dette	6 562	6 933	6 002	6 628	9 498	9 946	8 243	5 999
Crédits	1 424	1 262	1 423	1 454	2 587	2 522	3 997	178
Actions et parts de fonds d'investissement	0	0	0	0	0	0	0	0
Actions	0	0	0	0	0	0	0	0
Parts de fonds d'investissement	0	0	0	0	0	0	0	0
Parts de fonds d'investissement monétaires	..	..	..	..	..	..	..	..
Parts de fonds d'investissement non monétaires	..	..	..	..	..	..	..	..
Systèmes d'assurance, de pensions et garanties standard	0	0	0	0	0	0	0	0
Produits financiers dérivés et options sur titres des salariés	0	0	0	0	0	0	0	0
Autres comptes à recevoir	533	430	618	514	2 138	1 420	1 301	9
Passifs financiers	8 543	8 639	8 075	8 610	14 237	13 888	13 541	12 907
Titres de dette	0	0	0	0	0	0	0	0
Titres de dette à court terme	..	..	..	..	..	..	..	..
Titres de dette à long terme	..	..	..	..	..	..	..	..
Crédits	0	0	0	0	0	0	0	0
Crédits à court terme	..	..	..	..	..	..	..	..
Crédits à long terme	..	..	..	..	..	..	..	..
Actions et parts de fonds d'investissement	8 207	8 241	7 624	8 254	13 105	13 100	12 838	12 763
Systèmes d'assurance, de pensions et garanties standard	0	0	0	0	0	0	0	0
Produits financiers dérivés et options sur titres des salariés	0	0	0	0	0	0	0	0
Autres comptes à payer	336	398	451	357	1 132	788	703	144
Actifs non financiers	..	..	..	..	..	..	..	..
Fonds d'investissement non monéaires								
Valeur nette financière	0	-65	0	0	0	0	0	0
Actifs financiers	85 411	89 979	82 556	93 846	117 437	137 167	159 623	169 569
Numéraire et dépôts	552	574	450	615	608	841	828	2 196
Titres de dette	7 094	7 510	7 750	7 614	8 721	11 280	13 626	13 350
Crédits	2 775	2 892	3 164	4 014	5 038	6 086	9 393	9 329
Actions et parts de fonds d'investissement	17 798	17 560	14 975	17 796	27 284	28 929	38 358	40 291
Actions	14 695	14 712	12 695	15 103	24 124	24 849	33 409	35 271
Parts de fonds d'investissement	3 103	2 849	2 281	2 693	3 160	4 080	4 949	5 020
Parts de fonds d'investissement monétaires	..	..	..	..	..	..	..	..
Parts de fonds d'investissement non monétaires	..	..	..	..	..	..	..	..
Systèmes d'assurance, de pensions et garanties standard	0	0	0	0	0	0	0	0
Produits financiers dérivés et options sur titres des salariés	191	170	139	260	350	422	478	502
Autres comptes à recevoir	57 001	61 273	56 078	63 548	75 437	89 609	96 940	103 902
Passifs financiers	85 411	90 044	82 556	93 846	117 437	137 167	159 623	169 570
Titres de dette	0	0	0	0	0	0	0	0
Titres de dette à court terme	..	..	..	..	..	..	..	..
Titres de dette à long terme	..	..	..	..	..	..	..	..
Crédits	0	0	0	0	0	0	0	0
Crédits à court terme	..	..	..	..	..	..	..	..
Crédits à long terme	..	..	..	..	..	..	..	..
Actions et parts de fonds d'investissement	82 892	86 166	78 307	87 690	108 898	127 335	146 934	157 975
Systèmes d'assurance, de pensions et garanties standard	0	0	0	0	0	0	0	0
Produits financiers dérivés et options sur titres des salariés	797	760	627	631	631	689	711	873
Autres comptes à payer	1 721	3 118	3 623	5 525	7 909	9 143	11 979	10 722
Actifs non financiers	..	..	..	..	..	..	..	..
Fonds d'investissement non monéaires à capital variable								
Valeur nette financière	..	..	..	..	..	..	..	..
Actifs financiers	..	..	..	..	..	..	..	..

Tableau 2. Actifs et passifs financiers des fonds d'investissement *(suite)*

Milliards JPY

	2009	2010	2011	2012	2013	2014	2015	2016
Numéraire et dépôts	..	..	..	..	..	..	..	..
Titres de dette	..	..	..	..	..	..	..	..
Crédits	..	..	..	..	..	..	..	..
Actions et parts de fonds d'investissement	..	..	..	..	..	..	..	..
Actions	..	..	..	..	..	..	..	..
Parts de fonds d'investissement	..	..	..	..	..	..	..	..
Parts de fonds d'investissement monétaires	..	..	..	..	..	..	..	..
Parts de fonds d'investissement non monétaires	..	..	..	..	..	..	..	..
Systèmes d'assurance, de pensions et garanties standard	..	..	..	..	..	..	..	..
Produits financiers dérivés et options sur titres des salariés	..	..	..	..	..	..	..	..
Autres comptes à recevoir	..	..	..	..	..	..	..	..
Passifs financiers	..	..	..	..	..	..	..	..
Titres de dette	..	..	..	..	..	..	..	..
Titres de dette à court terme	..	..	..	..	..	..	..	..
Titres de dette à long terme	..	..	..	..	..	..	..	..
Crédits	..	..	..	..	..	..	..	..
Crédits à court terme	..	..	..	..	..	..	..	..
Crédits à long terme	..	..	..	..	..	..	..	..
Actions et parts de fonds d'investissement	..	..	..	..	..	..	..	..
Systèmes d'assurance, de pensions et garanties standard	..	..	..	..	..	..	..	..
Produits financiers dérivés et options sur titres des salariés	..	..	..	..	..	..	..	..
Autres comptes à payer	..	..	..	..	..	..	..	..
Actifs non financiers	..	..	..	..	..	..	..	..
Fonds d'investissement à capital variable								
Valeur nette financière	..	..	..	..	..	..	..	..
Actifs financiers	..	..	..	..	..	..	..	..
Numéraire et dépôts	..	..	..	..	..	..	..	..
Titres de dette	..	..	..	..	..	..	..	..
Crédits	..	..	..	..	..	..	..	..
Actions et parts de fonds d'investissement	..	..	..	..	..	..	..	..
Actions	..	..	..	..	..	..	..	..
Parts de fonds d'investissement	..	..	..	..	..	..	..	..
Parts de fonds d'investissement monétaires	..	..	..	..	..	..	..	..
Parts de fonds d'investissement non monétaires	..	..	..	..	..	..	..	..
Systèmes d'assurance, de pensions et garanties standard	..	..	..	..	..	..	..	..
Produits financiers dérivés et options sur titres des salariés	..	..	..	..	..	..	..	..
Autres comptes à recevoir	..	..	..	..	..	..	..	..
Passifs financiers	..	..	..	..	..	..	..	..
Titres de dette	..	..	..	..	..	..	..	..
Titres de dette à court terme	..	..	..	..	..	..	..	..
Titres de dette à long terme	..	..	..	..	..	..	..	..
Crédits	..	..	..	..	..	..	..	..
Crédits à court terme	..	..	..	..	..	..	..	..
Crédits à long terme	..	..	..	..	..	..	..	..
Actions et parts de fonds d'investissement	..	..	..	..	..	..	..	..
Systèmes d'assurance, de pensions et garanties standard	..	..	..	..	..	..	..	..
Produits financiers dérivés et options sur titres des salariés	..	..	..	..	..	..	..	..
Autres comptes à payer	..	..	..	..	..	..	..	..
Actifs non financiers	..	..	..	..	..	..	..	..

Note : Voir les métadonnées détaillées sur : http://metalinks.oecd.org/instinv/20170920/e3b8

Tableau 3. Actifs et passifs financiers des sociétés d'assurance et fonds de pension

Milliards JPY

	2009	2010	2011	2012	2013	2014	2015	2016
Sociétés d'assurance et fonds de pension								
Valeur nette financière	19 620	23 525	24 225	27 352	42 730	58 234	58 677	64 718
Actifs financiers	517 194	526 620	528 208	553 378	589 151	618 579	626 170	641 708
Numéraire et dépôts	16 049	16 384	18 428	18 250	22 499	24 283	25 683	29 250
Titres de dette	249 184	261 436	271 416	283 286	295 883	306 350	302 577	309 909
Crédits	60 562	56 915	55 105	52 927	52 066	53 054	53 607	47 661
Actions et parts de fonds d'investissement	59 467	58 353	49 027	53 401	68 017	68 300	69 972	67 401
Actions	37 561	35 880	28 346	30 533	41 314	41 636	43 733	40 302
Parts de fonds d'investissement	21 906	22 473	20 681	22 867	26 703	26 664	26 240	27 098
Parts de fonds d'investissement monétaires	..	..	..	..	..	..	..	..
Parts de fonds d'investissement non monétaires	..	..	..	..	..	..	..	..
Systèmes d'assurance, de pensions et garanties standard	43 649	42 260	47 312	43 853	28 152	28 200	31 097	34 663
Produits financiers dérivés et options sur titres des salariés	1 235	1 228	1 766	2 065	1 110	1 596	1 946	3 529
Autres comptes à recevoir	87 048	90 045	85 155	99 599	121 425	136 795	141 288	149 296
Passifs financiers	497 575	503 095	503 982	526 026	546 421	560 345	567 493	576 990
Titres de dette	395	350	1 184	1 650	1 993	2 163	2 413	3 770
Titres de dette à court terme	..	..	..	..	..	..	..	..
Titres de dette à long terme	..	..	..	..	..	..	..	..
Crédits	7 463	8 561	7 189	12 677	14 835	14 932	13 583	15 552
Crédits à court terme	..	..	..	..	..	..	..	..
Crédits à long terme	..	..	..	..	..	..	..	..
Actions et parts de fonds d'investissement	11 585	13 571	11 646	13 382	17 352	18 274	20 853	20 079
Systèmes d'assurance, de pensions et garanties standard	470 578	471 593	474 982	488 738	500 048	512 283	518 841	524 979
Produits financiers dérivés et options sur titres des salariés	640	853	849	1 399	1 741	3 358	2 270	1 973
Autres comptes à payer	6 912	8 168	8 132	8 181	10 452	9 334	9 534	10 637
Actifs non financiers	..	..	..	..	..	..	..	..
Sociétés d'assurance								
Valeur nette financière	20 544	24 710	25 221	28 026	41 790	56 904	57 074	62 777
Actifs financiers	373 826	384 752	385 953	407 139	439 171	460 177	465 551	482 085
Numéraire et dépôts	9 344	10 288	11 457	10 954	13 877	14 955	15 314	18 677
Titres de dette	212 678	224 103	234 176	245 357	253 667	262 835	260 388	269 274
Crédits	57 976	54 409	51 600	49 428	47 902	48 180	48 264	42 705
Actions et parts de fonds d'investissement	39 034	37 620	31 729	34 156	42 428	42 971	43 878	43 232
Actions	23 726	22 427	17 934	18 865	25 939	27 759	29 700	28 209
Parts de fonds d'investissement	15 308	15 193	13 795	15 291	16 489	15 211	14 178	15 023
Parts de fonds d'investissement monétaires	..	..	..	..	..	..	..	..
Parts de fonds d'investissement non monétaires	..	..	..	..	..	..	..	..
Systèmes d'assurance, de pensions et garanties standard	0	1 440	1 811	1 727	1 623	1 371	1 480	1 350
Produits financiers dérivés et options sur titres des salariés	1 013	947	1 268	1 462	544	540	1 029	2 603
Autres comptes à recevoir	53 781	55 947	53 915	64 055	79 130	89 325	95 198	104 244
Passifs financiers	353 282	360 042	360 732	379 114	397 381	403 273	408 477	419 308
Titres de dette	395	350	514	980	1 386	1 614	1 928	3 339
Titres de dette à court terme	..	..	..	..	..	..	..	..
Titres de dette à long terme	..	..	..	..	..	..	..	..
Crédits	7 463	8 561	7 087	12 575	14 747	14 843	13 493	15 459
Crédits à court terme	..	..	..	..	..	..	..	..
Crédits à long terme	..	..	..	..	..	..	..	..
Actions et parts de fonds d'investissement	11 570	13 555	11 630	13 366	17 337	18 258	20 838	20 063
Systèmes d'assurance, de pensions et garanties standard	328 351	330 453	334 505	344 559	353 754	358 049	362 973	370 355
Produits financiers dérivés et options sur titres des salariés	328	483	277	721	1 080	2 131	1 198	917
Autres comptes à payer	5 174	6 640	6 718	6 914	9 077	8 378	8 047	9 174
Actifs non financiers	..	..	..	..	..	..	..	..
Fonds de pension								
Valeur nette financière	-924	-1 186	-996	-673	939	1 330	1 603	1 941
Actifs financiers	143 369	141 868	142 255	146 239	149 980	158 402	160 619	159 623
Numéraire et dépôts	6 705	6 096	6 971	7 295	8 622	9 328	10 369	10 573
Titres de dette	36 506	37 333	37 240	37 929	42 216	43 515	42 189	40 635
Crédits	2 586	2 506	3 505	3 499	4 164	4 874	5 343	4 956
Actions et parts de fonds d'investissement	20 433	20 733	17 298	19 245	25 589	25 329	26 094	24 168
Actions	13 834	13 454	10 412	11 668	15 375	13 876	14 033	12 093
Parts de fonds d'investissement	6 599	7 279	6 886	7 577	10 214	11 453	12 062	12 075
Parts de fonds d'investissement monétaires	..	..	..	..	..	..	..	..
Parts de fonds d'investissement non monétaires	..	..	..	..	..	..	..	..
Systèmes d'assurance, de pensions et garanties standard	43 649	40 820	45 502	42 125	26 529	26 829	29 617	33 313
Produits financiers dérivés et options sur titres des salariés	222	281	499	602	566	1 056	917	926
Autres comptes à recevoir	33 267	34 098	31 240	35 544	42 295	47 471	46 090	45 052
Passifs financiers	144 293	143 053	143 251	146 912	149 040	157 072	159 017	157 682
Titres de dette	0	0	670	671	607	549	485	431
Titres de dette à court terme	..	..	..	..	..	..	..	..
Titres de dette à long terme	..	..	..	..	..	..	..	..
Crédits	0	0	102	102	88	90	90	93
Crédits à court terme	..	..	..	..	..	..	..	..
Crédits à long terme	..	..	..	..	..	..	..	..
Actions et parts de fonds d'investissement	16	16	16	16	16	16	16	16
Systèmes d'assurance, de pensions et garanties standard	142 227	141 139	140 477	144 179	146 294	154 234	155 868	154 624
Produits financiers dérivés et options sur titres des salariés	312	370	573	678	661	1 227	1 072	1 056
Autres comptes à payer	1 738	1 528	1 414	1 267	1 376	957	1 487	1 463
Actifs non financiers	..	..	..	..	..	..	..	..

Note : Voir les métadonnées détaillées sur : http://metalinks.oecd.org/instinv/20170920/e3b8

Tableau 4. Composition du portefeuille par type d'investisseur

En pourcentage des actifs financiers et des passifs financiers

Pour cent

	2009	2010	2011	2012	2013	2014	2015	2016
Fonds d'investissement								
Actifs financiers	100.0	100.0	100.0	100.0	100.0	100.0	100.0	100.0
Numéraire et dépôts	0.6	0.6	0.5	0.6	0.5	0.6	0.5	4.9
Titres de dettes	14.5	14.6	15.2	13.9	13.8	14.1	12.6	10.6
Crédits	4.5	4.2	5.1	5.3	5.8	5.7	7.7	5.2
Actions et parts de fonds d'investissement	18.9	17.8	16.5	17.4	20.7	19.2	22.2	22.1
Systèmes d'assurance de pensions et garanties standard	0.0	0.0	0.0	0.0	0.0	0.0	0.0	0.0
Produits financiers dérivés et options sur titres des salariés	0.2	0.2	0.2	0.3	0.3	0.3	0.3	0.3
Autres comptes à recevoir	61.2	62.6	62.6	62.5	58.9	60.3	56.7	56.9
Passifs financiers	100.0	100.0	100.0	100.0	100.0	100.0	100.0	100.0
Numéraire et dépôts	0.0	0.0	0.0	0.0	0.0	0.0	0.0	0.0
Titres de dettes	0.0	0.0	0.0	0.0	0.0	0.0	0.0	0.0
Crédits	0.0	0.0	0.0	0.0	0.0	0.0	0.0	0.0
Actions et parts de fonds d'investissement	97.0	95.7	94.8	93.6	92.7	93.0	92.3	93.6
Systèmes d'assurance de pensions et garanties standard	0.0	0.0	0.0	0.0	0.0	0.0	0.0	0.0
Produits financiers dérivés et options sur titres des salariés	0.8	0.8	0.7	0.6	0.5	0.5	0.4	0.5
Autres comptes à recevoir	2.2	3.6	4.5	5.7	6.9	6.6	7.3	6.0
Sociétés d'assurance								
Actifs financiers	100.0	100.0	100.0	100.0	100.0	100.0	100.0	100.0
Numéraire et dépôts	2.5	2.7	3.0	2.7	3.2	3.2	3.3	3.9
Titres de dettes	56.9	58.2	60.7	60.3	57.8	57.1	55.9	55.9
Crédits	15.5	14.1	13.4	12.1	10.9	10.5	10.4	8.9
Actions et parts de fonds d'investissement	10.4	9.8	8.2	8.4	9.7	9.3	9.4	9.0
Systèmes d'assurance de pensions et garanties standard	0.0	0.4	0.5	0.4	0.4	0.3	0.3	0.3
Produits financiers dérivés et options sur titres des salariés	0.3	0.2	0.3	0.4	0.1	0.1	0.2	0.5
Autres comptes à recevoir	14.4	14.5	14.0	15.7	18.0	19.4	20.4	21.6
Passifs financiers	100.0	100.0	100.0	100.0	100.0	100.0	100.0	100.0
Numéraire et dépôts	0.0	0.0	0.0	0.0	0.0	0.0	0.0	0.0
Titres de dettes	0.1	0.1	0.1	0.3	0.3	0.4	0.5	0.8
Crédits	2.1	2.4	2.0	3.3	3.7	3.7	3.3	3.7
Actions et parts de fonds d'investissement	3.3	3.8	3.2	3.5	4.4	4.5	5.1	4.8
Systèmes d'assurance de pensions et garanties standard	92.9	91.8	92.7	90.9	89.0	88.8	88.9	88.3
Produits financiers dérivés et options sur titres des salariés	0.1	0.1	0.1	0.2	0.3	0.5	0.3	0.2
Autres comptes à recevoir	1.5	1.8	1.9	1.8	2.3	2.1	2.0	2.2
Fonds de pension								
Actifs financiers	100.0	100.0	100.0	100.0	100.0	100.0	100.0	100.0
Numéraire et dépôts	4.7	4.3	4.9	5.0	5.7	5.9	6.5	6.6
Titres de dettes	25.5	26.3	26.2	25.9	28.1	27.5	26.3	25.5
Crédits	1.8	1.8	2.5	2.4	2.8	3.1	3.3	3.1
Actions et parts de fonds d'investissement	14.3	14.6	12.2	13.2	17.1	16.0	16.2	15.1
Systèmes d'assurance de pensions et garanties standard	30.4	28.8	32.0	28.8	17.7	16.9	18.4	20.9
Produits financiers dérivés et options sur titres des salariés	0.2	0.2	0.4	0.4	0.4	0.7	0.6	0.6
Autres comptes à recevoir	23.2	24.0	22.0	24.3	28.2	30.0	28.7	28.2
Passifs financiers	100.0	100.0	100.0	100.0	100.0	100.0	100.0	100.0
Numéraire et dépôts	0.0	0.0	0.0	0.0	0.0	0.0	0.0	0.0
Titres de dettes	0.0	0.0	0.5	0.5	0.4	0.3	0.3	0.3
Crédits	0.0	0.0	0.1	0.1	0.1	0.1	0.1	0.1
Actions et parts de fonds d'investissement	0.0	0.0	0.0	0.0	0.0	0.0	0.0	0.0
Systèmes d'assurance de pensions et garanties standard	98.6	98.7	98.1	98.1	98.2	98.2	98.0	98.1
Produits financiers dérivés et options sur titres des salariés	0.2	0.3	0.4	0.5	0.4	0.8	0.7	0.7
Autres comptes à recevoir	1.2	1.1	1.0	0.9	0.9	0.6	0.9	0.9

Note : Voir les métadonnées détaillées sur : http://metalinks.oecd.org/instinv/20170920/a53e

CORÉE

Tableau 1. Actifs et passifs financiers des investisseurs institutionnels, 2016

Milliards KRW

	Fonds d'investissement				
	Total	Fonds d'investissement non-monétaire			Fonds d'investissement monétaires
		Total	Fonds d'investissement à capital variable, non monétaire	Fonds d'investissement à capital fixe, non monétaire	Total
Actifs financiers	486 351	381 575	..	..	104 777
Numéraire et dépôts	40 877	17 064	..	..	23 812
Titres de dette	225 724	147 509	..	..	78 215
Titres de dette à court terme	73 495	13 299	..	..	60 196
Titres de dette à long terme	152 228	134 210	..	..	18 019
Titres de dette émis par les résidents	210 531	132 316	..	..	78 215
Titres de dette émis par les non-résidents	15 193	15 193	..	..	0
Crédits	18 571	17 626	..	..	945
Crédits à court terme	4 106	3 161	..	..	945
Crédits à long terme	14 465	14 465	..	..	0
Crédits accordés aux résidents	..	..	..	..	..
Crédits accordés aux non-résidents	..	..	..	..	..
Actions et parts de fonds d'investissement	124 031	122 581	..	..	1 449
Actions et parts de fonds d'investissements émises par les résidents	80 311	78 861	..	..	1 449
Actions et part de fonds d'investissements émises par les non-résidents	43 720	43 720	..	..	0
Autres comptes à recevoir	64 836	64 480	..	..	355

	Fonds d'investissement				
	Total	Fonds d'investissement non-monétaire			Fonds d'investissement monétaires
		Total	Fonds d'investissement à capital variable, non monétaire	Fonds d'investissement à capital fixe, non monétaire	Total
Pasifs financiers	487 906	382 618	..	..	105 288
Numéraire et dépôts	18 088	17 857	..	..	231
Titres de dette	242	242	..	..	0
Titres de dette à court terme	0	0	..	..	0
Titres de dette à long terme	242	242	..	..	0
Crédits	493	493	..	..	0
Crédits à court terme	31	31	..	..	0
Crédits à long terme	462	462	..	..	0
Actions et parts de fonds d'investissement	460 356	355 361	..	..	104 996
Systèmes d'assurance, de pensions et garanties standard	0	0	..	..	0
Produits financiers dérivés et options sur titres des salariés	260	260	..	..	0
Autres comptes à payer	8 467	8 405	..	..	62

	Sociétés d'assurance et fonds de pension autonomes				
	Total	Sociétés d'assurance			Fonds de pension autonomes
		Total	Sociétés d'assurance vie	Sociétés d'assurance non-vie	Total
Actifs financiers	1 272 454	1 111 165	806 848	304 317	161 289
Numéraire et dépôts	114 762	46 134	23 786	22 348	68 627
Titres de dette	638 091	604 733	494 408	110 325	33 359
Titres de dette à court terme	10 654	9 350	5 583	3 767	1 305
Titres de dette à long terme	627 437	595 383	488 825	106 558	32 054
Titres de dette émis par les résidents	558 334	525 214	431 041	94 173	33 120
Titres de dette émis par les non-résidents	79 758	79 519	63 367	16 152	239
Crédits	205 069	192 533	123 720	68 813	12 537
Crédits à court terme	20 785	15 542	12 144	3 398	5 243
Crédits à long terme	184 285	176 991	111 576	65 414	7 294
Crédits accordés aux résidents	..	..	..	..	..
Crédits accordés aux non-résidents	..	..	..	..	..
Actions et parts de fonds d'investissement	201 084	187 362	125 497	61 864	13 722
Actions et parts de fonds d'investissement émises par les résidents	186 315	172 914	113 729	59 185	13 401
Actions et parts de fonds d'investissement émises par les non-résidents	14 769	14 448	11 768	2 680	322
Autrescomptes à recevoir	94 544	72 510	38 529	33 981	22 033

	Sociétés d'assurance et fonds de pension autonomes				
	Total	Sociétés d'assurance			Fonds de pension autonomes
		Total	Sociétés d'assurance vie	Sociétés d'assurance non-vie	Total
Pasifs financiers	1 254 118	1 092 155	790 938	301 218	161 963
Numéraire et dépôts	0	0	0	0	0
Titres de dette	3 301	3 301	983	2 319	0
Titres de dette à court terme	700	700	0	700	0
Titres de dette à long terme	2 601	2 601	983	1 619	0
Crédits	206	206	103	103	0
Crédits à court terme	0	0	0	0	0
Crédits à long terme	206	206	103	103	0
Actions et parts de fonds d'investissement	69 159	69 159	36 652	32 507	0
Systèmes d'assurance, de pensions et garanties standard	1 118 216	961 026	712 276	248 750	157 189
Produits financiers dérivés et options sur titres des salariés	6 787	6 546	5 301	1 246	241
Autres comptes à payer	56 450	51 918	35 623	16 294	4 533

Note : Voir les métadonnées détaillées sur : http://metalinks.oecd.org/instinv/20170920/e3b8

Tableau 2. Actifs et passifs financiers des fonds d'investissement

Milliards KRW

	2009	2010	2011	2012	2013	2014	2015	2016
Fonds d'investissement								
Valeur nette financière	-5 444	-2 721	-2 144	-1 723	-1 715	-2 711	-2 007	-1 555
Actifs financiers	325 846	329 561	286 261	316 742	336 290	381 924	426 176	486 351
Numéraire et dépôts	36 214	33 132	27 305	24 937	22 391	30 627	38 934	40 877
Titres de dette	107 388	120 925	98 774	113 715	130 179	156 593	182 011	225 724
Crédits	18 067	20 733	18 412	23 138	21 280	15 997	17 059	18 571
Actions et parts de fonds d'investissement	132 223	125 010	109 094	114 341	118 247	116 741	119 276	124 031
Actions	131 097	121 928	107 167	112 499	115 279	114 730	117 865	121 538
Parts de fonds d'investissement	1 126	3 083	1 927	1 842	2 968	2 012	1 411	2 493
Parts de fonds d'investissement monétaires	98	73	120	204	291	440	350	1 484
Parts de fonds d'investissement non monétaires	1 029	3 010	1 807	1 638	2 677	1 572	1 061	1 009
Systèmes d'assurance, de pensions et garanties standard	0	0	0	0	0	0	0	0
Produits financiers dérivés et options sur titres des salariés	11 114	10 871	10 663	10 774	11 302	11 428	11 426	12 314
Autres comptes à recevoir	20 840	18 891	22 014	29 838	32 892	50 537	57 470	64 836
Passifs financiers	331 290	332 283	288 406	318 465	338 005	384 635	428 184	487 906
Titres de dette	0	0	239	282	343	258	257	242
Titres de dette à court terme	0	0	0	0	0	0	0	0
Titres de dette à long terme	0	0	239	282	343	258	257	242
Crédits	1 810	2 218	2 319	729	549	470	346	493
Crédits à court terme	27	203	171	214	276	291	216	31
Crédits à long terme	1 784	2 016	2 148	515	274	179	130	462
Actions et parts de fonds d'investissement	319 004	318 652	278 824	308 632	329 843	372 366	412 763	460 356
Systèmes d'assurance, de pensions et garanties standard	0	0	0	0	0	0	0	0
Produits financiers dérivés et options sur titres des salariés	160	1	0	0	0	0	0	260
Autres comptes à payer	7 031	8 429	4 917	8 163	5 401	7 385	8 876	8 467
Actifs non financiers	..	..	..	..	..	..	..	..
Fonds d'investissement monéaires								
Valeur nette financière	-3 590	-1 146	-560	-240	-707	-1 091	-334	-512
Actifs financiers	69 485	67 123	54 077	64 183	66 742	82 422	94 080	104 777
Numéraire et dépôts	23 782	22 768	16 709	17 059	14 159	20 087	24 654	23 812
Titres de dette	42 631	40 944	34 371	42 570	48 285	59 874	66 617	78 215
Crédits	2 436	2 670	1 636	3 732	2 118	966	2 256	945
Actions et parts de fonds d'investissement	50	156	169	252	1 430	568	343	1 449
Actions	0	0	0	0	0	0	0	0
Parts de fonds d'investissement	50	156	169	252	1 430	568	343	1 449
Parts de fonds d'investissement monétaires	50	54	94	185	267	418	343	1 449
Parts de fonds d'investissement non monétaires	0	102	75	67	1 163	150	0	0
Systèmes d'assurance, de pensions et garanties standard	0	0	0	0	0	0	0	0
Produits financiers dérivés et options sur titres des salariés	0	0	0	0	0	0	0	0
Autres comptes à recevoir	586	585	1 192	570	750	929	209	355
Passifs financiers	73 075	68 269	54 637	64 424	67 448	83 514	94 414	105 288
Titres de dette	0	0	0	0	0	0	0	0
Titres de dette à court terme	0	0	0	0	0	0	0	0
Titres de dette à long terme	0	0	0	0	0	0	0	0
Crédits	0	0	0	0	0	0	0	0
Crédits à court terme	0	0	0	0	0	0	0	0
Crédits à long terme	0	0	0	0	0	0	0	0
Actions et parts de fonds d'investissement	72 425	67 669	54 386	63 985	67 089	83 234	94 073	104 996
Systèmes d'assurance, de pensions et garanties standard	0	0	0	0	0	0	0	0
Produits financiers dérivés et options sur titres des salariés	0	0	0	0	0	0	0	0
Autres comptes à payer	606	600	251	439	359	280	283	62
Actifs non financiers	..	..	..	..	..	..	..	..
Fonds d'investissement non monéaires								
Valeur nette financière	-1 854	-1 575	-1 584	-1 482	-1 008	-1 620	-1 673	-1 043
Actifs financiers	256 360	262 439	232 185	252 559	269 548	299 501	332 096	381 575
Numéraire et dépôts	12 432	10 364	10 596	7 877	8 231	10 541	14 280	17 064
Titres de dette	64 758	79 981	64 403	71 145	81 895	96 720	115 394	147 509
Crédits	15 631	18 063	16 776	19 406	19 162	15 031	14 803	17 626
Actions et parts de fonds d'investissement	132 172	124 855	108 925	114 089	116 816	116 174	118 933	122 581
Actions	131 097	121 928	107 167	112 499	115 279	114 730	117 865	121 538
Parts de fonds d'investissement	1 076	2 927	1 759	1 591	1 537	1 444	1 068	1 043
Parts de fonds d'investissement monétaires	47	19	27	19	24	22	7	35
Parts de fonds d'investissement non monétaires	1 029	2 908	1 732	1 572	1 514	1 422	1 061	1 009
Systèmes d'assurance, de pensions et garanties standard	0	0	0	0	0	0	0	0
Produits financiers dérivés et options sur titres des salariés	11 114	10 871	10 663	10 774	11 302	11 428	11 426	12 314
Autres comptes à recevoir	20 254	18 306	20 822	29 268	32 143	49 608	57 261	64 480
Passifs financiers	258 215	264 014	233 769	254 041	270 556	301 121	333 769	382 618
Titres de dette	0	0	239	282	343	258	257	242
Titres de dette à court terme	0	0	0	0	0	0	0	0
Titres de dette à long terme	0	0	239	282	343	258	257	242
Crédits	1 810	2 218	2 319	729	549	470	346	493
Crédits à court terme	27	203	171	214	276	291	216	31
Crédits à long terme	1 784	2 016	2 148	515	274	179	130	462
Actions et parts de fonds d'investissement	246 579	250 984	224 437	244 647	262 754	289 132	318 691	355 361
Systèmes d'assurance, de pensions et garanties standard	0	0	0	0	0	0	0	0
Produits financiers dérivés et options sur titres des salariés	160	1	0	0	0	0	0	260
Autres comptes à payer	6 426	7 829	4 666	7 724	5 042	7 105	8 594	8 405
Actifs non financiers	..	..	..	..	..	..	..	..
Fonds d'investissement non monéaires à capital variable								
Valeur nette financière	..	..	..	..	..	..	..	..
Actifs financiers	..	..	..	..	..	..	..	..

Tableau 2. Actifs et passifs financiers des fonds d'investissement *(suite)*

Milliards KRW

	2009	2010	2011	2012	2013	2014	2015	2016
Numéraire et dépôts	..	..	..	..	..	..	..	..
Titres de dette	..	..	..	..	..	..	..	..
Crédits	..	..	..	..	..	..	..	..
Actions et parts de fonds d'investissement	..	..	..	..	..	..	..	..
Actions	..	..	..	..	..	..	..	..
Parts de fonds d'investissement	..	..	..	..	..	..	..	..
Parts de fonds d'investissement monétaires	..	..	..	..	..	..	..	..
Parts de fonds d'investissement non monétaires	..	..	..	..	..	..	..	..
Systèmes d'assurance, de pensions et garanties standard	..	..	..	..	..	..	..	..
Produits financiers dérivés et options sur titres des salariés	..	..	..	..	..	..	..	..
Autres comptes à recevoir	..	..	..	..	..	..	..	..
Passifs financiers	..	..	..	..	..	..	..	..
Titres de dette	..	..	..	..	..	..	..	..
Titres de dette à court terme	..	..	..	..	..	..	..	..
Titres de dette à long terme	..	..	..	..	..	..	..	..
Crédits	..	..	..	..	..	..	..	..
Crédits à court terme	..	..	..	..	..	..	..	..
Crédits à long terme	..	..	..	..	..	..	..	..
Actions et parts de fonds d'investissement	..	..	..	..	..	..	..	..
Systèmes d'assurance, de pensions et garanties standard	..	..	..	..	..	..	..	..
Produits financiers dérivés et options sur titres des salariés	..	..	..	..	..	..	..	..
Autres comptes à payer	..	..	..	..	..	..	..	..
Actifs non financiers	..	..	..	..	..	..	..	..
Fonds d'investissement à capital variable								
Valeur nette financière	..	..	..	..	..	..	..	..
Actifs financiers	..	..	..	..	..	..	..	..
Numéraire et dépôts	..	..	..	..	..	..	..	..
Titres de dette	..	..	..	..	..	..	..	..
Crédits	..	..	..	..	..	..	..	..
Actions et parts de fonds d'investissement	..	..	..	..	..	..	..	..
Actions	..	..	..	..	..	..	..	..
Parts de fonds d'investissement	..	..	..	..	..	..	..	..
Parts de fonds d'investissement monétaires	..	..	..	..	..	..	..	..
Parts de fonds d'investissement non monétaires	..	..	..	..	..	..	..	..
Systèmes d'assurance, de pensions et garanties standard	..	..	..	..	..	..	..	..
Produits financiers dérivés et options sur titres des salariés	..	..	..	..	..	..	..	..
Autres comptes à recevoir	..	..	..	..	..	..	..	..
Passifs financiers	..	..	..	..	..	..	..	..
Titres de dette	..	..	..	..	..	..	..	..
Titres de dette à court terme	..	..	..	..	..	..	..	..
Titres de dette à long terme	..	..	..	..	..	..	..	..
Crédits	..	..	..	..	..	..	..	..
Crédits à court terme	..	..	..	..	..	..	..	..
Crédits à long terme	..	..	..	..	..	..	..	..
Actions et parts de fonds d'investissement	..	..	..	..	..	..	..	..
Systèmes d'assurance, de pensions et garanties standard	..	..	..	..	..	..	..	..
Produits financiers dérivés et options sur titres des salariés	..	..	..	..	..	..	..	..
Autres comptes à payer	..	..	..	..	..	..	..	..
Actifs non financiers	..	..	..	..	..	..	..	..

Note : Voir les métadonnées détaillées sur : http://metalinks.oecd.org/instinv/20170920/e3b8

Tableau 3. Actifs et passifs financiers des sociétés d'assurance et fonds de pension

Milliards KRW

	2009	2010	2011	2012	2013	2014	2015	2016
Sociétés d'assurance et fonds de pension								
Valeur nette financière	1 911	-15 454	-9 119	2 281	-7 160	6 039	200	18 336
Actifs financiers	549 333	628 681	711 787	834 819	920 938	1 047 690	1 151 196	1 272 454
Numéraire et dépôts	42 806	54 717	67 999	88 807	87 363	106 019	109 622	114 762
Titres de dette	251 965	297 930	344 326	397 271	450 172	513 051	578 196	638 091
Crédits	103 448	109 298	119 358	129 919	144 703	161 657	181 328	205 069
Actions et parts de fonds d'investissement	93 663	108 203	110 390	140 967	156 595	172 577	180 170	201 084
Actions	49 065	56 746	56 999	67 072	73 378	79 874	80 409	94 579
Parts de fonds d'investissement	44 598	51 457	53 391	73 895	83 217	92 703	99 762	106 505
Parts de fonds d'investissement monétaires	6 404	4 893	4 404	8 359	10 217	15 870	15 327	12 337
Parts de fonds d'investissement non monétaires	38 194	46 563	48 988	65 535	73 001	76 833	84 434	94 169
Systèmes d'assurance, de pensions et garanties standard	116	177	5 234	5 739	7 015	11 261	14 449	18 337
Produits financiers dérivés et options sur titres des salariés	840	1 159	609	1 844	2 326	808	666	567
Autres comptes à recevoir	56 496	57 198	63 872	70 272	72 764	82 317	86 765	94 544
Passifs financiers	547 422	644 135	720 906	832 538	928 097	1 041 650	1 150 996	1 254 118
Titres de dette	1 078	1 083	1 236	1 660	2 124	2 107	2 730	3 301
Titres de dette à court terme	669	548	686	611	296	386	370	700
Titres de dette à long terme	409	535	550	1 049	1 828	1 721	2 360	2 601
Crédits	2 089	1 657	1 448	1 345	805	857	792	206
Crédits à court terme	280	76	247	343	63	9	16	0
Crédits à long terme	1 809	1 581	1 202	1 003	742	849	776	206
Actions et parts de fonds d'investissement	31 471	58 791	56 521	62 221	65 835	69 200	71 722	69 159
Systèmes d'assurance, de pensions et garanties standard	481 235	548 088	624 517	725 519	820 437	920 289	1 020 415	1 118 216
Produits financiers dérivés et options sur titres des salariés	3 688	2 107	2 586	1 348	1 215	2 405	4 042	6 787
Autres comptes à payer	27 844	32 402	34 599	40 140	37 662	46 792	51 234	56 450
Actifs non financiers	..	..	..	..	..	..	..	..
Sociétés d'assurance								
Valeur nette financière	1 753	-15 562	-9 511	2 618	-6 590	6 459	-21	19 010
Actifs financiers	511 068	584 595	654 944	764 577	834 616	932 883	1 014 221	1 111 165
Numéraire et dépôts	29 529	35 099	36 934	47 676	40 385	49 670	47 315	46 134
Titres de dette	237 521	285 206	332 210	383 966	432 224	490 346	550 551	604 733
Crédits	102 103	108 082	118 248	128 313	142 015	156 647	171 971	192 533
Actions et parts de fonds d'investissement	89 349	104 253	106 331	136 005	150 112	164 439	167 336	187 362
Actions	48 776	56 463	56 721	66 909	73 301	79 755	80 219	94 110
Parts de fonds d'investissement	40 573	47 790	49 610	69 096	76 811	84 684	87 117	93 252
Parts de fonds d'investissement monétaires	5 319	3 041	4 145	7 919	9 569	15 186	13 487	11 469
Parts de fonds d'investissement non monétaires	35 254	44 749	45 465	61 177	67 242	69 498	73 630	81 783
Systèmes d'assurance, de pensions et garanties standard	116	177	5 025	5 429	5 831	6 527	6 878	7 342
Produits financiers dérivés et options sur titres des salariés	790	1 144	602	1 811	2 288	787	654	551
Autres comptes à recevoir	51 660	50 634	55 595	61 378	61 762	64 467	69 517	72 510
Passifs financiers	509 315	600 157	664 455	761 959	841 206	926 424	1 014 242	1 092 155
Titres de dette	1 078	1 083	1 236	1 660	2 124	2 107	2 730	3 301
Titres de dette à court terme	669	548	686	611	296	386	370	700
Titres de dette à long terme	409	535	550	1 049	1 828	1 721	2 360	2 601
Crédits	2 089	1 657	1 445	1 342	805	857	792	206
Crédits à court terme	280	76	247	343	63	9	16	0
Crédits à long terme	1 809	1 581	1 198	999	742	849	776	206
Actions et parts de fonds d'investissement	31 471	58 791	56 521	62 221	65 835	69 200	71 722	69 159
Systèmes d'assurance, de pensions et garanties standard	445 419	506 361	570 438	656 952	735 656	809 993	887 130	961 026
Produits financiers dérivés et options sur titres des salariés	3 688	2 104	2 582	1 348	1 210	2 351	3 902	6 546
Autres comptes à payer	25 553	30 154	32 235	38 131	35 556	41 917	47 907	51 918
Actifs non financiers	..	..	..	..	..	..	..	..
Fonds de pension								
Valeur nette financière	157	108	392	-337	-570	-419	221	-674
Actifs financiers	38 265	44 086	56 843	70 242	86 322	114 807	136 974	161 289
Numéraire et dépôts	13 277	19 618	31 064	41 131	46 978	56 349	62 307	68 627
Titres de dette	14 444	12 725	12 116	13 305	17 949	22 706	27 645	33 359
Crédits	1 345	1 216	1 110	1 606	2 688	5 011	9 357	12 537
Actions et parts de fonds d'investissement	4 314	3 950	4 060	4 962	6 483	8 138	12 835	13 722
Actions	289	283	279	163	77	119	190	469
Parts de fonds d'investissement	4 025	3 667	3 781	4 799	6 407	8 019	12 645	13 253
Parts de fonds d'investissement monétaires	1 085	1 853	259	440	648	684	1 840	868
Parts de fonds d'investissement non monétaires	2 940	1 814	3 522	4 359	5 759	7 335	10 804	12 386
Systèmes d'assurance, de pensions et garanties standard	0	0	209	310	1 184	4 734	7 571	10 995
Produits financiers dérivés et options sur titres des salariés	50	15	8	33	38	21	11	16
Autres comptes à recevoir	4 836	6 563	8 277	8 894	11 002	17 849	17 249	22 033
Passifs financiers	38 107	43 978	56 451	70 579	86 892	115 226	136 753	161 963
Titres de dette	0	0	0	0	0	0	0	0
Titres de dette à court terme	0	0	0	0	0	0	0	0
Titres de dette à long terme	0	0	0	0	0	0	0	0
Crédits	0	0	4	4	0	0	0	0
Crédits à court terme	0	0	0	0	0	0	0	0
Crédits à long terme	0	0	4	4	0	0	0	0
Actions et parts de fonds d'investissement	0	0	0	0	0	0	0	0
Systèmes d'assurance, de pensions et garanties standard	35 816	41 726	54 080	68 567	84 781	110 296	133 286	157 189
Produits financiers dérivés et options sur titres des salariés	0	3	4	0	5	55	140	241
Autres comptes à payer	2 291	2 249	2 364	2 009	2 106	4 875	3 327	4 533
Actifs non financiers	..	..	..	..	..	..	..	..

Note : Voir les métadonnées détaillées sur : http://metalinks.oecd.org/instinv/20170920/e3b8

Tableau 4. Composition du portefeuille par type d'investisseur

En pourcentage des actifs financiers et des passifs financiers

Pour cent

	2009	2010	2011	2012	2013	2014	2015	2016
Fonds d'investissement								
Actifs financiers	100.0	100.0	100.0	100.0	100.0	100.0	100.0	100.0
Numéraire et dépôts	11.1	10.1	9.5	7.9	6.7	8.0	9.1	8.4
Titres de dettes	33.0	36.7	34.5	35.9	38.7	41.0	42.7	46.4
Crédits	5.5	6.3	6.4	7.3	6.3	4.2	4.0	3.8
Actions et parts de fonds d'investissement	40.6	37.9	38.1	36.1	35.2	30.6	28.0	25.5
Systèmes d'assurance de pensions et garanties standard	0.0	0.0	0.0	0.0	0.0	0.0	0.0	0.0
Produits financiers dérivés et options sur titres des salariés	3.4	3.3	3.7	3.4	3.4	3.0	2.7	2.5
Autres comptes à recevoir	6.4	5.7	7.7	9.4	9.8	13.2	13.5	13.3
Passifs financiers	100.0	100.0	100.0	100.0	100.0	100.0	100.0	100.0
Numéraire et dépôts	1.0	0.9	0.7	0.2	0.6	1.1	1.4	3.7
Titres de dettes	0.0	0.0	0.1	0.1	0.1	0.1	0.1	0.0
Crédits	0.5	0.7	0.8	0.2	0.2	0.1	0.1	0.1
Actions et parts de fonds d'investissement	96.3	95.9	96.7	96.9	97.6	96.8	96.4	94.4
Systèmes d'assurance de pensions et garanties standard	0.0	0.0	0.0	0.0	0.0	0.0	0.0	0.0
Produits financiers dérivés et options sur titres des salariés	0.0	0.0	0.0	0.0	0.0	0.0	0.0	0.1
Autres comptes à recevoir	2.1	2.5	1.7	2.6	1.6	1.9	2.1	1.7
Sociétés d'assurance								
Actifs financiers	100.0	100.0	100.0	100.0	100.0	100.0	100.0	100.0
Numéraire et dépôts	5.8	6.0	5.6	6.2	4.8	5.3	4.7	4.2
Titres de dettes	46.5	48.8	50.7	50.2	51.8	52.6	54.3	54.4
Crédits	20.0	18.5	18.1	16.8	17.0	16.8	17.0	17.3
Actions et parts de fonds d'investissement	17.5	17.8	16.2	17.8	18.0	17.6	16.5	16.9
Systèmes d'assurance de pensions et garanties standard	0.0	0.0	0.8	0.7	0.7	0.7	0.7	0.7
Produits financiers dérivés et options sur titres des salariés	0.2	0.2	0.1	0.2	0.3	0.1	0.1	0.0
Autres comptes à recevoir	10.1	8.7	8.5	8.0	7.4	6.9	6.9	6.5
Passifs financiers	100.0	100.0	100.0	100.0	100.0	100.0	100.0	100.0
Numéraire et dépôts	0.0	0.0	0.0	0.0	0.0	0.0	0.0	0.0
Titres de dettes	0.2	0.2	0.2	0.2	0.3	0.2	0.3	0.3
Crédits	0.4	0.3	0.2	0.2	0.1	0.1	0.1	0.0
Actions et parts de fonds d'investissement	6.2	9.8	8.5	8.2	7.8	7.5	7.1	6.3
Systèmes d'assurance de pensions et garanties standard	87.5	84.4	85.9	86.2	87.5	87.4	87.5	88.0
Produits financiers dérivés et options sur titres des salariés	0.7	0.4	0.4	0.2	0.1	0.3	0.4	0.6
Autres comptes à recevoir	5.0	5.0	4.9	5.0	4.2	4.5	4.7	4.8
Fonds de pension								
Actifs financiers	100.0	100.0	100.0	100.0	100.0	100.0	100.0	100.0
Numéraire et dépôts	34.7	44.5	54.6	58.6	54.4	49.1	45.5	42.5
Titres de dettes	37.7	28.9	21.3	18.9	20.8	19.8	20.2	20.7
Crédits	3.5	2.8	2.0	2.3	3.1	4.4	6.8	7.8
Actions et parts de fonds d'investissement	11.3	9.0	7.1	7.1	7.5	7.1	9.4	8.5
Systèmes d'assurance de pensions et garanties standard	0.0	0.0	0.4	0.4	1.4	4.1	5.5	6.8
Produits financiers dérivés et options sur titres des salariés	0.1	0.0	0.0	0.0	0.0	0.0	0.0	0.0
Autres comptes à recevoir	12.6	14.9	14.6	12.7	12.7	15.5	12.6	13.7
Passifs financiers	100.0	100.0	100.0	100.0	100.0	100.0	100.0	100.0
Numéraire et dépôts	0.0	0.0	0.0	0.0	0.0	0.0	0.0	0.0
Titres de dettes	0.0	0.0	0.0	0.0	0.0	0.0	0.0	0.0
Crédits	0.0	0.0	0.0	0.0	0.0	0.0	0.0	0.0
Actions et parts de fonds d'investissement	0.0	0.0	0.0	0.0	0.0	0.0	0.0	0.0
Systèmes d'assurance de pensions et garanties standard	94.0	94.9	95.8	97.1	97.6	95.7	97.5	97.1
Produits financiers dérivés et options sur titres des salariés	0.0	0.0	0.0	0.0	0.0	0.0	0.1	0.1
Autres comptes à recevoir	6.0	5.1	4.2	2.8	2.4	4.2	2.4	2.8

Note : Voir les métadonnées détaillées sur : http://metalinks.oecd.org/instinv/20170920/a53e

LETTONIE

Tableau 1. Actifs et passifs financiers des investisseurs institutionnels, 2016

Millions EUR (2014)

	Total	Fonds d'investissement			
		Fonds d'investissement non-monétaire			Fonds d'investissement monétaires
		Total	Fonds d'investissement à capital variable, non monétaire	Fonds d'investissement à capital fixe, non monétaire	Total
Actifs financiers	..	..	..	..	..
Numéraire et dépôts	..	..	..	..	..
Titres de dette	..	..	..	..	..
Titres de dette à court terme	..	..	..	..	..
Titres de dette à long terme	..	..	..	..	..
Titres de dette émis par les résidents	..	..	..	..	..
Titres de dette émis par les non-résidents	..	..	..	..	..
Crédits	..	..	..	..	..
Crédits à court terme	..	..	..	..	..
Crédits à long terme	..	..	..	..	..
Crédits accordés aux résidents	..	..	..	..	..
Crédits accordés aux non-résidents	..	..	..	..	..
Actions et parts de fonds d'investissement	..	..	..	..	..
Actions et parts de fonds d'investissements émises par les résidents	..	..	..	..	..
Actions et part de fonds d'investissements émises par les non-résidents	..	..	..	..	..
Autres comptes à recevoir	..	..	..	..	..

	Total	Fonds d'investissement			
		Fonds d'investissement non-monétaire			Fonds d'investissement monétaires
		Total	Fonds d'investissement à capital variable, non monétaire	Fonds d'investissement à capital fixe, non monétaire	Total
Pasifs financiers	..	..	..	..	..
Numéraire et dépôts	..	..	..	..	..
Titres de dette	..	..	..	..	..
Titres de dette à court terme	..	..	..	..	..
Titres de dette à long terme	..	..	..	..	..
Crédits	..	..	..	..	..
Crédits à court terme	..	..	..	..	..
Crédits à long terme	..	..	..	..	..
Actions et parts de fonds d'investissement	..	..	..	..	..
Systèmes d'assurance, de pensions et garanties standard	..	..	..	..	..
Produits financiers dérivés et options sur titres des salariés	..	..	..	..	..
Autres comptes à payer	..	..	..	..	..

	Total	Sociétés d'assurance et fonds de pension autonomes			
		Sociétés d'assurance			Fonds de pension autonomes
		Total	Sociétés d'assurance vie	Sociétés d'assurance non-vie	Total
Actifs financiers	..	..	..	..	3 160
Numéraire et dépôts	..	..	..	..	404
Titres de dette	..	..	..	..	1 499
Titres de dette à court terme	..	..	..	..	0
Titres de dette à long terme	..	..	..	..	1 499
Titres de dette émis par les résidents	..	..	..	..	627
Titres de dette émis par les non-résidents	..	..	..	..	872
Crédits	..	..	..	..	0
Crédits à court terme	..	..	..	..	0
Crédits à long terme	..	..	..	..	0
Crédits accordés aux résidents	..	..	..	..	0
Crédits accordés aux non-résidents	..	..	..	..	0
Actions et parts de fonds d'investissement	..	..	..	..	1 254
Actions et parts de fonds d'investissement émises par les résidents	..	..	..	..	41
Actions et parts de fonds d'investissement émises par les non-résidents	..	..	..	..	1 213
Autrescomptes à recevoir	..	..	..	..	1

	Total	Sociétés d'assurance et fonds de pension autonomes			
		Sociétés d'assurance			Fonds de pension autonomes
		Total	Sociétés d'assurance vie	Sociétés d'assurance non-vie	Total
Pasifs financiers	..	..	..	..	3 160
Numéraire et dépôts	..	..	..	..	0
Titres de dette	..	..	..	..	0
Titres de dette à court terme	..	..	..	..	0
Titres de dette à long terme	..	..	..	..	0
Crédits	..	..	..	..	0
Crédits à court terme	..	..	..	..	0
Crédits à long terme	..	..	..	..	0
Actions et parts de fonds d'investissement	..	..	..	..	3
Systèmes d'assurance, de pensions et garanties standard	..	..	..	..	3 133
Produits financiers dérivés et options sur titres des salariés	..	..	..	..	0
Autres comptes à payer	..	..	..	..	24

Note : Voir les métadonnées détaillées sur : http://metalinks.oecd.org/instinv/20170920/9108

Tableau 3. Actifs et passifs financiers des sociétés d'assurance et fonds de pension

Millions EUR

	2009	2010	2011	2012	2013	2014	2015	2016
Sociétés d'assurance et fonds de pension								
Valeur nette financière	..	..	..	..	..	..	..	..
Actifs financiers	..	..	..	..	..	..	..	..
Numéraire et dépôts	..	..	..	..	..	..	..	..
Titres de dette	..	..	..	..	..	..	..	..
Crédits	..	..	..	..	..	..	..	..
Actions et parts de fonds d'investissement	..	..	..	..	..	..	..	..
Actions	..	..	..	..	..	..	..	..
Parts de fonds d'investissement	..	..	..	..	..	..	..	..
Parts de fonds d'investissement monétaires	..	..	..	..	..	..	..	..
Parts de fonds d'investissement non monétaires	..	..	..	..	..	..	..	..
Systèmes d'assurance, de pensions et garanties standard	..	..	..	..	..	..	..	..
Produits financiers dérivés et options sur titres des salariés	..	..	..	..	..	..	..	..
Autres comptes à recevoir	..	..	..	..	..	..	..	..
Passifs financiers	..	..	..	..	..	..	..	..
Titres de dette	..	..	..	..	..	..	..	..
Titres de dette à court terme	..	..	..	..	..	..	..	..
Titres de dette à long terme	..	..	..	..	..	..	..	..
Crédits	..	..	..	..	..	..	..	..
Crédits à court terme	..	..	..	..	..	..	..	..
Crédits à long terme	..	..	..	..	..	..	..	..
Actions et parts de fonds d'investissement	..	..	..	..	..	..	..	..
Systèmes d'assurance, de pensions et garanties standard	..	..	..	..	..	..	..	..
Produits financiers dérivés et options sur titres des salariés	..	..	..	..	..	..	..	..
Autres comptes à payer	..	..	..	..	..	..	..	..
Actifs non financiers	..	..	..	..	..	..	..	..
Sociétés d'assurance								
Valeur nette financière	..	..	..	..	..	..	..	..
Actifs financiers	..	..	..	..	..	..	..	..
Numéraire et dépôts	..	..	..	..	..	..	..	..
Titres de dette	..	..	..	..	..	..	..	..
Crédits	..	..	..	..	..	..	..	..
Actions et parts de fonds d'investissement	..	..	..	..	..	..	..	..
Actions	..	..	..	..	..	..	..	..
Parts de fonds d'investissement	..	..	..	..	..	..	..	..
Parts de fonds d'investissement monétaires	..	..	..	..	..	..	..	..
Parts de fonds d'investissement non monétaires	..	..	..	..	..	..	..	..
Systèmes d'assurance, de pensions et garanties standard	..	..	..	..	..	..	..	..
Produits financiers dérivés et options sur titres des salariés	..	..	..	..	..	..	..	..
Autres comptes à recevoir	..	..	..	..	..	..	..	..
Passifs financiers	..	..	..	..	..	..	..	..
Titres de dette	..	..	..	..	..	..	..	..
Titres de dette à court terme	..	..	..	..	..	..	..	..
Titres de dette à long terme	..	..	..	..	..	..	..	..
Crédits	..	..	..	..	..	..	..	..
Crédits à court terme	..	..	..	..	..	..	..	..
Crédits à long terme	..	..	..	..	..	..	..	..
Actions et parts de fonds d'investissement	..	..	..	..	..	..	..	..
Systèmes d'assurance, de pensions et garanties standard	..	..	..	..	..	..	..	..
Produits financiers dérivés et options sur titres des salariés	..	..	..	..	..	..	..	..
Autres comptes à payer	..	..	..	..	..	..	..	..
Actifs non financiers	..	..	..	..	..	..	..	..
Fonds de pension								
Valeur nette financière	0	0	0	0	0	0	-4	0
Actifs financiers	1 147	1 343	1 425	1 669	1 907	2 320	2 667	3 160
Numéraire et dépôts	445	519	354	332	296	312	519	404
Titres de dette	444	410	580	686	839	1 090	1 229	1 499
Crédits	0	0	0	0	0	0	0	0
Actions et parts de fonds d'investissement	257	413	488	649	735	916	919	1 254
Actions	7	15	10	12	18	25	44	77
Parts de fonds d'investissement	249	397	478	637	718	891	875	1 177
Parts de fonds d'investissement monétaires	37	73	82	2	2	6	0	0
Parts de fonds d'investissement non monétaires	213	325	396	635	715	885	875	1 177
Systèmes d'assurance, de pensions et garanties standard	0	0	0	0	0	0	0	0
Produits financiers dérivés et options sur titres des salariés	0	0	0	0	0	0	0	2
Autres comptes à recevoir	1	1	3	2	37	1	1	1
Passifs financiers	1 147	1 343	1 426	1 670	1 907	2 320	2 672	3 160
Titres de dette	0	0	0	0	0	0	0	0
Titres de dette à court terme	0	0	0	0	0	0	0	0
Titres de dette à long terme	0	0	0	0	0	0	0	0
Crédits	0	0	0	0	0	0	0	0
Crédits à court terme	0	0	0	0	0	0	0	0
Crédits à long terme	0	0	0	0	0	0	0	0
Actions et parts de fonds d'investissement	2	2	2	3	2	3	3	3
Systèmes d'assurance, de pensions et garanties standard	1 137	1 338	1 417	1 664	1 899	2 289	2 656	3 133
Produits financiers dérivés et options sur titres des salariés	0	0	1	0	0	1	0	0
Autres comptes à payer	9	3	5	4	6	27	13	24
Actifs non financiers	..	..	..	..	..	..	..	..

Note : Voir les métadonnées détaillées sur : http://metalinks.oecd.org/instinv/20170920/9108

Tableau 4. Composition du portefeuille par type d'investisseur

En pourcentage des actifs financiers et des passifs financiers

Pour cent

	2009	2010	2011	2012	2013	2014	2015	2016
Fonds d'investissement								
Actifs financiers	100.0	100.0	100.0	100.0	100.0	100.0	..	..
Numéraire et dépôts	53.3	45.9	32.8	25.1	25.6	19.5	..	..
Titres de dettes	31.1	28.0	22.3	33.3	40.7	51.5	..	..
Crédits	0.0	0.0	6.4	7.6	3.0	5.9	..	..
Actions et parts de fonds d'investissement	8.2	19.5	37.6	33.4	20.2	21.3	..	..
Systèmes d'assurance de pensions et garanties standard	0.0	0.0	0.0	0.0	0.0	0.0	..	..
Produits financiers dérivés et options sur titres des salariés	0.0	0.0	0.0	0.1	0.1	0.0	..	..
Autres comptes à recevoir	7.4	6.5	0.9	0.6	10.3	1.7	..	..
Passifs financiers	100.0	100.0	100.0	100.0	100.0	100.0	..	..
Numéraire et dépôts	0.0	0.0	0.0	0.0	0.0	0.0	..	..
Titres de dettes	0.0	0.0	0.0	0.0	0.0	0.0	..	..
Crédits	0.1	0.1	0.0	1.5	0.0	0.0	..	..
Actions et parts de fonds d'investissement	99.3	99.3	99.1	98.1	90.9	96.0	..	..
Systèmes d'assurance de pensions et garanties standard	0.0	0.0	0.0	0.0	0.0	0.0	..	..
Produits financiers dérivés et options sur titres des salariés	0.2	0.1	0.2	0.0	0.0	0.3	..	..
Autres comptes à recevoir	0.4	0.6	0.7	0.4	9.1	3.6	..	..
Sociétés d'assurance								
Actifs financiers	..	..	..	..	..	..	..	..
Numéraire et dépôts	..	..	..	..	..	..	..	..
Titres de dettes	..	..	..	..	..	..	..	..
Crédits	..	..	..	..	..	..	..	..
Actions et parts de fonds d'investissement	..	..	..	..	..	..	..	..
Systèmes d'assurance de pensions et garanties standard	..	..	..	..	..	..	..	..
Produits financiers dérivés et options sur titres des salariés	..	..	..	..	..	..	..	..
Autres comptes à recevoir	..	..	..	..	..	..	..	..
Passifs financiers	..	..	..	..	..	..	..	..
Numéraire et dépôts	..	..	..	..	..	..	..	..
Titres de dettes	..	..	..	..	..	..	..	..
Crédits	..	..	..	..	..	..	..	..
Actions et parts de fonds d'investissement	..	..	..	..	..	..	..	..
Systèmes d'assurance de pensions et garanties standard	..	..	..	..	..	..	..	..
Produits financiers dérivés et options sur titres des salariés	..	..	..	..	..	..	..	..
Autres comptes à recevoir	..	..	..	..	..	..	..	..
Fonds de pension								
Actifs financiers	100.0	100.0	100.0	100.0	100.0	100.0	100.0	100.0
Numéraire et dépôts	38.8	38.6	24.9	19.9	15.5	13.5	19.4	12.8
Titres de dettes	38.7	30.5	40.7	41.1	44.0	47.0	46.1	47.4
Crédits	0.0	0.0	0.0	0.0	0.0	0.0	0.0	0.0
Actions et parts de fonds d'investissement	22.4	30.8	34.3	38.9	38.6	39.5	34.5	39.7
Systèmes d'assurance de pensions et garanties standard	0.0	0.0	0.0	0.0	0.0	0.0	0.0	0.0
Produits financiers dérivés et options sur titres des salariés	0.0	0.0	0.0	0.0	0.0	0.0	0.0	0.1
Autres comptes à recevoir	0.1	0.1	0.2	0.1	1.9	0.1	0.0	0.0
Passifs financiers	100.0	100.0	100.0	100.0	100.0	100.0	100.0	100.0
Numéraire et dépôts	0.0	0.0	0.0	0.0	0.0	0.0	0.0	0.0
Titres de dettes	0.0	0.0	0.0	0.0	0.0	0.0	0.0	0.0
Crédits	0.0	0.0	0.0	0.0	0.0	0.0	0.0	0.0
Actions et parts de fonds d'investissement	0.2	0.2	0.2	0.1	0.1	0.1	0.1	0.1
Systèmes d'assurance de pensions et garanties standard	99.1	99.6	99.4	99.6	99.6	98.7	99.4	99.1
Produits financiers dérivés et options sur titres des salariés	0.0	0.0	0.1	0.0	0.0	0.0	0.0	0.0
Autres comptes à recevoir	0.7	0.2	0.4	0.2	0.3	1.2	0.5	0.8

Note : Voir les métadonnées détaillées sur : http://metalinks.oecd.org/instinv/20170920/a53e

Tableau 1. Actifs et passifs financiers des investisseurs institutionnels, 2016

Millions EUR (1999 LUF euro)

	Total	Fonds d'investissement			
		Fonds d'investissement non-monétaire			Fonds d'investissement monétaires
		Total	Fonds d'investissement à capital variable, non monétaire	Fonds d'investissement à capital fixe, non monétaire	Total
Actifs financiers	4 102 310	3 809 847	3 739 237	70 610	292 462
Numéraire et dépôts	299 257	239 089	228 919	10 169	60 169
Titres de dette	1 734 753	1 511 785	1 502 963	8 822	222 968
Titres de dette à court terme	292 080	121 306	121 280	26	170 775
Titres de dette à long terme	1 442 673	1 390 479	1 381 683	8 796	52 193
Titres de dette émis par les résidents	62 646	58 212	50 906	7 306	4 434
Titres de dette émis par les non-résidents	1 672 107	1 453 573	1 452 057	1 516	218 534
Crédits	0	0	0	0	0
Crédits à court terme	0	0	0	0	0
Crédits à long terme	0	0	0	0	0
Crédits accordés aux résidents	0	0	0	0	0
Crédits accordés aux non-résidents	0	0	0	0	0
Actions et parts de fonds d'investissement	1 767 448	1 760 974	1 713 988	46 986	6 474
Actions et parts de fonds d'investissements émises par les résidents	305 812	300 326	282 423	17 904	5 485
Actions et part de fonds d'investissements émises par les non-résidents	1 461 636	1 460 648	1 431 566	29 082	989
Autres comptes à recevoir	114 251	111 866	107 937	3 929	2 385

	Total	Fonds d'investissement			
		Fonds d'investissement non-monétaire			Fonds d'investissement monétaires
		Total	Fonds d'investissement à capital variable, non monétaire	Fonds d'investissement à capital fixe, non monétaire	Total
Pasifs financiers	4 111 713	3 819 251	3 748 164	71 087	292 462
Numéraire et dépôts	0	0	0	0	0
Titres de dette	3 259	3 259	3 178	82	0
Titres de dette à court terme	0	0	0	0	0
Titres de dette à long terme	3 259	3 259	3 178	82	0
Crédits	58 563	57 882	54 893	2 990	681
Crédits à court terme	47 367	46 686	44 936	1 750	681
Crédits à long terme	11 197	11 197	9 957	1 240	0
Actions et parts de fonds d'investissement	3 758 008	3 470 190	3 405 557	64 634	287 818
Systèmes d'assurance, de pensions et garanties standard	0	0	0	0	0
Produits financiers dérivés et options sur titres des salariés	166 749	166 433	166 315	118	316
Autres comptes à payer	125 134	121 486	118 222	3 265	3 648

	Total	Sociétés d'assurance et fonds de pension autonomes			
		Sociétés d'assurance			Fonds de pension autonomes
		Total	Sociétés d'assurance vie	Sociétés d'assurance non-vie	Total
Actifs financiers	187 214	185 328	158 961	26 367	1 886
Numéraire et dépôts	16 297	16 241	11 741	4 500	56
Titres de dette	41 832	41 092	32 717	8 375	740
Titres de dette à court terme	750	750	481	269	0
Titres de dette à long terme	41 082	40 342	32 236	8 106	740
Titres de dette émis par les résidents	3 538	3 483	3 039	444	55
Titres de dette émis par les non-résidents	38 294	37 609	29 678	7 931	685
Crédits	10 250	10 249	7 700	2 549	1
Crédits à court terme	2 155	2 154	2	2 152	1
Crédits à long terme	8 095	8 095	7 698	397	0
Crédits accordés aux résidents	1 224	1 223	64	1 159	1
Crédits accordés aux non-résidents	9 027	9 027	7 636	1 391	0
Actions et parts de fonds d'investissement	91 949	90 902	84 621	6 281	1 047
Actions et parts de fonds d'investissement émises par les résidents	41 283	40 378	35 996	4 383	904
Actions et parts de fonds d'investissement émises par les non-résidents	50 666	50 524	48 626	1 898	143
Autrescomptes à recevoir	7 947	7 905	5 040	2 865	42

	Total	Sociétés d'assurance et fonds de pension autonomes			
		Sociétés d'assurance			Fonds de pension autonomes
		Total	Sociétés d'assurance vie	Sociétés d'assurance non-vie	Total
Pasifs financiers	187 455	185 569	159 048	26 520	1 886
Numéraire et dépôts	0	0	0	0	0
Titres de dette	377	377	377	0	0
Titres de dette à court terme	0	0	0	0	0
Titres de dette à long terme	377	377	377	0	0
Crédits	8 303	8 303	7 928	375	0
Crédits à court terme	8 303	8 303	7 928	375	0
Crédits à long terme	0	0	0	0	0
Actions et parts de fonds d'investissement	4 651	4 651	1 895	2 755	0
Systèmes d'assurance, de pensions et garanties standard	159 642	157 784	144 348	13 436	1 857
Produits financiers dérivés et options sur titres des salariés	109	109	108	0	0
Autres comptes à payer	14 375	14 346	4 392	9 953	29

Note : Voir les métadonnées détaillées sur : http://metalinks.oecd.org/instinv/20170920/b120

Tableau 2. Actifs et passifs financiers des fonds d'investissement

Millions EUR

	2009	2010	2011	2012	2013	2014	2015	2016
Fonds d'investissement								
Valeur nette financière	-6 853	-11 742	-7 799	-7 776	-8 065	-10 508	-9 729	-9 403
Actifs financiers	2 009 510	2 415 359	2 361 149	2 650 942	2 921 807	3 381 559	3 845 925	4 102 310
Numéraire et dépôts	159 614	181 513	216 250	204 793	230 406	263 272	253 691	299 257
Titres de dette	867 292	984 497	1 004 787	1 175 833	1 206 105	1 461 546	1 610 691	1 734 753
Crédits	0	0	0	0	0	0	0	0
Actions et parts de fonds d'investissement	803 280	1 014 274	871 707	993 919	1 196 586	1 457 147	1 700 922	1 767 448
Actions	607 711	763 939	635 878	724 696	876 831	1 057 227	1 232 138	1 272 422
Parts de fonds d'investissement	195 569	250 335	235 829	269 223	319 755	399 920	468 784	495 026
Parts de fonds d'investissement monétaires	16 653	16 333	23 391	11 651	17 142	22 103	35 937	35 463
Parts de fonds d'investissement non monétaires	178 916	234 002	212 438	257 572	302 614	377 817	432 847	459 563
Systèmes d'assurance, de pensions et garanties standard	0	0	0	0	0	0	0	0
Produits financiers dérivés et options sur titres des salariés	116 085	162 855	192 169	190 826	203 777	100 561	167 362	186 599
Autres comptes à recevoir	63 238	72 221	76 236	85 572	84 933	99 033	113 259	114 251
Passifs financiers	2 016 363	2 427 101	2 368 949	2 658 718	2 929 872	3 392 067	3 855 654	4 111 713
Titres de dette	1 277	1 243	1 691	1 582	2 449	3 307	3 442	3 259
Titres de dette à court terme	0	0	0	0	0	0	0	0
Titres de dette à long terme	1 277	1 243	1 691	1 582	2 449	3 307	3 442	3 259
Crédits	22 077	25 759	27 744	30 116	48 442	60 729	48 520	58 563
Crédits à court terme	18 074	22 112	24 599	27 255	45 167	57 170	43 614	47 367
Crédits à long terme	4 004	3 646	3 145	2 861	3 275	3 559	4 906	11 197
Actions et parts de fonds d'investissement	1 863 141	2 215 520	2 106 445	2 397 513	2 627 253	3 139 599	3 551 172	3 758 008
Systèmes d'assurance, de pensions et garanties standard	0	0	0	0	0	0	0	0
Produits financiers dérivés et options sur titres des salariés	55 274	110 672	148 761	142 402	161 744	64 250	147 864	166 749
Autres comptes à payer	74 594	73 907	84 306	87 103	89 984	124 182	104 657	125 134
Actifs non financiers	6 853	11 742	7 799	7 776	8 065	10 508	9 729	9 403
Fonds d'investissement monéaires								
Valeur nette financière	0	0	0	0	0	0	0	0
Actifs financiers	322 716	289 002	305 900	224 286	198 793	223 764	256 099	292 462
Numéraire et dépôts	55 024	57 535	75 450	52 086	43 604	34 372	41 267	60 169
Titres de dette	265 385	225 370	223 421	167 631	149 345	182 360	206 947	222 968
Crédits	0	0	0	0	0	0	0	0
Actions et parts de fonds d'investissement	486	786	858	647	3 555	4 157	5 155	6 474
Actions	0	44	20	0	5	0	0	0
Parts de fonds d'investissement	486	742	838	647	3 550	4 157	5 155	6 474
Parts de fonds d'investissement monétaires	391	505	782	549	3 547	4 157	5 155	6 467
Parts de fonds d'investissement non monétaires	95	237	56	98	3	0	0	7
Systèmes d'assurance, de pensions et garanties standard	0	0	0	0	0	0	0	0
Produits financiers dérivés et options sur titres des salariés	171	1 047	821	28	25	53	114	466
Autres comptes à recevoir	1 651	4 264	5 350	3 894	2 264	2 821	2 615	2 385
Passifs financiers	322 716	289 002	305 900	224 286	198 793	223 764	256 099	292 462
Titres de dette	0	0	0	0	0	0	0	0
Titres de dette à court terme	0	0	0	0	0	0	0	0
Titres de dette à long terme	0	0	0	0	0	0	0	0
Crédits	1 011	809	957	67	594	533	523	681
Crédits à court terme	1 011	809	957	67	594	533	523	681
Crédits à long terme	0	0	0	0	0	0	0	0
Actions et parts de fonds d'investissement	317 849	283 252	298 168	220 251	194 787	214 284	251 772	287 818
Systèmes d'assurance, de pensions et garanties standard	0	0	0	0	0	0	0	0
Produits financiers dérivés et options sur titres des salariés	209	1 147	845	32	5	13	98	316
Autres comptes à payer	3 647	3 794	5 930	3 937	3 407	8 934	3 707	3 648
Actifs non financiers	0	0	0	0	0	0	0	0
Fonds d'investissement non monéaires								
Valeur nette financière	-6 853	-11 742	-7 799	-7 776	-8 065	-10 508	-9 729	-9 403
Actifs financiers	1 686 793	2 126 357	2 055 249	2 426 656	2 723 014	3 157 795	3 589 826	3 809 847
Numéraire et dépôts	104 591	123 978	140 800	152 707	186 802	228 901	212 424	239 089
Titres de dette	601 908	759 126	781 366	1 008 202	1 056 760	1 279 186	1 403 744	1 511 785
Crédits	0	0	0	0	0	0	0	0
Actions et parts de fonds d'investissement	802 794	1 013 488	870 849	993 272	1 193 031	1 452 989	1 695 767	1 760 974
Actions	607 711	763 895	635 858	724 696	876 826	1 057 227	1 232 138	1 272 422
Parts de fonds d'investissement	195 083	249 593	234 991	268 576	316 205	395 762	463 629	488 552
Parts de fonds d'investissement monétaires	16 262	15 828	22 609	11 101	13 595	17 946	30 781	28 996
Parts de fonds d'investissement non monétaires	178 822	233 765	212 382	257 474	302 610	377 817	432 847	459 556
Systèmes d'assurance, de pensions et garanties standard	0	0	0	0	0	0	0	0
Produits financiers dérivés et options sur titres des salariés	115 914	161 807	191 347	190 798	203 752	100 508	167 248	186 133
Autres comptes à recevoir	61 587	67 957	70 887	81 678	82 669	96 212	110 644	111 866
Passifs financiers	1 693 647	2 138 099	2 063 048	2 434 432	2 731 079	3 168 303	3 599 555	3 819 251
Titres de dette	1 277	1 243	1 691	1 582	2 449	3 307	3 442	3 259
Titres de dette à court terme	0	0	0	0	0	0	0	0
Titres de dette à long terme	1 277	1 243	1 691	1 582	2 449	3 307	3 442	3 259
Crédits	21 066	24 949	26 787	30 050	47 848	60 195	47 997	57 882
Crédits à court terme	17 063	21 303	23 642	27 188	44 573	56 636	43 091	46 686
Crédits à long terme	4 004	3 646	3 145	2 861	3 275	3 559	4 906	11 197
Actions et parts de fonds d'investissement	1 545 291	1 932 269	1 808 277	2 177 262	2 432 465	2 925 315	3 299 400	3 470 190
Systèmes d'assurance, de pensions et garanties standard	0	0	0	0	0	0	0	0
Produits financiers dérivés et options sur titres des salariés	55 065	109 524	147 917	142 371	161 739	64 237	147 766	166 433
Autres comptes à payer	70 947	70 113	78 376	83 167	86 577	115 247	100 951	121 486
Actifs non financiers	6 853	11 742	7 799	7 776	8 065	10 508	9 729	9 403
Fonds d'investissement non monéaires à capital variable								
Valeur nette financière	-6 528	-11 348	-7 691	-7 755	-8 037	-9 308	-9 077	-8 926
Actifs financiers	1 680 418	2 118 365	2 042 949	2 412 370	2 706 977	3 102 068	3 524 130	3 739 237

Tableau 2. Actifs et passifs financiers des fonds d'investissement *(suite)*

Millions EUR

	2009	2010	2011	2012	2013	2014	2015	2016
Numéraire et dépôts	103 527	122 783	138 057	149 686	184 463	221 151	205 061	228 919
Titres de dette	601 089	756 885	779 035	1 005 479	1 054 245	1 272 500	1 395 182	1 502 963
Crédits	0	0	0	0	0	0	0	0
Actions et parts de fonds d'investissement	799 449	1 009 521	864 252	985 877	1 183 723	1 415 630	1 650 802	1 713 988
Actions	604 824	760 666	630 959	719 214	870 545	1 038 797	1 209 788	1 246 637
Parts de fonds d'investissement	194 625	248 854	233 293	266 663	313 179	376 833	441 014	467 351
Parts de fonds d'investissement monétaires	16 161	15 549	22 537	11 032	13 594	17 939	30 769	28 948
Parts de fonds d'investissement non monétaires	178 464	233 305	210 756	255 631	299 585	358 894	410 245	438 404
Systèmes d'assurance, de pensions et garanties standard	0	0	0	0	0	0	0	0
Produits financiers dérivés et options sur titres des salariés	115 904	161 793	191 339	190 796	203 752	100 220	166 565	185 430
Autres comptes à recevoir	60 449	67 383	70 267	80 531	80 794	92 568	106 520	107 937
Passifs financiers	1 686 946	2 129 713	2 050 640	2 420 124	2 715 014	3 111 376	3 533 207	3 748 164
Titres de dette	1 277	1 243	1 691	1 582	2 449	3 278	3 256	3 178
Titres de dette à court terme	0	0	0	0	0	0	0	0
Titres de dette à long terme	1 277	1 243	1 691	1 582	2 449	3 278	3 256	3 178
Crédits	20 518	24 436	26 437	29 135	47 282	58 196	45 114	54 893
Crédits à court terme	16 933	21 265	23 598	27 129	44 535	55 815	41 421	44 936
Crédits à long terme	3 585	3 171	2 839	2 006	2 747	2 381	3 693	9 957
Actions et parts de fonds d'investissement	1 539 704	1 924 978	1 796 830	2 164 687	2 417 568	2 872 869	3 239 056	3 405 557
Systèmes d'assurance, de pensions et garanties standard	0	0	0	0	0	0	0	0
Produits financiers dérivés et options sur titres des salariés	55 027	109 469	147 887	142 352	161 739	64 205	147 746	166 315
Autres comptes à payer	70 421	69 587	77 795	82 368	85 976	112 829	98 035	118 222
Actifs non financiers	6 528	11 348	7 691	7 755	8 037	9 308	9 077	8 926
Fonds d'investissement à capital variable								
Valeur nette financière	-6 528	-11 348	-7 691	-7 755	-8 037	-9 308	-9 077	-8 926
Actifs financiers	2 003 134	2 407 367	2 348 850	2 636 655	2 905 770	3 325 832	3 780 229	4 031 700
Numéraire et dépôts	158 551	180 318	213 507	201 772	228 067	255 522	246 328	289 088
Titres de dette	866 474	982 256	1 002 456	1 173 110	1 203 590	1 454 860	1 602 129	1 725 931
Crédits	0	0	0	0	0	0	0	0
Actions et parts de fonds d'investissement	799 935	1 010 306	865 111	986 524	1 187 279	1 419 787	1 655 957	1 720 463
Actions	604 824	760 710	630 980	719 214	870 550	1 038 797	1 209 788	1 246 637
Parts de fonds d'investissement	195 111	249 596	234 131	267 310	316 729	380 991	446 169	473 826
Parts de fonds d'investissement monétaires	16 552	16 055	23 319	11 581	17 140	22 097	35 924	35 415
Parts de fonds d'investissement non monétaires	178 559	233 542	210 812	255 729	299 589	358 894	410 245	438 411
Systèmes d'assurance, de pensions et garanties standard	0	0	0	0	0	0	0	0
Produits financiers dérivés et options sur titres des salariés	116 075	162 840	192 160	190 824	203 776	100 273	166 680	185 896
Autres comptes à recevoir	62 100	71 646	75 616	84 425	83 058	95 389	109 135	110 322
Passifs financiers	2 009 662	2 418 715	2 356 541	2 644 410	2 913 807	3 335 140	3 789 306	4 040 626
Titres de dette	1 277	1 243	1 691	1 582	2 449	3 278	3 256	3 178
Titres de dette à court terme	0	0	0	0	0	0	0	0
Titres de dette à long terme	1 277	1 243	1 691	1 582	2 449	3 278	3 256	3 178
Crédits	21 529	25 245	27 394	29 202	47 876	58 729	45 636	55 574
Crédits à court terme	17 944	22 074	24 555	27 196	45 129	56 348	41 944	45 617
Crédits à long terme	3 585	3 171	2 839	2 006	2 747	2 381	3 693	9 957
Actions et parts de fonds d'investissement	1 857 553	2 208 230	2 094 998	2 384 938	2 612 355	3 087 153	3 490 828	3 693 374
Systèmes d'assurance, de pensions et garanties standard	0	0	0	0	0	0	0	0
Produits financiers dérivés et options sur titres des salariés	55 236	110 616	148 732	142 383	161 744	64 217	147 844	166 631
Autres comptes à payer	74 068	73 381	83 726	86 305	89 383	121 763	101 742	121 869
Actifs non financiers	6 528	11 348	7 691	7 755	8 037	9 308	9 077	8 926

Note : Voir les métadonnées détaillées sur : http://metalinks.oecd.org/instinv/20170920/b120

Tableau 3. Actifs et passifs financiers des sociétés d'assurance et fonds de pension

Millions EUR

	2009	2010	2011	2012	2013	2014	2015	2016
Sociétés d'assurance et fonds de pension								
Valeur nette financière	341	174	626	913	880	2 094	-173	-241
Actifs financiers	102 048	121 917	123 153	135 052	143 835	164 411	177 765	187 214
Numéraire et dépôts	9 457	9 385	10 830	11 748	12 210	12 993	15 675	16 297
Titres de dette	29 815	36 510	37 256	40 096	39 994	44 641	40 751	41 832
Crédits	1 504	1 625	1 786	2 076	1 739	1 982	9 667	10 250
Actions et parts de fonds d'investissement	47 335	56 215	55 832	62 269	67 364	77 162	87 699	91 949
Actions	11 331	12 557	12 653	12 925	14 308	13 820	16 979	18 153
Parts de fonds d'investissement	36 004	43 658	43 178	49 343	53 056	63 343	70 721	73 796
Parts de fonds d'investissement monétaires	5 123	4 283	5 500	3 968	3 087	3 602	3 907	4 367
Parts de fonds d'investissement non monétaires	30 881	39 375	37 679	45 375	49 969	59 740	66 814	69 429
Systèmes d'assurance, de pensions et garanties standard	12 928	16 982	16 312	17 514	21 250	26 212	18 306	18 655
Produits financiers dérivés et options sur titres des salariés	0	0	0	0	0	0	333	284
Autres comptes à recevoir	1 009	1 200	1 137	1 350	1 279	1 421	5 334	7 947
Passifs financiers	101 706	121 742	122 527	134 139	142 955	162 317	177 938	187 455
Titres de dette	8	4	6	6	3	3	313	377
Titres de dette à court terme	0	0	0	0	0	0	0	0
Titres de dette à long terme	8	4	6	6	3	3	313	377
Crédits	9 090	11 371	8 729	6 204	6 284	7 764	7 449	8 303
Crédits à court terme	9 028	11 300	8 655	6 152	6 231	7 702	7 449	8 303
Crédits à long terme	62	71	75	52	53	62	0	0
Actions et parts de fonds d'investissement	10 047	9 769	10 416	10 635	9 506	10 170	4 887	4 651
Systèmes d'assurance, de pensions et garanties standard	82 120	100 096	102 714	116 546	126 414	143 409	148 973	159 642
Produits financiers dérivés et options sur titres des salariés	0	0	0	0	0	0	55	109
Autres comptes à payer	440	503	662	748	747	971	16 260	14 375
Actifs non financiers	240	268	291	230	235	335	178	241
Sociétés d'assurance								
Valeur nette financière	341	174	626	913	880	2 093	-178	-241
Actifs financiers	101 204	121 020	122 184	133 963	142 654	162 648	175 928	185 328
Numéraire et dépôts	9 200	9 312	10 789	11 707	12 164	12 909	15 605	16 241
Titres de dette	29 623	36 057	36 752	39 554	39 419	43 868	39 994	41 092
Crédits	1 502	1 623	1 784	2 075	1 737	1 981	9 666	10 249
Actions et parts de fonds d'investissement	46 947	55 857	55 425	61 776	66 820	76 274	86 732	90 902
Actions	11 329	12 555	12 652	12 924	14 260	13 820	16 979	18 153
Parts de fonds d'investissement	35 618	43 302	42 772	48 852	52 560	62 454	69 753	72 749
Parts de fonds d'investissement monétaires	5 068	4 249	5 448	3 929	3 058	3 552	3 846	4 350
Parts de fonds d'investissement non monétaires	30 550	39 053	37 324	44 923	49 502	58 902	65 907	68 399
Systèmes d'assurance, de pensions et garanties standard	12 928	16 982	16 312	17 514	21 250	26 212	18 306	18 655
Produits financiers dérivés et options sur titres des salariés	0	0	0	0	0	0	333	284
Autres comptes à recevoir	1 004	1 190	1 122	1 338	1 264	1 405	5 293	7 905
Passifs financiers	100 863	120 846	121 558	133 050	141 775	160 554	176 106	185 569
Titres de dette	8	4	6	6	3	3	313	377
Titres de dette à court terme	0	0	0	0	0	0	0	0
Titres de dette à long terme	8	4	6	6	3	3	313	377
Crédits	9 090	11 371	8 729	6 204	6 284	7 764	7 449	8 303
Crédits à court terme	9 028	11 300	8 655	6 152	6 231	7 702	7 449	8 303
Crédits à long terme	62	71	75	52	53	62	0	0
Actions et parts de fonds d'investissement	10 047	9 769	10 416	10 635	9 506	10 170	4 887	4 651
Systèmes d'assurance, de pensions et garanties standard	81 279	99 205	101 753	115 462	125 241	141 689	147 170	157 784
Produits financiers dérivés et options sur titres des salariés	0	0	0	0	0	0	55	109
Autres comptes à payer	437	498	654	743	740	928	16 231	14 346
Actifs non financiers	240	268	291	230	235	335	178	241
Fonds de pension								
Valeur nette financière	0	0	0	0	0	0	5	0
Actifs financiers	844	896	969	1 089	1 181	1 763	1 837	1 886
Numéraire et dépôts	256	73	41	41	46	84	70	56
Titres de dette	193	453	503	542	575	773	757	740
Crédits	2	2	2	1	1	1	1	1
Actions et parts de fonds d'investissement	388	359	407	493	544	889	968	1 047
Actions	2	2	1	2	48	0	0	0
Parts de fonds d'investissement	386	356	406	491	496	889	968	1 047
Parts de fonds d'investissement monétaires	55	35	52	40	29	51	61	17
Parts de fonds d'investissement non monétaires	331	321	355	452	467	838	907	1 030
Systèmes d'assurance, de pensions et garanties standard	0	0	0	0	0	0	0	0
Produits financiers dérivés et options sur titres des salariés	0	0	0	0	0	0	0	0
Autres comptes à recevoir	5	11	16	12	15	17	42	42
Passifs financiers	843	896	968	1 089	1 180	1 763	1 832	1 886
Titres de dette	0	0	0	0	0	0	0	0
Titres de dette à court terme	0	0	0	0	0	0	0	0
Titres de dette à long terme	0	0	0	0	0	0	0	0
Crédits	0	0	0	0	0	0	0	0
Crédits à court terme	0	0	0	0	0	0	0	0
Crédits à long terme	0	0	0	0	0	0	0	0
Actions et parts de fonds d'investissement	0	0	0	0	0	0	0	0
Systèmes d'assurance, de pensions et garanties standard	841	891	961	1 084	1 173	1 720	1 803	1 857
Produits financiers dérivés et options sur titres des salariés	0	0	0	0	0	0	0	0
Autres comptes à payer	2	5	8	5	7	43	29	29
Actifs non financiers	0	0	0	0	0	0	0	0

Note : Voir les métadonnées détaillées sur : http://metalinks.oecd.org/instinv/20170920/b120

Tableau 4. Composition du portefeuille par type d'investisseur

En pourcentage des actifs financiers et des passifs financiers

Pour cent

	2009	2010	2011	2012	2013	2014	2015	2016
Fonds d'investissement								
Actifs financiers	100.0	100.0	100.0	100.0	100.0	100.0	100.0	100.0
Numéraire et dépôts	7.9	7.5	9.2	7.7	7.9	7.8	6.6	7.3
Titres de dettes	43.2	40.8	42.6	44.4	41.3	43.2	41.9	42.3
Crédits	0.0	0.0	0.0	0.0	0.0	0.0	0.0	0.0
Actions et parts de fonds d'investissement	40.0	42.0	36.9	37.5	41.0	43.1	44.2	43.1
Systèmes d'assurance de pensions et garanties standard	0.0	0.0	0.0	0.0	0.0	0.0	0.0	0.0
Produits financiers dérivés et options sur titres des salariés	5.8	6.7	8.1	7.2	7.0	3.0	4.4	4.5
Autres comptes à recevoir	3.1	3.0	3.2	3.2	2.9	2.9	2.9	2.8
Passifs financiers	100.0	100.0	100.0	100.0	100.0	100.0	100.0	100.0
Numéraire et dépôts	0.0	0.0	0.0	0.0	0.0	0.0	0.0	0.0
Titres de dettes	0.1	0.1	0.1	0.1	0.1	0.1	0.1	0.1
Crédits	1.1	1.1	1.2	1.1	1.7	1.8	1.3	1.4
Actions et parts de fonds d'investissement	92.4	91.3	88.9	90.2	89.7	92.6	92.1	91.4
Systèmes d'assurance de pensions et garanties standard	0.0	0.0	0.0	0.0	0.0	0.0	0.0	0.0
Produits financiers dérivés et options sur titres des salariés	2.7	4.6	6.3	5.4	5.5	1.9	3.8	4.1
Autres comptes à recevoir	3.7	3.0	3.6	3.3	3.1	3.7	2.7	3.0
Sociétés d'assurance								
Actifs financiers	100.0	100.0	100.0	100.0	100.0	100.0	100.0	100.0
Numéraire et dépôts	9.1	7.7	8.8	8.7	8.5	7.9	8.9	8.8
Titres de dettes	29.3	29.8	30.1	29.5	27.6	27.0	22.7	22.2
Crédits	1.5	1.3	1.5	1.5	1.2	1.2	5.5	5.5
Actions et parts de fonds d'investissement	46.4	46.2	45.4	46.1	46.8	46.9	49.3	49.0
Systèmes d'assurance de pensions et garanties standard	12.8	14.0	13.4	13.1	14.9	16.1	10.4	10.1
Produits financiers dérivés et options sur titres des salariés	0.0	0.0	0.0	0.0	0.0	0.0	0.2	0.2
Autres comptes à recevoir	1.0	1.0	0.9	1.0	0.9	0.9	3.0	4.3
Passifs financiers	100.0	100.0	100.0	100.0	100.0	100.0	100.0	100.0
Numéraire et dépôts	0.0	0.0	0.0	0.0	0.0	0.0	0.0	0.0
Titres de dettes	0.0	0.0	0.0	0.0	0.0	0.0	0.2	0.2
Crédits	9.0	9.4	7.2	4.7	4.4	4.8	4.2	4.5
Actions et parts de fonds d'investissement	10.0	8.1	8.6	8.0	6.7	6.3	2.8	2.5
Systèmes d'assurance de pensions et garanties standard	80.6	82.1	83.7	86.8	88.3	88.2	83.6	85.0
Produits financiers dérivés et options sur titres des salariés	0.0	0.0	0.0	0.0	0.0	0.0	0.0	0.1
Autres comptes à recevoir	0.4	0.4	0.5	0.6	0.5	0.6	9.2	7.7
Fonds de pension								
Actifs financiers	100.0	100.0	100.0	100.0	100.0	100.0	100.0	100.0
Numéraire et dépôts	30.4	8.1	4.2	3.8	3.9	4.8	3.8	3.0
Titres de dettes	22.8	50.5	52.0	49.8	48.7	43.8	41.2	39.3
Crédits	0.2	0.2	0.2	0.1	0.1	0.1	0.1	0.1
Actions et parts de fonds d'investissement	46.0	40.0	42.0	45.3	46.1	50.4	52.7	55.5
Systèmes d'assurance de pensions et garanties standard	0.0	0.0	0.0	0.0	0.0	0.0	0.0	0.0
Produits financiers dérivés et options sur titres des salariés	0.0	0.0	0.0	0.0	0.0	0.0	0.0	0.0
Autres comptes à recevoir	0.6	1.2	1.6	1.1	1.3	0.9	2.3	2.2
Passifs financiers	100.0	100.0	100.0	100.0	100.0	100.0	100.0	100.0
Numéraire et dépôts	0.0	0.0	0.0	0.0	0.0	0.0	0.0	0.0
Titres de dettes	0.0	0.0	0.0	0.0	0.0	0.0	0.0	0.0
Crédits	0.0	0.0	0.0	0.0	0.0	0.0	0.0	0.0
Actions et parts de fonds d'investissement	0.0	0.0	0.0	0.0	0.0	0.0	0.0	0.0
Systèmes d'assurance de pensions et garanties standard	99.7	99.5	99.2	99.5	99.4	97.6	98.4	98.5
Produits financiers dérivés et options sur titres des salariés	0.0	0.0	0.0	0.0	0.0	0.0	0.0	0.0
Autres comptes à recevoir	0.3	0.5	0.8	0.5	0.6	2.4	1.6	1.5

Note : Voir les métadonnées détaillées sur : http://metalinks.oecd.org/instinv/20170920/a53e

Tableau 1. Actifs et passifs financiers des investisseurs institutionnels, 2016

Millions EUR (1999 NLD euro)

	Total	Fonds d'investissement – Fonds d'investissement non-monétaire – Total	Fonds d'investissement à capital variable, non monétaire	Fonds d'investissement à capital fixe, non monétaire	Fonds d'investissement monétaires – Total
Actifs financiers	..	792 894	..	..	..
Numéraire et dépôts	..	10 465	..	..	..
Titres de dette	..	250 004	..	..	..
Titres de dette à court terme	..	4 880	..	..	..
Titres de dette à long terme	..	245 124	..	..	..
Titres de dette émis par les résidents	..	18 739	..	..	..
Titres de dette émis par les non-résidents	..	231 265	..	..	..
Crédits	..	66 529	..	..	..
Crédits à court terme	..	28 546	..	..	..
Crédits à long terme	..	37 983	..	..	..
Crédits accordés aux résidents	..	55 584	..	..	..
Crédits accordés aux non-résidents	..	10 945	..	..	..
Actions et parts de fonds d'investissement	..	460 425	..	..	..
Actions et parts de fonds d'investissements émises par les résidents	..	43 973	..	..	..
Actions et part de fonds d'investissements émises par les non-résidents	..	416 452	..	..	..
Autres comptes à recevoir	..	6 886	..	..	..

	Total	Fonds d'investissement – Fonds d'investissement non-monétaire – Total	Fonds d'investissement à capital variable, non monétaire	Fonds d'investissement à capital fixe, non monétaire	Fonds d'investissement monétaires – Total
Pasifs financiers	..	824 009	..	..	..
Numéraire et dépôts	..	..	..	..	..
Titres de dette	..	804	..	..	..
Titres de dette à court terme	..	41	..	..	..
Titres de dette à long terme	..	763	..	..	..
Crédits	..	15 054	..	..	..
Crédits à court terme	..	5 834	..	..	..
Crédits à long terme	..	9 220	..	..	..
Actions et parts de fonds d'investissement	..	802 193	..	..	..
Systèmes d'assurance, de pensions et garanties standard	..	..	..	..	..
Produits financiers dérivés et options sur titres des salariés	..	145	..	..	..
Autres comptes à payer	..	5 813	..	..	..

	Total	Sociétés d'assurance et fonds de pension autonomes – Sociétés d'assurance – Total	Sociétés d'assurance vie	Sociétés d'assurance non-vie	Fonds de pension autonomes – Total
Actifs financiers	1 850 531	489 477	..	..	1 361 054
Numéraire et dépôts	26 631	17 236	..	..	9 395
Titres de dette	541 631	201 627	..	..	340 004
Titres de dette à court terme	8 172	4 613	..	..	3 559
Titres de dette à long terme	533 459	197 014	..	..	336 445
Titres de dette émis par les résidents	120 111	53 040	..	..	67 071
Titres de dette émis par les non-résidents	421 520	148 587	..	..	272 933
Crédits	123 816	95 671	..	..	28 145
Crédits à court terme	20 831	8 709	..	..	12 122
Crédits à long terme	102 985	86 962	..	..	16 023
Crédits accordés aux résidents	117 229	90 580	..	..	26 649
Crédits accordés aux non-résidents	6 587	5 091	..	..	1 496
Actions et parts de fonds d'investissement	1 043 588	114 622	..	..	928 966
Actions et parts de fonds d'investissement émises par les résidents	765 695	90 014	..	..	675 681
Actions et parts de fonds d'investissement émises par les non-résidents	277 893	24 608	..	..	253 285
Autrescomptes à recevoir	35 312	30 869	..	..	4 443

	Total	Sociétés d'assurance et fonds de pension autonomes – Sociétés d'assurance – Total	Sociétés d'assurance vie	Sociétés d'assurance non-vie	Fonds de pension autonomes – Total
Pasifs financiers	1 822 027	498 417	..	..	1 323 610
Numéraire et dépôts	..	..	..	..	..
Titres de dette	630	630	..	..	0
Titres de dette à court terme	0	0	..	..	0
Titres de dette à long terme	630	630	..	..	0
Crédits	42 549	15 509	..	..	27 040
Crédits à court terme	38 364	12 568	..	..	25 796
Crédits à long terme	4 185	2 941	..	..	1 244
Actions et parts de fonds d'investissement	64 677	64 677	..	..	0
Systèmes d'assurance, de pensions et garanties standard	1 648 471	380 123	..	..	1 268 348
Produits financiers dérivés et options sur titres des salariés	179	107	..	..	72
Autres comptes à payer	65 521	37 371	..	..	28 150

Note : Voir les métadonnées détaillées sur : http://metalinks.oecd.org/instinv/20170920/e3b8

Tableau 2. Actifs et passifs financiers des fonds d'investissement

Millions EUR

	2009	2010	2011	2012	2013	2014	2015	2016
Fonds d'investissement								
Valeur nette financière	..	..	..	..	..	..	..	..
Actifs financiers	..	..	..	..	..	..	..	..
Numéraire et dépôts	..	..	..	..	..	..	..	..
Titres de dette	..	..	..	..	..	..	..	..
Crédits	..	..	..	..	..	..	..	..
Actions et parts de fonds d'investissement	..	..	..	..	..	..	..	..
Actions	..	..	..	..	..	..	..	..
Parts de fonds d'investissement	..	..	..	..	..	..	..	..
Parts de fonds d'investissement monétaires	..	..	..	..	..	..	..	..
Parts de fonds d'investissement non monétaires	..	..	..	..	..	..	..	..
Systèmes d'assurance, de pensions et garanties standard	..	..	..	..	..	..	..	..
Produits financiers dérivés et options sur titres des salariés	..	..	..	..	..	..	..	..
Autres comptes à recevoir	..	..	..	..	..	..	..	..
Passifs financiers	..	..	..	..	..	..	..	..
Titres de dette	..	..	..	..	..	..	..	..
Titres de dette à court terme	..	..	..	..	..	..	..	..
Titres de dette à long terme	..	..	..	..	..	..	..	..
Crédits	..	..	..	..	..	..	..	..
Crédits à court terme	..	..	..	..	..	..	..	..
Crédits à long terme	..	..	..	..	..	..	..	..
Actions et parts de fonds d'investissement	..	..	..	..	..	..	..	..
Systèmes d'assurance, de pensions et garanties standard	..	..	..	..	..	..	..	..
Produits financiers dérivés et options sur titres des salariés	..	..	..	..	..	..	..	..
Autres comptes à payer	..	..	..	..	..	..	..	..
Actifs non financiers	..	..	..	..	..	..	..	..
Fonds d'investissement monéaires								
Valeur nette financière	..	..	..	..	..	..	..	..
Actifs financiers	..	..	..	..	..	..	..	..
Numéraire et dépôts	..	..	..	..	..	..	..	..
Titres de dette	..	..	..	..	..	..	..	..
Crédits	..	..	..	..	..	..	..	..
Actions et parts de fonds d'investissement	..	..	..	..	..	..	..	..
Actions	..	..	..	..	..	..	..	..
Parts de fonds d'investissement	..	..	..	..	..	..	..	..
Parts de fonds d'investissement monétaires	..	..	..	..	..	..	..	..
Parts de fonds d'investissement non monétaires	..	..	..	..	..	..	..	..
Systèmes d'assurance, de pensions et garanties standard	..	..	..	..	..	..	..	..
Produits financiers dérivés et options sur titres des salariés	..	..	..	..	..	..	..	..
Autres comptes à recevoir	..	..	..	..	..	..	..	..
Passifs financiers	..	..	..	..	..	..	..	..
Titres de dette	..	..	..	..	..	..	..	..
Titres de dette à court terme	..	..	..	..	..	..	..	..
Titres de dette à long terme	..	..	..	..	..	..	..	..
Crédits	..	..	..	..	..	..	..	..
Crédits à court terme	..	..	..	..	..	..	..	..
Crédits à long terme	..	..	..	..	..	..	..	..
Actions et parts de fonds d'investissement	..	..	..	..	..	..	..	..
Systèmes d'assurance, de pensions et garanties standard	..	..	..	..	..	..	..	..
Produits financiers dérivés et options sur titres des salariés	..	..	..	..	..	..	..	..
Autres comptes à payer	..	..	..	..	..	..	..	..
Actifs non financiers	..	..	..	..	..	..	..	..
Fonds d'investissement non monéaires								
Valeur nette financière	-25 097	-31 238	-31 993	-31 241	-29 712	-28 306	-29 138	-31 115
Actifs financiers	435 011	467 130	481 027	558 381	619 582	724 521	729 968	792 894
Numéraire et dépôts	16 323	11 486	8 789	9 820	9 195	12 604	12 548	10 465
Titres de dette	154 405	156 176	169 133	198 116	211 039	233 685	245 707	250 004
Crédits	39 180	31 718	32 851	43 076	50 691	53 019	56 013	66 529
Actions et parts de fonds d'investissement	218 215	258 191	264 136	300 312	332 166	413 915	410 117	460 425
Actions	172 712	191 877	197 546	231 923	257 697	314 786	300 601	339 297
Parts de fonds d'investissement	45 503	66 314	66 590	68 389	74 469	99 129	109 516	121 128
Parts de fonds d'investissement monétaires	203	957	1 111	1 182	1 119	5 108	6 420	5 498
Parts de fonds d'investissement non monétaires	45 300	65 357	65 479	67 207	73 350	94 021	103 096	115 630
Systèmes d'assurance, de pensions et garanties standard	0	0	0	0	0	0	0	0
Produits financiers dérivés et options sur titres des salariés	-883	-473	-356	2 312	584	72	902	-1 415
Autres comptes à recevoir	7 771	10 032	6 474	4 745	15 907	11 226	4 681	6 886
Passifs financiers	460 108	498 368	513 020	589 622	649 294	752 827	759 106	824 009
Titres de dette	588	1 685	1 405	1 614	2 215	3 051	770	804
Titres de dette à court terme	0	0	0	0	128	413	41	41
Titres de dette à long terme	588	1 685	1 405	1 614	2 087	2 638	729	763
Crédits	37 149	19 237	17 995	19 036	14 868	20 095	17 479	15 054
Crédits à court terme	26 927	7 916	7 113	8 951	4 672	11 471	8 815	5 834
Crédits à long terme	10 222	11 321	10 882	10 085	10 196	8 624	8 664	9 220
Actions et parts de fonds d'investissement	411 499	465 288	487 806	562 231	615 812	717 180	733 310	802 193
Systèmes d'assurance, de pensions et garanties standard	..	..	..	..	..	..	..	..
Produits financiers dérivés et options sur titres des salariés	13	219	173	275	223	339	197	145
Autres comptes à payer	10 859	11 939	5 641	6 466	16 176	12 162	7 350	5 813
Actifs non financiers	24 197	30 307	31 088	30 374	29 106	27 731	29 774	31 266
Fonds d'investissement non monéaires à capital variable								
Valeur nette financière	..	..	..	..	..	..	..	..
Actifs financiers	..	..	..	..	..	..	..	..

Tableau 2. Actifs et passifs financiers des fonds d'investissement *(suite)*

Millions EUR

	2009	2010	2011	2012	2013	2014	2015	2016
Numéraire et dépôts	..	..	..	..	..	..	..	..
Titres de dette	..	..	..	..	..	..	..	..
Crédits	..	..	..	..	..	..	..	..
Actions et parts de fonds d'investissement	..	..	..	..	..	..	..	..
Actions	..	..	..	..	..	..	..	..
Parts de fonds d'investissement	..	..	..	..	..	..	..	..
Parts de fonds d'investissement monétaires	..	..	..	..	..	..	..	..
Parts de fonds d'investissement non monétaires	..	..	..	..	..	..	..	..
Systèmes d'assurance, de pensions et garanties standard	..	..	..	..	..	..	..	..
Produits financiers dérivés et options sur titres des salariés	..	..	..	..	..	..	..	..
Autres comptes à recevoir	..	..	..	..	..	..	..	..
Passifs financiers	..	..	..	..	..	..	..	..
Titres de dette	..	..	..	..	..	..	..	..
Titres de dette à court terme	..	..	..	..	..	..	..	..
Titres de dette à long terme	..	..	..	..	..	..	..	..
Crédits	..	..	..	..	..	..	..	..
Crédits à court terme	..	..	..	..	..	..	..	..
Crédits à long terme	..	..	..	..	..	..	..	..
Actions et parts de fonds d'investissement	..	..	..	..	..	..	..	..
Systèmes d'assurance, de pensions et garanties standard	..	..	..	..	..	..	..	..
Produits financiers dérivés et options sur titres des salariés	..	..	..	..	..	..	..	..
Autres comptes à payer	..	..	..	..	..	..	..	..
Actifs non financiers	..	..	..	..	..	..	..	..
Fonds d'investissement à capital variable								
Valeur nette financière	..	..	..	..	..	..	..	..
Actifs financiers	..	..	..	..	..	..	..	..
Numéraire et dépôts	..	..	..	..	..	..	..	..
Titres de dette	..	..	..	..	..	..	..	..
Crédits	..	..	..	..	..	..	..	..
Actions et parts de fonds d'investissement	..	..	..	..	..	..	..	..
Actions	..	..	..	..	..	..	..	..
Parts de fonds d'investissement	..	..	..	..	..	..	..	..
Parts de fonds d'investissement monétaires	..	..	..	..	..	..	..	..
Parts de fonds d'investissement non monétaires	..	..	..	..	..	..	..	..
Systèmes d'assurance, de pensions et garanties standard	..	..	..	..	..	..	..	..
Produits financiers dérivés et options sur titres des salariés	..	..	..	..	..	..	..	..
Autres comptes à recevoir	..	..	..	..	..	..	..	..
Passifs financiers	..	..	..	..	..	..	..	..
Titres de dette	..	..	..	..	..	..	..	..
Titres de dette à court terme	..	..	..	..	..	..	..	..
Titres de dette à long terme	..	..	..	..	..	..	..	..
Crédits	..	..	..	..	..	..	..	..
Crédits à court terme	..	..	..	..	..	..	..	..
Crédits à long terme	..	..	..	..	..	..	..	..
Actions et parts de fonds d'investissement	..	..	..	..	..	..	..	..
Systèmes d'assurance, de pensions et garanties standard	..	..	..	..	..	..	..	..
Produits financiers dérivés et options sur titres des salariés	..	..	..	..	..	..	..	..
Autres comptes à payer	..	..	..	..	..	..	..	..
Actifs non financiers	..	..	..	..	..	..	..	..

Note : Voir les métadonnées détaillées sur : http://metalinks.oecd.org/instinv/20170920/e3b8

Tableau 3. Actifs et passifs financiers des sociétés d'assurance et fonds de pension

Millions EUR

	2009	2010	2011	2012	2013	2014	2015	2016
Sociétés d'assurance et fonds de pension								
Valeur nette financière	20 673	29 856	-31 685	3 851	49 429	79 887	36 295	28 504
Actifs financiers	1 111 510	1 198 549	1 290 926	1 448 914	1 447 209	1 716 787	1 721 147	1 850 531
Numéraire et dépôts	30 792	27 527	26 869	29 745	17 227	23 324	21 026	26 631
Titres de dette	339 694	347 270	378 432	434 893	422 599	507 161	514 805	541 631
Crédits	98 477	108 079	106 525	104 731	105 094	116 656	117 507	123 816
Actions et parts de fonds d'investissement	560 938	626 055	650 151	744 698	806 251	929 361	955 285	1 043 588
Actions	128 802	145 984	133 442	154 394	164 491	184 784	201 692	220 584
Parts de fonds d'investissement	432 136	480 071	516 709	590 304	641 760	744 577	753 593	823 004
Parts de fonds d'investissement monétaires	9 401	6 357	5 183	8 682	7 666	8 903	7 942	9 766
Parts de fonds d'investissement non monétaires	422 735	473 714	511 526	581 622	634 094	735 674	745 651	813 238
Systèmes d'assurance, de pensions et garanties standard	29 359	29 720	34 077	34 058	35 123	30 539	30 103	25 427
Produits financiers dérivés et options sur titres des salariés	12 695	17 736	58 851	67 408	31 488	79 180	50 847	54 126
Autres comptes à recevoir	39 555	42 162	36 021	33 381	29 427	30 566	31 574	35 312
Passifs financiers	1 090 837	1 168 693	1 322 611	1 445 063	1 397 780	1 636 900	1 684 852	1 822 027
Titres de dette	0	0	419	553	705	850	607	630
Titres de dette à court terme	0	0	0	0	0	0	0	0
Titres de dette à long terme	0	0	419	553	705	850	607	630
Crédits	61 794	43 028	46 044	39 520	29 716	40 984	35 185	42 549
Crédits à court terme	52 472	34 041	39 084	32 244	24 760	35 552	30 912	38 364
Crédits à long terme	9 322	8 987	6 960	7 276	4 956	5 432	4 273	4 185
Actions et parts de fonds d'investissement	43 827	48 038	51 104	54 945	53 322	61 575	62 707	64 677
Systèmes d'assurance, de pensions et garanties standard	953 874	1 043 655	1 174 326	1 275 072	1 252 722	1 449 560	1 509 809	1 648 471
Produits financiers dérivés et options sur titres des salariés	403	593	556	677	812	806	202	179
Autres comptes à payer	30 939	33 379	50 162	74 296	60 503	83 125	76 342	65 521
Actifs non financiers	26 575	18 264	16 761	16 050	14 040	13 093	12 366	13 096
Sociétés d'assurance								
Valeur nette financière	-17 744	-2 817	-4 216	-1 931	-2 031	-2 345	-1 949	-8 940
Actifs financiers	379 796	408 044	432 844	453 693	435 748	487 437	474 869	489 477
Numéraire et dépôts	14 038	14 744	17 290	17 506	7 903	12 800	11 284	17 236
Titres de dette	164 012	170 892	177 957	200 514	180 434	204 124	196 523	201 627
Crédits	67 243	68 073	74 582	70 712	77 564	83 208	90 911	95 671
Actions et parts de fonds d'investissement	78 865	98 144	97 535	103 070	117 235	124 328	118 461	114 622
Actions	35 724	39 628	36 447	37 778	34 714	29 128	30 001	30 737
Parts de fonds d'investissement	43 141	58 516	61 088	65 292	82 521	95 200	88 460	83 885
Parts de fonds d'investissement monétaires	1 038	1 426	732	2 942	2 719	1 751	1 383	1 279
Parts de fonds d'investissement non monétaires	42 103	57 090	60 356	62 350	79 802	93 449	87 077	82 606
Systèmes d'assurance, de pensions et garanties standard	15 131	15 448	19 881	20 215	21 308	20 363	19 918	17 365
Produits financiers dérivés et options sur titres des salariés	4 364	6 216	14 216	13 548	6 909	17 146	10 100	12 087
Autres comptes à recevoir	36 143	34 527	31 383	28 128	24 395	25 468	27 672	30 869
Passifs financiers	397 540	410 861	437 060	455 624	437 779	489 782	476 818	498 417
Titres de dette	0	0	419	553	705	850	607	630
Titres de dette à court terme	0	0	0	0	0	0	0	0
Titres de dette à long terme	0	0	419	553	705	850	607	630
Crédits	29 385	26 525	22 591	18 739	14 287	16 496	14 766	15 509
Crédits à court terme	21 385	18 821	17 244	13 174	11 107	13 057	11 768	12 568
Crédits à long terme	8 000	7 704	5 347	5 565	3 180	3 439	2 998	2 941
Actions et parts de fonds d'investissement	43 827	48 038	51 104	54 945	53 322	61 575	62 707	64 677
Systèmes d'assurance, de pensions et garanties standard	301 504	307 590	325 740	340 114	331 001	367 364	357 953	380 123
Produits financiers dérivés et options sur titres des salariés	133	155	350	422	373	447	55	107
Autres comptes à payer	22 691	28 553	36 856	40 851	38 091	43 050	40 730	37 371
Actifs non financiers	10 906	8 972	7 691	7 372	5 609	5 435	4 922	5 121
Fonds de pension								
Valeur nette financière	38 417	32 673	-27 469	5 782	51 460	82 232	38 244	37 444
Actifs financiers	731 714	790 505	858 082	995 221	1 011 461	1 229 350	1 246 278	1 361 054
Numéraire et dépôts	16 754	12 783	9 579	12 239	9 324	10 524	9 742	9 395
Titres de dette	175 682	176 378	200 475	234 379	242 165	303 037	318 282	340 004
Crédits	31 234	40 006	31 943	34 019	27 530	33 448	26 596	28 145
Actions et parts de fonds d'investissement	482 073	527 911	552 616	641 628	689 016	805 033	836 824	928 966
Actions	93 078	106 356	96 995	116 616	129 777	155 656	171 691	189 847
Parts de fonds d'investissement	388 995	421 555	455 621	525 012	559 239	649 377	665 133	739 119
Parts de fonds d'investissement monétaires	8 363	4 931	4 451	5 740	4 947	7 152	6 559	8 487
Parts de fonds d'investissement non monétaires	380 632	416 624	451 170	519 272	554 292	642 225	658 574	730 632
Systèmes d'assurance, de pensions et garanties standard	14 228	14 272	14 196	13 843	13 815	10 176	10 185	8 062
Produits financiers dérivés et options sur titres des salariés	8 331	11 520	44 635	53 860	24 579	62 034	40 747	42 039
Autres comptes à recevoir	3 412	7 635	4 638	5 253	5 032	5 098	3 902	4 443
Passifs financiers	693 297	757 832	885 551	989 439	960 001	1 147 118	1 208 034	1 323 610
Titres de dette	0	0	0	0	0	0	0	0
Titres de dette à court terme	0	0	0	0	0	0	0	0
Titres de dette à long terme	0	0	0	0	0	0	0	0
Crédits	32 409	16 503	23 453	20 781	15 429	24 488	20 419	27 040
Crédits à court terme	31 087	15 220	21 840	19 070	13 653	22 495	19 144	25 796
Crédits à long terme	1 322	1 283	1 613	1 711	1 776	1 993	1 275	1 244
Actions et parts de fonds d'investissement	0	0	0	0	0	0	0	0
Systèmes d'assurance, de pensions et garanties standard	652 370	736 065	848 586	934 958	921 721	1 082 196	1 151 856	1 268 348
Produits financiers dérivés et options sur titres des salariés	270	438	206	255	439	359	147	72
Autres comptes à payer	8 248	4 826	13 306	33 445	22 412	40 075	35 612	28 150
Actifs non financiers	15 669	9 292	9 070	8 678	8 431	7 658	7 444	7 975

Note : Voir les métadonnées détaillées sur : http://metalinks.oecd.org/instinv/20170920/e3b8

Tableau 4. Composition du portefeuille par type d'investisseur

En pourcentage des actifs financiers et des passifs financiers

Pour cent

	2009	2010	2011	2012	2013	2014	2015	2016
Fonds d'investissement								
Actifs financiers	..	..	..	..	..	..	..	..
Numéraire et dépôts	..	..	..	..	..	..	..	..
Titres de dettes	..	..	..	..	..	..	..	..
Crédits	..	..	..	..	..	..	..	..
Actions et parts de fonds d'investissement	..	..	..	..	..	..	..	..
Systèmes d'assurance de pensions et garanties standard	..	..	..	..	..	..	..	..
Produits financiers dérivés et options sur titres des salariés	..	..	..	..	..	..	..	..
Autres comptes à recevoir	..	..	..	..	..	..	..	..
Passifs financiers	..	..	..	..	..	..	..	..
Numéraire et dépôts	..	..	..	..	..	..	..	..
Titres de dettes	..	..	..	..	..	..	..	..
Crédits	..	..	..	..	..	..	..	..
Actions et parts de fonds d'investissement	..	..	..	..	..	..	..	..
Systèmes d'assurance de pensions et garanties standard	..	..	..	..	..	..	..	..
Produits financiers dérivés et options sur titres des salariés	..	..	..	..	..	..	..	..
Autres comptes à recevoir	..	..	..	..	..	..	..	..
Sociétés d'assurance								
Actifs financiers	100.0	100.0	100.0	100.0	100.0	100.0	100.0	100.0
Numéraire et dépôts	3.7	3.6	4.0	3.9	1.8	2.6	2.4	3.5
Titres de dettes	43.2	41.9	41.1	44.2	41.4	41.9	41.4	41.2
Crédits	17.7	16.7	17.2	15.6	17.8	17.1	19.1	19.5
Actions et parts de fonds d'investissement	20.8	24.1	22.5	22.7	26.9	25.5	24.9	23.4
Systèmes d'assurance de pensions et garanties standard	4.0	3.8	4.6	4.5	4.9	4.2	4.2	3.5
Produits financiers dérivés et options sur titres des salariés	1.1	1.5	3.3	3.0	1.6	3.5	2.1	2.5
Autres comptes à recevoir	9.5	8.5	7.3	6.2	5.6	5.2	5.8	6.3
Passifs financiers	100.0	100.0	100.0	100.0	100.0	100.0	100.0	100.0
Numéraire et dépôts	0.0	0.0	0.0	0.0	0.0	0.0	0.0	0.0
Titres de dettes	0.0	0.0	0.1	0.1	0.2	0.2	0.1	0.1
Crédits	7.4	6.5	5.2	4.1	3.3	3.4	3.1	3.1
Actions et parts de fonds d'investissement	11.0	11.7	11.7	12.1	12.2	12.6	13.2	13.0
Systèmes d'assurance de pensions et garanties standard	75.8	74.9	74.5	74.6	75.6	75.0	75.1	76.3
Produits financiers dérivés et options sur titres des salariés	0.0	0.0	0.1	0.1	0.1	0.1	0.0	0.0
Autres comptes à recevoir	5.7	6.9	8.4	9.0	8.7	8.8	8.5	7.5
Fonds de pension								
Actifs financiers	100.0	100.0	100.0	100.0	100.0	100.0	100.0	100.0
Numéraire et dépôts	2.3	1.6	1.1	1.2	0.9	0.9	0.8	0.7
Titres de dettes	24.0	22.3	23.4	23.6	23.9	24.7	25.5	25.0
Crédits	4.3	5.1	3.7	3.4	2.7	2.7	2.1	2.1
Actions et parts de fonds d'investissement	65.9	66.8	64.4	64.5	68.1	65.5	67.1	68.3
Systèmes d'assurance de pensions et garanties standard	1.9	1.8	1.7	1.4	1.4	0.8	0.8	0.6
Produits financiers dérivés et options sur titres des salariés	1.1	1.5	5.2	5.4	2.4	5.0	3.3	3.1
Autres comptes à recevoir	0.5	1.0	0.5	0.5	0.5	0.4	0.3	0.3
Passifs financiers	100.0	100.0	100.0	100.0	100.0	100.0	100.0	100.0
Numéraire et dépôts	0.0	0.0	0.0	0.0	0.0	0.0	0.0	0.0
Titres de dettes	0.0	0.0	0.0	0.0	0.0	0.0	0.0	0.0
Crédits	4.7	2.2	2.6	2.1	1.6	2.1	1.7	2.0
Actions et parts de fonds d'investissement	0.0	0.0	0.0	0.0	0.0	0.0	0.0	0.0
Systèmes d'assurance de pensions et garanties standard	94.1	97.1	95.8	94.5	96.0	94.3	95.3	95.8
Produits financiers dérivés et options sur titres des salariés	0.0	0.1	0.0	0.0	0.0	0.0	0.0	0.0
Autres comptes à recevoir	1.2	0.6	1.5	3.4	2.3	3.5	2.9	2.1

Note : Voir les métadonnées détaillées sur : http://metalinks.oecd.org/instinv/20170920/a53e

NOUVELLE-ZÉLANDE

Tableau 1. Actifs et passifs financiers des investisseurs institutionnels, 2016

Millions NZD

	Total	Fonds d'investissement			
		Fonds d'investissement non-monétaire			Fonds d'investissement monétaires
		Total	Fonds d'investissement à capital variable, non monétaire	Fonds d'investissement à capital fixe, non monétaire	Total
Actifs financiers	116 152	103 091	..	..	13 061
Numéraire et dépôts	24 391	16 178	..	..	8 213
Titres de dette	36 562	31 713	..	..	4 849
Titres de dette à court terme	8 085	4 022	..	..	4 063
Titres de dette à long terme	28 477	27 692	..	..	785
Titres de dette émis par les résidents	22 405	17 556	..	..	4 849
Titres de dette émis par les non-résidents	14 157	14 157	..	..	0
Crédits	4	4	..	..	0
Crédits à court terme	..	..	..	..	..
Crédits à long terme	..	..	..	..	..
Crédits accordés aux résidents	4	4	..	..	0
Crédits accordés aux non-résidents	0	0	..	..	0
Actions et parts de fonds d'investissement	54 194	54 194	..	..	0
Actions et parts de fonds d'investissements émises par les résidents	18 500	18 500	..	..	0
Actions et part de fonds d'investissements émises par les non-résidents	35 695	35 695	..	..	0
Autres comptes à recevoir	623	623	..	..	0

	Total	Fonds d'investissement			
		Fonds d'investissement non-monétaire			Fonds d'investissement monétaires
		Total	Fonds d'investissement à capital variable, non monétaire	Fonds d'investissement à capital fixe, non monétaire	Total
Pasifs financiers	..	..	..	..	..
Numéraire et dépôts	..	..	..	..	..
Titres de dette	..	..	..	..	..
Titres de dette à court terme	..	..	..	..	..
Titres de dette à long terme	..	..	..	..	..
Crédits	..	..	..	..	..
Crédits à court terme	..	..	..	..	..
Crédits à long terme	..	..	..	..	..
Actions et parts de fonds d'investissement	..	..	..	..	..
Systèmes d'assurance, de pensions et garanties standard	..	..	..	..	..
Produits financiers dérivés et options sur titres des salariés	..	..	..	..	..
Autres comptes à payer	..	..	..	..	..

	Total	Sociétés d'assurance et fonds de pension autonomes			
		Sociétés d'assurance			Fonds de pension autonomes
		Total	Sociétés d'assurance vie	Sociétés d'assurance non-vie	Total
Actifs financiers	..	..	..	..	64 621
Numéraire et dépôts	..	..	..	..	4 555
Titres de dette	..	..	..	..	14 508
Titres de dette à court terme	..	..	..	..	1 502
Titres de dette à long terme	..	..	..	..	13 006
Titres de dette émis par les résidents	..	..	..	..	6 773
Titres de dette émis par les non-résidents	..	..	..	..	7 735
Crédits	..	..	..	..	7
Crédits à court terme	..	..	..	..	..
Crédits à long terme	..	..	..	..	..
Crédits accordés aux résidents	..	..	..	..	7
Crédits accordés aux non-résidents	..	..	..	..	0
Actions et parts de fonds d'investissement	..	..	..	..	44 791
Actions et parts de fonds d'investissement émises par les résidents	..	..	..	..	21 672
Actions et parts de fonds d'investissement émises par les non-résidents	..	..	..	..	23 118
Autrescomptes à recevoir	..	..	..	..	427

	Total	Sociétés d'assurance et fonds de pension autonomes			
		Sociétés d'assurance			Fonds de pension autonomes
		Total	Sociétés d'assurance vie	Sociétés d'assurance non-vie	Total
Pasifs financiers	..	..	..	..	..
Numéraire et dépôts	..	..	..	..	..
Titres de dette	..	..	..	..	..
Titres de dette à court terme	..	..	..	..	..
Titres de dette à long terme	..	..	..	..	..
Crédits	..	..	..	..	..
Crédits à court terme	..	..	..	..	..
Crédits à long terme	..	..	..	..	..
Actions et parts de fonds d'investissement	..	..	..	..	..
Systèmes d'assurance, de pensions et garanties standard	..	..	..	..	..
Produits financiers dérivés et options sur titres des salariés	..	..	..	..	..
Autres comptes à payer	..	..	..	..	..

Note : Voir les métadonnées détaillées sur : http://metalinks.oecd.org/instinv/20170920/e3b8

NOUVELLE-ZÉLANDE

Tableau 2. Actifs et passifs financiers des fonds d'investissement

Millions NZD

	2009	2010	2011	2012	2013	2014	2015	2016
Fonds d'investissement								
Valeur nette financière	..	..	..	..	..	..	..	..
Actifs financiers	..	..	..	..	..	87 605	102 435	116 152
Numéraire et dépôts	..	..	..	..	..	20 519	22 092	24 391
Titres de dette	..	..	..	..	..	25 060	30 848	36 562
Crédits	..	..	..	..	..	75	47	4
Actions et parts de fonds d'investissement	..	..	..	..	..	41 110	48 401	54 194
Actions	..	..	..	..	..	22 496	26 504	32 898
Parts de fonds d'investissement	..	..	..	..	..	18 614	21 897	21 297
Parts de fonds d'investissement monétaires	..	..	..	..	..	..	..	..
Parts de fonds d'investissement non monétaires	..	..	..	..	..	..	..	..
Systèmes d'assurance, de pensions et garanties standard	..	..	..	..	..	..	..	..
Produits financiers dérivés et options sur titres des salariés	..	..	..	..	..	296	448	378
Autres comptes à recevoir	..	..	..	..	..	545	601	623
Passifs financiers	..	..	..	..	..	..	..	..
Titres de dette	..	..	..	..	..	..	..	..
Titres de dette à court terme	..	..	..	..	..	..	..	..
Titres de dette à long terme	..	..	..	..	..	..	..	..
Crédits	..	..	..	..	..	..	..	..
Crédits à court terme	..	..	..	..	..	..	..	..
Crédits à long terme	..	..	..	..	..	..	..	..
Actions et parts de fonds d'investissement	..	..	..	..	..	..	..	..
Systèmes d'assurance, de pensions et garanties standard	..	..	..	..	..	..	..	..
Produits financiers dérivés et options sur titres des salariés	..	..	..	..	..	..	..	..
Autres comptes à payer	..	..	..	..	..	..	..	..
Actifs non financiers	..	..	..	..	..	1	1	1
Fonds d'investissement monéaires								
Valeur nette financière	..	..	..	..	..	..	..	..
Actifs financiers	..	..	..	..	..	10 216	12 017	13 061
Numéraire et dépôts	..	..	..	..	..	7 994	8 370	8 213
Titres de dette	..	..	..	..	..	2 222	3 647	4 849
Crédits	..	..	..	..	..	0	0	0
Actions et parts de fonds d'investissement	..	..	..	..	..	0	0	0
Actions	..	..	..	..	..	0	0	0
Parts de fonds d'investissement	..	..	..	..	..	0	0	0
Parts de fonds d'investissement monétaires	..	..	..	..	..	..	..	..
Parts de fonds d'investissement non monétaires	..	..	..	..	..	..	..	..
Systèmes d'assurance, de pensions et garanties standard	..	..	..	..	..	..	..	..
Produits financiers dérivés et options sur titres des salariés	..	..	..	..	..	0	0	0
Autres comptes à recevoir	..	..	..	..	..	0	0	0
Passifs financiers	..	..	..	..	..	..	..	..
Titres de dette	..	..	..	..	..	..	..	..
Titres de dette à court terme	..	..	..	..	..	..	..	..
Titres de dette à long terme	..	..	..	..	..	..	..	..
Crédits	..	..	..	..	..	..	..	..
Crédits à court terme	..	..	..	..	..	..	..	..
Crédits à long terme	..	..	..	..	..	..	..	..
Actions et parts de fonds d'investissement	..	..	..	..	..	..	..	..
Systèmes d'assurance, de pensions et garanties standard	..	..	..	..	..	..	..	..
Produits financiers dérivés et options sur titres des salariés	..	..	..	..	..	..	..	..
Autres comptes à payer	..	..	..	..	..	..	..	..
Actifs non financiers	..	..	..	..	..	0	0	0
Fonds d'investissement non monéaires								
Valeur nette financière	..	..	..	..	..	..	..	..
Actifs financiers	..	..	..	..	..	77 389	90 418	103 091
Numéraire et dépôts	..	..	..	..	..	12 525	13 721	16 178
Titres de dette	..	..	..	..	..	22 838	27 201	31 713
Crédits	..	..	..	..	..	75	47	4
Actions et parts de fonds d'investissement	..	..	..	..	..	41 110	48 401	54 194
Actions	..	..	..	..	..	22 496	26 504	32 898
Parts de fonds d'investissement	..	..	..	..	..	18 614	21 897	21 297
Parts de fonds d'investissement monétaires	..	..	..	..	..	..	..	..
Parts de fonds d'investissement non monétaires	..	..	..	..	..	..	..	..
Systèmes d'assurance, de pensions et garanties standard	..	..	..	..	..	..	..	..
Produits financiers dérivés et options sur titres des salariés	..	..	..	..	..	296	448	378
Autres comptes à recevoir	..	..	..	..	..	545	601	623
Passifs financiers	..	..	..	..	..	..	..	..
Titres de dette	..	..	..	..	..	..	..	..
Titres de dette à court terme	..	..	..	..	..	..	..	..
Titres de dette à long terme	..	..	..	..	..	..	..	..
Crédits	..	..	..	..	..	..	..	..
Crédits à court terme	..	..	..	..	..	..	..	..
Crédits à long terme	..	..	..	..	..	..	..	..
Actions et parts de fonds d'investissement	..	..	..	..	..	..	..	..
Systèmes d'assurance, de pensions et garanties standard	..	..	..	..	..	..	..	..
Produits financiers dérivés et options sur titres des salariés	..	..	..	..	..	..	..	..
Autres comptes à payer	..	..	..	..	..	..	..	..
Actifs non financiers	..	..	..	..	..	1	1	1
Fonds d'investissement non monéaires à capital variable								
Valeur nette financière	..	..	..	..	..	..	..	..
Actifs financiers	..	..	..	..	..	..	..	..

Tableau 2. Actifs et passifs financiers des fonds d'investissement *(suite)*

Millions NZD

	2009	2010	2011	2012	2013	2014	2015	2016
Numéraire et dépôts	..	..	..	..	..	..	..	..
Titres de dette	..	..	..	..	..	..	..	..
Crédits	..	..	..	..	..	..	..	..
Actions et parts de fonds d'investissement	..	..	..	..	..	..	..	..
Actions	..	..	..	..	..	..	..	..
Parts de fonds d'investissement	..	..	..	..	..	..	..	..
Parts de fonds d'investissement monétaires	..	..	..	..	..	..	..	..
Parts de fonds d'investissement non monétaires	..	..	..	..	..	..	..	..
Systèmes d'assurance, de pensions et garanties standard	..	..	..	..	..	..	..	..
Produits financiers dérivés et options sur titres des salariés	..	..	..	..	..	..	..	..
Autres comptes à recevoir	..	..	..	..	..	..	..	..
Passifs financiers	..	..	..	..	..	..	..	..
Titres de dette	..	..	..	..	..	..	..	..
Titres de dette à court terme	..	..	..	..	..	..	..	..
Titres de dette à long terme	..	..	..	..	..	..	..	..
Crédits	..	..	..	..	..	..	..	..
Crédits à court terme	..	..	..	..	..	..	..	..
Crédits à long terme	..	..	..	..	..	..	..	..
Actions et parts de fonds d'investissement	..	..	..	..	..	..	..	..
Systèmes d'assurance, de pensions et garanties standard	..	..	..	..	..	..	..	..
Produits financiers dérivés et options sur titres des salariés	..	..	..	..	..	..	..	..
Autres comptes à payer	..	..	..	..	..	..	..	..
Actifs non financiers	..	..	..	..	..	..	..	..
Fonds d'investissement à capital variable								
Valeur nette financière	..	..	..	..	..	..	..	..
Actifs financiers	..	..	..	..	..	..	..	..
Numéraire et dépôts	..	..	..	..	..	..	..	..
Titres de dette	..	..	..	..	..	..	..	..
Crédits	..	..	..	..	..	..	..	..
Actions et parts de fonds d'investissement	..	..	..	..	..	..	..	..
Actions	..	..	..	..	..	..	..	..
Parts de fonds d'investissement	..	..	..	..	..	..	..	..
Parts de fonds d'investissement monétaires	..	..	..	..	..	..	..	..
Parts de fonds d'investissement non monétaires	..	..	..	..	..	..	..	..
Systèmes d'assurance, de pensions et garanties standard	..	..	..	..	..	..	..	..
Produits financiers dérivés et options sur titres des salariés	..	..	..	..	..	..	..	..
Autres comptes à recevoir	..	..	..	..	..	..	..	..
Passifs financiers	..	..	..	..	..	..	..	..
Titres de dette	..	..	..	..	..	..	..	..
Titres de dette à court terme	..	..	..	..	..	..	..	..
Titres de dette à long terme	..	..	..	..	..	..	..	..
Crédits	..	..	..	..	..	..	..	..
Crédits à court terme	..	..	..	..	..	..	..	..
Crédits à long terme	..	..	..	..	..	..	..	..
Actions et parts de fonds d'investissement	..	..	..	..	..	..	..	..
Systèmes d'assurance, de pensions et garanties standard	..	..	..	..	..	..	..	..
Produits financiers dérivés et options sur titres des salariés	..	..	..	..	..	..	..	..
Autres comptes à payer	..	..	..	..	..	..	..	..
Actifs non financiers	..	..	..	..	..	..	..	..

Note : Voir les métadonnées détaillées sur : http://metalinks.oecd.org/instinv/20170920/e3b8

NOUVELLE-ZÉLANDE

Tableau 3. Actifs et passifs financiers des sociétés d'assurance et fonds de pension

Millions NZD

	2009	2010	2011	2012	2013	2014	2015	2016
Sociétés d'assurance et fonds de pension								
Valeur nette financière	..	..	..	..	..	..	..	..
Actifs financiers	..	..	..	..	..	..	..	..
Numéraire et dépôts	..	..	..	..	..	..	..	..
Titres de dette	..	..	..	..	..	..	..	..
Crédits	..	..	..	..	..	..	..	..
Actions et parts de fonds d'investissement	..	..	..	..	..	..	..	..
Actions	..	..	..	..	..	..	..	..
Parts de fonds d'investissement	..	..	..	..	..	..	..	..
Parts de fonds d'investissement monétaires	..	..	..	..	..	..	..	..
Parts de fonds d'investissement non monétaires	..	..	..	..	..	..	..	..
Systèmes d'assurance, de pensions et garanties standard	..	..	..	..	..	..	..	..
Produits financiers dérivés et options sur titres des salariés	..	..	..	..	..	..	..	..
Autres comptes à recevoir	..	..	..	..	..	..	..	..
Passifs financiers	..	..	..	..	..	..	..	..
Titres de dette	..	..	..	..	..	..	..	..
Titres de dette à court terme	..	..	..	..	..	..	..	..
Titres de dette à long terme	..	..	..	..	..	..	..	..
Crédits	..	..	..	..	..	..	..	..
Crédits à court terme	..	..	..	..	..	..	..	..
Crédits à long terme	..	..	..	..	..	..	..	..
Actions et parts de fonds d'investissement	..	..	..	..	..	..	..	..
Systèmes d'assurance, de pensions et garanties standard	..	..	..	..	..	..	..	..
Produits financiers dérivés et options sur titres des salariés	..	..	..	..	..	..	..	..
Autres comptes à payer	..	..	..	..	..	..	..	..
Actifs non financiers	..	..	..	..	..	..	..	..
Sociétés d'assurance								
Valeur nette financière	..	..	..	..	..	..	..	..
Actifs financiers	..	..	..	..	..	..	..	..
Numéraire et dépôts	..	..	..	..	..	..	..	..
Titres de dette	..	..	..	..	..	..	..	..
Crédits	..	..	..	..	..	..	..	..
Actions et parts de fonds d'investissement	..	..	..	..	..	..	..	..
Actions	..	..	..	..	..	..	..	..
Parts de fonds d'investissement	..	..	..	..	..	..	..	..
Parts de fonds d'investissement monétaires	..	..	..	..	..	..	..	..
Parts de fonds d'investissement non monétaires	..	..	..	..	..	..	..	..
Systèmes d'assurance, de pensions et garanties standard	..	..	..	..	..	..	..	..
Produits financiers dérivés et options sur titres des salariés	..	..	..	..	..	..	..	..
Autres comptes à recevoir	..	..	..	..	..	..	..	..
Passifs financiers	..	..	..	..	..	..	..	..
Titres de dette	..	..	..	..	..	..	..	..
Titres de dette à court terme	..	..	..	..	..	..	..	..
Titres de dette à long terme	..	..	..	..	..	..	..	..
Crédits	..	..	..	..	..	..	..	..
Crédits à court terme	..	..	..	..	..	..	..	..
Crédits à long terme	..	..	..	..	..	..	..	..
Actions et parts de fonds d'investissement	..	..	..	..	..	..	..	..
Systèmes d'assurance, de pensions et garanties standard	..	..	..	..	..	..	..	..
Produits financiers dérivés et options sur titres des salariés	..	..	..	..	..	..	..	..
Autres comptes à payer	..	..	..	..	..	..	..	..
Actifs non financiers	..	..	..	..	..	..	..	..
Fonds de pension								
Valeur nette financière	..	..	..	..	..	..	..	..
Actifs financiers	..	..	..	..	..	51 365	57 612	64 621
Numéraire et dépôts	..	..	..	..	..	3 775	3 957	4 555
Titres de dette	..	..	..	..	..	11 469	12 781	14 508
Crédits	..	..	..	..	..	22	10	7
Actions et parts de fonds d'investissement	..	..	..	..	..	35 550	40 012	44 791
Actions	..	..	..	..	..	14 110	15 486	19 035
Parts de fonds d'investissement	..	..	..	..	..	21 440	24 525	25 756
Parts de fonds d'investissement monétaires	..	..	..	..	..	..	..	..
Parts de fonds d'investissement non monétaires	..	..	..	..	..	..	..	..
Systèmes d'assurance, de pensions et garanties standard	..	..	..	..	..	..	..	..
Produits financiers dérivés et options sur titres des salariés	..	..	..	..	..	305	585	333
Autres comptes à recevoir	..	..	..	..	..	244	268	427
Passifs financiers	..	..	..	..	..	..	..	..
Titres de dette	..	..	..	..	..	..	..	..
Titres de dette à court terme	..	..	..	..	..	..	..	..
Titres de dette à long terme	..	..	..	..	..	..	..	..
Crédits	..	..	..	..	..	..	..	..
Crédits à court terme	..	..	..	..	..	..	..	..
Crédits à long terme	..	..	..	..	..	..	..	..
Actions et parts de fonds d'investissement	..	..	..	..	..	..	..	..
Systèmes d'assurance, de pensions et garanties standard	..	..	..	..	..	..	..	..
Produits financiers dérivés et options sur titres des salariés	..	..	..	..	..	..	..	..
Autres comptes à payer	..	..	..	..	..	..	..	..
Actifs non financiers	..	..	..	..	..	114	111	117

Note : Voir les métadonnées détaillées sur : http://metalinks.oecd.org/instinv/20170920/e3b8

Tableau 4. Composition du portefeuille par type d'investisseur

En pourcentage des actifs financiers et des passifs financiers

Pour cent

	2009	2010	2011	2012	2013	2014	2015	2016
Fonds d'investissement								
Actifs financiers	..	..	..	..	..	100.0	100.0	100.0
Numéraire et dépôts	..	..	..	..	..	23.4	21.6	21.0
Titres de dettes	..	..	..	..	..	28.6	30.1	31.5
Crédits	..	..	..	..	..	0.1	0.0	0.0
Actions et parts de fonds d'investissement	..	..	..	..	..	46.9	47.2	46.7
Systèmes d'assurance de pensions et garanties standard	..	..	..	..	..	0.0	0.0	0.0
Produits financiers dérivés et options sur titres des salariés	..	..	..	..	..	0.3	0.4	0.3
Autres comptes à recevoir	..	..	..	..	..	0.6	0.6	0.5
Passifs financiers	..	..	..	..	..	..	..	..
Numéraire et dépôts	..	..	..	..	..	..	..	..
Titres de dettes	..	..	..	..	..	..	..	..
Crédits	..	..	..	..	..	..	..	..
Actions et parts de fonds d'investissement	..	..	..	..	..	..	..	..
Systèmes d'assurance de pensions et garanties standard	..	..	..	..	..	..	..	..
Produits financiers dérivés et options sur titres des salariés	..	..	..	..	..	..	..	..
Autres comptes à recevoir	..	..	..	..	..	..	..	..
Sociétés d'assurance								
Actifs financiers	..	..	..	..	..	..	..	..
Numéraire et dépôts	..	..	..	..	..	..	..	..
Titres de dettes	..	..	..	..	..	..	..	..
Crédits	..	..	..	..	..	..	..	..
Actions et parts de fonds d'investissement	..	..	..	..	..	..	..	..
Systèmes d'assurance de pensions et garanties standard	..	..	..	..	..	..	..	..
Produits financiers dérivés et options sur titres des salariés	..	..	..	..	..	..	..	..
Autres comptes à recevoir	..	..	..	..	..	..	..	..
Passifs financiers	..	..	..	..	..	..	..	..
Numéraire et dépôts	..	..	..	..	..	..	..	..
Titres de dettes	..	..	..	..	..	..	..	..
Crédits	..	..	..	..	..	..	..	..
Actions et parts de fonds d'investissement	..	..	..	..	..	..	..	..
Systèmes d'assurance de pensions et garanties standard	..	..	..	..	..	..	..	..
Produits financiers dérivés et options sur titres des salariés	..	..	..	..	..	..	..	..
Autres comptes à recevoir	..	..	..	..	..	..	..	..
Fonds de pension								
Actifs financiers	..	..	..	..	..	100.0	100.0	100.0
Numéraire et dépôts	..	..	..	..	..	7.3	6.9	7.0
Titres de dettes	..	..	..	..	..	22.3	22.2	22.5
Crédits	..	..	..	..	..	0.0	0.0	0.0
Actions et parts de fonds d'investissement	..	..	..	..	..	69.2	69.5	69.3
Systèmes d'assurance de pensions et garanties standard	..	..	..	..	..	0.0	0.0	0.0
Produits financiers dérivés et options sur titres des salariés	..	..	..	..	..	0.6	1.0	0.5
Autres comptes à recevoir	..	..	..	..	..	0.5	0.5	0.7
Passifs financiers	..	..	..	..	..	..	..	..
Numéraire et dépôts	..	..	..	..	..	..	..	..
Titres de dettes	..	..	..	..	..	..	..	..
Crédits	..	..	..	..	..	..	..	..
Actions et parts de fonds d'investissement	..	..	..	..	..	..	..	..
Systèmes d'assurance de pensions et garanties standard	..	..	..	..	..	..	..	..
Produits financiers dérivés et options sur titres des salariés	..	..	..	..	..	..	..	..
Autres comptes à recevoir	..	..	..	..	..	..	..	..

Note : Voir les métadonnées détaillées sur : http://metalinks.oecd.org/instinv/20170920/a53e

NORVÈGE

Tableau 1. Actifs et passifs financiers des investisseurs institutionnels, 2016

Millions NOK

	Fonds d'investissement				
	Total	Fonds d'investissement non-monétaire			Fonds d'investissement monétaires
		Total	Fonds d'investissement à capital variable, non monétaire	Fonds d'investissement à capital fixe, non monétaire	Total
Actifs financiers	..	..	959 198	..	95 884
Numéraire et dépôts	..	..	25 035	..	10 267
Titres de dette	..	..	328 862	..	77 986
Titres de dette à court terme	..	..	12 299	..	14 196
Titres de dette à long terme	..	..	316 563	..	63 790
Titres de dette émis par les résidents	..	..	193 458	..	74 623
Titres de dette émis par les non-résidents	..	..	135 404	..	3 363
Crédits	..	..	0	..	..
Crédits à court terme	..	..	..	..	..
Crédits à long terme	..	..	0	..	..
Crédits accordés aux résidents	..	..	0	..	..
Crédits accordés aux non-résidents	..	..	..	..	..
Actions et parts de fonds d'investissement	..	..	596 377	..	7 295
Actions et parts de fonds d'investissements émises par les résidents	..	..	243 948	..	7 282
Actions et part de fonds d'investissements émises par les non-résidents	..	..	352 429	..	..
Autres comptes à recevoir	..	..	14 447	..	336

	Fonds d'investissement				
	Total	Fonds d'investissement non-monétaire			Fonds d'investissement monétaires
		Total	Fonds d'investissement à capital variable, non monétaire	Fonds d'investissement à capital fixe, non monétaire	Total
Pasifs financiers	..	..	955 321	..	95 778
Numéraire et dépôts	..	..	..	..	..
Titres de dette	..	..	..	..	..
Titres de dette à court terme	..	..	..	..	..
Titres de dette à long terme	..	..	..	..	..
Crédits	..	..	435	..	..
Crédits à court terme	..	..	435	..	..
Crédits à long terme	..	..	..	..	..
Actions et parts de fonds d'investissement	..	..	950 878	..	95 450
Systèmes d'assurance, de pensions et garanties standard	..	..	..	..	..
Produits financiers dérivés et options sur titres des salariés	..	..	..	..	..
Autres comptes à payer	..	..	4 008	..	328

	Sociétés d'assurance et fonds de pension autonomes				
	Total	Sociétés d'assurance			Fonds de pension autonomes
		Total	Sociétés d'assurance vie	Sociétés d'assurance non-vie	Total
Actifs financiers	1 935 438	1 609 668	1 378 482	231 186	325 770
Numéraire et dépôts	41 759	34 468	25 515	8 953	7 291
Titres de dette	753 338	620 627	523 016	97 611	132 711
Titres de dette à court terme	39 458	33 304	20 199	13 105	6 154
Titres de dette à long terme	713 880	587 323	502 817	84 506	126 557
Titres de dette émis par les résidents	423 336	309 002	242 299	66 703	114 334
Titres de dette émis par les non-résidents	330 002	311 625	280 717	30 908	18 377
Crédits	118 123	116 090	114 230	1 860	2 033
Crédits à court terme	0	0	0	0	..
Crédits à long terme	118 123	116 090	114 230	1 860	2 033
Crédits accordés aux résidents	108 226	106 196	104 336	1 860	2 030
Crédits accordés aux non-résidents	9 897	9 894	9 894	0	3
Actions et parts de fonds d'investissement	936 167	754 383	705 713	48 670	181 784
Actions et parts de fonds d'investissement émises par les résidents	665 317	556 666	534 040	22 626	108 651
Actions et parts de fonds d'investissement émises par les non-résidents	270 850	197 717	171 673	26 044	73 133
Autrescomptes à recevoir	61 724	60 002	5 792	54 210	1 722

	Sociétés d'assurance et fonds de pension autonomes				
	Total	Sociétés d'assurance			Fonds de pension autonomes
		Total	Sociétés d'assurance vie	Sociétés d'assurance non-vie	Total
Pasifs financiers	1 987 155	1 653 032	1 380 428	272 604	334 123
Numéraire et dépôts	..	..	..	..	..
Titres de dette	20 596	20 596	17 577	3 019	0
Titres de dette à court terme	..	..	..	..	..
Titres de dette à long terme	20 596	20 596	17 577	3 019	0
Crédits	12 381	11 957	11 579	378	424
Crédits à court terme	1 099	1 099	1 096	3	..
Crédits à long terme	11 282	10 858	10 483	375	424
Actions et parts de fonds d'investissement	260 738	229 521	93 281	136 240	31 217
Systèmes d'assurance, de pensions et garanties standard	1 660 970	1 360 447	1 240 852	119 595	300 523
Produits financiers dérivés et options sur titres des salariés	8 190	7 067	6 185	882	1 123
Autres comptes à payer	24 280	23 444	10 954	12 490	836

Note : Voir les métadonnées détaillées sur : http://metalinks.oecd.org/instinv/20170920/e3b8

Tableau 2. Actifs et passifs financiers des fonds d'investissement

Millions NOK

	2009	2010	2011	2012	2013	2014	2015	2016
Fonds d'investissement								
Valeur nette financière	..	..	..	..	..	..	..	..
Actifs financiers	..	..	..	..	..	..	..	..
Numéraire et dépôts	..	..	..	..	..	..	..	..
Titres de dette	..	..	..	..	..	..	..	..
Crédits	..	..	..	..	..	..	..	..
Actions et parts de fonds d'investissement	..	..	..	..	..	..	..	..
Actions	..	..	..	..	..	..	..	..
Parts de fonds d'investissement	..	..	..	..	..	..	..	..
Parts de fonds d'investissement monétaires	..	..	..	..	..	..	..	..
Parts de fonds d'investissement non monétaires	..	..	..	..	..	..	..	..
Systèmes d'assurance, de pensions et garanties standard	..	..	..	..	..	..	..	..
Produits financiers dérivés et options sur titres des salariés	..	..	..	..	..	..	..	..
Autres comptes à recevoir	..	..	..	..	..	..	..	..
Passifs financiers	..	..	..	..	..	..	..	..
Titres de dette	..	..	..	..	..	..	..	..
Titres de dette à court terme	..	..	..	..	..	..	..	..
Titres de dette à long terme	..	..	..	..	..	..	..	..
Crédits	..	..	..	..	..	..	..	..
Crédits à court terme	..	..	..	..	..	..	..	..
Crédits à long terme	..	..	..	..	..	..	..	..
Actions et parts de fonds d'investissement	..	..	..	..	..	..	..	..
Systèmes d'assurance, de pensions et garanties standard	..	..	..	..	..	..	..	..
Produits financiers dérivés et options sur titres des salariés	..	..	..	..	..	..	..	..
Autres comptes à payer	..	..	..	..	..	..	..	..
Actifs non financiers	..	..	..	..	..	..	..	..
Fonds d'investissement monéaires								
Valeur nette financière	85	-1 318	265	-42	38	48	58	106
Actifs financiers	111 816	109 163	120 275	95 718	90 646	86 717	82 313	95 884
Numéraire et dépôts	6 525	6 845	5 494	10 993	12 715	13 422	10 216	10 267
Titres de dette	89 737	85 875	98 069	76 512	68 000	66 345	65 384	77 986
Crédits	..	..	..	..	..	..	..	..
Actions et parts de fonds d'investissement	14 694	15 488	16 006	7 605	8 614	6 505	6 377	7 295
Actions	..	..	..	..	..	..	..	..
Parts de fonds d'investissement	14 694	15 488	16 006	7 605	8 614	6 505	6 377	7 295
Parts de fonds d'investissement monétaires	14 694	15 488	16 006	7 592	8 560	6 468	6 364	7 282
Parts de fonds d'investissement non monétaires	..	..	..	..	..	..	..	..
Systèmes d'assurance, de pensions et garanties standard	..	..	..	..	..	..	..	..
Produits financiers dérivés et options sur titres des salariés	..	..	..	..	..	..	..	..
Autres comptes à recevoir	860	955	706	608	1 317	445	336	336
Passifs financiers	111 731	110 481	120 010	95 760	90 608	86 669	82 255	95 778
Titres de dette	..	..	..	..	..	..	..	..
Titres de dette à court terme	..	..	..	..	..	..	..	..
Titres de dette à long terme	..	..	..	..	..	..	..	..
Crédits	..	..	..	..	..	..	..	..
Crédits à court terme	..	..	..	..	..	..	..	..
Crédits à long terme	..	..	..	..	..	..	..	..
Actions et parts de fonds d'investissement	111 078	110 146	119 472	95 520	89 545	86 236	81 929	95 450
Systèmes d'assurance, de pensions et garanties standard	..	..	..	..	..	..	..	..
Produits financiers dérivés et options sur titres des salariés	..	..	..	..	..	..	..	..
Autres comptes à payer	653	335	538	240	1 063	433	326	328
Actifs non financiers	..	..	..	..	..	..	..	..
Fonds d'investissement non monéaires								
Valeur nette financière	..	..	..	..	..	..	..	..
Actifs financiers	..	..	..	..	..	..	..	..
Numéraire et dépôts	..	..	..	..	..	..	..	..
Titres de dette	..	..	..	..	..	..	..	..
Crédits	..	..	..	..	..	..	..	..
Actions et parts de fonds d'investissement	..	..	..	..	..	..	..	..
Actions	..	..	..	..	..	..	..	..
Parts de fonds d'investissement	..	..	..	..	..	..	..	..
Parts de fonds d'investissement monétaires	..	..	..	..	..	..	..	..
Parts de fonds d'investissement non monétaires	..	..	..	..	..	..	..	..
Systèmes d'assurance, de pensions et garanties standard	..	..	..	..	..	..	..	..
Produits financiers dérivés et options sur titres des salariés	..	..	..	..	..	..	..	..
Autres comptes à recevoir	..	..	..	..	..	..	..	..
Passifs financiers	..	..	..	..	..	..	..	..
Titres de dette	..	..	..	..	..	..	..	..
Titres de dette à court terme	..	..	..	..	..	..	..	..
Titres de dette à long terme	..	..	..	..	..	..	..	..
Crédits	..	..	..	..	..	..	..	..
Crédits à court terme	..	..	..	..	..	..	..	..
Crédits à long terme	..	..	..	..	..	..	..	..
Actions et parts de fonds d'investissement	..	..	..	..	..	..	..	..
Systèmes d'assurance, de pensions et garanties standard	..	..	..	..	..	..	..	..
Produits financiers dérivés et options sur titres des salariés	..	..	..	..	..	..	..	..
Autres comptes à payer	..	..	..	..	..	..	..	..
Actifs non financiers	..	..	..	..	..	..	..	..
Fonds d'investissement non monéaires à capital variable								
Valeur nette financière	3 129	4 194	2 719	539	526	13	783	3 877
Actifs financiers	340 850	435 788	409 383	518 095	641 172	824 695	884 689	959 198

Tableau 2. Actifs et passifs financiers des fonds d'investissement *(suite)*

Millions NOK

	2009	2010	2011	2012	2013	2014	2015	2016
Numéraire et dépôts	16 142	13 080	16 470	16 293	18 721	26 214	26 810	25 035
Titres de dette	62 562	89 792	107 306	158 407	178 526	293 483	314 650	328 862
Crédits	0	0	0	0	0	0	0	0
Actions et parts de fonds d'investissement	258 601	327 629	282 251	330 722	438 402	498 837	536 726	596 377
Actions	212 733	273 308	232 679	260 330	342 826	379 600	399 051	437 232
Parts de fonds d'investissement	45 868	54 321	49 572	70 392	95 576	119 237	137 675	159 145
Parts de fonds d'investissement monétaires	0	0	0	6 274	4 895	5 977	6 372	6 816
Parts de fonds d'investissement non monétaires	45 868	54 321	49 572	64 118	90 681	113 260	131 303	152 329
Systèmes d'assurance, de pensions et garanties standard	..	..	..	..	..	..	..	..
Produits financiers dérivés et options sur titres des salariés	0	0	0	705	-190	-5 349	-5 523	-5 523
Autres comptes à recevoir	3 545	5 287	3 356	11 968	5 713	11 510	12 026	14 447
Passifs financiers	337 721	431 594	406 664	517 556	640 646	824 682	883 906	955 321
Titres de dette	..	..	..	..	..	..	..	..
Titres de dette à court terme	..	..	..	..	..	..	..	..
Titres de dette à long terme	..	..	..	..	..	..	..	..
Crédits	0	0	0	1 113	650	1 978	3 743	435
Crédits à court terme	0	0	0	1 113	650	1 978	3 743	435
Crédits à long terme	..	..	..	..	..	..	..	..
Actions et parts de fonds d'investissement	337 661	431 521	406 598	513 910	636 305	818 518	876 168	950 878
Systèmes d'assurance, de pensions et garanties standard	..	..	..	..	..	..	..	..
Produits financiers dérivés et options sur titres des salariés	..	..	..	..	..	..	..	..
Autres comptes à payer	60	73	66	2 533	3 691	4 186	3 995	4 008
Actifs non financiers	..	..	..	..	..	..	..	..
Fonds d'investissement à capital variable								
Valeur nette financière	3 214	2 876	2 984	497	564	61	841	3 983
Actifs financiers	452 666	544 951	529 658	613 813	731 818	911 412	967 002	1 055 082
Numéraire et dépôts	22 667	19 925	21 964	27 286	31 436	39 636	37 026	35 302
Titres de dette	152 299	175 667	205 375	234 919	246 526	359 828	380 034	406 848
Crédits	0	0	0	0	0	0	0	0
Actions et parts de fonds d'investissement	273 295	343 117	298 257	338 327	447 016	505 342	543 103	603 672
Actions	212 733	273 308	232 679	260 330	342 826	379 600	399 051	437 232
Parts de fonds d'investissement	60 562	69 809	65 578	77 997	104 190	125 742	144 052	166 440
Parts de fonds d'investissement monétaires	14 694	15 488	16 006	13 866	13 455	12 445	12 736	14 098
Parts de fonds d'investissement non monétaires	45 868	54 321	49 572	64 131	90 735	113 297	131 316	152 342
Systèmes d'assurance, de pensions et garanties standard	..	..	..	..	..	..	..	..
Produits financiers dérivés et options sur titres des salariés	0	0	0	705	-190	-5 349	-5 523	-5 523
Autres comptes à recevoir	4 405	6 242	4 062	12 576	7 030	11 955	12 362	14 783
Passifs financiers	449 452	542 075	526 674	613 316	731 254	911 351	966 161	1 051 099
Titres de dette	..	..	..	..	..	..	..	..
Titres de dette à court terme	..	..	..	..	..	..	..	..
Titres de dette à long terme	..	..	..	..	..	..	..	..
Crédits	0	0	0	1 113	650	1 978	3 743	435
Crédits à court terme	0	0	0	1 113	650	1 978	3 743	435
Crédits à long terme	..	..	..	..	..	..	..	..
Actions et parts de fonds d'investissement	448 739	541 667	526 070	609 430	725 850	904 754	958 097	1 046 328
Systèmes d'assurance, de pensions et garanties standard	..	..	..	..	..	..	..	..
Produits financiers dérivés et options sur titres des salariés	..	..	..	..	..	..	..	..
Autres comptes à payer	713	408	604	2 773	4 754	4 619	4 321	4 336
Actifs non financiers	..	..	..	..	..	..	..	..

Note : Voir les métadonnées détaillées sur : http://metalinks.oecd.org/instinv/20170920/e3b8

Tableau 3. Actifs et passifs financiers des sociétés d'assurance et fonds de pension

Millions NOK

	2009	2010	2011	2012	2013	2014	2015	2016
Sociétés d'assurance et fonds de pension								
Valeur nette financière	28 110	26 183	19 050	-21 296	-35 308	-32 621	-47 574	-51 717
Actifs financiers	1 107 812	1 209 650	1 273 579	1 410 105	1 554 349	1 717 289	1 825 987	1 935 438
Numéraire et dépôts	40 412	39 519	38 768	44 030	54 388	45 782	46 960	41 759
Titres de dette	543 148	550 608	615 902	670 544	731 358	702 241	732 544	753 338
Crédits	73 691	57 450	54 059	53 658	64 870	84 510	94 911	118 123
Actions et parts de fonds d'investissement	379 281	485 463	492 237	567 562	626 038	802 131	868 178	936 167
Actions	203 521	260 160	218 490	242 316	246 444	270 419	287 519	299 242
Parts de fonds d'investissement	175 760	225 303	273 747	325 246	379 594	531 712	580 659	636 925
Parts de fonds d'investissement monétaires	31 291	32 236	41 235	36 833	32 472	30 393	26 770	27 492
Parts de fonds d'investissement non monétaires	144 469	193 067	232 512	288 413	347 122	501 319	553 889	609 433
Systèmes d'assurance, de pensions et garanties standard	14 888	13 369	13 065	14 209	16 270	16 147	18 599	18 949
Produits financiers dérivés et options sur titres des salariés	1 844	3 856	1 509	5 572	3 829	4 928	3 917	5 378
Autres comptes à recevoir	54 548	59 385	58 039	54 530	57 596	61 550	60 878	61 724
Passifs financiers	1 079 702	1 183 467	1 254 529	1 431 401	1 589 657	1 749 910	1 873 561	1 987 155
Titres de dette	8 199	11 147	10 994	11 016	11 377	13 162	20 197	20 596
Titres de dette à court terme	..	..	..	..	..	..	..	..
Titres de dette à long terme	8 199	11 147	10 994	11 016	11 377	13 162	20 197	20 596
Crédits	9 619	4 320	4 393	4 775	3 859	4 565	11 237	12 381
Crédits à court terme	1	5	0	37	25	31	375	1 099
Crédits à long terme	9 618	4 315	4 393	4 738	3 834	4 534	10 862	11 282
Actions et parts de fonds d'investissement	40 988	71 243	90 483	175 478	208 510	227 550	261 072	260 738
Systèmes d'assurance, de pensions et garanties standard	991 606	1 076 188	1 120 210	1 214 058	1 336 457	1 460 755	1 544 172	1 660 970
Produits financiers dérivés et options sur titres des salariés	2 169	1 699	2 083	2 241	4 141	18 398	12 398	8 190
Autres comptes à payer	27 121	18 870	26 366	23 833	25 313	25 480	24 485	24 280
Actifs non financiers	..	..	..	..	..	..	..	..
Sociétés d'assurance								
Valeur nette financière	53 893	54 485	47 435	-14 551	-31 223	-32 623	-50 005	-43 364
Actifs financiers	941 613	1 027 696	1 088 313	1 186 317	1 297 941	1 426 697	1 509 629	1 609 668
Numéraire et dépôts	32 610	33 745	32 732	38 011	48 304	38 262	39 701	34 468
Titres de dette	447 094	451 003	502 667	555 786	607 928	570 467	594 558	620 627
Crédits	71 562	55 191	51 949	51 131	61 935	81 978	92 878	116 090
Actions et parts de fonds d'investissement	325 019	417 530	434 270	469 566	503 374	655 369	701 057	754 383
Actions	178 703	228 707	193 022	208 176	206 167	226 911	240 235	251 821
Parts de fonds d'investissement	146 316	188 823	241 248	261 390	297 207	428 458	460 822	502 562
Parts de fonds d'investissement monétaires	31 291	32 236	41 235	32 278	26 499	23 474	18 930	19 482
Parts de fonds d'investissement non monétaires	115 025	156 587	200 013	229 112	270 708	404 984	441 892	483 080
Systèmes d'assurance, de pensions et garanties standard	14 888	13 369	13 065	14 209	16 270	16 147	18 599	18 949
Produits financiers dérivés et options sur titres des salariés	1 844	3 856	1 509	4 996	3 611	4 612	3 660	5 149
Autres comptes à recevoir	48 596	53 002	52 121	52 618	56 519	59 862	59 176	60 002
Passifs financiers	887 720	973 211	1 040 878	1 200 868	1 329 164	1 459 320	1 559 634	1 653 032
Titres de dette	8 199	11 147	10 994	10 779	11 030	13 161	20 197	20 596
Titres de dette à court terme	..	..	..	..	..	..	..	..
Titres de dette à long terme	8 199	11 147	10 994	10 779	11 030	13 161	20 197	20 596
Crédits	9 619	4 320	4 393	4 280	3 347	4 118	10 813	11 957
Crédits à court terme	1	5	0	37	25	31	375	1 099
Crédits à long terme	9 618	4 315	4 393	4 243	3 322	4 087	10 438	10 858
Actions et parts de fonds d'investissement	25 992	53 848	72 861	153 807	184 076	200 584	229 855	229 521
Systèmes d'assurance, de pensions et garanties standard	816 249	884 472	925 684	1 007 028	1 102 384	1 201 068	1 264 069	1 360 447
Produits financiers dérivés et options sur titres des salariés	2 169	1 699	2 083	2 169	3 810	15 939	11 051	7 067
Autres comptes à payer	25 492	17 725	24 863	22 805	24 517	24 450	23 649	23 444
Actifs non financiers	..	..	..	..	..	..	..	..
Fonds de pension								
Valeur nette financière	-25 783	-28 302	-28 385	-6 745	-4 085	2	2 431	-8 353
Actifs financiers	166 199	181 954	185 266	223 788	256 408	290 592	316 358	325 770
Numéraire et dépôts	7 802	5 774	6 036	6 019	6 084	7 520	7 259	7 291
Titres de dette	96 054	99 605	113 235	114 758	123 430	131 774	137 986	132 711
Crédits	2 129	2 259	2 110	2 527	2 935	2 532	2 033	2 033
Actions et parts de fonds d'investissement	54 262	67 933	57 967	97 996	122 664	146 762	167 121	181 784
Actions	24 818	31 453	25 468	34 140	40 277	43 508	47 284	47 421
Parts de fonds d'investissement	29 444	36 480	32 499	63 856	82 387	103 254	119 837	134 363
Parts de fonds d'investissement monétaires	0	0	0	4 555	5 973	6 919	7 840	8 010
Parts de fonds d'investissement non monétaires	29 444	36 480	32 499	59 301	76 414	96 335	111 997	126 353
Systèmes d'assurance, de pensions et garanties standard	..	..	..	..	..	..	..	..
Produits financiers dérivés et options sur titres des salariés	0	0	0	576	218	316	257	229
Autres comptes à recevoir	5 952	6 383	5 918	1 912	1 077	1 688	1 702	1 722
Passifs financiers	191 982	210 256	213 651	230 533	260 493	290 590	313 927	334 123
Titres de dette	0	0	0	237	347	1	0	0
Titres de dette à court terme	..	..	..	..	..	..	..	..
Titres de dette à long terme	0	0	0	237	347	1	0	0
Crédits	0	0	0	495	512	447	424	424
Crédits à court terme	..	..	..	..	..	..	..	..
Crédits à long terme	0	0	0	495	512	447	424	424
Actions et parts de fonds d'investissement	14 996	17 395	17 622	21 671	24 434	26 966	31 217	31 217
Systèmes d'assurance, de pensions et garanties standard	175 357	191 716	194 526	207 030	234 073	259 687	280 103	300 523
Produits financiers dérivés et options sur titres des salariés	0	0	0	72	331	2 459	1 347	1 123
Autres comptes à payer	1 629	1 145	1 503	1 028	796	1 030	836	836
Actifs non financiers	..	..	..	..	..	..	..	..

Note : Voir les métadonnées détaillées sur : http://metalinks.oecd.org/instinv/20170920/e3b8

Tableau 4. Composition du portefeuille par type d'investisseur

En pourcentage des actifs financiers et des passifs financiers

Pour cent

	2009	2010	2011	2012	2013	2014	2015	2016
Fonds d'investissement								
Actifs financiers	..	..	..	..	..	..	..	..
Numéraire et dépôts	..	..	..	..	..	..	..	..
Titres de dettes	..	..	..	..	..	..	..	..
Crédits	..	..	..	..	..	..	..	..
Actions et parts de fonds d'investissement	..	..	..	..	..	..	..	..
Systèmes d'assurance de pensions et garanties standard	..	..	..	..	..	..	..	..
Produits financiers dérivés et options sur titres des salariés	..	..	..	..	..	..	..	..
Autres comptes à recevoir	..	..	..	..	..	..	..	..
Passifs financiers	..	..	..	..	..	..	..	..
Numéraire et dépôts	..	..	..	..	..	..	..	..
Titres de dettes	..	..	..	..	..	..	..	..
Crédits	..	..	..	..	..	..	..	..
Actions et parts de fonds d'investissement	..	..	..	..	..	..	..	..
Systèmes d'assurance de pensions et garanties standard	..	..	..	..	..	..	..	..
Produits financiers dérivés et options sur titres des salariés	..	..	..	..	..	..	..	..
Autres comptes à recevoir	..	..	..	..	..	..	..	..
Sociétés d'assurance								
Actifs financiers	100.0	100.0	100.0	100.0	100.0	100.0	100.0	100.0
Numéraire et dépôts	3.5	3.3	3.0	3.2	3.7	2.7	2.6	2.1
Titres de dettes	47.5	43.9	46.2	46.8	46.8	40.0	39.4	38.6
Crédits	7.6	5.4	4.8	4.3	4.8	5.7	6.2	7.2
Actions et parts de fonds d'investissement	34.5	40.6	39.9	39.6	38.8	45.9	46.4	46.9
Systèmes d'assurance de pensions et garanties standard	1.6	1.3	1.2	1.2	1.3	1.1	1.2	1.2
Produits financiers dérivés et options sur titres des salariés	0.2	0.4	0.1	0.4	0.3	0.3	0.2	0.3
Autres comptes à recevoir	5.2	5.2	4.8	4.4	4.4	4.2	3.9	3.7
Passifs financiers	100.0	100.0	100.0	100.0	100.0	100.0	100.0	100.0
Numéraire et dépôts	0.0	0.0	0.0	0.0	0.0	0.0	0.0	0.0
Titres de dettes	0.9	1.1	1.1	0.9	0.8	0.9	1.3	1.2
Crédits	1.1	0.4	0.4	0.4	0.3	0.3	0.7	0.7
Actions et parts de fonds d'investissement	2.9	5.5	7.0	12.8	13.8	13.7	14.7	13.9
Systèmes d'assurance de pensions et garanties standard	91.9	90.9	88.9	83.9	82.9	82.3	81.0	82.3
Produits financiers dérivés et options sur titres des salariés	0.2	0.2	0.2	0.2	0.3	1.1	0.7	0.4
Autres comptes à recevoir	2.9	1.8	2.4	1.9	1.8	1.7	1.5	1.4
Fonds de pension								
Actifs financiers	100.0	100.0	100.0	100.0	100.0	100.0	100.0	100.0
Numéraire et dépôts	4.7	3.2	3.3	2.7	2.4	2.6	2.3	2.2
Titres de dettes	57.8	54.7	61.1	51.3	48.1	45.3	43.6	40.7
Crédits	1.3	1.2	1.1	1.1	1.1	0.9	0.6	0.6
Actions et parts de fonds d'investissement	32.6	37.3	31.3	43.8	47.8	50.5	52.8	55.8
Systèmes d'assurance de pensions et garanties standard	0.0	0.0	0.0	0.0	0.0	0.0	0.0	0.0
Produits financiers dérivés et options sur titres des salariés	0.0	0.0	0.0	0.3	0.1	0.1	0.1	0.1
Autres comptes à recevoir	3.6	3.5	3.2	0.9	0.4	0.6	0.5	0.5
Passifs financiers	100.0	100.0	100.0	100.0	100.0	100.0	100.0	100.0
Numéraire et dépôts	0.0	0.0	0.0	0.0	0.0	0.0	0.0	0.0
Titres de dettes	0.0	0.0	0.0	0.1	0.1	0.0	0.0	0.0
Crédits	0.0	0.0	0.0	0.2	0.2	0.2	0.1	0.1
Actions et parts de fonds d'investissement	7.8	8.3	8.2	9.4	9.4	9.3	9.9	9.3
Systèmes d'assurance de pensions et garanties standard	91.3	91.2	91.0	89.8	89.9	89.4	89.2	89.9
Produits financiers dérivés et options sur titres des salariés	0.0	0.0	0.0	0.0	0.1	0.8	0.4	0.3
Autres comptes à recevoir	0.8	0.5	0.7	0.4	0.3	0.4	0.3	0.3

Note : Voir les métadonnées détaillées sur : http://metalinks.oecd.org/instinv/20170920/a53e

POLOGNE

Tableau 1. Actifs et passifs financiers des investisseurs institutionnels, 2016

Millions PLN

	Total	Fonds d'investissement			
		Fonds d'investissement non-monétaire			Fonds d'investissement monétaires
		Total	Fonds d'investissement à capital variable, non monétaire	Fonds d'investissement à capital fixe, non monétaire	Total
Actifs financiers	..	285 975	137 573	148 402	..
Numéraire et dépôts	..	20 358	9 713	10 645	..
Titres de dette	..	119 317	81 034	38 283	..
Titres de dette à court terme	..	2 095	758	1 337	..
Titres de dette à long terme	..	117 222	80 276	36 946	..
Titres de dette émis par les résidents	..	104 905	70 527	34 378	..
Titres de dette émis par les non-résidents	..	14 412	10 507	3 905	..
Crédits	..	14 581	..	14 579	..
Crédits à court terme	..	..	..	312	..
Crédits à long terme	..	14 267	0	14 267	..
Crédits accordés aux résidents	..	..	..	4 449	..
Crédits accordés aux non-résidents	..	..	0	..	..
Actions et parts de fonds d'investissement	..	..	45 312	58 456	..
Actions et parts de fonds d'investissements émises par les résidents	..	54 654	28 196	26 458	..
Actions et part de fonds d'investissements émises par les non-résidents	..	49 114	17 116	31 998	..
Autres comptes à recevoir	..	27 602	1 398	26 204	..

	Total	Fonds d'investissement			
		Fonds d'investissement non-monétaire			Fonds d'investissement monétaires
		Total	Fonds d'investissement à capital variable, non monétaire	Fonds d'investissement à capital fixe, non monétaire	Total
Pasifs financiers	..	..	137 573	152 523	..
Numéraire et dépôts	..	..	..	..	..
Titres de dette	..	..	..	..	..
Titres de dette à court terme	..	..	..	..	..
Titres de dette à long terme	..	..	..	..	..
Crédits	..	7 369	6 679	690	..
Crédits à court terme	..	7 099	6 679	420	..
Crédits à long terme	..	270	0	270	..
Actions et parts de fonds d'investissement	..	271 720	126 206	145 514	..
Systèmes d'assurance, de pensions et garanties standard	..	..	..	..	..
Produits financiers dérivés et options sur titres des salariés	..	179	116	63	..
Autres comptes à payer	..	10 827	4 572	6 255	..

	Total	Sociétés d'assurance et fonds de pension autonomes			
		Sociétés d'assurance			Fonds de pension autonomes
		Total	Sociétés d'assurance vie	Sociétés d'assurance non-vie	Total
Actifs financiers	339 497	183 715	102 777	80 938	155 782
Numéraire et dépôts	22 265	9 844	6 340	3 505	12 421
Titres de dette	87 830	72 813	35 308	37 505	15 017
Titres de dette à court terme	0	0	0	0	0 e
Titres de dette à long terme	87 830	72 813	35 308	37 505	15 017 e
Titres de dette émis par les résidents	83 378	68 632	33 373	35 260	14 746 e
Titres de dette émis par les non-résidents	4 452	4 181	1 935	2 245	271 e
Crédits	2 850	2 850	603	2 247	0
Crédits à court terme	..	1 471	165	1 306	0
Crédits à long terme	..	1 379	438	941	0
Crédits accordés aux résidents	2 721	2 721	603	2 118	0
Crédits accordés aux non-résidents	129	129	0	129	0
Actions et parts de fonds d'investissement	192 936	65 202	45 505	19 697	127 734
Actions et parts de fonds d'investissement émises par les résidents	175 137	58 302	39 589	18 712	116 835 e
Actions et parts de fonds d'investissement émises par les non-résidents	17 800	6 901	5 916	985	10 899 e
Autrescomptes à recevoir	26 558	25 947	14 148 e	11 799	611

	Total	Sociétés d'assurance et fonds de pension autonomes			
		Sociétés d'assurance			Fonds de pension autonomes
		Total	Sociétés d'assurance vie	Sociétés d'assurance non-vie	Total
Pasifs financiers	341 148	185 366	103 193	82 173	155 782
Numéraire et dépôts	1 618	1 618 e	148 e	1 470 e	0
Titres de dette	..	..	..	..	0
Titres de dette à court terme	..	..	..	..	0
Titres de dette à long terme	..	..	..	..	0
Crédits	..	..	..	..	0
Crédits à court terme	..	..	..	..	0
Crédits à long terme	..	..	..	..	0
Actions et parts de fonds d'investissement	..	..	..	..	0
Systèmes d'assurance, de pensions et garanties standard	297 935	142 729	87 359	55 370	155 206
Produits financiers dérivés et options sur titres des salariés	..	..	..	..	0
Autres comptes à payer	..	..	..	..	576

Note : Voir les métadonnées détaillées sur : http://metalinks.oecd.org/instinv/20170920/a3ed

Tableau 2. Actifs et passifs financiers des fonds d'investissement

Millions PLN

	2009	2010	2011	2012	2013	2014	2015	2016
Fonds d'investissement								
Valeur nette financière	..	..	..	..	..	..	..	..
Actifs financiers	..	..	..	..	..	..	..	..
Numéraire et dépôts	..	..	..	..	..	..	..	..
Titres de dette	..	..	..	..	..	..	..	..
Crédits	..	..	..	..	..	..	..	..
Actions et parts de fonds d'investissement	..	..	..	..	..	..	..	..
Actions	..	..	..	..	..	..	..	..
Parts de fonds d'investissement	..	..	..	..	..	..	..	..
Parts de fonds d'investissement monétaires	..	..	..	..	..	..	..	..
Parts de fonds d'investissement non monétaires	..	..	..	..	..	..	..	..
Systèmes d'assurance, de pensions et garanties standard	..	..	..	..	..	..	..	..
Produits financiers dérivés et options sur titres des salariés	..	..	..	..	..	..	..	..
Autres comptes à recevoir	..	..	..	..	..	..	..	..
Passifs financiers	..	..	..	..	..	..	..	..
Titres de dette	..	..	..	..	..	..	..	..
Titres de dette à court terme	..	..	..	..	..	..	..	..
Titres de dette à long terme	..	..	..	..	..	..	..	..
Crédits	..	..	..	..	..	..	..	..
Crédits à court terme	..	..	..	..	..	..	..	..
Crédits à long terme	..	..	..	..	..	..	..	..
Actions et parts de fonds d'investissement	..	..	..	..	..	..	..	..
Systèmes d'assurance, de pensions et garanties standard	..	..	..	..	..	..	..	..
Produits financiers dérivés et options sur titres des salariés	..	..	..	..	..	..	..	..
Autres comptes à payer	..	..	..	..	..	..	..	..
Actifs non financiers	..	..	..	..	..	..	..	..
Fonds d'investissement monéaires								
Valeur nette financière	..	..	..	..	..	..	..	..
Actifs financiers	..	..	..	..	..	..	..	..
Numéraire et dépôts	..	..	..	..	..	..	..	..
Titres de dette	..	..	..	..	..	..	..	..
Crédits	..	..	..	..	..	..	..	..
Actions et parts de fonds d'investissement	..	..	..	..	..	..	..	..
Actions	..	..	..	..	..	..	..	..
Parts de fonds d'investissement	..	..	..	..	..	..	..	..
Parts de fonds d'investissement monétaires	..	..	..	..	..	..	..	..
Parts de fonds d'investissement non monétaires	..	..	..	..	..	..	..	..
Systèmes d'assurance, de pensions et garanties standard	..	..	..	..	..	..	..	..
Produits financiers dérivés et options sur titres des salariés	..	..	..	..	..	..	..	..
Autres comptes à recevoir	..	..	..	..	..	..	..	..
Passifs financiers	..	..	..	..	..	..	..	..
Titres de dette	..	..	..	..	..	..	..	..
Titres de dette à court terme	..	..	..	..	..	..	..	..
Titres de dette à long terme	..	..	..	..	..	..	..	..
Crédits	..	..	..	..	..	..	..	..
Crédits à court terme	..	..	..	..	..	..	..	..
Crédits à long terme	..	..	..	..	..	..	..	..
Actions et parts de fonds d'investissement	..	..	..	..	..	..	..	..
Systèmes d'assurance, de pensions et garanties standard	..	..	..	..	..	..	..	..
Produits financiers dérivés et options sur titres des salariés	..	..	..	..	..	..	..	..
Autres comptes à payer	..	..	..	..	..	..	..	..
Actifs non financiers	..	..	..	..	..	..	..	..
Fonds d'investissement non monéaires								
Valeur nette financière	..	-2	-4	-3	-749	-2 498	-2 533	-4 121
Actifs financiers	..	133 201	123 794	158 821	209 923	237 992	290 227	285 975
Numéraire et dépôts	..	7 644	8 510	12 150	18 749	17 330	21 771	20 358
Titres de dette	..	54 247	52 946	66 395	86 207	107 560	109 602	119 317
Crédits	..	317	294	402	895	3 796	14 139	14 581
Actions et parts de fonds d'investissement	..	67 654	55 869	67 500	88 632	90 023	119 453	..
Actions	..	59 437	48 172	59 602	79 090	74 532	102 432	86 089
Parts de fonds d'investissement	..	8 217	7 697	7 898	9 542	15 491	17 021	17 679
Parts de fonds d'investissement monétaires	..	192	151	0	0	2	6	..
Parts de fonds d'investissement non monétaires	..	8 025	7 546	7 898	9 542	15 489	17 015	17 679
Systèmes d'assurance, de pensions et garanties standard	..	..	..	..	..	..	..	..
Produits financiers dérivés et options sur titres des salariés	..	172	144	119	279	297	360	349
Autres comptes à recevoir	..	3 167	6 031	12 255	15 161	18 986	24 902	27 602
Passifs financiers	..	133 203	123 798	158 824	210 672	240 490	292 760	..
Titres de dette	..	..	..	..	..	..	..	..
Titres de dette à court terme	..	..	..	..	..	..	..	..
Titres de dette à long terme	..	..	..	..	..	..	..	..
Crédits	..	9 179	4 023	3 627	6 240	11 106	9 777	7 369
Crédits à court terme	..	9 179	3 850	3 627	6 166	11 012	9 660	7 099
Crédits à long terme	..	0	173	0	74	94	117	270
Actions et parts de fonds d'investissement	..	121 013	116 991	150 428	192 273	216 134	269 914	271 720
Systèmes d'assurance, de pensions et garanties standard	..	..	..	..	..	..	..	..
Produits financiers dérivés et options sur titres des salariés	..	86	113	144	120	534	141	179
Autres comptes à payer	..	2 924	2 670	4 627	12 038	12 715	12 928	10 827
Actifs non financiers	..	1	1	0	748	2 496	2 535	4 121
Fonds d'investissement non monéaires à capital variable								
Valeur nette financière	..	-1	-2	-1	-1	-2	1	0
Actifs financiers	..	107 252	87 657	106 075	128 591	142 814	144 289	137 573

Tableau 2. Actifs et passifs financiers des fonds d'investissement *(suite)*

Millions PLN

	2009	2010	2011	2012	2013	2014	2015	2016
Numéraire et dépôts	..	6 062	5 781	8 777	13 373	12 328	11 685	9 713
Titres de dette	..	51 147	48 649	60 927	69 103	84 334	84 718	81 034
Crédits	..	0	0	2	3	2	2	..
Actions et parts de fonds d'investissement	..	48 734	31 334	34 143	44 069	43 700	45 919	45 312
Actions	..	42 528	25 657	28 172	35 747	32 304	30 991	30 825
Parts de fonds d'investissement	..	6 206	5 677	5 971	8 322	11 396	14 928	14 487
Parts de fonds d'investissement monétaires	..	191	150	0	0	2	6	..
Parts de fonds d'investissement non monétaires	..	6 015	5 527	5 971	8 322	11 394	14 922	14 487
Systèmes d'assurance, de pensions et garanties standard	..	..	..	..	..	..	..	..
Produits financiers dérivés et options sur titres des salariés	..	117	102	70	185	69	182	114
Autres comptes à recevoir	..	1 192	1 791	2 156	1 858	2 381	1 783	1 398
Passifs financiers	..	107 253	87 659	106 076	128 592	142 816	144 288	137 573
Titres de dette	..	..	..	..	..	..	..	..
Titres de dette à court terme	..	..	..	..	..	..	..	..
Titres de dette à long terme	..	..	..	..	..	..	..	..
Crédits	..	9 136	3 772	3 539	5 442	8 137	8 392	6 679
Crédits à court terme	..	9 136	3 676	3 539	5 416	8 137	8 392	6 679
Crédits à long terme	..	0	96	0	26	0	0	0
Actions et parts de fonds d'investissement	..	96 079	82 463	99 293	115 358	127 583	129 829	126 206
Systèmes d'assurance, de pensions et garanties standard	..	..	..	..	..	..	..	..
Produits financiers dérivés et options sur titres des salariés	..	12	42	67	55	420	113	116
Autres comptes à payer	..	2 025	1 381	3 178	7 737	6 675	5 953	4 572
Actifs non financiers	..	0	0	0	0	0	0	0
Fonds d'investissement à capital variable								
Valeur nette financière	..	..	..	..	..	..	..	..
Actifs financiers	..	..	..	..	..	..	..	..
Numéraire et dépôts	..	..	..	..	..	..	..	..
Titres de dette	..	..	..	..	..	..	..	..
Crédits	..	..	..	..	..	..	..	..
Actions et parts de fonds d'investissement	..	..	..	..	..	..	..	..
Actions	..	..	..	..	..	..	..	..
Parts de fonds d'investissement	..	..	..	..	..	..	..	..
Parts de fonds d'investissement monétaires	..	..	..	..	..	..	..	..
Parts de fonds d'investissement non monétaires	..	..	..	..	..	..	..	..
Systèmes d'assurance, de pensions et garanties standard	..	..	..	..	..	..	..	..
Produits financiers dérivés et options sur titres des salariés	..	..	..	..	..	..	..	..
Autres comptes à recevoir	..	..	..	..	..	..	..	..
Passifs financiers	..	..	..	..	..	..	..	..
Titres de dette	..	..	..	..	..	..	..	..
Titres de dette à court terme	..	..	..	..	..	..	..	..
Titres de dette à long terme	..	..	..	..	..	..	..	..
Crédits	..	..	..	..	..	..	..	..
Crédits à court terme	..	..	..	..	..	..	..	..
Crédits à long terme	..	..	..	..	..	..	..	..
Actions et parts de fonds d'investissement	..	..	..	..	..	..	..	..
Systèmes d'assurance, de pensions et garanties standard	..	..	..	..	..	..	..	..
Produits financiers dérivés et options sur titres des salariés	..	..	..	..	..	..	..	..
Autres comptes à payer	..	..	..	..	..	..	..	..
Actifs non financiers	..	..	..	..	..	..	..	..

Note : Voir les métadonnées détaillées sur : http://metalinks.oecd.org/instinv/20170920/a3ed

Tableau 3. Actifs et passifs financiers des sociétés d'assurance et fonds de pension

Millions PLN

	2009	2010	2011	2012	2013	2014	2015	2016
Sociétés d'assurance et fonds de pension								
Valeur nette financière	-2 166	-2 208	-2 253	-2 340	-2 496	-2 831	-3 045	-1 651
Actifs financiers	323 133	373 247	378 542	441 731	474 234	334 184	329 381	339 497
Numéraire et dépôts	21 152	24 072	28 402	36 249	29 340	24 153	21 380	22 265
Titres de dette	189 378	198 804	211 036	223 591	222 296	80 118	79 760	87 830
Crédits	913	2 124	2 107	3 410	5 116	5 347	3 976	2 850
Actions et parts de fonds d'investissement	95 223	127 572	115 163	155 137	192 442	197 425	194 438	192 936
Actions	69 628	96 182	84 156	110 518	137 230	138 276	133 099	142 091
Parts de fonds d'investissement	25 595	31 390	31 007	44 620	55 212	59 150	61 339	50 845
Parts de fonds d'investissement monétaires	..	..	..	..	..	..	..	..
Parts de fonds d'investissement non monétaires	..	..	..	..	..	..	..	..
Systèmes d'assurance, de pensions et garanties standard	4 642	5 500	5 639	7 024	6 271	7 194	9 715	6 447
Produits financiers dérivés et options sur titres des salariés	165	313	443	641	653	915	853	611
Autres comptes à recevoir	11 660	14 861	15 749	15 678	18 118	19 030	19 259	26 558
Passifs financiers	325 300	375 455	380 795	444 071	476 730	337 015	332 425	341 148
Titres de dette	..	..	..	..	..	..	..	..
Titres de dette à court terme	..	..	..	..	..	..	..	..
Titres de dette à long terme	..	..	..	..	..	..	..	..
Crédits	..	..	..	..	..	..	..	..
Crédits à court terme	..	..	..	..	..	..	..	..
Crédits à long terme	..	..	..	..	..	..	..	..
Actions et parts de fonds d'investissement	..	..	..	..	..	..	..	..
Systèmes d'assurance, de pensions et garanties standard	280 047	332 570	335 563	392 259	428 089	283 800	279 398	297 935
Produits financiers dérivés et options sur titres des salariés	..	..	..	..	..	..	..	..
Autres comptes à payer	..	..	..	..	..	..	..	..
Actifs non financiers	2 166	2 208	2 253	2 340	2 496	2 839	3 045	1 651
Sociétés d'assurance								
Valeur nette financière	-2 166	-2 208	-2 253	-2 340	-2 496	-2 831	-3 045	-1 651 e
Actifs financiers	141 260	148 414	149 520	167 538	171 365	182 993	186 680	183 715
Numéraire et dépôts	16 943	15 086	16 103	16 575	12 995	13 281	11 590	9 844
Titres de dette	68 178	65 929	66 507	66 380	62 893	64 883	65 008	72 813
Crédits	913	2 124	2 107	3 410	5 116	5 347	3 976	2 850
Actions et parts de fonds d'investissement	39 279	45 206	43 821	58 074	66 157	72 842	76 711	65 202
Actions	14 836	15 104	13 988	14 520	11 575	13 992	15 587	14 458
Parts de fonds d'investissement	24 443	30 101	29 833	43 555	54 582	58 851	61 124	50 744
Parts de fonds d'investissement monétaires	..	..	..	..	..	..	..	..
Parts de fonds d'investissement non monétaires	..	..	..	..	..	..	..	..
Systèmes d'assurance, de pensions et garanties standard	4 642	5 500	5 639	7 024	6 271	7 194	9 715	6 447
Produits financiers dérivés et options sur titres des salariés	163	313	370	639	651	911	852	611
Autres comptes à recevoir	11 142	14 255	14 971	15 434	17 284	18 534	18 827	25 947
Passifs financiers	143 427	150 622	151 773	169 878	173 861	185 824	189 724	185 366
Titres de dette	..	..	..	..	..	..	..	..
Titres de dette à court terme	..	..	..	..	..	..	..	..
Titres de dette à long terme	..	..	..	..	..	..	..	..
Crédits	..	..	..	..	..	..	..	..
Crédits à court terme	..	..	..	..	..	..	..	..
Crédits à long terme	..	..	..	..	..	..	..	..
Actions et parts de fonds d'investissement	..	..	..	..	..	..	..	..
Systèmes d'assurance, de pensions et garanties standard	100 084	109 763	109 285	120 780	126 778	132 971	137 107	142 729
Produits financiers dérivés et options sur titres des salariés	..	..	..	..	..	..	..	..
Autres comptes à payer	..	..	..	..	..	..	..	..
Actifs non financiers	2 166	2 208	2 253	2 340	2 496	2 839	3 045	1 651
Fonds de pension								
Valeur nette financière	0	0	0	0	0	0	0	0
Actifs financiers	181 873	224 833	229 022	274 193	302 869	151 191	142 701	155 782
Numéraire et dépôts	4 209	8 986	12 299	19 674	16 345	10 872	9 790	12 421
Titres de dette	121 200	132 875	144 529	157 211	159 403	15 235	14 752	15 017
Crédits	0	0	0	0	0	0	0	0
Actions et parts de fonds d'investissement	55 944	82 366	71 342	97 063	126 285	124 583	117 727	127 734
Actions	54 792	81 078	70 168	95 998	125 655	124 284	117 512	127 633
Parts de fonds d'investissement	1 152	1 289	1 174	1 065	630	299	215	101
Parts de fonds d'investissement monétaires	..	..	..	..	..	..	..	..
Parts de fonds d'investissement non monétaires	..	..	..	..	..	..	..	..
Systèmes d'assurance, de pensions et garanties standard	0	0	0	0	0	0	0	0
Produits financiers dérivés et options sur titres des salariés	2	0	73	2	2	4	1	0
Autres comptes à recevoir	518	606	778	244	834	496	432	611
Passifs financiers	181 873	224 833	229 022	274 193	302 869	151 191	142 701	155 782
Titres de dette	0	0	0	0	0	0	0	0
Titres de dette à court terme	0	0	0	0	0	0	0	0
Titres de dette à long terme	0	0	0	0	0	0	0	0
Crédits	584	958	1 190	2 116	759	0	0	0
Crédits à court terme	..	..	..	..	..	0	0	0
Crédits à long terme	..	..	..	..	..	0	0	0
Actions et parts de fonds d'investissement	0	0	0	0	0	0	0	0
Systèmes d'assurance, de pensions et garanties standard	179 963	222 807	226 278	271 479	301 311	150 829	142 291	155 206
Produits financiers dérivés et options sur titres des salariés	0	0	0	0	0	0	0	0
Autres comptes à payer	1 326	1 069	1 554	598	798	362	410	576
Actifs non financiers	0	0	0	0	0	0	0	0

Note : Voir les métadonnées détaillées sur : http://metalinks.oecd.org/instinv/20170920/a3ed

Tableau 4. Composition du portefeuille par type d'investisseur

En pourcentage des actifs financiers et des passifs financiers

Pour cent

	2009	2010	2011	2012	2013	2014	2015	2016
Fonds d'investissement								
Actifs financiers	..	..	..	..	..	..	..	..
Numéraire et dépôts	..	..	..	..	..	..	..	..
Titres de dettes	..	..	..	..	..	..	..	..
Crédits	..	..	..	..	..	..	..	..
Actions et parts de fonds d'investissement	..	..	..	..	..	..	..	..
Systèmes d'assurance de pensions et garanties standard	..	..	..	..	..	..	..	..
Produits financiers dérivés et options sur titres des salariés	..	..	..	..	..	..	..	..
Autres comptes à recevoir	..	..	..	..	..	..	..	..
Passifs financiers	..	..	..	..	..	..	..	..
Numéraire et dépôts	..	..	..	..	..	..	..	..
Titres de dettes	..	..	..	..	..	..	..	..
Crédits	..	..	..	..	..	..	..	..
Actions et parts de fonds d'investissement	..	..	..	..	..	..	..	..
Systèmes d'assurance de pensions et garanties standard	..	..	..	..	..	..	..	..
Produits financiers dérivés et options sur titres des salariés	..	..	..	..	..	..	..	..
Autres comptes à recevoir	..	..	..	..	..	..	..	..
Sociétés d'assurance								
Actifs financiers	100.0	100.0	100.0	100.0	100.0	100.0	100.0	100.0
Numéraire et dépôts	12.0	10.2	10.8	9.9	7.6	7.3	6.2	5.4
Titres de dettes	48.3	44.4	44.5	39.6	36.7	35.5	34.8	39.6
Crédits	0.6	1.4	1.4	2.0	3.0	2.9	2.1	1.6
Actions et parts de fonds d'investissement	27.8	30.5	29.3	34.7	38.6	39.8	41.1	35.5
Systèmes d'assurance de pensions et garanties standard	3.3	3.7	3.8	4.2	3.7	3.9	5.2	3.5
Produits financiers dérivés et options sur titres des salariés	0.1	0.2	0.2	0.4	0.4	0.5	0.5	0.3
Autres comptes à recevoir	7.9	9.6	10.0	9.2	10.1	10.1	10.1	14.1
Passifs financiers	100.0	100.0	100.0	100.0	100.0	100.0	100.0	100.0
Numéraire et dépôts	1.2	1.4	1.3	1.5	1.1	0.8	0.7	0.9
Titres de dettes	..	..	..	..	..	..	..	..
Crédits	..	..	..	..	..	..	..	..
Actions et parts de fonds d'investissement	..	..	..	..	..	..	..	..
Systèmes d'assurance de pensions et garanties standard	69.8	72.9	72.0	71.1	72.9	71.6	72.3	77.0
Produits financiers dérivés et options sur titres des salariés	..	..	..	..	..	..	..	..
Autres comptes à recevoir	..	..	..	..	..	..	..	..
Fonds de pension								
Actifs financiers	100.0	100.0	100.0	100.0	100.0	100.0	100.0	100.0
Numéraire et dépôts	2.3	4.0	5.4	7.2	5.4	7.2	6.9	8.0
Titres de dettes	66.6	59.1	63.1	57.3	52.6	10.1	10.3	9.6
Crédits	0.0	0.0	0.0	0.0	0.0	0.0	0.0	0.0
Actions et parts de fonds d'investissement	30.8	36.6	31.2	35.4	41.7	82.4	82.5	82.0
Systèmes d'assurance de pensions et garanties standard	0.0	0.0	0.0	0.0	0.0	0.0	0.0	0.0
Produits financiers dérivés et options sur titres des salariés	0.0	0.0	0.0	0.0	0.0	0.0	0.0	0.0
Autres comptes à recevoir	0.3	0.3	0.3	0.1	0.3	0.3	0.3	0.4
Passifs financiers	100.0	100.0	100.0	100.0	100.0	100.0	100.0	100.0
Numéraire et dépôts	0.0	0.0	0.0	0.0	0.0	0.0	0.0	0.0
Titres de dettes	0.0	0.0	0.0	0.0	0.0	0.0	0.0	0.0
Crédits	0.3	0.4	0.5	0.8	0.3	0.0	0.0	0.0
Actions et parts de fonds d'investissement	0.0	0.0	0.0	0.0	0.0	0.0	0.0	0.0
Systèmes d'assurance de pensions et garanties standard	98.9	99.1	98.8	99.0	99.5	99.8	99.7	99.6
Produits financiers dérivés et options sur titres des salariés	0.0	0.0	0.0	0.0	0.0	0.0	0.0	0.0
Autres comptes à recevoir	0.7	0.5	0.7	0.2	0.3	0.2	0.3	0.4

Note : Voir les métadonnées détaillées sur : http://metalinks.oecd.org/instinv/20170920/a53e

PORTUGAL

Tableau 1. Actifs et passifs financiers des investisseurs institutionnels, 2016

Millions EUR (1999 PTE euro)

	Total	Fonds d'investissement			
		Fonds d'investissement non-monétaire			Fonds d'investissement monétaires
		Total	Fonds d'investissement à capital variable, non monétaire	Fonds d'investissement à capital fixe, non monétaire	Total
Actifs financiers	..	..	..	..	..
Numéraire et dépôts	..	..	..	..	..
Titres de dette	..	3 570	..	..	..
Titres de dette à court terme	..	..	..	..	..
Titres de dette à long terme	..	..	..	..	..
Titres de dette émis par les résidents	..	721	..	..	..
Titres de dette émis par les non-résidents	..	2 849	..	..	..
Crédits	..	..	..	..	..
Crédits à court terme	..	..	..	..	..
Crédits à long terme	..	..	..	..	..
Crédits accordés aux résidents	..	..	..	..	..
Crédits accordés aux non-résidents	..	..	..	..	..
Actions et parts de fonds d'investissement	..	..	..	..	..
Actions et parts de fonds d'investissements émises par les résidents	..	1 720	..	..	..
Actions et part de fonds d'investissements émises par les non-résidents	..	3 593	..	..	..
Autres comptes à recevoir	..	..	..	..	..

	Total	Fonds d'investissement			
		Fonds d'investissement non-monétaire			Fonds d'investissement monétaires
		Total	Fonds d'investissement à capital variable, non monétaire	Fonds d'investissement à capital fixe, non monétaire	Total
Pasifs financiers	..	..	..	..	..
Numéraire et dépôts	..	..	..	..	..
Titres de dette	..	..	..	..	..
Titres de dette à court terme	..	..	..	..	..
Titres de dette à long terme	..	..	..	..	..
Crédits	..	1 667	..	..	..
Crédits à court terme	..	..	..	..	..
Crédits à long terme	..	..	..	..	..
Actions et parts de fonds d'investissement	25 417	23 082	..	..	2 336
Systèmes d'assurance, de pensions et garanties standard	..	..	..	..	..
Produits financiers dérivés et options sur titres des salariés	..	..	..	..	..
Autres comptes à payer	..	..	..	..	..

	Total	Sociétés d'assurance et fonds de pension autonomes			
		Sociétés d'assurance			Fonds de pension autonomes
		Total	Sociétés d'assurance vie	Sociétés d'assurance non-vie	Total
Actifs financiers	..	..	..	..	..
Numéraire et dépôts	6 026	..	..	..	..
Titres de dette	49 630	..	..	..	..
Titres de dette à court terme	1 859	..	..	..	..
Titres de dette à long terme	47 772	..	..	..	..
Titres de dette émis par les résidents	..	..	..	..	..
Titres de dette émis par les non-résidents	..	..	..	..	..
Crédits	..	..	..	..	..
Crédits à court terme	..	..	..	..	..
Crédits à long terme	127	..	..	..	..
Crédits accordés aux résidents	..	..	..	..	..
Crédits accordés aux non-résidents	..	..	..	..	..
Actions et parts de fonds d'investissement	16 993	..	..	..	..
Actions et parts de fonds d'investissement émises par les résidents	..	..	..	..	..
Actions et parts de fonds d'investissement émises par les non-résidents	..	..	..	..	..
Autrescomptes à recevoir	3 140	..	..	..	..

	Total	Sociétés d'assurance et fonds de pension autonomes			
		Sociétés d'assurance			Fonds de pension autonomes
		Total	Sociétés d'assurance vie	Sociétés d'assurance non-vie	Total
Pasifs financiers	..	..	..	..	..
Numéraire et dépôts	..	..	..	..	..
Titres de dette	201	..	..	..	..
Titres de dette à court terme	0	..	..	..	..
Titres de dette à long terme	201	..	..	..	..
Crédits	545	..	..	..	..
Crédits à court terme	166	..	..	..	..
Crédits à long terme	379	..	..	..	..
Actions et parts de fonds d'investissement	5 188	..	..	..	..
Systèmes d'assurance, de pensions et garanties standard	69 194	..	..	..	..
Produits financiers dérivés et options sur titres des salariés	..	..	..	..	..
Autres comptes à payer	1 342	..	..	..	..

Note : Voir les métadonnées détaillées sur : http://metalinks.oecd.org/instinv/20170920/e3b8

Tableau 2. Actifs et passifs financiers des fonds d'investissement

Millions EUR

	2009	2010	2011	2012	2013	2014	2015	2016
Fonds d'investissement								
Valeur nette financière	..	..	..	..	..	..	..	..
Actifs financiers	..	..	..	..	..	..	..	..
Numéraire et dépôts	..	..	..	..	..	..	..	..
Titres de dette	..	..	..	..	..	..	..	..
Crédits	..	..	..	..	..	..	..	..
Actions et parts de fonds d'investissement	..	..	..	..	..	..	..	..
Actions	..	..	..	..	..	..	..	..
Parts de fonds d'investissement	..	..	..	..	..	..	..	..
Parts de fonds d'investissement monétaires	..	..	..	..	..	..	..	..
Parts de fonds d'investissement non monétaires	..	..	..	..	..	..	..	..
Systèmes d'assurance, de pensions et garanties standard	..	..	..	..	..	..	..	..
Produits financiers dérivés et options sur titres des salariés	..	..	..	..	..	..	..	..
Autres comptes à recevoir	..	..	..	..	..	..	..	..
Passifs financiers	..	..	..	..	..	..	..	..
Titres de dette	..	..	..	..	..	..	..	..
Titres de dette à court terme	..	..	..	..	..	..	..	..
Titres de dette à long terme	..	..	..	..	..	..	..	..
Crédits	..	..	..	..	..	..	..	..
Crédits à court terme	..	..	..	..	..	..	..	..
Crédits à long terme	..	..	..	..	..	..	..	..
Actions et parts de fonds d'investissement	30 290	28 078	24 731	26 914	28 398	27 117	27 003	25 417
Systèmes d'assurance, de pensions et garanties standard	..	..	..	..	..	..	..	..
Produits financiers dérivés et options sur titres des salariés	..	..	..	..	..	..	..	..
Autres comptes à payer	..	..	..	..	..	..	..	..
Actifs non financiers	..	..	..	..	..	..	..	..
Fonds d'investissement monéaires								
Valeur nette financière	..	..	..	..	..	..	..	..
Actifs financiers	..	..	..	..	..	..	..	..
Numéraire et dépôts	..	..	..	..	..	..	..	..
Titres de dette	..	..	..	..	..	..	..	..
Crédits	..	..	..	..	..	..	..	..
Actions et parts de fonds d'investissement	..	..	..	..	..	..	..	..
Actions	..	..	..	..	..	..	..	..
Parts de fonds d'investissement	..	..	..	..	..	..	..	..
Parts de fonds d'investissement monétaires	..	..	..	..	..	..	..	..
Parts de fonds d'investissement non monétaires	..	..	..	..	..	..	..	..
Systèmes d'assurance, de pensions et garanties standard	..	..	..	..	..	..	..	..
Produits financiers dérivés et options sur titres des salariés	..	..	..	..	..	..	..	..
Autres comptes à recevoir	..	..	..	..	..	..	..	..
Passifs financiers	..	..	..	..	..	..	..	..
Titres de dette	..	..	..	..	..	..	..	..
Titres de dette à court terme	..	..	..	..	..	..	..	..
Titres de dette à long terme	..	..	..	..	..	..	..	..
Crédits	..	..	..	..	..	..	..	..
Crédits à court terme	..	..	..	..	..	..	..	..
Crédits à long terme	..	..	..	..	..	..	..	..
Actions et parts de fonds d'investissement	12	46	65	1 308	2 383	2 497	3 053	2 336
Systèmes d'assurance, de pensions et garanties standard	..	..	..	..	..	..	..	..
Produits financiers dérivés et options sur titres des salariés	..	..	..	..	..	..	..	..
Autres comptes à payer	..	..	..	..	..	..	..	..
Actifs non financiers	..	..	..	..	..	..	..	..
Fonds d'investissement non monéaires								
Valeur nette financière	..	..	..	..	..	..	..	..
Actifs financiers	..	..	..	..	..	..	..	..
Numéraire et dépôts	..	..	..	..	..	..	..	..
Titres de dette	10 581	8 325	6 357	6 773	5 634	4 442	3 757	3 570
Crédits	..	..	..	..	..	..	..	..
Actions et parts de fonds d'investissement	..	..	..	..	..	..	..	..
Actions	3 662	3 877	2 663	2 576	2 484	2 597	2 584	2 600
Parts de fonds d'investissement	1 736	1 741	1 773	1 688	1 963	2 308	2 927	2 712
Parts de fonds d'investissement monétaires	..	..	..	..	..	..	..	..
Parts de fonds d'investissement non monétaires	..	..	..	..	..	..	..	..
Systèmes d'assurance, de pensions et garanties standard	..	..	..	..	..	..	..	..
Produits financiers dérivés et options sur titres des salariés	..	..	..	..	..	..	..	..
Autres comptes à recevoir	..	..	..	..	..	..	..	..
Passifs financiers	..	..	..	..	..	..	..	..
Titres de dette	..	..	..	..	..	..	..	..
Titres de dette à court terme	..	..	..	..	..	..	..	..
Titres de dette à long terme	..	..	..	..	..	..	..	..
Crédits	2 825	3 064	3 326	3 193	2 737	2 383	1 930	1 667
Crédits à court terme	..	..	..	..	..	..	..	..
Crédits à long terme	..	..	..	..	..	..	..	..
Actions et parts de fonds d'investissement	30 278	28 032	24 666	25 606	26 015	24 620	23 950	23 082
Systèmes d'assurance, de pensions et garanties standard	..	..	..	..	..	..	..	..
Produits financiers dérivés et options sur titres des salariés	..	..	..	..	..	..	..	..
Autres comptes à payer	..	..	..	..	..	..	..	..
Actifs non financiers	13 666	14 471	14 743	14 651	14 572	13 476	12 082	11 329
Fonds d'investissement non monéaires à capital variable								
Valeur nette financière	..	..	..	..	..	..	..	..
Actifs financiers	..	..	..	..	..	..	..	..

Tableau 2. Actifs et passifs financiers des fonds d'investissement *(suite)*

Millions EUR

	2009	2010	2011	2012	2013	2014	2015	2016
Numéraire et dépôts	..	..	..	..	..	..	..	..
Titres de dette	..	..	..	..	..	..	..	..
Crédits	..	..	..	..	..	..	..	..
Actions et parts de fonds d'investissement	..	..	..	..	..	..	..	..
Actions	..	..	..	..	..	..	..	..
Parts de fonds d'investissement	..	..	..	..	..	..	..	..
Parts de fonds d'investissement monétaires	..	..	..	..	..	..	..	..
Parts de fonds d'investissement non monétaires	..	..	..	..	..	..	..	..
Systèmes d'assurance, de pensions et garanties standard	..	..	..	..	..	..	..	..
Produits financiers dérivés et options sur titres des salariés	..	..	..	..	..	..	..	..
Autres comptes à recevoir	..	..	..	..	..	..	..	..
Passifs financiers	..	..	..	..	..	..	..	..
Titres de dette	..	..	..	..	..	..	..	..
Titres de dette à court terme	..	..	..	..	..	..	..	..
Titres de dette à long terme	..	..	..	..	..	..	..	..
Crédits	..	..	..	..	..	..	..	..
Crédits à court terme	..	..	..	..	..	..	..	..
Crédits à long terme	..	..	..	..	..	..	..	..
Actions et parts de fonds d'investissement	..	..	..	..	..	..	..	..
Systèmes d'assurance, de pensions et garanties standard	..	..	..	..	..	..	..	..
Produits financiers dérivés et options sur titres des salariés	..	..	..	..	..	..	..	..
Autres comptes à payer	..	..	..	..	..	..	..	..
Actifs non financiers	..	..	..	..	..	..	..	..
Fonds d'investissement à capital variable								
Valeur nette financière	..	..	..	..	..	..	..	..
Actifs financiers	..	..	..	..	..	..	..	..
Numéraire et dépôts	..	..	..	..	..	..	..	..
Titres de dette	..	..	..	..	..	..	..	..
Crédits	..	..	..	..	..	..	..	..
Actions et parts de fonds d'investissement	..	..	..	..	..	..	..	..
Actions	..	..	..	..	..	..	..	..
Parts de fonds d'investissement	..	..	..	..	..	..	..	..
Parts de fonds d'investissement monétaires	..	..	..	..	..	..	..	..
Parts de fonds d'investissement non monétaires	..	..	..	..	..	..	..	..
Systèmes d'assurance, de pensions et garanties standard	..	..	..	..	..	..	..	..
Produits financiers dérivés et options sur titres des salariés	..	..	..	..	..	..	..	..
Autres comptes à recevoir	..	..	..	..	..	..	..	..
Passifs financiers	..	..	..	..	..	..	..	..
Titres de dette	..	..	..	..	..	..	..	..
Titres de dette à court terme	..	..	..	..	..	..	..	..
Titres de dette à long terme	..	..	..	..	..	..	..	..
Crédits	..	..	..	..	..	..	..	..
Crédits à court terme	..	..	..	..	..	..	..	..
Crédits à long terme	..	..	..	..	..	..	..	..
Actions et parts de fonds d'investissement	..	..	..	..	..	..	..	..
Systèmes d'assurance, de pensions et garanties standard	..	..	..	..	..	..	..	..
Produits financiers dérivés et options sur titres des salariés	..	..	..	..	..	..	..	..
Autres comptes à payer	..	..	..	..	..	..	..	..
Actifs non financiers	..	..	..	..	..	..	..	..

Note : Voir les métadonnées détaillées sur : http://metalinks.oecd.org/instinv/20170920/e3b8

PORTUGAL

Tableau 3. Actifs et passifs financiers des sociétés d'assurance et fonds de pension

Millions EUR

	2009	2010	2011	2012	2013	2014	2015	2016
Sociétés d'assurance et fonds de pension								
Valeur nette financière	..	..	..	..	..	..	..	..
Actifs financiers	..	..	..	..	..	..	..	..
Numéraire et dépôts	7 171	8 499	8 603	9 753	8 908	9 491	8 330	6 026
Titres de dette	57 585	57 261	47 293	48 804	48 328	51 657	49 936	49 630
Crédits	346	354	436	396	..	..	..	..
Actions et parts de fonds d'investissement	14 691	14 559	12 892	12 375	13 969	15 456	16 716	16 993
Actions	5 788	5 425	4 344	4 364	4 874	5 789	7 216	6 831
Parts de fonds d'investissement	8 903	9 134	8 548	8 012	9 095	9 667	9 500	10 162
Parts de fonds d'investissement monétaires	10	16	10	14	30	30	54	88
Parts de fonds d'investissement non monétaires	8 892	9 118	8 538	7 997	9 064	9 637	9 446	10 074
Systèmes d'assurance, de pensions et garanties standard	1 666	964	920	856	804	771	795	793
Produits financiers dérivés et options sur titres des salariés	..	..	..	..	..	..	..	..
Autres comptes à recevoir	3 461	3 818	3 069	1 983	3 470	2 943	2 937	3 140
Passifs financiers	..	..	..	..	..	..	..	..
Titres de dette	210	204	211	196	186	193	223	201
Titres de dette à court terme	0	0	0	0	0	0	0	0
Titres de dette à long terme	210	204	211	196	186	193	223	201
Crédits	800	1 185	1 884	1 670	387	557	466	545
Crédits à court terme	674	1 066	1 698	1 458	83	138	90	166
Crédits à long terme	126	119	186	213	304	419	376	379
Actions et parts de fonds d'investissement	4 631	4 487	4 145	5 747	5 751	5 822	5 891	5 188
Systèmes d'assurance, de pensions et garanties standard	77 101	79 382	65 902	64 604	66 708	71 121	70 375	69 194
Produits financiers dérivés et options sur titres des salariés	..	..	..	..	..	..	..	..
Autres comptes à payer	1 558	1 308	3 918	1 612	1 775	1 504	1 269	1 342
Actifs non financiers	..	..	..	..	..	..	..	..
Sociétés d'assurance								
Valeur nette financière	..	..	..	..	..	..	..	..
Actifs financiers	..	..	..	..	..	..	..	..
Numéraire et dépôts	..	..	..	..	..	..	..	..
Titres de dette	..	..	..	..	..	..	..	..
Crédits	..	..	..	..	..	..	..	..
Actions et parts de fonds d'investissement	..	..	..	..	..	..	..	..
Actions	..	..	..	..	..	..	..	..
Parts de fonds d'investissement	..	..	..	..	..	..	..	..
Parts de fonds d'investissement monétaires	..	..	..	..	..	..	..	..
Parts de fonds d'investissement non monétaires	..	..	..	..	..	..	..	..
Systèmes d'assurance, de pensions et garanties standard	..	..	..	..	..	..	..	..
Produits financiers dérivés et options sur titres des salariés	..	..	..	..	..	..	..	..
Autres comptes à recevoir	..	..	..	..	..	..	..	..
Passifs financiers	..	..	..	..	..	..	..	..
Titres de dette	..	..	..	..	..	..	..	..
Titres de dette à court terme	..	..	..	..	..	..	..	..
Titres de dette à long terme	..	..	..	..	..	..	..	..
Crédits	..	..	..	..	..	..	..	..
Crédits à court terme	..	..	..	..	..	..	..	..
Crédits à long terme	..	..	..	..	..	..	..	..
Actions et parts de fonds d'investissement	..	..	..	..	..	..	..	..
Systèmes d'assurance, de pensions et garanties standard	..	..	..	..	..	..	..	..
Produits financiers dérivés et options sur titres des salariés	..	..	..	..	..	..	..	..
Autres comptes à payer	..	..	..	..	..	..	..	..
Actifs non financiers	..	..	..	..	..	..	..	..
Fonds de pension								
Valeur nette financière	..	..	..	..	..	..	..	..
Actifs financiers	..	..	..	..	..	..	..	..
Numéraire et dépôts	..	..	..	..	..	..	..	..
Titres de dette	..	..	..	..	..	..	..	..
Crédits	..	..	..	..	..	..	..	..
Actions et parts de fonds d'investissement	..	..	..	..	..	..	..	..
Actions	..	..	..	..	..	..	..	..
Parts de fonds d'investissement	..	..	..	..	..	..	..	..
Parts de fonds d'investissement monétaires	..	..	..	..	..	..	..	..
Parts de fonds d'investissement non monétaires	..	..	..	..	..	..	..	..
Systèmes d'assurance, de pensions et garanties standard	..	..	..	..	..	..	..	..
Produits financiers dérivés et options sur titres des salariés	..	..	..	..	..	..	..	..
Autres comptes à recevoir	..	..	..	..	..	..	..	..
Passifs financiers	..	..	..	..	..	..	..	..
Titres de dette	..	..	..	..	..	..	..	..
Titres de dette à court terme	..	..	..	..	..	..	..	..
Titres de dette à long terme	..	..	..	..	..	..	..	..
Crédits	..	..	..	..	..	..	..	..
Crédits à court terme	..	..	..	..	..	..	..	..
Crédits à long terme	..	..	..	..	..	..	..	..
Actions et parts de fonds d'investissement	..	..	..	..	..	..	..	..
Systèmes d'assurance, de pensions et garanties standard	..	..	..	..	..	..	..	..
Produits financiers dérivés et options sur titres des salariés	..	..	..	..	..	..	..	..
Autres comptes à payer	..	..	..	..	..	..	..	..
Actifs non financiers	..	..	..	..	..	..	..	..

Note : Voir les métadonnées détaillées sur : http://metalinks.oecd.org/instinv/20170920/e3b8

RÉPUBLIQUE SLOVAQUE

Tableau 1. Actifs et passifs financiers des investisseurs institutionnels, 2016

Millions EUR (2009 SKK euro)

	Total	Fonds d'investissement			
		Fonds d'investissement non-monétaire			Fonds d'investissement monétaires
		Total	Fonds d'investissement à capital variable, non monétaire	Fonds d'investissement à capital fixe, non monétaire	Total
Actifs financiers	..	6 015	6 015	..	..
Numéraire et dépôts	..	1 575	1 575	..	..
Titres de dette	..	1 191	1 191	..	..
Titres de dette à court terme	..	9	9	..	..
Titres de dette à long terme	..	1 182	1 182	..	..
Titres de dette émis par les résidents	..	..	..	..	..
Titres de dette émis par les non-résidents	..	..	..	..	..
Crédits	..	138	138	..	..
Crédits à court terme	..	0	0	..	..
Crédits à long terme	..	138	138	..	..
Crédits accordés aux résidents	..	..	..	..	..
Crédits accordés aux non-résidents	..	..	..	..	..
Actions et parts de fonds d'investissement	..	3 020	3 020	..	..
Actions et parts de fonds d'investissements émises par les résidents	..	..	..	..	..
Actions et part de fonds d'investissements émises par les non-résidents	..	..	..	..	..
Autres comptes à recevoir	..	90	90	..	..

	Total	Fonds d'investissement			
		Fonds d'investissement non-monétaire			Fonds d'investissement monétaires
		Total	Fonds d'investissement à capital variable, non monétaire	Fonds d'investissement à capital fixe, non monétaire	Total
Pasifs financiers	..	6 174	6 174	..	..
Numéraire et dépôts	..	..	..	..	..
Titres de dette	..	0	0	..	..
Titres de dette à court terme	..	0	0	..	..
Titres de dette à long terme	..	0	0	..	..
Crédits	..	3	3	..	..
Crédits à court terme	..	3	3	..	..
Crédits à long terme	..	0	0	..	..
Actions et parts de fonds d'investissement	..	6 091	6 091	..	..
Systèmes d'assurance, de pensions et garanties standard	..	0	0	..	..
Produits financiers dérivés et options sur titres des salariés	..	2	2	..	..
Autres comptes à payer	..	77	77	..	..

	Total	Sociétés d'assurance et fonds de pension autonomes			
		Sociétés d'assurance			Fonds de pension autonomes
		Total	Sociétés d'assurance vie	Sociétés d'assurance non-vie	Total
Actifs financiers	15 772	7 494	..	..	8 278
Numéraire et dépôts	1 165	257	..	..	908
Titres de dette	10 461	4 887	..	..	5 573
Titres de dette à court terme	0	0	..	..	0
Titres de dette à long terme	10 461	4 887	..	..	5 573
Titres de dette émis par les résidents	..	..	..	..	..
Titres de dette émis par les non-résidents	..	..	..	..	..
Crédits	24	24	..	..	0
Crédits à court terme	0	0	..	..	0
Crédits à long terme	23	23	..	..	0
Crédits accordés aux résidents	..	..	..	..	..
Crédits accordés aux non-résidents	..	..	..	..	..
Actions et parts de fonds d'investissement	3 374	1 585	..	..	1 788
Actions et parts de fonds d'investissement émises par les résidents	..	..	..	..	..
Actions et parts de fonds d'investissement émises par les non-résidents	..	..	..	..	..
Autrescomptes à recevoir	343	338	..	..	4

	Total	Sociétés d'assurance et fonds de pension autonomes			
		Sociétés d'assurance			Fonds de pension autonomes
		Total	Sociétés d'assurance vie	Sociétés d'assurance non-vie	Total
Pasifs financiers	15 927	7 251	..	..	8 676
Numéraire et dépôts	..	..	..	..	..
Titres de dette	1	1	..	..	0
Titres de dette à court terme	0	0	..	..	0
Titres de dette à long terme	1	1	..	..	0
Crédits	0	0	..	..	0
Crédits à court terme	0	0	..	..	0
Crédits à long terme	0	0	..	..	0
Actions et parts de fonds d'investissement	1 492	1 492	..	..	0
Systèmes d'assurance, de pensions et garanties standard	13 983	5 332	..	..	8 651
Produits financiers dérivés et options sur titres des salariés	9	4	..	..	5
Autres comptes à payer	441	421	..	..	20

Note : Voir les métadonnées détaillées sur : http://metalinks.oecd.org/instinv/20170920/0c56

Tableau 2. Actifs et passifs financiers des fonds d'investissement

Millions EUR

	2009	2010	2011	2012	2013	2014	2015	2016
Fonds d'investissement								
Valeur nette financière	..	..	..	..	..	..	..	..
Actifs financiers	..	..	..	..	..	..	..	..
Numéraire et dépôts	..	..	..	..	..	..	..	..
Titres de dette	..	..	..	..	..	..	..	..
Crédits	..	..	..	..	..	..	..	..
Actions et parts de fonds d'investissement	..	..	..	..	..	..	..	..
Actions	..	..	..	..	..	..	..	..
Parts de fonds d'investissement	..	..	..	..	..	..	..	..
Parts de fonds d'investissement monétaires	..	..	..	..	..	..	..	..
Parts de fonds d'investissement non monétaires	..	..	..	..	..	..	..	..
Systèmes d'assurance, de pensions et garanties standard	..	..	..	..	..	..	..	..
Produits financiers dérivés et options sur titres des salariés	..	..	..	..	..	..	..	..
Autres comptes à recevoir	..	..	..	..	..	..	..	..
Passifs financiers	..	..	..	..	..	..	..	..
Titres de dette	..	..	..	..	..	..	..	..
Titres de dette à court terme	..	..	..	..	..	..	..	..
Titres de dette à long terme	..	..	..	..	..	..	..	..
Crédits	..	..	..	..	..	..	..	..
Crédits à court terme	..	..	..	..	..	..	..	..
Crédits à long terme	..	..	..	..	..	..	..	..
Actions et parts de fonds d'investissement	..	..	..	..	..	..	..	..
Systèmes d'assurance, de pensions et garanties standard	..	..	..	..	..	..	..	..
Produits financiers dérivés et options sur titres des salariés	..	..	..	..	..	..	..	..
Autres comptes à payer	..	..	..	..	..	..	..	..
Actifs non financiers	..	..	..	..	..	..	..	..
Fonds d'investissement monéaires								
Valeur nette financière	..	..	..	..	..	..	..	..
Actifs financiers	..	..	..	..	..	..	..	..
Numéraire et dépôts	..	..	..	..	..	..	..	..
Titres de dette	..	..	..	..	..	..	..	..
Crédits	..	..	..	..	..	..	..	..
Actions et parts de fonds d'investissement	..	..	..	..	..	..	..	..
Actions	..	..	..	..	..	..	..	..
Parts de fonds d'investissement	..	..	..	..	..	..	..	..
Parts de fonds d'investissement monétaires	..	..	..	..	..	..	..	..
Parts de fonds d'investissement non monétaires	..	..	..	..	..	..	..	..
Systèmes d'assurance, de pensions et garanties standard	..	..	..	..	..	..	..	..
Produits financiers dérivés et options sur titres des salariés	..	..	..	..	..	..	..	..
Autres comptes à recevoir	..	..	..	..	..	..	..	..
Passifs financiers	..	..	..	..	..	..	..	..
Titres de dette	..	..	..	..	..	..	..	..
Titres de dette à court terme	..	..	..	..	..	..	..	..
Titres de dette à long terme	..	..	..	..	..	..	..	..
Crédits	..	..	..	..	..	..	..	..
Crédits à court terme	..	..	..	..	..	..	..	..
Crédits à long terme	..	..	..	..	..	..	..	..
Actions et parts de fonds d'investissement	..	..	..	..	..	..	..	..
Systèmes d'assurance, de pensions et garanties standard	..	..	..	..	..	..	..	..
Produits financiers dérivés et options sur titres des salariés	..	..	..	..	..	..	..	..
Autres comptes à payer	..	..	..	..	..	..	..	..
Actifs non financiers	..	..	..	..	..	..	..	..
Fonds d'investissement non monéaires								
Valeur nette financière	..	..	..	-1 937	-2 320	-2 604	-381	-159
Actifs financiers	..	..	..	1 425	2 067	2 809	5 592	6 015
Numéraire et dépôts	..	..	..	0	0	0	1 717	1 575
Titres de dette	..	..	..	843	956	1 401	1 234	1 191
Crédits	..	..	..	126	223	184	131	138
Actions et parts de fonds d'investissement	..	..	..	404	831	1 176	2 440	3 020
Actions	..	..	..	146	387	377	779	971
Parts de fonds d'investissement	..	..	..	258	444	799	1 661	2 049
Parts de fonds d'investissement monétaires	..	..	..	258	0	0	26	12
Parts de fonds d'investissement non monétaires	..	..	..	0	444	799	1 636	2 037
Systèmes d'assurance, de pensions et garanties standard	..	..	..	2	2	0	0	0
Produits financiers dérivés et options sur titres des salariés	..	..	..	0	0	0	0	0
Autres comptes à recevoir	..	..	..	50	54	48	70	90
Passifs financiers	..	..	..	3 363	4 387	5 413	5 973	6 174
Titres de dette	..	..	..	0	0	0	0	0
Titres de dette à court terme	..	..	..	0	0	0	0	0
Titres de dette à long terme	..	..	..	0	0	0	0	0
Crédits	..	..	..	0	0	0	0	3
Crédits à court terme	..	..	..	0	0	0	0	3
Crédits à long terme	..	..	..	0	0	0	0	0
Actions et parts de fonds d'investissement	..	..	..	3 337	4 356	5 399	5 888	6 091
Systèmes d'assurance, de pensions et garanties standard	..	..	..	0	0	0	0	0
Produits financiers dérivés et options sur titres des salariés	..	..	..	1	0	0	2	2
Autres comptes à payer	..	..	..	24	31	13	82	77
Actifs non financiers	..	..	..	..	..	..	..	..
Fonds d'investissement non monéaires à capital variable								
Valeur nette financière	..	..	..	-1 937	-2 320	-2 604	-381	-159
Actifs financiers	..	..	..	1 425	2 067	2 809	5 592	6 015

Tableau 2. Actifs et passifs financiers des fonds d'investissement *(suite)*

Millions EUR

	2009	2010	2011	2012	2013	2014	2015	2016
Numéraire et dépôts	..	..	..	0	0	0	1 717	1 575
Titres de dette	..	..	..	843	956	1 401	1 234	1 191
Crédits	..	..	..	126	223	184	131	138
Actions et parts de fonds d'investissement	..	..	..	404	831	1 176	2 440	3 020
Actions	..	..	..	146	387	377	779	971
Parts de fonds d'investissement	..	..	..	258	444	799	1 661	2 049
Parts de fonds d'investissement monétaires	..	..	..	258	0	0	26	12
Parts de fonds d'investissement non monétaires	..	..	..	0	444	799	1 636	2 037
Systèmes d'assurance, de pensions et garanties standard	..	..	..	2	2	0	0	0
Produits financiers dérivés et options sur titres des salariés	..	..	..	0	0	0	0	0
Autres comptes à recevoir	..	..	..	50	54	48	70	90
Passifs financiers	..	..	..	3 363	4 387	5 413	5 973	6 174
Titres de dette	..	..	..	0	0	0	0	0
Titres de dette à court terme	..	..	..	0	0	0	0	0
Titres de dette à long terme	..	..	..	0	0	0	0	0
Crédits	..	..	..	0	0	0	0	3
Crédits à court terme	..	..	..	0	0	0	0	3
Crédits à long terme	..	..	..	0	0	0	0	0
Actions et parts de fonds d'investissement	..	..	..	3 337	4 356	5 399	5 888	6 091
Systèmes d'assurance, de pensions et garanties standard	..	..	..	0	0	0	0	0
Produits financiers dérivés et options sur titres des salariés	..	..	..	1	0	0	2	2
Autres comptes à payer	..	..	..	24	31	13	82	77
Actifs non financiers	..	..	..	..	..	..	..	..
Fonds d'investissement à capital variable								
Valeur nette financière	..	..	..	..	..	..	..	..
Actifs financiers	..	..	..	..	..	..	..	..
Numéraire et dépôts	..	..	..	..	..	..	..	..
Titres de dette	..	..	..	..	..	..	..	..
Crédits	..	..	..	..	..	..	..	..
Actions et parts de fonds d'investissement	..	..	..	..	..	..	..	..
Actions	..	..	..	..	..	..	..	..
Parts de fonds d'investissement	..	..	..	..	..	..	..	..
Parts de fonds d'investissement monétaires	..	..	..	..	..	..	..	..
Parts de fonds d'investissement non monétaires	..	..	..	..	..	..	..	..
Systèmes d'assurance, de pensions et garanties standard	..	..	..	..	..	..	..	..
Produits financiers dérivés et options sur titres des salariés	..	..	..	..	..	..	..	..
Autres comptes à recevoir	..	..	..	..	..	..	..	..
Passifs financiers	..	..	..	..	..	..	..	..
Titres de dette	..	..	..	..	..	..	..	..
Titres de dette à court terme	..	..	..	..	..	..	..	..
Titres de dette à long terme	..	..	..	..	..	..	..	..
Crédits	..	..	..	..	..	..	..	..
Crédits à court terme	..	..	..	..	..	..	..	..
Crédits à long terme	..	..	..	..	..	..	..	..
Actions et parts de fonds d'investissement	..	..	..	..	..	..	..	..
Systèmes d'assurance, de pensions et garanties standard	..	..	..	..	..	..	..	..
Produits financiers dérivés et options sur titres des salariés	..	..	..	..	..	..	..	..
Autres comptes à payer	..	..	..	..	..	..	..	..
Actifs non financiers	..	..	..	..	..	..	..	..

Note : Voir les métadonnées détaillées sur : http://metalinks.oecd.org/instinv/20170920/0c56

Tableau 3. Actifs et passifs financiers des sociétés d'assurance et fonds de pension

Millions EUR

	2009	2010	2011	2012	2013	2014	2015	2016
Sociétés d'assurance et fonds de pension								
Valeur nette financière	..	..	..	..	..	..	..	..
Actifs financiers	..	..	..	11 735	13 760	14 504	14 567	15 772
Numéraire et dépôts	..	..	..	873	1 838	1 639	1 428	1 165
Titres de dette	..	..	..	9 065	9 400	9 871	9 656	10 461
Crédits	..	..	..	88	28	46	37	24
Actions et parts de fonds d'investissement	..	..	..	1 263	2 054	2 424	2 792	3 374
Actions	..	..	..	232	361	332	331	417
Parts de fonds d'investissement	..	..	..	1 030	1 693	2 092	2 462	2 956
Parts de fonds d'investissement monétaires	..	..	..	3	5	10	3	0
Parts de fonds d'investissement non monétaires	..	..	..	1 027	1 688	2 081	2 459	2 956
Systèmes d'assurance, de pensions et garanties standard	..	..	..	91	99	193	343	399
Produits financiers dérivés et options sur titres des salariés	..	..	..	4	6	5	6	8
Autres comptes à recevoir	..	..	..	350	335	326	304	343
Passifs financiers	..	..	..	12 632	12 850	14 116	14 618	15 927
Titres de dette	..	..	..	0	0	0	1	1
Titres de dette à court terme	..	..	..	0	0	0	0	0
Titres de dette à long terme	..	..	..	0	0	0	1	1
Crédits	..	..	..	51	58	59	89	0
Crédits à court terme	..	..	..	0	0	0	0	0
Crédits à long terme	..	..	..	51	57	58	89	0
Actions et parts de fonds d'investissement	..	..	..	442	405	462	1 480	1 492
Systèmes d'assurance, de pensions et garanties standard	..	..	..	11 746	11 982	13 195	12 611	13 983
Produits financiers dérivés et options sur titres des salariés	..	..	..	6	8	9	4	9
Autres comptes à payer	..	..	..	387	396	391	433	441
Actifs non financiers	..	..	..	..	..	..	..	..
Sociétés d'assurance								
Valeur nette financière	..	..	..	2 298	247	546	-23	243
Actifs financiers	..	..	..	8 147	5 982	6 780	6 717	7 494
Numéraire et dépôts	..	..	..	448	360	296	267	257
Titres de dette	..	..	..	6 395	4 040	4 664	4 486	4 887
Crédits	..	..	..	88	28	46	37	24
Actions et parts de fonds d'investissement	..	..	..	774	1 127	1 256	1 287	1 585
Actions	..	..	..	191	179	168	170	217
Parts de fonds d'investissement	..	..	..	583	948	1 088	1 116	1 368
Parts de fonds d'investissement monétaires	..	..	..	3	5	10	3	0
Parts de fonds d'investissement non monétaires	..	..	..	580	943	1 078	1 114	1 368
Systèmes d'assurance, de pensions et garanties standard	..	..	..	91	99	193	343	399
Produits financiers dérivés et options sur titres des salariés	..	..	..	4	5	5	6	3
Autres comptes à recevoir	..	..	..	347	324	320	292	338
Passifs financiers	..	..	..	5 849	5 735	6 234	6 740	7 251
Titres de dette	..	..	..	0	0	0	1	1
Titres de dette à court terme	..	..	..	0	0	0	0	0
Titres de dette à long terme	..	..	..	0	0	0	1	1
Crédits	..	..	..	51	58	59	89	0
Crédits à court terme	..	..	..	0	0	0	0	0
Crédits à long terme	..	..	..	51	57	58	89	0
Actions et parts de fonds d'investissement	..	..	..	442	405	462	1 480	1 492
Systèmes d'assurance, de pensions et garanties standard	..	..	..	4 968	4 893	5 325	4 765	5 332
Produits financiers dérivés et options sur titres des salariés	..	..	..	6	4	8	2	4
Autres comptes à payer	..	..	..	382	375	381	404	421
Actifs non financiers	..	..	..	..	..	..	..	..
Fonds de pension								
Valeur nette financière	..	..	..	-3 195	663	-158	-28	-398
Actifs financiers	..	..	..	3 588	7 777	7 723	7 850	8 278
Numéraire et dépôts	..	..	..	425	1 479	1 343	1 161	908
Titres de dette	..	..	..	2 671	5 360	5 206	5 170	5 573
Crédits	..	..	..	0	0	0	0	0
Actions et parts de fonds d'investissement	..	..	..	488	926	1 168	1 505	1 788
Actions	..	..	..	41	181	164	160	200
Parts de fonds d'investissement	..	..	..	447	745	1 003	1 345	1 588
Parts de fonds d'investissement monétaires	..	..	..	0	0	0	0	0
Parts de fonds d'investissement non monétaires	..	..	..	447	745	1 003	1 345	1 588
Systèmes d'assurance, de pensions et garanties standard	..	..	..	0	0	0	0	0
Produits financiers dérivés et options sur titres des salariés	..	..	..	0	1	0	1	5
Autres comptes à recevoir	..	..	..	4	11	5	13	4
Passifs financiers	..	..	..	6 784	7 115	7 882	7 878	8 676
Titres de dette	..	..	..	0	0	0	0	0
Titres de dette à court terme	..	..	..	0	0	0	0	0
Titres de dette à long terme	..	..	..	0	0	0	0	0
Crédits	..	..	..	0	0	0	0	0
Crédits à court terme	..	..	..	0	0	0	0	0
Crédits à long terme	..	..	..	0	0	0	0	0
Actions et parts de fonds d'investissement	..	..	..	0	0	0	0	0
Systèmes d'assurance, de pensions et garanties standard	..	..	..	6 779	7 089	7 870	7 847	8 651
Produits financiers dérivés et options sur titres des salariés	..	..	..	0	4	1	3	5
Autres comptes à payer	..	..	..	5	21	10	29	20
Actifs non financiers	..	..	..	..	..	..	..	..

Note : Voir les métadonnées détaillées sur : http://metalinks.oecd.org/instinv/20170920/0c56

Tableau 4. Composition du portefeuille par type d'investisseur

En pourcentage des actifs financiers et des passifs financiers

Pour cent

	2009	2010	2011	2012	2013	2014	2015	2016
Fonds d'investissement								
Actifs financiers	..	..	..	..	..	..	..	..
Numéraire et dépôts	..	..	..	..	..	..	..	..
Titres de dettes	..	..	..	..	..	..	..	..
Crédits	..	..	..	..	..	..	..	..
Actions et parts de fonds d'investissement	..	..	..	..	..	..	..	..
Systèmes d'assurance de pensions et garanties standard	..	..	..	..	..	..	..	..
Produits financiers dérivés et options sur titres des salariés	..	..	..	..	..	..	..	..
Autres comptes à recevoir	..	..	..	..	..	..	..	..
Passifs financiers	..	..	..	..	..	..	..	..
Numéraire et dépôts	..	..	..	..	..	..	..	..
Titres de dettes	..	..	..	..	..	..	..	..
Crédits	..	..	..	..	..	..	..	..
Actions et parts de fonds d'investissement	..	..	..	..	..	..	..	..
Systèmes d'assurance de pensions et garanties standard	..	..	..	..	..	..	..	..
Produits financiers dérivés et options sur titres des salariés	..	..	..	..	..	..	..	..
Autres comptes à recevoir	..	..	..	..	..	..	..	..
Sociétés d'assurance								
Actifs financiers	..	..	..	100.0	100.0	100.0	100.0	100.0
Numéraire et dépôts	..	..	..	5.5	6.0	4.4	4.0	3.4
Titres de dettes	..	..	..	78.5	67.5	68.8	66.8	65.2
Crédits	..	..	..	1.1	0.5	0.7	0.6	0.3
Actions et parts de fonds d'investissement	..	..	..	9.5	18.8	18.5	19.2	21.2
Systèmes d'assurance de pensions et garanties standard	..	..	..	1.1	1.7	2.8	5.1	5.3
Produits financiers dérivés et options sur titres des salariés	..	..	..	0.0	0.1	0.1	0.1	0.0
Autres comptes à recevoir	..	..	..	4.3	5.4	4.7	4.3	4.5
Passifs financiers	..	..	..	100.0	100.0	100.0	100.0	100.0
Numéraire et dépôts	..	..	..	0.0	0.0	0.0	0.0	0.0
Titres de dettes	..	..	..	0.0	0.0	0.0	0.0	0.0
Crédits	..	..	..	0.9	1.0	0.9	1.3	0.0
Actions et parts de fonds d'investissement	..	..	..	7.6	7.1	7.4	22.0	20.6
Systèmes d'assurance de pensions et garanties standard	..	..	..	84.9	85.3	85.4	70.7	73.5
Produits financiers dérivés et options sur titres des salariés	..	..	..	0.1	0.1	0.1	0.0	0.1
Autres comptes à recevoir	..	..	..	6.5	6.5	6.1	6.0	5.8
Fonds de pension								
Actifs financiers	..	..	..	100.0	100.0	100.0	100.0	100.0
Numéraire et dépôts	..	..	..	11.9	19.0	17.4	14.8	11.0
Titres de dettes	..	..	..	74.4	68.9	67.4	65.9	67.3
Crédits	..	..	..	0.0	0.0	0.0	0.0	0.0
Actions et parts de fonds d'investissement	..	..	..	13.6	11.9	15.1	19.2	21.6
Systèmes d'assurance de pensions et garanties standard	..	..	..	0.0	0.0	0.0	0.0	0.0
Produits financiers dérivés et options sur titres des salariés	..	..	..	0.0	0.0	0.0	0.0	0.1
Autres comptes à recevoir	..	..	..	0.1	0.1	0.1	0.2	0.0
Passifs financiers	..	..	..	100.0	100.0	100.0	100.0	100.0
Numéraire et dépôts	..	..	..	0.0	0.0	0.0	0.0	0.0
Titres de dettes	..	..	..	0.0	0.0	0.0	0.0	0.0
Crédits	..	..	..	0.0	0.0	0.0	0.0	0.0
Actions et parts de fonds d'investissement	..	..	..	0.0	0.0	0.0	0.0	0.0
Systèmes d'assurance de pensions et garanties standard	..	..	..	99.9	99.6	99.9	99.6	99.7
Produits financiers dérivés et options sur titres des salariés	..	..	..	0.0	0.1	0.0	0.0	0.1
Autres comptes à recevoir	..	..	..	0.1	0.3	0.1	0.4	0.2

Note : Voir les métadonnées détaillées sur : http://metalinks.oecd.org/instinv/20170920/a53e

Tableau 1. Actifs et passifs financiers des investisseurs institutionnels, 2016

Millions EUR (2007 SIT euro)

	Total	Fonds d'investissement			
		Fonds d'investissement non-monétaire			Fonds d'investissement monétaires
		Total	Fonds d'investissement à capital variable, non monétaire	Fonds d'investissement à capital fixe, non monétaire	Total
Actifs financiers	2 474	2 374	2 374	..	100
Numéraire et dépôts	192	124	124	..	68
Titres de dette	425	393	393	..	32
Titres de dette à court terme	48	16	16	..	32
Titres de dette à long terme	377	377	377	..	0
Titres de dette émis par les résidents	63	57	57	..	6
Titres de dette émis par les non-résidents	362	335	335	..	27
Crédits	..	..	..	..	..
Crédits à court terme	..	..	..	..	..
Crédits à long terme	..	..	..	..	..
Crédits accordés aux résidents	..	..	..	..	..
Crédits accordés aux non-résidents	..	..	..	..	..
Actions et parts de fonds d'investissement	1 845	1 845	1 845	..	..
Actions et parts de fonds d'investissements émises par les résidents	113	113	113	..	..
Actions et part de fonds d'investissements émises par les non-résidents	1 732	1 732	1 732	..	..
Autres comptes à recevoir	11	11	11	..	0

	Total	Fonds d'investissement			
		Fonds d'investissement non-monétaire			Fonds d'investissement monétaires
		Total	Fonds d'investissement à capital variable, non monétaire	Fonds d'investissement à capital fixe, non monétaire	Total
Pasifs financiers	2 474	2 374	2 374	..	100
Numéraire et dépôts	..	..	..	..	..
Titres de dette	..	..	..	..	..
Titres de dette à court terme	..	..	..	..	..
Titres de dette à long terme	..	..	..	..	..
Crédits	0	0	0	..	..
Crédits à court terme	0	0	0	..	..
Crédits à long terme	..	..	..	..	..
Actions et parts de fonds d'investissement	2 464	2 364	2 364	..	99
Systèmes d'assurance, de pensions et garanties standard	..	..	..	..	..
Produits financiers dérivés et options sur titres des salariés	0	0	0	..	..
Autres comptes à payer	11	9	9	..	1

	Total	Sociétés d'assurance et fonds de pension autonomes			
		Sociétés d'assurance			Fonds de pension autonomes
		Total	Sociétés d'assurance vie	Sociétés d'assurance non-vie	Total
Actifs financiers	9 980	7 416	..	..	2 564
Numéraire et dépôts	660	286	..	..	374
Titres de dette	6 026	4 486	..	..	1 540
Titres de dette à court terme	154	34	..	..	120
Titres de dette à long terme	5 872	4 452	..	..	1 420
Titres de dette émis par les résidents	2 004	1 216	..	..	788
Titres de dette émis par les non-résidents	4 023	3 270	..	..	753
Crédits	124	99	..	..	25
Crédits à court terme	34	14	..	..	20
Crédits à long terme	89	85	..	..	4
Crédits accordés aux résidents	101	77	..	..	24
Crédits accordés aux non-résidents	23	22	..	..	1
Actions et parts de fonds d'investissement	2 677	2 060	..	..	616
Actions et parts de fonds d'investissement émises par les résidents	1 465	1 367	..	..	98
Actions et parts de fonds d'investissement émises par les non-résidents	1 211	693	..	..	518
Autrescomptes à recevoir	311	303	..	..	8

	Total	Sociétés d'assurance et fonds de pension autonomes			
		Sociétés d'assurance			Fonds de pension autonomes
		Total	Sociétés d'assurance vie	Sociétés d'assurance non-vie	Total
Pasifs financiers	9 848	7 276	..	..	2 572
Numéraire et dépôts	0	0	..	..	0
Titres de dette	84	84	..	..	0
Titres de dette à court terme	0	0	..	..	0
Titres de dette à long terme	84	84	..	..	0
Crédits	26	26	..	..	0
Crédits à court terme	1	1	..	..	0
Crédits à long terme	25	25	..	..	0
Actions et parts de fonds d'investissement	1 696	1 651	..	..	45
Systèmes d'assurance, de pensions et garanties standard	7 810	5 301	..	..	2 509
Produits financiers dérivés et options sur titres des salariés	0	0	..	..	0
Autres comptes à payer	233	214	..	..	18

Note : Voir les métadonnées détaillées sur : http://metalinks.oecd.org/instinv/20170920/fe53

Tableau 2. Actifs et passifs financiers des fonds d'investissement

Millions EUR

	2009	2010	2011	2012	2013	2014	2015	2016
Fonds d'investissement								
Valeur nette financière	..	..	..	..	..	..	..	..
Actifs financiers	2 234	2 289	1 811	1 831	1 855	2 151	2 319	2 474
Numéraire et dépôts	190	163	147	136	110	136	166	192
Titres de dette	223	234	248	250	220	263	351	425
Crédits	..	..	..	..	..	..	..	..
Actions et parts de fonds d'investissement	1 814	1 881	1 407	1 433	1 516	1 746	1 795	1 845
Actions	1 632	1 700	1 250	1 280	1 348	1 598	1 641	1 690
Parts de fonds d'investissement	182	181	157	153	168	149	154	156
Parts de fonds d'investissement monétaires	0	0	0	0	0	0	0	2
Parts de fonds d'investissement non monétaires	182	181	157	153	168	149	154	154
Systèmes d'assurance, de pensions et garanties standard	..	..	..	..	..	..	..	..
Produits financiers dérivés et options sur titres des salariés	0	0	0	0	0	0	1	1
Autres comptes à recevoir	7	11	9	12	9	6	5	11
Passifs financiers	2 234	2 289	1 811	1 831	1 855	2 151	2 319	2 474
Titres de dette	..	..	..	..	..	..	..	..
Titres de dette à court terme	..	..	..	..	..	..	..	..
Titres de dette à long terme	..	..	..	..	..	..	..	..
Crédits	16	13	8	0	0	0	0	0
Crédits à court terme	16	13	8	0	0	0	0	0
Crédits à long terme	..	..	..	..	..	..	..	..
Actions et parts de fonds d'investissement	2 195	2 252	1 790	1 817	1 840	2 143	2 309	2 464
Systèmes d'assurance, de pensions et garanties standard	..	..	..	..	..	..	..	..
Produits financiers dérivés et options sur titres des salariés	0	0	0	0	0	0	0	0
Autres comptes à payer	22	24	13	13	16	8	10	11
Actifs non financiers	..	..	..	..	..	..	..	..
Fonds d'investissement monéaires								
Valeur nette financière	..	..	..	..	..	..	..	..
Actifs financiers	14	12	26	26	37	37	58	100
Numéraire et dépôts	14	12	20	15	23	24	32	68
Titres de dette	0	0	6	10	14	13	25	32
Crédits	..	..	..	..	..	..	..	..
Actions et parts de fonds d'investissement	..	..	..	..	..	..	..	..
Actions	..	..	..	..	..	..	..	..
Parts de fonds d'investissement	..	..	..	..	..	..	..	..
Parts de fonds d'investissement monétaires	..	..	..	..	..	..	..	..
Parts de fonds d'investissement non monétaires	..	..	..	..	..	..	..	..
Systèmes d'assurance, de pensions et garanties standard	..	..	..	..	..	..	..	..
Produits financiers dérivés et options sur titres des salariés	..	..	..	..	..	..	..	..
Autres comptes à recevoir	0	0	0	0	0	0	0	0
Passifs financiers	14	12	26	26	37	37	58	100
Titres de dette	..	..	..	..	..	..	..	..
Titres de dette à court terme	..	..	..	..	..	..	..	..
Titres de dette à long terme	..	..	..	..	..	..	..	..
Crédits	..	..	..	..	..	..	..	..
Crédits à court terme	..	..	..	..	..	..	..	..
Crédits à long terme	..	..	..	..	..	..	..	..
Actions et parts de fonds d'investissement	14	12	26	24	36	37	56	99
Systèmes d'assurance, de pensions et garanties standard	..	..	..	..	..	..	..	..
Produits financiers dérivés et options sur titres des salariés	..	..	..	..	..	..	..	..
Autres comptes à payer	0	0	0	2	0	1	1	1
Actifs non financiers	..	..	..	..	..	..	..	..
Fonds d'investissement non monéaires								
Valeur nette financière	..	..	..	..	..	..	..	..
Actifs financiers	2 220	2 276	1 785	1 805	1 819	2 113	2 261	2 374
Numéraire et dépôts	176	151	127	121	87	111	134	124
Titres de dette	223	234	242	239	206	250	326	393
Crédits	..	..	..	..	..	..	..	..
Actions et parts de fonds d'investissement	1 814	1 881	1 407	1 433	1 516	1 746	1 795	1 845
Actions	1 632	1 700	1 250	1 280	1 348	1 598	1 641	1 690
Parts de fonds d'investissement	182	181	157	153	168	149	154	156
Parts de fonds d'investissement monétaires	0	0	0	0	0	0	0	2
Parts de fonds d'investissement non monétaires	182	181	157	153	168	149	154	154
Systèmes d'assurance, de pensions et garanties standard	..	..	..	..	..	..	..	..
Produits financiers dérivés et options sur titres des salariés	0	0	0	0	0	0	1	1
Autres comptes à recevoir	7	11	9	12	9	6	5	11
Passifs financiers	2 220	2 276	1 785	1 805	1 819	2 113	2 261	2 374
Titres de dette	..	..	..	..	..	..	..	..
Titres de dette à court terme	..	..	..	..	..	..	..	..
Titres de dette à long terme	..	..	..	..	..	..	..	..
Crédits	16	13	8	0	0	0	0	0
Crédits à court terme	16	13	8	0	0	0	0	0
Crédits à long terme	..	..	..	..	..	..	..	..
Actions et parts de fonds d'investissement	2 182	2 239	1 764	1 794	1 803	2 106	2 253	2 364
Systèmes d'assurance, de pensions et garanties standard	..	..	..	..	..	..	..	..
Produits financiers dérivés et options sur titres des salariés	0	0	0	0	0	0	0	0
Autres comptes à payer	22	24	13	11	16	7	8	9
Actifs non financiers	..	..	..	..	..	..	..	..
Fonds d'investissement non monéaires à capital variable								
Valeur nette financière	..	..	..	..	..	..	..	..
Actifs financiers	1 842	2 036	1 785	1 805	1 819	2 113	2 261	2 374

Tableau 2. Actifs et passifs financiers des fonds d'investissement *(suite)*

Millions EUR

	2009	2010	2011	2012	2013	2014	2015	2016
Numéraire et dépôts	155	127	127	121	87	111	134	124
Titres de dette	197	222	242	239	206	250	326	393
Crédits	..	..	..	..	..	..	..	..
Actions et parts de fonds d'investissement	1 484	1 675	1 407	1 433	1 516	1 746	1 795	1 845
Actions	1 319	1 500	1 250	1 280	1 348	1 598	1 641	1 690
Parts de fonds d'investissement	165	176	157	153	168	149	154	156
Parts de fonds d'investissement monétaires	0	0	0	0	0	0	0	2
Parts de fonds d'investissement non monétaires	165	175	157	153	168	149	154	154
Systèmes d'assurance, de pensions et garanties standard	..	..	..	..	..	..	..	..
Produits financiers dérivés et options sur titres des salariés	0	0	0	0	0	0	1	1
Autres comptes à recevoir	6	11	9	12	9	6	5	11
Passifs financiers	1 842	2 036	1 785	1 805	1 819	2 113	2 261	2 374
Titres de dette	..	..	..	..	..	..	..	..
Titres de dette à court terme	..	..	..	..	..	..	..	..
Titres de dette à long terme	..	..	..	..	..	..	..	..
Crédits	0	0	8	0	0	0	0	0
Crédits à court terme	0	0	8	0	0	0	0	0
Crédits à long terme	..	..	..	..	..	..	..	..
Actions et parts de fonds d'investissement	1 828	2 017	1 764	1 794	1 803	2 106	2 253	2 364
Systèmes d'assurance, de pensions et garanties standard	..	..	..	..	..	..	..	..
Produits financiers dérivés et options sur titres des salariés	0	0	0	0	0	0	0	0
Autres comptes à payer	14	19	13	11	16	7	8	9
Actifs non financiers	..	..	..	..	..	..	..	..
Fonds d'investissement à capital variable								
Valeur nette financière	..	..	..	..	..	..	..	..
Actifs financiers	1 856	2 048	1 811	1 831	1 855	2 151	2 319	2 474
Numéraire et dépôts	169	140	147	136	110	136	166	192
Titres de dette	197	222	248	250	220	263	351	425
Crédits	..	..	..	..	..	..	..	..
Actions et parts de fonds d'investissement	1 484	1 675	1 407	1 433	1 516	1 746	1 795	1 845
Actions	1 319	1 500	1 250	1 280	1 348	1 598	1 641	1 690
Parts de fonds d'investissement	165	176	157	153	168	149	154	156
Parts de fonds d'investissement monétaires	0	0	0	0	0	0	0	2
Parts de fonds d'investissement non monétaires	165	175	157	153	168	149	154	154
Systèmes d'assurance, de pensions et garanties standard	..	..	..	..	..	..	..	..
Produits financiers dérivés et options sur titres des salariés	0	0	0	0	0	0	1	1
Autres comptes à recevoir	6	11	9	12	9	6	5	11
Passifs financiers	1 856	2 048	1 811	1 831	1 855	2 151	2 319	2 474
Titres de dette	..	..	..	..	..	..	..	..
Titres de dette à court terme	..	..	..	..	..	..	..	..
Titres de dette à long terme	..	..	..	..	..	..	..	..
Crédits	0	0	8	0	0	0	0	0
Crédits à court terme	0	0	8	0	0	0	0	0
Crédits à long terme	..	..	..	..	..	..	..	..
Actions et parts de fonds d'investissement	1 842	2 030	1 790	1 817	1 840	2 143	2 309	2 464
Systèmes d'assurance, de pensions et garanties standard	..	..	..	..	..	..	..	..
Produits financiers dérivés et options sur titres des salariés	0	0	0	0	0	0	0	0
Autres comptes à payer	14	19	13	13	16	8	10	11
Actifs non financiers	..	..	..	..	..	..	..	..

Note : Voir les métadonnées détaillées sur : http://metalinks.oecd.org/instinv/20170920/fe53

Tableau 3. Actifs et passifs financiers des sociétés d'assurance et fonds de pension

Millions EUR

	2009	2010	2011	2012	2013	2014	2015	2016
Sociétés d'assurance et fonds de pension								
Valeur nette financière	-269	-78	-41	164	213	181	42	132
Actifs financiers	6 705	7 344	7 533	8 275	8 614	9 370	9 486	9 980
Numéraire et dépôts	739	967	1 151	950	686	781	669	660
Titres de dette	3 700	3 938	3 889	4 440	4 882	5 344	5 693	6 026
Crédits	145	151	196	174	166	150	113	124
Actions et parts de fonds d'investissement	1 634	1 830	1 841	2 153	2 307	2 597	2 580	2 677
Actions	826	761	779	827	858	929	840	775
Parts de fonds d'investissement	808	1 069	1 062	1 326	1 449	1 667	1 741	1 901
Parts de fonds d'investissement monétaires	..	..	..	..	..	..	..	..
Parts de fonds d'investissement non monétaires	..	..	..	..	..	..	..	..
Systèmes d'assurance, de pensions et garanties standard	218	184	183	225	201	216	177	182
Produits financiers dérivés et options sur titres des salariés	4	4	4	4	2	0	0	0
Autres comptes à recevoir	266	269	270	330	370	282	253	311
Passifs financiers	6 974	7 422	7 574	8 111	8 401	9 189	9 444	9 848
Titres de dette	56	49	49	45	37	38	35	84
Titres de dette à court terme	0	0	0	0	0	0	0	0
Titres de dette à long terme	56	49	49	45	37	38	35	84
Crédits	60	61	57	37	31	26	26	26
Crédits à court terme	14	11	20	3	5	0	0	1
Crédits à long terme	46	51	38	34	26	26	26	25
Actions et parts de fonds d'investissement	1 148	973	972	1 215	1 348	1 690	1 659	1 696
Systèmes d'assurance, de pensions et garanties standard	5 544	6 155	6 297	6 553	6 684	7 209	7 498	7 810
Produits financiers dérivés et options sur titres des salariés	0	0	0	0	0	0	0	0
Autres comptes à payer	166	184	200	262	301	226	227	233
Actifs non financiers	..	..	..	..	..	..	..	..
Sociétés d'assurance								
Valeur nette financière	-300	-69	-32	174	207	180	34	140
Actifs financiers	5 020	5 396	5 491	6 197	6 475	7 031	6 999	7 416
Numéraire et dépôts	374	488	594	488	365	327	314	286
Titres de dette	2 640	2 819	2 750	3 256	3 590	4 083	4 157	4 486
Crédits	96	105	129	121	112	112	86	99
Actions et parts de fonds d'investissement	1 424	1 529	1 563	1 779	1 852	2 019	2 016	2 060
Actions	706	647	703	754	794	830	775	711
Parts de fonds d'investissement	718	883	860	1 025	1 058	1 189	1 241	1 350
Parts de fonds d'investissement monétaires	..	..	..	..	..	..	..	..
Parts de fonds d'investissement non monétaires	..	..	..	..	..	..	..	..
Systèmes d'assurance, de pensions et garanties standard	218	184	183	225	201	216	177	182
Produits financiers dérivés et options sur titres des salariés	4	4	4	4	2	0	0	0
Autres comptes à recevoir	263	266	267	324	354	273	249	303
Passifs financiers	5 320	5 465	5 523	6 023	6 268	6 851	6 965	7 276
Titres de dette	56	49	49	45	37	38	35	84
Titres de dette à court terme	0	0	0	0	0	0	0	0
Titres de dette à long terme	56	49	49	45	37	38	35	84
Crédits	60	60	57	37	31	26	26	26
Crédits à court terme	14	11	20	3	5	0	0	1
Crédits à long terme	46	49	38	34	26	26	26	25
Actions et parts de fonds d'investissement	1 118	939	936	1 176	1 308	1 648	1 615	1 651
Systèmes d'assurance, de pensions et garanties standard	3 926	4 240	4 308	4 512	4 599	4 927	5 070	5 301
Produits financiers dérivés et options sur titres des salariés	0	0	0	0	0	0	0	0
Autres comptes à payer	160	177	173	252	293	213	220	214
Actifs non financiers	..	..	..	..	..	..	..	..
Fonds de pension								
Valeur nette financière	31	-9	-9	-11	6	2	8	-8
Actifs financiers	1 685	1 948	2 042	2 078	2 139	2 339	2 487	2 564
Numéraire et dépôts	365	479	556	462	322	454	356	374
Titres de dette	1 059	1 119	1 139	1 184	1 292	1 261	1 537	1 540
Crédits	48	46	67	53	54	37	27	25
Actions et parts de fonds d'investissement	210	301	277	374	455	578	565	616
Actions	120	114	76	73	64	99	64	64
Parts de fonds d'investissement	90	186	201	301	391	479	500	552
Parts de fonds d'investissement monétaires	..	..	..	..	..	..	..	..
Parts de fonds d'investissement non monétaires	..	..	..	..	..	..	..	..
Systèmes d'assurance, de pensions et garanties standard	0	0	0	0	0	0	0	0
Produits financiers dérivés et options sur titres des salariés	0	0	0	0	0	0	0	0
Autres comptes à recevoir	3	3	3	6	15	9	4	8
Passifs financiers	1 654	1 957	2 052	2 089	2 133	2 337	2 479	2 572
Titres de dette	0	0	0	0	0	0	0	0
Titres de dette à court terme	0	0	0	0	0	0	0	0
Titres de dette à long terme	0	0	0	0	0	0	0	0
Crédits	0	2	0	0	0	0	0	0
Crédits à court terme	0	0	0	0	0	0	0	0
Crédits à long terme	0	2	0	0	0	0	0	0
Actions et parts de fonds d'investissement	30	34	36	39	40	43	44	45
Systèmes d'assurance, de pensions et garanties standard	1 618	1 914	1 989	2 041	2 085	2 281	2 428	2 509
Produits financiers dérivés et options sur titres des salariés	0	0	0	0	0	0	0	0
Autres comptes à payer	6	7	26	10	8	13	7	18
Actifs non financiers	..	..	..	..	..	..	..	..

Note : Voir les métadonnées détaillées sur : http://metalinks.oecd.org/instinv/20170920/fe53

Tableau 4. Composition du portefeuille par type d'investisseur

En pourcentage des actifs financiers et des passifs financiers

Pour cent

	2009	2010	2011	2012	2013	2014	2015	2016
Fonds d'investissement								
Actifs financiers	100.0	100.0	100.0	100.0	100.0	100.0	100.0	100.0
Numéraire et dépôts	8.5	7.1	8.1	7.4	5.9	6.3	7.1	7.8
Titres de dettes	10.0	10.2	13.7	13.6	11.9	12.2	15.2	17.2
Crédits	0.0	0.0	0.0	0.0	0.0	0.0	0.0	0.0
Actions et parts de fonds d'investissement	81.2	82.2	77.7	78.3	81.7	81.2	77.4	74.6
Systèmes d'assurance de pensions et garanties standard	0.0	0.0	0.0	0.0	0.0	0.0	0.0	0.0
Produits financiers dérivés et options sur titres des salariés	0.0	0.0	0.0	0.0	0.0	0.0	0.0	0.0
Autres comptes à recevoir	0.3	0.5	0.5	0.7	0.5	0.3	0.2	0.4
Passifs financiers	100.0	100.0	100.0	100.0	100.0	100.0	100.0	100.0
Numéraire et dépôts	0.0	0.0	0.0	0.0	0.0	0.0	0.0	0.0
Titres de dettes	0.0	0.0	0.0	0.0	0.0	0.0	0.0	0.0
Crédits	0.7	0.6	0.4	0.0	0.0	0.0	0.0	0.0
Actions et parts de fonds d'investissement	98.3	98.4	98.8	99.3	99.1	99.6	99.6	99.6
Systèmes d'assurance de pensions et garanties standard	0.0	0.0	0.0	0.0	0.0	0.0	0.0	0.0
Produits financiers dérivés et options sur titres des salariés	0.0	0.0	0.0	0.0	0.0	0.0	0.0	0.0
Autres comptes à recevoir	1.0	1.1	0.7	0.7	0.9	0.4	0.4	0.4
Sociétés d'assurance								
Actifs financiers	100.0	100.0	100.0	100.0	100.0	100.0	100.0	100.0
Numéraire et dépôts	7.4	9.0	10.8	7.9	5.6	4.7	4.5	3.9
Titres de dettes	52.6	52.2	50.1	52.5	55.4	58.1	59.4	60.5
Crédits	1.9	1.9	2.4	2.0	1.7	1.6	1.2	1.3
Actions et parts de fonds d'investissement	28.4	28.3	28.5	28.7	28.6	28.7	28.8	27.8
Systèmes d'assurance de pensions et garanties standard	4.3	3.4	3.3	3.6	3.1	3.1	2.5	2.5
Produits financiers dérivés et options sur titres des salariés	0.1	0.1	0.1	0.1	0.0	0.0	0.0	0.0
Autres comptes à recevoir	5.2	4.9	4.9	5.2	5.5	3.9	3.6	4.1
Passifs financiers	100.0	100.0	100.0	100.0	100.0	100.0	100.0	100.0
Numéraire et dépôts	0.0	0.0	0.0	0.0	0.0	0.0	0.0	0.0
Titres de dettes	1.1	0.9	0.9	0.8	0.6	0.6	0.5	1.2
Crédits	1.1	1.1	1.0	0.6	0.5	0.4	0.4	0.4
Actions et parts de fonds d'investissement	21.0	17.2	16.9	19.5	20.9	24.0	23.2	22.7
Systèmes d'assurance de pensions et garanties standard	73.8	77.6	78.0	74.9	73.4	71.9	72.8	72.8
Produits financiers dérivés et options sur titres des salariés	0.0	0.0	0.0	0.0	0.0	0.0	0.0	0.0
Autres comptes à recevoir	3.0	3.2	3.1	4.2	4.7	3.1	3.2	2.9
Fonds de pension								
Actifs financiers	100.0	100.0	100.0	100.0	100.0	100.0	100.0	100.0
Numéraire et dépôts	21.7	24.6	27.2	22.2	15.0	19.4	14.3	14.6
Titres de dettes	62.9	57.4	55.8	57.0	60.4	53.9	61.8	60.1
Crédits	2.9	2.4	3.3	2.5	2.5	1.6	1.1	1.0
Actions et parts de fonds d'investissement	12.5	15.4	13.6	18.0	21.3	24.7	22.7	24.0
Systèmes d'assurance de pensions et garanties standard	0.0	0.0	0.0	0.0	0.0	0.0	0.0	0.0
Produits financiers dérivés et options sur titres des salariés	0.0	0.0	0.0	0.0	0.0	0.0	0.0	0.0
Autres comptes à recevoir	0.2	0.2	0.1	0.3	0.7	0.4	0.2	0.3
Passifs financiers	100.0	100.0	100.0	100.0	100.0	100.0	100.0	100.0
Numéraire et dépôts	0.0	0.0	0.0	0.0	0.0	0.0	0.0	0.0
Titres de dettes	0.0	0.0	0.0	0.0	0.0	0.0	0.0	0.0
Crédits	0.0	0.1	0.0	0.0	0.0	0.0	0.0	0.0
Actions et parts de fonds d'investissement	1.8	1.7	1.8	1.8	1.9	1.8	1.8	1.7
Systèmes d'assurance de pensions et garanties standard	97.8	97.8	97.0	97.7	97.7	97.6	97.9	97.5
Produits financiers dérivés et options sur titres des salariés	0.0	0.0	0.0	0.0	0.0	0.0	0.0	0.0
Autres comptes à recevoir	0.4	0.4	1.3	0.5	0.4	0.6	0.3	0.7

Note : Voir les métadonnées détaillées sur : http://metalinks.oecd.org/instinv/20170920/a53e

ESPAGNE

Tableau 1. Actifs et passifs financiers des investisseurs institutionnels, 2016

Millions EUR (1999 ESP euro)

	Fonds d'investissement				
	Total	Fonds d'investissement non-monétaire			Fonds d'investissement monétaires
		Total	Fonds d'investissement à capital variable, non monétaire	Fonds d'investissement à capital fixe, non monétaire	Total
Actifs financiers	274 498	264 767	264 376	391	9 731
Numéraire et dépôts	44 124	41 397	41 322	75	2 726
Titres de dette	123 592	116 628	116 628	0	6 964
Titres de dette à court terme	14 298	7 335	7 335	0	6 964
Titres de dette à long terme	109 294	109 294	109 294	0	0
Titres de dette émis par les résidents	69 592	66 814	66 814	0	2 778
Titres de dette émis par les non-résidents	54 000	49 814	49 814	0	4 186
Crédits	0	..	..	0	0
Crédits à court terme	0	..	..	0	0
Crédits à long terme	0	..	..	0	..
Crédits accordés aux résidents	0	..	..	0	0
Crédits accordés aux non-résidents	0	..	..	0	0
Actions et parts de fonds d'investissement	102 918	102 885	102 881	4	34
Actions et parts de fonds d'investissements émises par les résidents	19 251	19 247	19 244	4	3
Actions et part de fonds d'investissements émises par les non-résidents	83 667	83 637	83 637	0	30
Autres comptes à recevoir	2 525	2 517	2 205	312	8

	Fonds d'investissement				
	Total	Fonds d'investissement non-monétaire			Fonds d'investissement monétaires
		Total	Fonds d'investissement à capital variable, non monétaire	Fonds d'investissement à capital fixe, non monétaire	Total
Pasifs financiers	275 786	266 055	264 376	1 679	9 731
Numéraire et dépôts	0	..	..	0	..
Titres de dette	0	..	..	0	..
Titres de dette à court terme	0	..	..	0	..
Titres de dette à long terme	0	..	..	0	..
Crédits	522	513	0	513	9
Crédits à court terme	522	513	0	513	9
Crédits à long terme	0	..	..	0	0
Actions et parts de fonds d'investissement	273 059	263 337	262 252	1 085	9 722
Systèmes d'assurance, de pensions et garanties standard	0	..	..	0	..
Produits financiers dérivés et options sur titres des salariés	412	412	412	0	..
Autres comptes à payer	1 793	1 793	1 712	80	0

	Sociétés d'assurance et fonds de pension autonomes				
	Total	Sociétés d'assurance			Fonds de pension autonomes
		Total	Sociétés d'assurance vie	Sociétés d'assurance non-vie	Total
Actifs financiers	444 897	311 242	..	..	133 655
Numéraire et dépôts	42 696	28 368	..	..	14 328
Titres de dette	287 254	218 405	..	..	68 849
Titres de dette à court terme	2 742	1 105	..	..	1 637
Titres de dette à long terme	284 513	217 301	..	..	67 212
Titres de dette émis par les résidents	197 072	157 361	..	..	39 711
Titres de dette émis par les non-résidents	90 182	61 044	..	..	29 138
Crédits	3 538	3 529	..	..	9
Crédits à court terme	2 005	2 005	..	..	0
Crédits à long terme	1 532	1 523	..	..	9
Crédits accordés aux résidents	2 000	..	..	..	9
Crédits accordés aux non-résidents	1 538	1 538	..	..	..
Actions et parts de fonds d'investissement	77 231	36 194	..	..	41 037
Actions et parts de fonds d'investissement émises par les résidents	29 855	22 044	..	..	7 811
Actions et parts de fonds d'investissement émises par les non-résidents	47 377	14 150	..	..	33 226
Autrescomptes à recevoir	17 928	17 619	..	..	309

	Sociétés d'assurance et fonds de pension autonomes				
	Total	Sociétés d'assurance			Fonds de pension autonomes
		Total	Sociétés d'assurance vie	Sociétés d'assurance non-vie	Total
Pasifs financiers	444 519	312 634	..	..	131 885
Numéraire et dépôts	..	..	..	..	..
Titres de dette	169	169	..	..	0
Titres de dette à court terme	0	0	..	..	0
Titres de dette à long terme	169	169	..	..	0
Crédits	5 836	5 836	..	..	0
Crédits à court terme	4 716	4 716	..	..	0
Crédits à long terme	1 121	1 121	..	..	0
Actions et parts de fonds d'investissement	47 327	47 327	..	..	0
Systèmes d'assurance, de pensions et garanties standard	385 817	254 522	..	..	131 295
Produits financiers dérivés et options sur titres des salariés	0	0	..	..	0
Autres comptes à payer	5 370	4 780	..	..	590

Note : Voir les métadonnées détaillées sur : http://metalinks.oecd.org/instinv/20170920/ae0f

Tableau 2. Actifs et passifs financiers des fonds d'investissement

Millions EUR

	2009	2010	2011	2012	2013	2014	2015	2016
Fonds d'investissement								
Valeur nette financière	-7 306	-7 036	-5 375	-5 028	-5 346	-1 478	-1 434	-1 288
Actifs financiers	199 694	172 952	157 190	150 185	187 089	233 630	259 583	274 498
Numéraire et dépôts	44 687	37 142	28 326	27 388	39 500	43 527	46 474	44 124
Titres de dette	112 614	92 223	94 234	87 273	98 663	119 003	110 939	123 592
Crédits	18	67	10	23	1	0	0	0
Actions et parts de fonds d'investissement	38 339	40 417	32 261	32 812	45 430	67 410	98 267	102 918
Actions	18 927	18 997	15 769	16 440	23 661	30 372	37 315	37 418
Parts de fonds d'investissement	19 412	21 419	16 492	16 371	21 769	37 038	60 952	65 500
Parts de fonds d'investissement monétaires	1 310	999	1 114	875	722	563	1 330	1 464
Parts de fonds d'investissement non monétaires	18 102	20 420	15 378	15 497	21 047	36 475	59 621	64 036
Systèmes d'assurance, de pensions et garanties standard	0	0	0	0	0	0	0	0
Produits financiers dérivés et options sur titres des salariés	2 297	1 596	1 102	1 159	1 440	1 327	1 123	1 340
Autres comptes à recevoir	1 739	1 508	1 255	1 532	2 054	2 363	2 780	2 525
Passifs financiers	207 000	179 988	162 565	155 213	192 435	235 108	261 017	275 786
Titres de dette	0	0	0	0	0	0	0	0
Titres de dette à court terme	0	0	0	0	0	0	0	0
Titres de dette à long terme	0	0	0	0	0	0	0	0
Crédits	631	648	538	534	864	456	529	522
Crédits à court terme	631	648	538	534	864	456	529	522
Crédits à long terme	0	0	0	0	0	0	0	0
Actions et parts de fonds d'investissement	204 182	177 509	160 555	153 296	190 028	232 871	258 847	273 059
Systèmes d'assurance, de pensions et garanties standard	0	0	0	0	0	0	0	0
Produits financiers dérivés et options sur titres des salariés	958	671	637	521	363	417	377	412
Autres comptes à payer	1 229	1 160	835	863	1 180	1 363	1 264	1 793
Actifs non financiers	7 238	6 975	5 292	4 939	5 258	1 478	1 434	1 287
Fonds d'investissement monéaires								
Valeur nette financière	-68	-61	-83	-89	-88	0	0	0
Actifs financiers	13 458	8 107	7 972	6 903	8 343	7 309	8 328	9 731
Numéraire et dépôts	5 147	3 952	2 855	1 825	2 695	2 559	3 510	2 726
Titres de dette	8 293	4 088	5 104	5 055	5 644	4 702	4 784	6 964
Crédits	18	67	10	23	1	0	0	0
Actions et parts de fonds d'investissement	0	0	2	1	3	6	3	34
Actions	..	..	..	..	..	..	..	..
Parts de fonds d'investissement	0	0	2	1	3	6	3	34
Parts de fonds d'investissement monétaires	0	0	2	1	3	4	3	34
Parts de fonds d'investissement non monétaires	0	0	0	0	0	2	0	0
Systèmes d'assurance, de pensions et garanties standard	..	..	..	..	..	..	..	..
Produits financiers dérivés et options sur titres des salariés	..	..	..	..	..	..	..	..
Autres comptes à recevoir	0	0	0	0	0	42	32	8
Passifs financiers	13 526	8 168	8 055	6 992	8 432	7 309	8 328	9 731
Titres de dette	..	..	..	..	..	..	..	..
Titres de dette à court terme	..	..	..	..	..	..	..	..
Titres de dette à long terme	..	..	..	..	..	..	..	..
Crédits	21	9	19	9	11	9	8	9
Crédits à court terme	21	9	19	9	11	9	8	9
Crédits à long terme	0	0	0	0	0	0	0	0
Actions et parts de fonds d'investissement	13 486	8 154	8 036	6 979	8 420	7 299	8 320	9 722
Systèmes d'assurance, de pensions et garanties standard	..	..	..	..	..	..	..	..
Produits financiers dérivés et options sur titres des salariés	..	..	..	..	..	..	..	..
Autres comptes à payer	19	5	0	4	1	1	0	0
Actifs non financiers	0	0	0	0	0	0	0	0
Fonds d'investissement non monéaires								
Valeur nette financière	-7 238	-6 975	-5 292	-4 939	-5 258	-1 478	-1 434	-1 288
Actifs financiers	186 236	164 845	149 218	143 282	178 745	226 321	251 254	264 767
Numéraire et dépôts	39 540	33 190	25 471	25 563	36 805	40 968	42 964	41 397
Titres de dette	104 321	88 135	89 130	82 218	93 019	114 301	106 155	116 628
Crédits	..	..	..	..	..	..	..	..
Actions et parts de fonds d'investissement	38 339	40 417	32 259	32 811	45 427	67 404	98 264	102 885
Actions	18 927	18 997	15 769	16 440	23 661	30 372	37 315	37 418
Parts de fonds d'investissement	19 412	21 419	16 490	16 371	21 766	37 032	60 949	65 466
Parts de fonds d'investissement monétaires	1 310	999	1 112	874	719	559	1 327	1 430
Parts de fonds d'investissement non monétaires	18 102	20 420	15 378	15 497	21 047	36 473	59 621	64 036
Systèmes d'assurance, de pensions et garanties standard	..	..	..	..	..	..	..	..
Produits financiers dérivés et options sur titres des salariés	2 297	1 596	1 102	1 159	1 440	1 327	1 123	1 340
Autres comptes à recevoir	1 739	1 508	1 255	1 532	2 054	2 321	2 748	2 517
Passifs financiers	193 474	171 820	154 510	148 221	184 003	227 799	252 688	266 055
Titres de dette	..	..	..	..	..	..	..	..
Titres de dette à court terme	..	..	..	..	..	..	..	..
Titres de dette à long terme	..	..	..	..	..	..	..	..
Crédits	610	639	520	525	853	447	520	513
Crédits à court terme	610	639	520	525	853	447	520	513
Crédits à long terme	..	..	..	..	..	..	..	..
Actions et parts de fonds d'investissement	190 696	169 355	152 519	146 316	181 608	225 573	250 527	263 337
Systèmes d'assurance, de pensions et garanties standard	..	..	..	..	..	..	..	..
Produits financiers dérivés et options sur titres des salariés	958	671	637	521	363	417	377	412
Autres comptes à payer	1 210	1 156	834	859	1 179	1 363	1 264	1 793
Actifs non financiers	7 238	6 975	5 292	4 939	5 258	1 478	1 434	1 287
Fonds d'investissement non monéaires à capital variable								
Valeur nette financière	0	0	0	0	0	0	0	0
Actifs financiers	185 877	164 509	149 040	143 077	178 394	226 056	250 971	264 376

Tableau 2. Actifs et passifs financiers des fonds d'investissement *(suite)*

Millions EUR

	2009	2010	2011	2012	2013	2014	2015	2016
Numéraire et dépôts	39 359	33 015	25 358	25 421	36 555	40 928	42 893	41 322
Titres de dette	104 304	88 131	89 127	82 218	93 018	114 297	106 155	116 628
Crédits	..	..	..	..	..	..	..	..
Actions et parts de fonds d'investissement	38 333	40 408	32 259	32 810	45 416	67 392	98 253	102 881
Actions	18 921	18 988	15 769	16 440	23 656	30 371	37 315	37 418
Parts de fonds d'investissement	19 412	21 419	16 490	16 371	21 760	37 021	60 938	65 463
Parts de fonds d'investissement monétaires	1 310	999	1 112	874	719	559	1 327	1 430
Parts de fonds d'investissement non monétaires	18 102	20 420	15 378	15 497	21 041	36 462	59 611	64 032
Systèmes d'assurance, de pensions et garanties standard	..	..	..	..	..	..	..	..
Produits financiers dérivés et options sur titres des salariés	2 297	1 596	1 102	1 159	1 440	1 327	1 123	1 340
Autres comptes à recevoir	1 585	1 360	1 193	1 469	1 965	2 111	2 547	2 205
Passifs financiers	185 878	164 509	149 040	143 078	178 394	226 056	250 971	264 376
Titres de dette	..	..	..	..	..	..	..	..
Titres de dette à court terme	..	..	..	..	..	..	..	..
Titres de dette à long terme	..	..	..	..	..	..	..	..
Crédits	0	1	10	37	3	5	4	0
Crédits à court terme	0	1	10	37	3	5	4	0
Crédits à long terme	..	..	..	..	..	..	..	..
Actions et parts de fonds d'investissement	183 922	162 917	147 712	141 831	177 072	224 346	249 404	262 252
Systèmes d'assurance, de pensions et garanties standard	..	..	..	..	..	..	..	..
Produits financiers dérivés et options sur titres des salariés	958	671	637	521	363	417	377	412
Autres comptes à payer	997	919	681	689	956	1 288	1 186	1 712
Actifs non financiers	0	0	0	0	0	0	0	0
Fonds d'investissement à capital variable								
Valeur nette financière	-68	-61	-83	-89	-89	0	0	0
Actifs financiers	199 336	172 616	157 011	149 981	186 738	233 364	259 299	274 107
Numéraire et dépôts	44 506	36 967	28 213	27 246	39 250	43 487	46 403	44 048
Titres de dette	112 597	92 219	94 231	87 273	98 662	118 999	110 939	123 592
Crédits	18	67	10	23	1	0	0	0
Actions et parts de fonds d'investissement	38 333	40 408	32 261	32 811	45 418	67 398	98 256	102 914
Actions	18 921	18 988	15 769	16 440	23 656	30 371	37 315	37 418
Parts de fonds d'investissement	19 412	21 419	16 492	16 371	21 763	37 027	60 941	65 496
Parts de fonds d'investissement monétaires	1 310	999	1 114	875	722	563	1 330	1 464
Parts de fonds d'investissement non monétaires	18 102	20 420	15 378	15 497	21 041	36 464	59 611	64 032
Systèmes d'assurance, de pensions et garanties standard	0	0	0	0	0	0	0	0
Produits financiers dérivés et options sur titres des salariés	2 297	1 596	1 102	1 159	1 440	1 327	1 123	1 340
Autres comptes à recevoir	1 585	1 360	1 193	1 469	1 965	2 153	2 579	2 213
Passifs financiers	199 404	172 677	157 095	150 070	186 826	233 365	259 300	274 107
Titres de dette	0	0	0	0	0	0	0	0
Titres de dette à court terme	0	0	0	0	0	0	0	0
Titres de dette à long terme	0	0	0	0	0	0	0	0
Crédits	21	10	28	46	14	14	13	9
Crédits à court terme	21	10	28	46	14	14	13	9
Crédits à long terme	0	0	0	0	0	0	0	0
Actions et parts de fonds d'investissement	197 409	171 071	155 748	148 810	185 492	231 645	257 723	271 974
Systèmes d'assurance, de pensions et garanties standard	..	..	..	..	..	..	..	..
Produits financiers dérivés et options sur titres des salariés	958	671	637	521	363	417	377	412
Autres comptes à payer	1 016	924	681	693	957	1 288	1 186	1 712
Actifs non financiers	0	0	0	0	0	0	0	0

Note : Voir les métadonnées détaillées sur : http://metalinks.oecd.org/instinv/20170920/ae0f

Tableau 3. Actifs et passifs financiers des sociétés d'assurance et fonds de pension

Millions EUR

	2009	2010	2011	2012	2013	2014	2015	2016
Sociétés d'assurance et fonds de pension								
Valeur nette financière	1 782	-2 016	-6 253	-3 533	-14 006	-15 157	2 482	377
Actifs financiers	349 184	349 659	357 430	371 806	382 456	415 596	434 704	444 897
Numéraire et dépôts	65 178	65 374	63 969	63 176	63 157	59 695	59 089	42 696
Titres de dette	200 339	194 794	204 283	217 165	223 990	259 472	273 812	287 254
Crédits	5 567	7 493	7 724	7 742	7 356	4 521	2 979	3 538
Actions et parts de fonds d'investissement	46 792	49 481	48 641	46 093	53 555	58 788	65 982	77 231
Actions	29 592	27 746	27 501	26 866	27 628	30 074	28 667	32 802
Parts de fonds d'investissement	17 199	21 735	21 141	19 227	25 927	28 714	37 314	44 430
Parts de fonds d'investissement monétaires	590	357	351	305	367	319	364	425
Parts de fonds d'investissement non monétaires	16 609	21 378	20 789	18 923	25 559	28 395	36 951	44 005
Systèmes d'assurance, de pensions et garanties standard	16 651	17 099	16 949	17 629	15 365	14 966	15 025	15 803
Produits financiers dérivés et options sur titres des salariés	0	0	0	1 247	915	936	826	446
Autres comptes à recevoir	14 657	15 417	15 863	18 754	18 118	17 219	16 991	17 928
Passifs financiers	347 402	351 675	363 682	375 339	396 462	430 753	432 222	444 519
Titres de dette	311	296	296	146	146	0	0	169
Titres de dette à court terme	0	0	0	0	0	0	0	0
Titres de dette à long terme	311	296	296	146	146	0	0	169
Crédits	10 969	12 366	19 248	17 579	17 320	19 171	17 726	5 836
Crédits à court terme	9 144	11 264	17 841	16 547	16 139	17 497	16 323	4 716
Crédits à long terme	1 824	1 102	1 408	1 031	1 181	1 674	1 402	1 121
Actions et parts de fonds d'investissement	31 412	30 967	31 925	34 835	41 173	44 335	44 601	47 327
Systèmes d'assurance, de pensions et garanties standard	299 754	300 553	305 456	315 767	331 140	360 548	363 938	385 817
Produits financiers dérivés et options sur titres des salariés	0	0	0	0	0	0	0	0
Autres comptes à payer	4 957	7 492	6 756	7 013	6 683	6 699	5 959	5 370
Actifs non financiers	9 830	10 513	9 977	10 241	10 582	10 705	10 944	10 636
Sociétés d'assurance								
Valeur nette financière	2 463	-1 436	-5 597	-2 839	-8 617	-10 191	5 425	-1 392
Actifs financiers	245 667	244 235	253 512	263 514	271 946	295 984	309 024	311 242
Numéraire et dépôts	48 104	47 431	50 504	48 179	49 049	45 406	42 648	28 368
Titres de dette	140 805	137 215	141 880	155 979	158 374	188 945	205 893	218 405
Crédits	5 298	7 345	7 650	7 704	7 325	4 512	2 968	3 529
Actions et parts de fonds d'investissement	28 929	29 723	30 927	24 618	30 925	32 569	33 929	36 194
Actions	18 279	15 987	17 493	15 846	17 009	17 786	17 409	16 918
Parts de fonds d'investissement	10 650	13 736	13 435	8 772	13 916	14 784	16 520	19 276
Parts de fonds d'investissement monétaires	441	267	251	204	246	215	260	321
Parts de fonds d'investissement non monétaires	10 209	13 469	13 183	8 569	13 669	14 569	16 260	18 955
Systèmes d'assurance, de pensions et garanties standard	8 190	7 487	6 955	7 226	7 429	6 587	6 077	6 681
Produits financiers dérivés et options sur titres des salariés	0	0	0	1 247	915	936	826	446
Autres comptes à recevoir	14 342	15 033	15 595	18 561	17 930	17 029	16 683	17 619
Passifs financiers	243 204	245 671	259 108	266 353	280 563	306 175	303 599	312 634
Titres de dette	311	296	296	146	146	0	0	169
Titres de dette à court terme	0	0	0	0	0	0	0	0
Titres de dette à long terme	311	296	296	146	146	0	0	169
Crédits	10 969	12 366	19 248	17 579	17 320	19 171	17 726	5 836
Crédits à court terme	9 144	11 264	17 841	16 547	16 139	17 497	16 323	4 716
Crédits à long terme	1 824	1 102	1 408	1 031	1 181	1 674	1 402	1 121
Actions et parts de fonds d'investissement	31 412	30 967	31 925	34 835	41 173	44 335	44 601	47 327
Systèmes d'assurance, de pensions et garanties standard	195 787	195 005	201 149	206 997	215 488	236 371	235 707	254 522
Produits financiers dérivés et options sur titres des salariés	0	0	0	0	0	0	0	0
Autres comptes à payer	4 726	7 036	6 490	6 797	6 436	6 298	5 567	4 780
Actifs non financiers	9 607	10 273	9 747	10 012	10 382	10 527	10 773	10 460
Fonds de pension								
Valeur nette financière	-681	-580	-656	-694	-5 389	-4 966	-2 943	1 769
Actifs financiers	103 517	105 424	103 918	108 292	110 510	119 612	125 680	133 655
Numéraire et dépôts	17 074	17 943	13 465	14 997	14 108	14 289	16 441	14 328
Titres de dette	59 534	57 579	62 403	61 186	65 616	70 527	67 919	68 849
Crédits	269	148	74	38	31	8	12	9
Actions et parts de fonds d'investissement	17 863	19 758	17 714	21 475	22 630	26 219	32 053	41 037
Actions	11 313	11 759	10 008	11 020	10 619	12 290	11 258	15 884
Parts de fonds d'investissement	6 549	7 999	7 706	10 455	12 011	13 930	20 794	25 154
Parts de fonds d'investissement monétaires	149	90	100	101	121	104	104	104
Parts de fonds d'investissement non monétaires	6 400	7 909	7 606	10 354	11 890	13 826	20 691	25 050
Systèmes d'assurance, de pensions et garanties standard	8 461	9 612	9 994	10 403	7 936	8 379	8 948	9 122
Produits financiers dérivés et options sur titres des salariés	0	0	0	0	0	0	0	0
Autres comptes à recevoir	317	384	268	193	190	190	308	309
Passifs financiers	104 198	106 004	104 574	108 986	115 899	124 578	128 623	131 885
Titres de dette	0	0	0	0	0	0	0	0
Titres de dette à court terme	0	0	0	0	0	0	0	0
Titres de dette à long terme	0	0	0	0	0	0	0	0
Crédits	0	0	0	0	0	0	0	0
Crédits à court terme	0	0	0	0	0	0	0	0
Crédits à long terme	0	0	0	0	0	0	0	0
Actions et parts de fonds d'investissement	0	0	0	0	0	0	0	0
Systèmes d'assurance, de pensions et garanties standard	103 967	105 548	104 307	108 770	115 652	124 177	128 231	131 295
Produits financiers dérivés et options sur titres des salariés	0	0	0	0	0	0	0	0
Autres comptes à payer	231	456	266	216	247	401	392	590
Actifs non financiers	223	240	230	229	200	178	172	176

Note : Voir les métadonnées détaillées sur : http://metalinks.oecd.org/instinv/20170920/ae0f

Tableau 4. Composition du portefeuille par type d'investisseur

En pourcentage des actifs financiers et des passifs financiers

Pour cent

	2009	2010	2011	2012	2013	2014	2015	2016
Fonds d'investissement								
Actifs financiers	100.0	100.0	100.0	100.0	100.0	100.0	100.0	100.0
Numéraire et dépôts	22.4	21.5	18.0	18.2	21.1	18.6	17.9	16.1
Titres de dettes	56.4	53.3	59.9	58.1	52.7	50.9	42.7	45.0
Crédits	0.0	0.0	0.0	0.0	0.0	0.0	0.0	0.0
Actions et parts de fonds d'investissement	19.2	23.4	20.5	21.8	24.3	28.9	37.9	37.5
Systèmes d'assurance de pensions et garanties standard	0.0	0.0	0.0	0.0	0.0	0.0	0.0	0.0
Produits financiers dérivés et options sur titres des salariés	1.2	0.9	0.7	0.8	0.8	0.6	0.4	0.5
Autres comptes à recevoir	0.9	0.9	0.8	1.0	1.1	1.0	1.1	0.9
Passifs financiers	100.0	100.0	100.0	100.0	100.0	100.0	100.0	100.0
Numéraire et dépôts	0.0	0.0	0.0	0.0	0.0	0.0	0.0	0.0
Titres de dettes	0.0	0.0	0.0	0.0	0.0	0.0	0.0	0.0
Crédits	0.3	0.4	0.3	0.3	0.4	0.2	0.2	0.2
Actions et parts de fonds d'investissement	98.6	98.6	98.8	98.8	98.7	99.0	99.2	99.0
Systèmes d'assurance de pensions et garanties standard	0.0	0.0	0.0	0.0	0.0	0.0	0.0	0.0
Produits financiers dérivés et options sur titres des salariés	0.5	0.4	0.4	0.3	0.2	0.2	0.1	0.1
Autres comptes à recevoir	0.6	0.6	0.5	0.6	0.6	0.6	0.5	0.6
Sociétés d'assurance								
Actifs financiers	100.0	100.0	100.0	100.0	100.0	100.0	100.0	100.0
Numéraire et dépôts	19.6	19.4	19.9	18.3	18.0	15.3	13.8	9.1
Titres de dettes	57.3	56.2	56.0	59.2	58.2	63.8	66.6	70.2
Crédits	2.2	3.0	3.0	2.9	2.7	1.5	1.0	1.1
Actions et parts de fonds d'investissement	11.8	12.2	12.2	9.3	11.4	11.0	11.0	11.6
Systèmes d'assurance de pensions et garanties standard	3.3	3.1	2.7	2.7	2.7	2.2	2.0	2.1
Produits financiers dérivés et options sur titres des salariés	0.0	0.0	0.0	0.5	0.3	0.3	0.3	0.1
Autres comptes à recevoir	5.8	6.2	6.2	7.0	6.6	5.8	5.4	5.7
Passifs financiers	100.0	100.0	100.0	100.0	100.0	100.0	100.0	100.0
Numéraire et dépôts	0.0	0.0	0.0	0.0	0.0	0.0	0.0	0.0
Titres de dettes	0.1	0.1	0.1	0.1	0.1	0.0	0.0	0.1
Crédits	4.5	5.0	7.4	6.6	6.2	6.3	5.8	1.9
Actions et parts de fonds d'investissement	12.9	12.6	12.3	13.1	14.7	14.5	14.7	15.1
Systèmes d'assurance de pensions et garanties standard	80.5	79.4	77.6	77.7	76.8	77.2	77.6	81.4
Produits financiers dérivés et options sur titres des salariés	0.0	0.0	0.0	0.0	0.0	0.0	0.0	0.0
Autres comptes à recevoir	1.9	2.9	2.5	2.6	2.3	2.1	1.8	1.5
Fonds de pension								
Actifs financiers	100.0	100.0	100.0	100.0	100.0	100.0	100.0	100.0
Numéraire et dépôts	16.5	17.0	13.0	13.8	12.8	11.9	13.1	10.7
Titres de dettes	57.5	54.6	60.1	56.5	59.4	59.0	54.0	51.5
Crédits	0.3	0.1	0.1	0.0	0.0	0.0	0.0	0.0
Actions et parts de fonds d'investissement	17.3	18.7	17.0	19.8	20.5	21.9	25.5	30.7
Systèmes d'assurance de pensions et garanties standard	8.2	9.1	9.6	9.6	7.2	7.0	7.1	6.8
Produits financiers dérivés et options sur titres des salariés	0.0	0.0	0.0	0.0	0.0	0.0	0.0	0.0
Autres comptes à recevoir	0.3	0.4	0.3	0.2	0.2	0.2	0.2	0.2
Passifs financiers	100.0	100.0	100.0	100.0	100.0	100.0	100.0	100.0
Numéraire et dépôts	0.0	0.0	0.0	0.0	0.0	0.0	0.0	0.0
Titres de dettes	0.0	0.0	0.0	0.0	0.0	0.0	0.0	0.0
Crédits	0.0	0.0	0.0	0.0	0.0	0.0	0.0	0.0
Actions et parts de fonds d'investissement	0.0	0.0	0.0	0.0	0.0	0.0	0.0	0.0
Systèmes d'assurance de pensions et garanties standard	99.8	99.6	99.7	99.8	99.8	99.7	99.7	99.6
Produits financiers dérivés et options sur titres des salariés	0.0	0.0	0.0	0.0	0.0	0.0	0.0	0.0
Autres comptes à recevoir	0.2	0.4	0.3	0.2	0.2	0.3	0.3	0.4

Note : Voir les métadonnées détaillées sur : http://metalinks.oecd.org/instinv/20170920/a53e

Tableau 1. Actifs et passifs financiers des investisseurs institutionnels, 2016

Millions SEK

	Fonds d'investissement				
	Total	Fonds d'investissement non-monétaire			Fonds d'investissement monétaires
		Total	Fonds d'investissement à capital variable, non monétaire	Fonds d'investissement à capital fixe, non monétaire	Total
Actifs financiers	3 602 738	3 583 840	..	..	18 898
Numéraire et dépôts	100 631	99 973	..	..	658
Titres de dette	827 527	809 354	..	..	18 173
Titres de dette à court terme	46 705	46 020	..	..	685
Titres de dette à long terme	780 822	763 334	..	..	17 488
Titres de dette émis par les résidents	665 056	647 661	..	..	17 395
Titres de dette émis par les non-résidents	162 471	161 693	..	..	778
Crédits	..	..	..	..	..
Crédits à court terme	..	..	..	..	..
Crédits à long terme	..	..	..	..	..
Crédits accordés aux résidents	..	..	..	..	..
Crédits accordés aux non-résidents	..	..	..	..	..
Actions et parts de fonds d'investissement	2 539 086	2 539 086	..	..	..
Actions et parts de fonds d'investissements émises par les résidents	1 081 040	1 081 040	..	..	..
Actions et part de fonds d'investissements émises par les non-résidents	1 458 046	1 458 046	..	..	..
Autres comptes à recevoir	95 053	94 986	..	..	67

	Fonds d'investissement				
	Total	Fonds d'investissement non-monétaire			Fonds d'investissement monétaires
		Total	Fonds d'investissement à capital variable, non monétaire	Fonds d'investissement à capital fixe, non monétaire	Total
Pasifs financiers	3 602 738	3 583 840	..	..	18 898
Numéraire et dépôts	..	..	..	..	..
Titres de dette	..	..	..	..	..
Titres de dette à court terme	..	..	..	..	..
Titres de dette à long terme	..	..	..	..	..
Crédits	18 916	18 916	..	..	..
Crédits à court terme	18 899	18 899	..	..	..
Crédits à long terme	17	17	..	..	..
Actions et parts de fonds d'investissement	3 345 569	3 326 738	..	..	18 831
Systèmes d'assurance, de pensions et garanties standard	..	..	..	..	..
Produits financiers dérivés et options sur titres des salariés	28 459	28 459	..	..	..
Autres comptes à payer	209 794	209 727	..	..	67

	Sociétés d'assurance et fonds de pension autonomes				
	Total	Sociétés d'assurance			Fonds de pension autonomes
		Total	Sociétés d'assurance vie	Sociétés d'assurance non-vie	Total
Actifs financiers	5 483 346	1 435 855	..	..	4 047 491
Numéraire et dépôts	158 397	61 114	..	..	97 283
Titres de dette	1 459 505	388 598	..	..	1 070 907
Titres de dette à court terme	14 428	6 866	..	..	7 562
Titres de dette à long terme	1 445 077	381 732	..	..	1 063 345
Titres de dette émis par les résidents	1 072 696	316 703	..	..	755 993
Titres de dette émis par les non-résidents	386 809	71 895	..	..	314 914
Crédits	70 073	28 270	..	..	41 803
Crédits à court terme	0	0	..	..	0
Crédits à long terme	70 073	28 270	..	..	41 803
Crédits accordés aux résidents	53 977	16 727	..	..	37 250
Crédits accordés aux non-résidents	16 096	11 543	..	..	4 553
Actions et parts de fonds d'investissement	3 696 335	920 124	..	..	2 776 211
Actions et parts de fonds d'investissement émises par les résidents	2 472 623	624 430	..	..	1 848 193
Actions et parts de fonds d'investissement émises par les non-résidents	1 223 712	295 694	..	..	928 018
Autrescomptes à recevoir	46 598	11 226	..	..	35 372

	Sociétés d'assurance et fonds de pension autonomes				
	Total	Sociétés d'assurance			Fonds de pension autonomes
		Total	Sociétés d'assurance vie	Sociétés d'assurance non-vie	Total
Pasifs financiers	5 006 966	1 119 004	..	..	3 887 962
Numéraire et dépôts	..	..	..	..	..
Titres de dette	2 574	2 474	..	..	100
Titres de dette à court terme	0	0	..	..	..
Titres de dette à long terme	2 574	2 474	..	..	100
Crédits	48 382	22 960	..	..	25 422
Crédits à court terme	39 210	18 736	..	..	20 474
Crédits à long terme	9 172	4 224	..	..	4 948
Actions et parts de fonds d'investissement	377 082	118 646	..	..	258 436
Systèmes d'assurance, de pensions et garanties standard	4 545 682	965 912	..	..	3 579 770
Produits financiers dérivés et options sur titres des salariés	20 490	2 108	..	..	18 382
Autres comptes à payer	12 756	6 904	..	..	5 852

Note : Voir les métadonnées détaillées sur : http://metalinks.oecd.org/instinv/20170920/b2cd

Tableau 2. Actifs et passifs financiers des fonds d'investissement

Millions SEK

	2009	2010	2011	2012	2013	2014	2015	2016
Fonds d'investissement								
Valeur nette financière	0	0	0	0	0	0	0	0
Actifs financiers	1 529 605	1 790 498	1 641 931	1 898 888	2 370 648	3 013 996	3 201 560	3 602 738
Numéraire et dépôts	49 109	47 935	56 495	64 412	68 292	83 751	94 600	100 631
Titres de dette	343 160	369 068	395 474	401 403	488 305	756 278	747 892	827 527
Crédits	..	..	..	..	..	..	..	..
Actions et parts de fonds d'investissement	1 065 120	1 285 368	1 119 224	1 327 329	1 698 569	2 062 603	2 256 773	2 539 086
Actions	922 813	1 095 259	919 966	1 053 080	1 315 861	1 588 209	1 729 009	1 982 252
Parts de fonds d'investissement	142 307	190 109	199 258	274 249	382 708	474 394	527 764	556 834
Parts de fonds d'investissement monétaires	621	658	8 814	5 591	5 478	17 058	13 130	10 987
Parts de fonds d'investissement non monétaires	141 686	189 451	190 444	268 658	377 230	457 336	514 634	545 847
Systèmes d'assurance, de pensions et garanties standard	..	..	..	..	..	..	..	..
Produits financiers dérivés et options sur titres des salariés	8 927	9 773	16 227	14 974	20 993	28 746	31 136	40 441
Autres comptes à recevoir	63 289	78 354	54 511	90 770	94 489	82 618	71 159	95 053
Passifs financiers	1 529 605	1 790 498	1 641 931	1 898 888	2 370 648	3 013 996	3 201 560	3 602 738
Titres de dette	..	..	..	..	..	..	..	..
Titres de dette à court terme	..	..	..	..	..	..	..	..
Titres de dette à long terme	..	..	..	..	..	..	..	..
Crédits	20 066	19 486	10 775	6 623	6 543	15 106	9 649	18 916
Crédits à court terme	15 774	19 440	10 728	6 600	6 528	15 087	9 639	18 899
Crédits à long terme	4 292	46	47	23	15	19	10	17
Actions et parts de fonds d'investissement	1 393 334	1 635 074	1 534 584	1 737 409	2 158 151	2 769 988	3 039 287	3 345 569
Systèmes d'assurance, de pensions et garanties standard	..	..	..	..	..	..	..	..
Produits financiers dérivés et options sur titres des salariés	7 472	5 717	13 540	13 204	14 892	29 678	27 826	28 459
Autres comptes à payer	108 733	130 221	83 032	141 652	191 062	199 224	124 798	209 794
Actifs non financiers	..	..	..	..	..	..	..	..
Fonds d'investissement monéaires								
Valeur nette financière	0	0	0	0	0	0	0	0
Actifs financiers	70 245	70 983	99 680	22 192	19 439	22 983	23 636	18 898
Numéraire et dépôts	1 397	1 105	2 236	167	237	563	793	658
Titres de dette	68 758	69 585	97 335	21 580	18 759	22 346	22 773	18 173
Crédits	..	..	..	..	..	..	..	..
Actions et parts de fonds d'investissement	..	..	..	..	..	..	..	..
Actions	..	..	..	..	..	..	..	..
Parts de fonds d'investissement	..	..	..	..	..	..	..	..
Parts de fonds d'investissement monétaires	..	..	..	..	..	..	..	..
Parts de fonds d'investissement non monétaires	..	..	..	..	..	..	..	..
Systèmes d'assurance, de pensions et garanties standard	..	..	..	..	..	..	..	..
Produits financiers dérivés et options sur titres des salariés	..	21	..	6	..	1	..	..
Autres comptes à recevoir	90	272	109	439	443	73	70	67
Passifs financiers	70 245	70 983	99 680	22 192	19 439	22 983	23 636	18 898
Titres de dette	..	..	..	..	..	..	..	..
Titres de dette à court terme	..	..	..	..	..	..	..	..
Titres de dette à long terme	..	..	..	..	..	..	..	..
Crédits	164	138	2	..	..	..	..	..
Crédits à court terme	164	138	2	..	..	..	..	..
Crédits à long terme	0	0	0	..	..	..	..	..
Actions et parts de fonds d'investissement	69 632	70 578	99 456	22 103	19 349	22 715	23 572	18 831
Systèmes d'assurance, de pensions et garanties standard	..	..	..	..	..	..	..	..
Produits financiers dérivés et options sur titres des salariés	..	..	1	5	..	1	..	..
Autres comptes à payer	449	267	221	84	90	267	64	67
Actifs non financiers	..	..	..	..	..	..	..	..
Fonds d'investissement non monéaires								
Valeur nette financière	0	0	0	0	0	0	0	0
Actifs financiers	1 459 360	1 719 515	1 542 251	1 876 696	2 351 209	2 991 013	3 177 924	3 583 840
Numéraire et dépôts	47 712	46 830	54 259	64 245	68 055	83 188	93 807	99 973
Titres de dette	274 402	299 483	298 139	379 823	469 546	733 932	725 119	809 354
Crédits	..	..	..	..	..	..	..	..
Actions et parts de fonds d'investissement	1 065 120	1 285 368	1 119 224	1 327 329	1 698 569	2 062 603	2 256 773	2 539 086
Actions	922 813	1 095 259	919 966	1 053 080	1 315 861	1 588 209	1 729 009	1 982 252
Parts de fonds d'investissement	142 307	190 109	199 258	274 249	382 708	474 394	527 764	556 834
Parts de fonds d'investissement monétaires	621	658	8 814	5 591	5 478	17 058	13 130	10 987
Parts de fonds d'investissement non monétaires	141 686	189 451	190 444	268 658	377 230	457 336	514 634	545 847
Systèmes d'assurance, de pensions et garanties standard	..	..	..	..	..	..	..	..
Produits financiers dérivés et options sur titres des salariés	8 927	9 752	16 227	14 968	20 993	28 745	31 136	40 441
Autres comptes à recevoir	63 199	78 082	54 402	90 331	94 046	82 545	71 089	94 986
Passifs financiers	1 459 360	1 719 515	1 542 251	1 876 696	2 351 209	2 991 013	3 177 924	3 583 840
Titres de dette	..	..	..	..	..	..	..	..
Titres de dette à court terme	..	..	..	..	..	..	..	..
Titres de dette à long terme	..	..	..	..	..	..	..	..
Crédits	19 902	19 348	10 773	6 623	6 543	15 106	9 649	18 916
Crédits à court terme	15 610	19 302	10 726	6 600	6 528	15 087	9 639	18 899
Crédits à long terme	4 292	46	47	23	15	19	10	17
Actions et parts de fonds d'investissement	1 323 702	1 564 496	1 435 128	1 715 306	2 138 802	2 747 273	3 015 715	3 326 738
Systèmes d'assurance, de pensions et garanties standard	..	..	..	..	..	..	..	..
Produits financiers dérivés et options sur titres des salariés	7 472	5 717	13 539	13 199	14 892	29 677	27 826	28 459
Autres comptes à payer	108 284	129 954	82 811	141 568	190 972	198 957	124 734	209 727
Actifs non financiers	..	..	..	..	..	..	..	..
Fonds d'investissement non monéaires à capital variable								
Valeur nette financière	..	..	..	..	..	..	..	..
Actifs financiers	..	..	..	..	..	..	..	..

Tableau 2. Actifs et passifs financiers des fonds d'investissement *(suite)*

Millions SEK

	2009	2010	2011	2012	2013	2014	2015	2016
Numéraire et dépôts	..	..	..	..	..	..	..	..
Titres de dette	..	..	..	..	..	..	..	..
Crédits	..	..	..	..	..	..	..	..
Actions et parts de fonds d'investissement	..	..	..	..	..	..	..	..
Actions	..	..	..	..	..	..	..	..
Parts de fonds d'investissement	..	..	..	..	..	..	..	..
Parts de fonds d'investissement monétaires	..	..	..	..	..	..	..	..
Parts de fonds d'investissement non monétaires	..	..	..	..	..	..	..	..
Systèmes d'assurance, de pensions et garanties standard	..	..	..	..	..	..	..	..
Produits financiers dérivés et options sur titres des salariés	..	..	..	..	..	..	..	..
Autres comptes à recevoir	..	..	..	..	..	..	..	..
Passifs financiers	..	..	..	..	..	..	..	..
Titres de dette	..	..	..	..	..	..	..	..
Titres de dette à court terme	..	..	..	..	..	..	..	..
Titres de dette à long terme	..	..	..	..	..	..	..	..
Crédits	..	..	..	..	..	..	..	..
Crédits à court terme	..	..	..	..	..	..	..	..
Crédits à long terme	..	..	..	..	..	..	..	..
Actions et parts de fonds d'investissement	..	..	..	..	..	..	..	..
Systèmes d'assurance, de pensions et garanties standard	..	..	..	..	..	..	..	..
Produits financiers dérivés et options sur titres des salariés	..	..	..	..	..	..	..	..
Autres comptes à payer	..	..	..	..	..	..	..	..
Actifs non financiers	..	..	..	..	..	..	..	..
Fonds d'investissement à capital variable								
Valeur nette financière	..	..	..	..	..	..	..	..
Actifs financiers	..	..	..	..	..	..	..	..
Numéraire et dépôts	..	..	..	..	..	..	..	..
Titres de dette	..	..	..	..	..	..	..	..
Crédits	..	..	..	..	..	..	..	..
Actions et parts de fonds d'investissement	..	..	..	..	..	..	..	..
Actions	..	..	..	..	..	..	..	..
Parts de fonds d'investissement	..	..	..	..	..	..	..	..
Parts de fonds d'investissement monétaires	..	..	..	..	..	..	..	..
Parts de fonds d'investissement non monétaires	..	..	..	..	..	..	..	..
Systèmes d'assurance, de pensions et garanties standard	..	..	..	..	..	..	..	..
Produits financiers dérivés et options sur titres des salariés	..	..	..	..	..	..	..	..
Autres comptes à recevoir	..	..	..	..	..	..	..	..
Passifs financiers	..	..	..	..	..	..	..	..
Titres de dette	..	..	..	..	..	..	..	..
Titres de dette à court terme	..	..	..	..	..	..	..	..
Titres de dette à long terme	..	..	..	..	..	..	..	..
Crédits	..	..	..	..	..	..	..	..
Crédits à court terme	..	..	..	..	..	..	..	..
Crédits à long terme	..	..	..	..	..	..	..	..
Actions et parts de fonds d'investissement	..	..	..	..	..	..	..	..
Systèmes d'assurance, de pensions et garanties standard	..	..	..	..	..	..	..	..
Produits financiers dérivés et options sur titres des salariés	..	..	..	..	..	..	..	..
Autres comptes à payer	..	..	..	..	..	..	..	..
Actifs non financiers	..	..	..	..	..	..	..	..

Note : Voir les métadonnées détaillées sur : http://metalinks.oecd.org/instinv/20170920/b2cd

SUÈDE

Tableau 3. Actifs et passifs financiers des sociétés d'assurance et fonds de pension

Millions SEK

	2009	2010	2011	2012	2013	2014	2015	2016
Sociétés d'assurance et fonds de pension								
Valeur nette financière	229 256	180 362	-69 089	228 507	417 786	461 000	443 015	476 380
Actifs financiers	3 228 484	3 560 107	3 508 654	3 823 335	4 203 014	4 876 244	5 111 030	5 483 346
Numéraire et dépôts	98 109	124 813	143 986	133 180	132 335	150 550	153 929	158 397
Titres de dette	1 244 521	1 211 861	1 340 473	1 381 949	1 349 994	1 452 043	1 470 003	1 459 505
Crédits	54 080	58 899	63 628	71 319	70 540	74 275	63 468	70 073
Actions et parts de fonds d'investissement	1 743 293	2 069 281	1 847 381	2 120 623	2 556 520	3 077 624	3 324 208	3 696 335
Actions	705 212	864 567	714 543	839 000	980 463	1 125 674	1 190 459	1 308 304
Parts de fonds d'investissement	1 038 081	1 204 714	1 132 838	1 281 623	1 576 057	1 951 950	2 133 749	2 388 031
Parts de fonds d'investissement monétaires	40 755	42 326	62 013	53 856	65 825	65 887	70 756	69 846
Parts de fonds d'investissement non monétaires	997 326	1 162 388	1 070 825	1 227 767	1 510 232	1 886 063	2 062 993	2 318 185
Systèmes d'assurance, de pensions et garanties standard	33 600	31 643	33 570	32 157	29 225	31 228	27 618	24 529
Produits financiers dérivés et options sur titres des salariés	16 393	24 268	29 166	36 975	16 279	28 363	28 873	27 909
Autres comptes à recevoir	38 488	39 342	50 450	47 132	48 121	62 161	42 931	46 598
Passifs financiers	2 999 228	3 379 745	3 577 743	3 594 828	3 785 228	4 415 244	4 668 015	5 006 966
Titres de dette	7 678	6 260	5 431	5 347	5 422	4 659	3 231	2 574
Titres de dette à court terme	0	0	0	0	0	0	0	0
Titres de dette à long terme	7 678	6 260	5 431	5 347	5 422	4 659	3 231	2 574
Crédits	56 240	81 376	88 679	71 631	21 788	48 832	38 545	48 382
Crédits à court terme	20 622	42 846	43 148	37 911	20 012	37 571	33 183	39 210
Crédits à long terme	35 618	38 530	45 531	33 720	1 776	11 261	5 362	9 172
Actions et parts de fonds d'investissement	368 786	373 410	363 708	368 208	377 082	377 082	377 082	377 082
Systèmes d'assurance, de pensions et garanties standard	2 542 586	2 901 250	3 094 655	3 125 615	3 359 611	3 940 024	4 221 348	4 545 682
Produits financiers dérivés et options sur titres des salariés	11 279	6 484	14 029	13 345	11 117	33 361	14 741	20 490
Autres comptes à payer	12 659	10 965	11 241	10 682	10 208	11 286	13 068	12 756
Actifs non financiers	..	..	..	..	..	..	..	..
Sociétés d'assurance								
Valeur nette financière	100 339	71 232	39 336	154 174	225 963	254 063	294 566	316 851
Actifs financiers	973 533	1 045 699	1 020 870	1 100 174	1 167 293	1 329 202	1 374 825	1 435 855
Numéraire et dépôts	43 234	37 509	41 521	52 663	48 929	66 135	63 359	61 114
Titres de dette	396 288	382 809	408 873	393 959	372 587	393 474	393 450	388 598
Crédits	17 482	18 151	25 602	34 252	28 351	32 581	25 678	28 270
Actions et parts de fonds d'investissement	463 041	556 014	490 880	565 854	668 184	782 154	846 878	920 124
Actions	196 456	227 682	187 208	210 507	251 027	282 608	297 369	317 446
Parts de fonds d'investissement	266 585	328 332	303 672	355 347	417 157	499 546	549 509	602 678
Parts de fonds d'investissement monétaires	16 051	16 179	24 749	21 277	26 011	25 286	26 263	27 158
Parts de fonds d'investissement non monétaires	250 534	312 153	278 923	334 070	391 146	474 260	523 246	575 520
Systèmes d'assurance, de pensions et garanties standard	33 600	31 643	33 570	32 157	29 225	31 228	27 618	24 529
Produits financiers dérivés et options sur titres des salariés	5 577	5 497	6 002	6 213	2 428	5 130	3 220	1 994
Autres comptes à recevoir	14 311	14 076	14 422	15 076	17 589	18 500	14 622	11 226
Passifs financiers	873 194	974 467	981 534	946 000	941 330	1 075 139	1 080 259	1 119 004
Titres de dette	5 978	4 560	3 731	3 647	3 722	3 862	2 433	2 474
Titres de dette à court terme	0	0	0	0	0	0	0	0
Titres de dette à long terme	5 978	4 560	3 731	3 647	3 722	3 862	2 433	2 474
Crédits	50 749	77 897	79 542	64 398	19 240	45 821	19 556	22 960
Crédits à court terme	19 500	41 740	41 712	34 726	18 216	36 409	18 664	18 736
Crédits à long terme	31 249	36 157	37 830	29 672	1 024	9 412	892	4 224
Actions et parts de fonds d'investissement	118 646	118 646	118 646	118 646	118 646	118 646	118 646	118 646
Systèmes d'assurance, de pensions et garanties standard	686 563	764 252	769 460	751 452	792 700	897 879	931 746	965 912
Produits financiers dérivés et options sur titres des salariés	4 497	2 151	3 521	1 340	969	2 806	1 298	2 108
Autres comptes à payer	6 761	6 961	6 634	6 517	6 053	6 125	6 580	6 904
Actifs non financiers	..	..	..	..	..	..	..	..
Fonds de pension								
Valeur nette financière	128 917	109 130	-108 425	74 333	191 823	206 937	148 449	159 529
Actifs financiers	2 254 951	2 514 408	2 487 784	2 723 161	3 035 721	3 547 042	3 736 205	4 047 491
Numéraire et dépôts	54 875	87 304	102 465	80 517	83 406	84 415	90 570	97 283
Titres de dette	848 233	829 052	931 600	987 990	977 407	1 058 569	1 076 553	1 070 907
Crédits	36 598	40 748	38 026	37 067	42 189	41 694	37 790	41 803
Actions et parts de fonds d'investissement	1 280 252	1 513 267	1 356 501	1 554 769	1 888 336	2 295 470	2 477 330	2 776 211
Actions	508 756	636 885	527 335	628 493	729 436	843 066	893 090	990 858
Parts de fonds d'investissement	771 496	876 382	829 166	926 276	1 158 900	1 452 404	1 584 240	1 785 353
Parts de fonds d'investissement monétaires	24 704	26 147	37 264	32 579	39 814	40 601	44 493	42 688
Parts de fonds d'investissement non monétaires	746 792	850 235	791 902	893 697	1 119 086	1 411 803	1 539 747	1 742 665
Systèmes d'assurance, de pensions et garanties standard	..	..	..	..	..	..	..	..
Produits financiers dérivés et options sur titres des salariés	10 816	18 771	23 164	30 762	13 851	23 233	25 653	25 915
Autres comptes à recevoir	24 177	25 266	36 028	32 056	30 532	43 661	28 309	35 372
Passifs financiers	2 126 034	2 405 278	2 596 209	2 648 828	2 843 898	3 340 105	3 587 756	3 887 962
Titres de dette	1 700	1 700	1 700	1 700	1 700	797	798	100
Titres de dette à court terme	..	..	..	..	..	..	..	..
Titres de dette à long terme	1 700	1 700	1 700	1 700	1 700	797	798	100
Crédits	5 491	3 479	9 137	7 233	2 548	3 011	18 989	25 422
Crédits à court terme	1 122	1 106	1 436	3 185	1 796	1 162	14 519	20 474
Crédits à long terme	4 369	2 373	7 701	4 048	752	1 849	4 470	4 948
Actions et parts de fonds d'investissement	250 140	254 764	245 062	249 562	258 436	258 436	258 436	258 436
Systèmes d'assurance, de pensions et garanties standard	1 856 023	2 136 998	2 325 195	2 374 163	2 566 911	3 042 145	3 289 602	3 579 770
Produits financiers dérivés et options sur titres des salariés	6 782	4 333	10 508	12 005	10 148	30 555	13 443	18 382
Autres comptes à payer	5 898	4 004	4 607	4 165	4 155	5 161	6 488	5 852
Actifs non financiers	..	..	..	..	..	..	..	..

Note : Voir les métadonnées détaillées sur : http://metalinks.oecd.org/instinv/20170920/b2cd

Tableau 4. Composition du portefeuille par type d'investisseur

En pourcentage des actifs financiers et des passifs financiers

Pour cent

	2009	2010	2011	2012	2013	2014	2015	2016
Fonds d'investissement								
Actifs financiers	100.0	100.0	100.0	100.0	100.0	100.0	100.0	100.0
Numéraire et dépôts	3.2	2.7	3.4	3.4	2.9	2.8	3.0	2.8
Titres de dettes	22.4	20.6	24.1	21.1	20.6	25.1	23.4	23.0
Crédits	0.0	0.0	0.0	0.0	0.0	0.0	0.0	0.0
Actions et parts de fonds d'investissement	69.6	71.8	68.2	69.9	71.6	68.4	70.5	70.5
Systèmes d'assurance de pensions et garanties standard	0.0	0.0	0.0	0.0	0.0	0.0	0.0	0.0
Produits financiers dérivés et options sur titres des salariés	0.6	0.5	1.0	0.8	0.9	1.0	1.0	1.1
Autres comptes à recevoir	4.1	4.4	3.3	4.8	4.0	2.7	2.2	2.6
Passifs financiers	100.0	100.0	100.0	100.0	100.0	100.0	100.0	100.0
Numéraire et dépôts	0.0	0.0	0.0	0.0	0.0	0.0	0.0	0.0
Titres de dettes	0.0	0.0	0.0	0.0	0.0	0.0	0.0	0.0
Crédits	1.3	1.1	0.7	0.3	0.3	0.5	0.3	0.5
Actions et parts de fonds d'investissement	91.1	91.3	93.5	91.5	91.0	91.9	94.9	92.9
Systèmes d'assurance de pensions et garanties standard	0.0	0.0	0.0	0.0	0.0	0.0	0.0	0.0
Produits financiers dérivés et options sur titres des salariés	0.5	0.3	0.8	0.7	0.6	1.0	0.9	0.8
Autres comptes à recevoir	7.1	7.3	5.1	7.5	8.1	6.6	3.9	5.8
Sociétés d'assurance								
Actifs financiers	100.0	100.0	100.0	100.0	100.0	100.0	100.0	100.0
Numéraire et dépôts	4.4	3.6	4.1	4.8	4.2	5.0	4.6	4.3
Titres de dettes	40.7	36.6	40.1	35.8	31.9	29.6	28.6	27.1
Crédits	1.8	1.7	2.5	3.1	2.4	2.5	1.9	2.0
Actions et parts de fonds d'investissement	47.6	53.2	48.1	51.4	57.2	58.8	61.6	64.1
Systèmes d'assurance de pensions et garanties standard	3.5	3.0	3.3	2.9	2.5	2.3	2.0	1.7
Produits financiers dérivés et options sur titres des salariés	0.6	0.5	0.6	0.6	0.2	0.4	0.2	0.1
Autres comptes à recevoir	1.5	1.3	1.4	1.4	1.5	1.4	1.1	0.8
Passifs financiers	100.0	100.0	100.0	100.0	100.0	100.0	100.0	100.0
Numéraire et dépôts	0.0	0.0	0.0	0.0	0.0	0.0	0.0	0.0
Titres de dettes	0.7	0.5	0.4	0.4	0.4	0.4	0.2	0.2
Crédits	5.8	8.0	8.1	6.8	2.0	4.3	1.8	2.1
Actions et parts de fonds d'investissement	13.6	12.2	12.1	12.5	12.6	11.0	11.0	10.6
Systèmes d'assurance de pensions et garanties standard	78.6	78.4	78.4	79.4	84.2	83.5	86.3	86.3
Produits financiers dérivés et options sur titres des salariés	0.5	0.2	0.4	0.1	0.1	0.3	0.1	0.2
Autres comptes à recevoir	0.8	0.7	0.7	0.7	0.6	0.6	0.6	0.6
Fonds de pension								
Actifs financiers	100.0	100.0	100.0	100.0	100.0	100.0	100.0	100.0
Numéraire et dépôts	2.4	3.5	4.1	3.0	2.7	2.4	2.4	2.4
Titres de dettes	37.6	33.0	37.4	36.3	32.2	29.8	28.8	26.5
Crédits	1.6	1.6	1.5	1.4	1.4	1.2	1.0	1.0
Actions et parts de fonds d'investissement	56.8	60.2	54.5	57.1	62.2	64.7	66.3	68.6
Systèmes d'assurance de pensions et garanties standard	0.0	0.0	0.0	0.0	0.0	0.0	0.0	0.0
Produits financiers dérivés et options sur titres des salariés	0.5	0.7	0.9	1.1	0.5	0.7	0.7	0.6
Autres comptes à recevoir	1.1	1.0	1.4	1.2	1.0	1.2	0.8	0.9
Passifs financiers	100.0	100.0	100.0	100.0	100.0	100.0	100.0	100.0
Numéraire et dépôts	0.0	0.0	0.0	0.0	0.0	0.0	0.0	0.0
Titres de dettes	0.1	0.1	0.1	0.1	0.1	0.0	0.0	0.0
Crédits	0.3	0.1	0.4	0.3	0.1	0.1	0.5	0.7
Actions et parts de fonds d'investissement	11.8	10.6	9.4	9.4	9.1	7.7	7.2	6.6
Systèmes d'assurance de pensions et garanties standard	87.3	88.8	89.6	89.6	90.3	91.1	91.7	92.1
Produits financiers dérivés et options sur titres des salariés	0.3	0.2	0.4	0.5	0.4	0.9	0.4	0.5
Autres comptes à recevoir	0.3	0.2	0.2	0.2	0.1	0.2	0.2	0.2

Note : Voir les métadonnées détaillées sur : http://metalinks.oecd.org/instinv/20170920/a53e

Tableau 1. Actifs et passifs financiers des investisseurs institutionnels, 2015

Millions CHF

	Total	Fonds d'investissement – Fonds d'investissement non-monétaire – Total	Fonds d'investissement – Fonds d'investissement non-monétaire – Fonds d'investissement à capital variable, non monétaire	Fonds d'investissement – Fonds d'investissement non-monétaire – Fonds d'investissement à capital fixe, non monétaire	Fonds d'investissement – Fonds d'investissement monétaires – Total
Actifs financiers	..	..	648 819	..	30 548
Numéraire et dépôts	..	..	16 215	..	2 234
Titres de dette	..	..	313 460	..	28 245
Titres de dette à court terme	..	..	1 985	..	14 874
Titres de dette à long terme	..	..	311 475	..	13 371
Titres de dette émis par les résidents	..	..	100 440	..	4 198
Titres de dette émis par les non-résidents	..	..	213 020	..	24 047
Crédits	..	..	..	..	..
Crédits à court terme	..	..	..	..	..
Crédits à long terme	..	..	..	..	..
Crédits accordés aux résidents	..	..	..	..	..
Crédits accordés aux non-résidents	..	..	..	..	..
Actions et parts de fonds d'investissement	..	..	319 144	..	69
Actions et parts de fonds d'investissements émises par les résidents	..	..	159 226	..	60
Actions et part de fonds d'investissements émises par les non-résidents	..	..	159 918	..	9
Autres comptes à recevoir	..	..	..	..	..

	Total	Fonds d'investissement – Fonds d'investissement non-monétaire – Total	Fonds d'investissement – Fonds d'investissement non-monétaire – Fonds d'investissement à capital variable, non monétaire	Fonds d'investissement – Fonds d'investissement non-monétaire – Fonds d'investissement à capital fixe, non monétaire	Fonds d'investissement – Fonds d'investissement monétaires – Total
Pasifs financiers	..	..	717 922	..	32 313
Numéraire et dépôts	..	..	..	..	..
Titres de dette	..	..	..	..	..
Titres de dette à court terme	..	..	..	..	..
Titres de dette à long terme	..	..	..	..	..
Crédits	..	..	10 948	..	259
Crédits à court terme	..	..	..	..	..
Crédits à long terme	..	..	..	..	..
Actions et parts de fonds d'investissement	..	..	706 974	..	32 054
Systèmes d'assurance, de pensions et garanties standard	..	..	..	..	..
Produits financiers dérivés et options sur titres des salariés	..	..	..	..	..
Autres comptes à payer	..	..	..	..	..

	Total	Sociétés d'assurance et fonds de pension autonomes – Sociétés d'assurance – Total	Sociétés d'assurance et fonds de pension autonomes – Sociétés d'assurance – Sociétés d'assurance vie	Sociétés d'assurance et fonds de pension autonomes – Sociétés d'assurance – Sociétés d'assurance non-vie	Sociétés d'assurance et fonds de pension autonomes – Fonds de pension autonomes – Total
Actifs financiers	1 277 057	561 105	..	..	715 952
Numéraire et dépôts	76 508	33 318	..	..	43 190
Titres de dette	298 471	171 906	..	..	126 565
Titres de dette à court terme	10 908	9 244	..	..	1 664
Titres de dette à long terme	287 563	162 662	..	..	124 901
Titres de dette émis par les résidents	130 736	65 292	..	..	65 444
Titres de dette émis par les non-résidents	167 735	106 614	..	..	61 121
Crédits	65 638	53 227	..	..	12 411
Crédits à court terme	..	..	..	..	..
Crédits à long terme	..	..	..	..	..
Crédits accordés aux résidents	46 338	33 927	..	..	12 411
Crédits accordés aux non-résidents	19 300	19 300	..	..	..
Actions et parts de fonds d'investissement	833 198	302 654	..	..	530 544
Actions et parts de fonds d'investissement émises par les résidents	575 826	137 227	..	..	438 599
Actions et parts de fonds d'investissement émises par les non-résidents	257 372	165 427	..	..	91 945
Autrescomptes à recevoir	..	..	..	..	..

	Total	Sociétés d'assurance et fonds de pension autonomes – Sociétés d'assurance – Total	Sociétés d'assurance et fonds de pension autonomes – Sociétés d'assurance – Sociétés d'assurance vie	Sociétés d'assurance et fonds de pension autonomes – Sociétés d'assurance – Sociétés d'assurance non-vie	Sociétés d'assurance et fonds de pension autonomes – Fonds de pension autonomes – Total
Pasifs financiers	..	..	..	..	734 721
Numéraire et dépôts	..	..	..	..	..
Titres de dette	13 482	13 482	..	..	..
Titres de dette à court terme	..	..	..	..	..
Titres de dette à long terme	13 482	13 482	..	..	..
Crédits	12 917	11 416	..	..	1 501
Crédits à court terme	..	..	..	..	..
Crédits à long terme	..	..	..	..	..
Actions et parts de fonds d'investissement	..	..	..	..	..
Systèmes d'assurance, de pensions et garanties standard	1 113 837	380 617	..	..	733 220
Produits financiers dérivés et options sur titres des salariés	..	..	..	..	..
Autres comptes à payer	..	..	..	..	..

Tableau 2. Actifs et passifs financiers des fonds d'investissement

Millions CHF

	2009	2010	2011	2012	2013	2014	2015	2016
Fonds d'investissement								
Valeur nette financière	..	..	..	..	..	..	..	..
Actifs financiers	..	..	..	..	..	..	..	..
Numéraire et dépôts	..	..	..	..	..	..	..	..
Titres de dette	..	..	..	..	..	..	..	..
Crédits	..	..	..	..	..	..	..	..
Actions et parts de fonds d'investissement	..	..	..	..	..	..	..	..
Actions	..	..	..	..	..	..	..	..
Parts de fonds d'investissement	..	..	..	..	..	..	..	..
Parts de fonds d'investissement monétaires	..	..	..	..	..	..	..	..
Parts de fonds d'investissement non monétaires	..	..	..	..	..	..	..	..
Systèmes d'assurance, de pensions et garanties standard	..	..	..	..	..	..	..	..
Produits financiers dérivés et options sur titres des salariés	..	..	..	..	..	..	..	..
Autres comptes à recevoir	..	..	..	..	..	..	..	..
Passifs financiers	..	..	..	..	..	..	..	..
Titres de dette	..	..	..	..	..	..	..	..
Titres de dette à court terme	..	..	..	..	..	..	..	..
Titres de dette à long terme	..	..	..	..	..	..	..	..
Crédits	..	..	..	..	..	..	..	..
Crédits à court terme	..	..	..	..	..	..	..	..
Crédits à long terme	..	..	..	..	..	..	..	..
Actions et parts de fonds d'investissement	..	..	..	..	..	..	..	..
Systèmes d'assurance, de pensions et garanties standard	..	..	..	..	..	..	..	..
Produits financiers dérivés et options sur titres des salariés	..	..	..	..	..	..	..	..
Autres comptes à payer	..	..	..	..	..	..	..	..
Actifs non financiers	..	..	..	..	..	..	..	..
Fonds d'investissement monéaires								
Valeur nette financière	-3 020	-1 850	-823	-2 372	-236	-272	-1 765	..
Actifs financiers	37 474	32 021	35 724	33 845	36 075	36 595	30 548	..
Numéraire et dépôts	1 901	1 436	2 583	2 514	2 562	2 630	2 234	..
Titres de dette	34 889	30 106	32 899	31 120	33 284	33 783	28 245	..
Crédits	..	..	..	..	..	..	..	..
Actions et parts de fonds d'investissement	684	479	242	211	229	182	69	..
Actions	528	34	18	22	29	34	34	..
Parts de fonds d'investissement	156	445	224	189	200	148	35	..
Parts de fonds d'investissement monétaires	..	..	..	..	..	..	..	..
Parts de fonds d'investissement non monétaires	..	..	..	..	..	..	..	..
Systèmes d'assurance, de pensions et garanties standard	..	..	..	..	..	..	..	..
Produits financiers dérivés et options sur titres des salariés	..	..	..	..	..	..	..	..
Autres comptes à recevoir	..	..	..	..	..	..	..	..
Passifs financiers	40 494	33 871	36 547	36 217	36 311	36 867	32 313	..
Titres de dette	..	..	..	..	..	..	..	..
Titres de dette à court terme	..	..	..	..	..	..	..	..
Titres de dette à long terme	..	..	..	..	..	..	..	..
Crédits	20	153	25	89	64	37	259	..
Crédits à court terme	..	..	..	..	..	..	..	..
Crédits à long terme	..	..	..	..	..	..	..	..
Actions et parts de fonds d'investissement	40 474	33 718	36 522	36 128	36 247	36 830	32 054	..
Systèmes d'assurance, de pensions et garanties standard	..	..	..	..	..	..	..	..
Produits financiers dérivés et options sur titres des salariés	..	..	..	..	..	..	..	..
Autres comptes à payer	..	..	..	..	..	..	..	..
Actifs non financiers	..	..	..	..	..	..	..	..
Fonds d'investissement non monéaires								
Valeur nette financière	..	..	..	..	..	..	..	..
Actifs financiers	..	..	..	..	..	..	..	..
Numéraire et dépôts	..	..	..	..	..	..	..	..
Titres de dette	..	..	..	..	..	..	..	..
Crédits	..	..	..	..	..	..	..	..
Actions et parts de fonds d'investissement	..	..	..	..	..	..	..	..
Actions	..	..	..	..	..	..	..	..
Parts de fonds d'investissement	..	..	..	..	..	..	..	..
Parts de fonds d'investissement monétaires	..	..	..	..	..	..	..	..
Parts de fonds d'investissement non monétaires	..	..	..	..	..	..	..	..
Systèmes d'assurance, de pensions et garanties standard	..	..	..	..	..	..	..	..
Produits financiers dérivés et options sur titres des salariés	..	..	..	..	..	..	..	..
Autres comptes à recevoir	..	..	..	..	..	..	..	..
Passifs financiers	..	..	..	..	..	..	..	..
Titres de dette	..	..	..	..	..	..	..	..
Titres de dette à court terme	..	..	..	..	..	..	..	..
Titres de dette à long terme	..	..	..	..	..	..	..	..
Crédits	..	..	..	..	..	..	..	..
Crédits à court terme	..	..	..	..	..	..	..	..
Crédits à long terme	..	..	..	..	..	..	..	..
Actions et parts de fonds d'investissement	..	..	..	..	..	..	..	..
Systèmes d'assurance, de pensions et garanties standard	..	..	..	..	..	..	..	..
Produits financiers dérivés et options sur titres des salariés	..	..	..	..	..	..	..	..
Autres comptes à payer	..	..	..	..	..	..	..	..
Actifs non financiers	..	..	..	..	..	..	..	..
Fonds d'investissement non monéaires à capital variable								
Valeur nette financière	-45 130	-55 329	-59 111	-72 780	-57 435	-59 601	-69 103	..
Actifs financiers	351 402	390 382	402 174	455 825	512 309	598 344	648 819	..

Tableau 2. Actifs et passifs financiers des fonds d'investissement *(suite)*

Millions CHF

	2009	2010	2011	2012	2013	2014	2015	2016
Numéraire et dépôts	8 959	10 505	13 916	14 426	13 337	14 041	16 215	..
Titres de dette	182 935	205 504	220 250	236 940	247 866	290 117	313 460	..
Crédits	..	..	..	..	..	..	..	..
Actions et parts de fonds d'investissement	159 508	174 373	168 008	204 459	251 106	294 186	319 144	..
Actions	120 413	132 979	126 558	149 956	180 666	207 476	219 330	..
Parts de fonds d'investissement	39 095	41 394	41 450	54 503	70 440	86 710	99 814	..
Parts de fonds d'investissement monétaires	..	..	..	..	..	..	..	..
Parts de fonds d'investissement non monétaires	..	..	..	..	..	..	..	..
Systèmes d'assurance, de pensions et garanties standard	..	..	..	..	..	..	..	..
Produits financiers dérivés et options sur titres des salariés	..	..	..	..	..	..	..	..
Autres comptes à recevoir	..	..	..	..	..	..	..	..
Passifs financiers	396 532	445 711	461 285	528 605	569 744	657 945	717 922	..
Titres de dette	..	..	..	..	..	..	..	..
Titres de dette à court terme	..	..	..	..	..	..	..	..
Titres de dette à long terme	..	..	..	..	..	..	..	..
Crédits	2 737	4 004	6 374	8 171	7 440	10 672	10 948	..
Crédits à court terme	..	..	..	..	..	..	..	..
Crédits à long terme	..	..	..	..	..	..	..	..
Actions et parts de fonds d'investissement	393 795	441 707	454 911	520 434	562 304	647 273	706 974	..
Systèmes d'assurance, de pensions et garanties standard	..	..	..	..	..	..	..	..
Produits financiers dérivés et options sur titres des salariés	..	..	..	..	..	..	..	..
Autres comptes à payer	..	..	..	..	..	..	..	..
Actifs non financiers	26 756	29 022	31 853	36 202	39 884	45 811	49 340	..
Fonds d'investissement à capital variable								
Valeur nette financière	-48 150	-57 179	-59 934	-75 152	-57 671	-59 873	-70 868	..
Actifs financiers	388 876	422 403	437 898	489 670	548 384	634 939	679 367	..
Numéraire et dépôts	10 860	11 941	16 499	16 940	15 899	16 671	18 449	..
Titres de dette	217 824	235 610	253 149	268 060	281 150	323 900	341 705	..
Crédits	..	..	..	..	..	..	..	..
Actions et parts de fonds d'investissement	160 192	174 852	168 250	204 670	251 335	294 368	319 213	..
Actions	120 941	133 013	126 576	149 978	180 695	207 510	219 364	..
Parts de fonds d'investissement	39 251	41 839	41 674	54 692	70 640	86 858	99 849	..
Parts de fonds d'investissement monétaires	..	..	..	..	..	..	..	..
Parts de fonds d'investissement non monétaires	..	..	..	..	..	..	..	..
Systèmes d'assurance, de pensions et garanties standard	..	..	..	..	..	..	..	..
Produits financiers dérivés et options sur titres des salariés	..	..	..	..	..	..	..	..
Autres comptes à recevoir	..	..	..	..	..	..	..	..
Passifs financiers	437 026	479 582	497 832	564 822	606 055	694 812	750 235	..
Titres de dette	..	..	..	..	..	..	..	..
Titres de dette à court terme	..	..	..	..	..	..	..	..
Titres de dette à long terme	..	..	..	..	..	..	..	..
Crédits	2 757	4 157	6 399	8 260	7 504	10 709	11 207	..
Crédits à court terme	..	..	..	..	..	..	..	..
Crédits à long terme	..	..	..	..	..	..	..	..
Actions et parts de fonds d'investissement	434 269	475 425	491 433	556 562	598 551	684 103	739 028	..
Systèmes d'assurance, de pensions et garanties standard	..	..	..	..	..	..	..	..
Produits financiers dérivés et options sur titres des salariés	..	..	..	..	..	..	..	..
Autres comptes à payer	..	..	..	..	..	..	..	..
Actifs non financiers	26 756	29 022	31 853	36 202	39 884	45 811	49 340	..

Tableau 3. Actifs et passifs financiers des sociétés d'assurance et fonds de pension

Millions CHF

	2009	2010	2011	2012	2013	2014	2015	2016
Sociétés d'assurance et fonds de pension								
Valeur nette financière	..	..	..	..	..	..	..	..
Actifs financiers	1 008 231	1 050 094	1 080 959	1 154 128	1 189 102	1 268 077	1 277 057	..
Numéraire et dépôts	64 400	65 307	74 287	81 377	84 221	84 171	76 508	..
Titres de dette	329 455	324 772	327 333	338 092	319 496	322 738	298 471	..
Crédits	63 109	62 012	61 588	61 727	63 787	63 290	65 638	..
Actions et parts de fonds d'investissement	542 475	590 811	608 081	665 506	712 469	794 636	833 198	..
Actions	216 758	220 355	224 408	245 542	240 710	231 908	229 260	..
Parts de fonds d'investissement	325 717	370 456	383 673	419 964	471 759	562 728	603 938	..
Parts de fonds d'investissement monétaires	..	..	..	..	..	..	..	..
Parts de fonds d'investissement non monétaires	..	..	..	..	..	..	..	..
Systèmes d'assurance, de pensions et garanties standard	8 792	7 192	9 670	7 426	9 129	3 242	3 242	..
Produits financiers dérivés et options sur titres des salariés	..	..	..	..	..	..	..	..
Autres comptes à recevoir	..	..	..	..	..	..	..	..
Passifs financiers	..	..	..	..	..	..	..	..
Titres de dette	4 932	6 052	7 455	9 255	9 258	13 447	13 482	..
Titres de dette à court terme	..	..	..	..	..	..	..	..
Titres de dette à long terme	4 932	6 052	7 455	9 255	9 258	13 447	13 482	..
Crédits	14 087	20 877	13 885	14 306	15 574	13 191	12 917	..
Crédits à court terme	..	..	..	..	..	..	..	..
Crédits à long terme	..	..	..	..	..	..	..	..
Actions et parts de fonds d'investissement	..	..	..	..	..	..	..	..
Systèmes d'assurance, de pensions et garanties standard	923 597	941 309	969 376	1 008 677	1 044 038	1 085 336	1 113 837	..
Produits financiers dérivés et options sur titres des salariés	..	..	..	..	..	..	..	..
Autres comptes à payer	..	..	..	..	..	..	..	..
Actifs non financiers	95 398	98 566	102 753	107 523	110 279	115 227	..	..
Sociétés d'assurance								
Valeur nette financière	..	..	..	..	..	..	..	..
Actifs financiers	474 006	489 213	513 601	545 714	535 032	563 029	561 105	..
Numéraire et dépôts	29 758	29 238	34 109	36 395	31 130	33 072	33 318	..
Titres de dette	176 539	182 548	186 009	198 874	188 201	188 597	171 906	..
Crédits	49 679	49 591	49 740	51 221	52 922	51 498	53 227	..
Actions et parts de fonds d'investissement	218 030	227 836	243 743	259 224	262 779	289 862	302 654	..
Actions	133 583	135 689	147 002	155 613	152 351	156 230	159 437	..
Parts de fonds d'investissement	84 447	92 147	96 741	103 611	110 428	133 632	143 217	..
Parts de fonds d'investissement monétaires	..	..	..	..	..	..	..	..
Parts de fonds d'investissement non monétaires	..	..	..	..	..	..	..	..
Systèmes d'assurance, de pensions et garanties standard	..	..	..	..	..	..	..	..
Produits financiers dérivés et options sur titres des salariés	..	..	..	..	..	..	..	..
Autres comptes à recevoir	..	..	..	..	..	..	..	..
Passifs financiers	..	..	..	..	..	..	..	..
Titres de dette	4 932	6 052	7 455	9 255	9 258	13 447	13 482	..
Titres de dette à court terme	..	..	..	..	..	..	..	..
Titres de dette à long terme	4 932	6 052	7 455	9 255	9 258	13 447	13 482	..
Crédits	12 052	17 786	11 508	12 444	12 661	11 291	11 416	..
Crédits à court terme	..	..	..	..	..	..	..	..
Crédits à long terme	..	..	..	..	..	..	..	..
Actions et parts de fonds d'investissement	..	..	..	..	..	..	..	..
Systèmes d'assurance, de pensions et garanties standard	327 636	332 113	340 506	353 635	360 938	371 332	380 617	..
Produits financiers dérivés et options sur titres des salariés	..	..	..	..	..	..	..	..
Autres comptes à payer	..	..	..	..	..	..	..	..
Actifs non financiers	36 554	37 988	38 610	40 792	41 703	43 111	44 933	..
Fonds de pension								
Valeur nette financière	-63 771	-51 406	-63 889	-48 490	-31 943	-10 856	-18 769	..
Actifs financiers	534 225	560 881	567 358	608 414	654 070	705 048	715 952	..
Numéraire et dépôts	34 642	36 069	40 178	44 982	53 091	51 099	43 190	..
Titres de dette	152 916	142 224	141 324	139 218	131 295	134 141	126 565	..
Crédits	13 430	12 421	11 848	10 506	10 865	11 792	12 411	..
Actions et parts de fonds d'investissement	324 445	362 975	364 338	406 282	449 690	504 774	530 544	..
Actions	83 175	84 666	77 406	89 929	88 359	75 678	69 823	..
Parts de fonds d'investissement	241 270	278 309	286 932	316 353	361 331	429 096	460 721	..
Parts de fonds d'investissement monétaires	..	..	..	..	..	..	..	..
Parts de fonds d'investissement non monétaires	..	..	..	..	..	..	..	..
Systèmes d'assurance, de pensions et garanties standard	8 792	7 192	9 670	7 426	9 129	3 242	3 242	..
Produits financiers dérivés et options sur titres des salariés	..	..	..	..	..	..	..	..
Autres comptes à recevoir	..	..	..	..	..	..	..	..
Passifs financiers	597 996	612 287	631 247	656 904	686 013	715 904	734 721	..
Titres de dette	..	..	..	..	..	..	..	..
Titres de dette à court terme	..	..	..	..	..	..	..	..
Titres de dette à long terme	..	..	..	..	..	..	..	..
Crédits	2 035	3 091	2 377	1 862	2 913	1 900	1 501	..
Crédits à court terme	..	..	..	..	..	..	..	..
Crédits à long terme	..	..	..	..	..	..	..	..
Actions et parts de fonds d'investissement	..	..	..	..	..	..	..	..
Systèmes d'assurance, de pensions et garanties standard	595 961	609 196	628 870	655 042	683 100	714 004	733 220	..
Produits financiers dérivés et options sur titres des salariés	..	..	..	..	..	..	..	..
Autres comptes à payer	..	..	..	..	..	..	..	..
Actifs non financiers	58 844	60 578	64 143	66 731	68 576	72 116	..	..

Tableau 4. Composition du portefeuille par type d'investisseur

En pourcentage des actifs financiers et des passifs financiers

Pour cent

	2009	2010	2011	2012	2013	2014	2015	2016
Fonds d'investissement								
Actifs financiers	..	..	..	..	..	..	..	..
Numéraire et dépôts	..	..	..	..	..	..	..	..
Titres de dettes	..	..	..	..	..	..	..	..
Crédits	..	..	..	..	..	..	..	..
Actions et parts de fonds d'investissement	..	..	..	..	..	..	..	..
Systèmes d'assurance de pensions et garanties standard	..	..	..	..	..	..	..	..
Produits financiers dérivés et options sur titres des salariés	..	..	..	..	..	..	..	..
Autres comptes à recevoir	..	..	..	..	..	..	..	..
Passifs financiers	..	..	..	..	..	..	..	..
Numéraire et dépôts	..	..	..	..	..	..	..	..
Titres de dettes	..	..	..	..	..	..	..	..
Crédits	..	..	..	..	..	..	..	..
Actions et parts de fonds d'investissement	..	..	..	..	..	..	..	..
Systèmes d'assurance de pensions et garanties standard	..	..	..	..	..	..	..	..
Produits financiers dérivés et options sur titres des salariés	..	..	..	..	..	..	..	..
Autres comptes à recevoir	..	..	..	..	..	..	..	..
Sociétés d'assurance								
Actifs financiers	100.0	100.0	100.0	100.0	100.0	100.0	100.0	..
Numéraire et dépôts	6.3	6.0	6.6	6.7	5.8	5.9	5.9	..
Titres de dettes	37.2	37.3	36.2	36.4	35.2	33.5	30.6	..
Crédits	10.5	10.1	9.7	9.4	9.9	9.1	9.5	..
Actions et parts de fonds d'investissement	46.0	46.6	47.5	47.5	49.1	51.5	53.9	..
Systèmes d'assurance de pensions et garanties standard	0.0	0.0	0.0	0.0	0.0	0.0	0.0	..
Produits financiers dérivés et options sur titres des salariés	0.0	0.0	0.0	0.0	0.0	0.0	0.0	..
Autres comptes à recevoir	0.0	0.0	0.0	0.0	0.0	0.0	0.0	..
Passifs financiers	..	..	..	..	..	..	..	..
Numéraire et dépôts	..	..	..	..	..	..	..	..
Titres de dettes	..	..	..	..	..	..	..	..
Crédits	..	..	..	..	..	..	..	..
Actions et parts de fonds d'investissement	..	..	..	..	..	..	..	..
Systèmes d'assurance de pensions et garanties standard	..	..	..	..	..	..	..	..
Produits financiers dérivés et options sur titres des salariés	..	..	..	..	..	..	..	..
Autres comptes à recevoir	..	..	..	..	..	..	..	..
Fonds de pension								
Actifs financiers	100.0	100.0	100.0	100.0	100.0	100.0	100.0	..
Numéraire et dépôts	6.5	6.4	7.1	7.4	8.1	7.2	6.0	..
Titres de dettes	28.6	25.4	24.9	22.9	20.1	19.0	17.7	..
Crédits	2.5	2.2	2.1	1.7	1.7	1.7	1.7	..
Actions et parts de fonds d'investissement	60.7	64.7	64.2	66.8	68.8	71.6	74.1	..
Systèmes d'assurance de pensions et garanties standard	1.6	1.3	1.7	1.2	1.4	0.5	0.5	..
Produits financiers dérivés et options sur titres des salariés	0.0	0.0	0.0	0.0	0.0	0.0	0.0	..
Autres comptes à recevoir	0.0	0.0	0.0	0.0	0.0	0.0	0.0	..
Passifs financiers	100.0	100.0	100.0	100.0	100.0	100.0	100.0	..
Numéraire et dépôts	0.0	0.0	0.0	0.0	0.0	0.0	0.0	..
Titres de dettes	0.0	0.0	0.0	0.0	0.0	0.0	0.0	..
Crédits	0.3	0.5	0.4	0.3	0.4	0.3	0.2	..
Actions et parts de fonds d'investissement	0.0	0.0	0.0	0.0	0.0	0.0	0.0	..
Systèmes d'assurance de pensions et garanties standard	99.7	99.5	99.6	99.7	99.6	99.7	99.8	..
Produits financiers dérivés et options sur titres des salariés	0.0	0.0	0.0	0.0	0.0	0.0	0.0	..
Autres comptes à recevoir	0.0	0.0	0.0	0.0	0.0	0.0	0.0	..

TURQUIE

Tableau 1. Actifs et passifs financiers des investisseurs institutionnels, 2016

Millions TRY

	Total	Fonds d'investissement			
		Fonds d'investissement non-monétaire			Fonds d'investissement monétaires
		Total	Fonds d'investissement à capital variable, non monétaire	Fonds d'investissement à capital fixe, non monétaire	Total
Actifs financiers	46 865	34 240	32 346	1 894	12 625
Numéraire et dépôts	13 202	5 761	5 259	502	7 441
Titres de dette	29 823	24 639	23 810	829	5 184
Titres de dette à court terme	18 146	13 343	13 040	304	4 803
Titres de dette à long terme	11 677	11 296	10 771	526	381
Titres de dette émis par les résidents	29 722	24 538	23 708	829	5 184
Titres de dette émis par les non-résidents	102	102	102	0	0
Crédits	..	..	..	..	..
Crédits à court terme	..	..	..	..	..
Crédits à long terme	..	..	..	..	..
Crédits accordés aux résidents	..	..	..	..	..
Crédits accordés aux non-résidents	..	..	..	..	..
Actions et parts de fonds d'investissement	3 840	3 840	3 277	563	0
Actions et parts de fonds d'investissements émises par les résidents	3 495	3 495	2 932	563	0
Actions et part de fonds d'investissements émises par les non-résidents	345	345	345	0	0
Autres comptes à recevoir	..	..	..	..	..

	Total	Fonds d'investissement			
		Fonds d'investissement non-monétaire			Fonds d'investissement monétaires
		Total	Fonds d'investissement à capital variable, non monétaire	Fonds d'investissement à capital fixe, non monétaire	Total
Pasifs financiers	..	..	..	..	..
Numéraire et dépôts	..	..	..	..	..
Titres de dette	..	..	..	..	..
Titres de dette à court terme	..	..	..	..	..
Titres de dette à long terme	..	..	..	..	..
Crédits	..	..	..	..	..
Crédits à court terme	..	..	..	..	..
Crédits à long terme	..	..	..	..	..
Actions et parts de fonds d'investissement	..	..	..	..	..
Systèmes d'assurance, de pensions et garanties standard	..	..	..	..	..
Produits financiers dérivés et options sur titres des salariés	..	..	..	..	..
Autres comptes à payer	..	..	..	..	..

	Total	Sociétés d'assurance et fonds de pension autonomes			
		Sociétés d'assurance			Fonds de pension autonomes
		Total	Sociétés d'assurance vie	Sociétés d'assurance non-vie	Total
Actifs financiers	121 046	60 578	14 500	46 078	60 467
Numéraire et dépôts	42 285	27 458	7 358	20 100	14 827
Titres de dette	47 782	15 087	5 312	9 776	32 695
Titres de dette à court terme	..	15 083	5 310	9 773	..
Titres de dette à long terme	..	4	2	2	..
Titres de dette émis par les résidents	..	0	..	..	..
Titres de dette émis par les non-résidents	..	0	..	..	..
Crédits	..	195	195	0	..
Crédits à court terme	..	61	61	..	..
Crédits à long terme	..	134	134	..	..
Crédits accordés aux résidents	..	0	..	..	..
Crédits accordés aux non-résidents	..	0	..	..	..
Actions et parts de fonds d'investissement	10 653	3 488	377	3 111	7 165
Actions et parts de fonds d'investissement émises par les résidents	..	0	..	..	..
Actions et parts de fonds d'investissement émises par les non-résidents	..	0	..	..	..
Autrescomptes à recevoir	20 130	14 349	1 258	13 091	5 781

	Total	Sociétés d'assurance et fonds de pension autonomes			
		Sociétés d'assurance			Fonds de pension autonomes
		Total	Sociétés d'assurance vie	Sociétés d'assurance non-vie	Total
Pasifs financiers	..	122 012	76 541	..	..
Numéraire et dépôts	..	0	..	..	..
Titres de dette	..	0	0	..	..
Titres de dette à court terme	..	0	..	..	..
Titres de dette à long terme	..	0	..	..	..
Crédits	..	742	172	570	..
Crédits à court terme	..	742	172	570	..
Crédits à long terme	..	0	0	0	..
Actions et parts de fonds d'investissement	..	15 375	5 710	9 664	..
Systèmes d'assurance, de pensions et garanties standard	..	100 376	70 147	30 229	..
Produits financiers dérivés et options sur titres des salariés	..	0	..	..	..
Autres comptes à payer	..	5 519	511	5 008	..

Note : Voir les métadonnées détaillées sur : http://metalinks.oecd.org/instinv/20170920/e3b8

Tableau 2. Actifs et passifs financiers des fonds d'investissement

Millions TRY

	2009	2010	2011	2012	2013	2014	2015	2016
Fonds d'investissement								
Valeur nette financière	..	..	..	..	..	..	..	..
Actifs financiers	..	..	..	..	..	45 383	40 267	46 865
Numéraire et dépôts	..	..	..	..	..	23 058	11 524	13 202
Titres de dette	..	..	..	..	..	19 979	25 353	29 823
Crédits	..	..	..	..	..	..	..	..
Actions et parts de fonds d'investissement	..	..	..	..	..	2 346	3 390	3 840
Actions	..	..	..	..	..	2 244	3 250	3 510
Parts de fonds d'investissement	..	..	..	..	..	102	140	330
Parts de fonds d'investissement monétaires	..	..	..	..	..	56	30	3
Parts de fonds d'investissement non monétaires	..	..	..	..	..	46	110	328
Systèmes d'assurance, de pensions et garanties standard	..	..	..	..	..	..	..	..
Produits financiers dérivés et options sur titres des salariés	..	..	..	..	..	..	..	..
Autres comptes à recevoir	..	..	..	..	..	..	..	..
Passifs financiers	..	..	..	..	..	..	..	..
Titres de dette	..	..	..	..	..	..	..	..
Titres de dette à court terme	..	..	..	..	..	..	..	..
Titres de dette à long terme	..	..	..	..	..	..	..	..
Crédits	..	..	..	..	..	..	..	..
Crédits à court terme	..	..	..	..	..	..	..	..
Crédits à long terme	..	..	..	..	..	..	..	..
Actions et parts de fonds d'investissement	..	..	..	..	..	..	..	..
Systèmes d'assurance, de pensions et garanties standard	..	..	..	..	..	..	..	..
Produits financiers dérivés et options sur titres des salariés	..	..	..	..	..	..	..	..
Autres comptes à payer	..	..	..	..	..	..	..	..
Actifs non financiers	..	..	..	..	..	32 264	41 236	50 709
Fonds d'investissement monéaires								
Valeur nette financière	..	..	..	..	..	..	..	..
Actifs financiers	..	..	..	..	..	12 622	11 933	12 625
Numéraire et dépôts	..	..	..	..	..	8 901	7 378	7 441
Titres de dette	..	..	..	..	..	3 721	4 555	5 184
Crédits	..	..	..	..	..	..	..	..
Actions et parts de fonds d'investissement	..	..	..	..	..	0	0	0
Actions	..	..	..	..	..	0	0	0
Parts de fonds d'investissement	..	..	..	..	..	0	0	0
Parts de fonds d'investissement monétaires	..	..	..	..	..	0	0	0
Parts de fonds d'investissement non monétaires	..	..	..	..	..	0	0	0
Systèmes d'assurance, de pensions et garanties standard	..	..	..	..	..	..	..	..
Produits financiers dérivés et options sur titres des salariés	..	..	..	..	..	..	..	..
Autres comptes à recevoir	..	..	..	..	..	..	..	..
Passifs financiers	..	..	..	..	..	..	..	..
Titres de dette	..	..	..	..	..	..	..	..
Titres de dette à court terme	..	..	..	..	..	..	..	..
Titres de dette à long terme	..	..	..	..	..	..	..	..
Crédits	..	..	..	..	..	..	..	..
Crédits à court terme	..	..	..	..	..	..	..	..
Crédits à long terme	..	..	..	..	..	..	..	..
Actions et parts de fonds d'investissement	..	..	..	..	..	..	..	..
Systèmes d'assurance, de pensions et garanties standard	..	..	..	..	..	..	..	..
Produits financiers dérivés et options sur titres des salariés	..	..	..	..	..	..	..	..
Autres comptes à payer	..	..	..	..	..	..	..	..
Actifs non financiers	..	..	..	..	..	0	0	0
Fonds d'investissement non monéaires								
Valeur nette financière	..	..	..	..	..	..	..	..
Actifs financiers	..	..	..	..	..	32 761	28 334	34 240
Numéraire et dépôts	..	..	..	..	..	14 157	4 145	5 761
Titres de dette	..	..	..	..	..	16 258	20 798	24 639
Crédits	..	..	..	..	..	..	..	..
Actions et parts de fonds d'investissement	..	..	..	..	..	2 346	3 390	3 840
Actions	..	..	..	..	..	2 244	3 250	3 510
Parts de fonds d'investissement	..	..	..	..	..	102	140	330
Parts de fonds d'investissement monétaires	..	..	..	..	..	56	30	3
Parts de fonds d'investissement non monétaires	..	..	..	..	..	46	110	328
Systèmes d'assurance, de pensions et garanties standard	..	..	..	..	..	..	..	..
Produits financiers dérivés et options sur titres des salariés	..	..	..	..	..	..	..	..
Autres comptes à recevoir	..	..	..	..	..	..	..	..
Passifs financiers	..	..	..	..	..	..	..	..
Titres de dette	..	..	..	..	..	..	..	..
Titres de dette à court terme	..	..	..	..	..	..	..	..
Titres de dette à long terme	..	..	..	..	..	..	..	..
Crédits	..	..	..	..	..	..	..	..
Crédits à court terme	..	..	..	..	..	..	..	..
Crédits à long terme	..	..	..	..	..	..	..	..
Actions et parts de fonds d'investissement	..	..	..	..	..	..	..	..
Systèmes d'assurance, de pensions et garanties standard	..	..	..	..	..	..	..	..
Produits financiers dérivés et options sur titres des salariés	..	..	..	..	..	..	..	..
Autres comptes à payer	..	..	..	..	..	..	..	..
Actifs non financiers	..	..	..	..	..	32 264	41 236	50 709
Fonds d'investissement non monéaires à capital variable								
Valeur nette financière	..	..	..	..	..	..	..	..
Actifs financiers	..	..	..	..	..	31 676	26 822	32 346

Tableau 2. Actifs et passifs financiers des fonds d'investissement *(suite)*

Millions TRY

	2009	2010	2011	2012	2013	2014	2015	2016
Numéraire et dépôts	..	..	..	..	..	13 983	3 920	5 259
Titres de dette	..	..	..	..	..	15 509	20 072	23 810
Crédits	..	..	..	..	..	..	..	..
Actions et parts de fonds d'investissement	..	..	..	..	..	2 184	2 829	3 277
Actions	..	..	..	..	..	2 138	2 719	2 949
Parts de fonds d'investissement	..	..	..	..	..	46	110	328
Parts de fonds d'investissement monétaires	..	..	..	..	..	0	0	0
Parts de fonds d'investissement non monétaires	..	..	..	..	..	46	110	328
Systèmes d'assurance, de pensions et garanties standard	..	..	..	..	..	..	..	..
Produits financiers dérivés et options sur titres des salariés	..	..	..	..	..	..	..	..
Autres comptes à recevoir	..	..	..	..	..	..	..	..
Passifs financiers	..	..	..	..	..	..	..	..
Titres de dette	..	..	..	..	..	..	..	..
Titres de dette à court terme	..	..	..	..	..	..	..	..
Titres de dette à long terme	..	..	..	..	..	..	..	..
Crédits	..	..	..	..	..	..	..	..
Crédits à court terme	..	..	..	..	..	..	..	..
Crédits à long terme	..	..	..	..	..	..	..	..
Actions et parts de fonds d'investissement	..	..	..	..	..	..	..	..
Systèmes d'assurance, de pensions et garanties standard	..	..	..	..	..	..	..	..
Produits financiers dérivés et options sur titres des salariés	..	..	..	..	..	..	..	..
Autres comptes à payer	..	..	..	..	..	..	..	..
Actifs non financiers	..	..	..	..	..	0	0	0
Fonds d'investissement à capital variable								
Valeur nette financière	..	..	..	..	..	..	..	..
Actifs financiers	..	..	..	..	..	44 298	38 755	44 970
Numéraire et dépôts	..	..	..	..	..	22 884	11 299	12 700
Titres de dette	..	..	..	..	..	19 230	24 627	28 994
Crédits	..	..	..	..	..	..	..	..
Actions et parts de fonds d'investissement	..	..	..	..	..	2 184	2 829	3 277
Actions	..	..	..	..	..	2 138	2 719	2 949
Parts de fonds d'investissement	..	..	..	..	..	46	110	328
Parts de fonds d'investissement monétaires	..	..	..	..	..	0	0	0
Parts de fonds d'investissement non monétaires	..	..	..	..	..	46	110	328
Systèmes d'assurance, de pensions et garanties standard	..	..	..	..	..	..	..	..
Produits financiers dérivés et options sur titres des salariés	..	..	..	..	..	..	..	..
Autres comptes à recevoir	..	..	..	..	..	..	..	..
Passifs financiers	..	..	..	..	..	..	..	..
Titres de dette	..	..	..	..	..	..	..	..
Titres de dette à court terme	..	..	..	..	..	..	..	..
Titres de dette à long terme	..	..	..	..	..	..	..	..
Crédits	..	..	..	..	..	..	..	..
Crédits à court terme	..	..	..	..	..	..	..	..
Crédits à long terme	..	..	..	..	..	..	..	..
Actions et parts de fonds d'investissement	..	..	..	..	..	..	..	..
Systèmes d'assurance, de pensions et garanties standard	..	..	..	..	..	..	..	..
Produits financiers dérivés et options sur titres des salariés	..	..	..	..	..	..	..	..
Autres comptes à payer	..	..	..	..	..	..	..	..
Actifs non financiers	..	..	..	..	..	0	0	0

Note : Voir les métadonnées détaillées sur : http://metalinks.oecd.org/instinv/20170920/e3b8

Tableau 3. Actifs et passifs financiers des sociétés d'assurance et fonds de pension

Millions TRY

	2009	2010	2011	2012	2013	2014	2015	2016
Sociétés d'assurance et fonds de pension								
Valeur nette financière	..	..	..	..	..	-77 726	..	..
Actifs financiers	..	..	..	..	..	53 389	96 721	121 046
Numéraire et dépôts	..	..	..	..	..	21 967	24 537	42 285
Titres de dette	..	..	..	..	..	17 273	38 900	47 782
Crédits	..	..	..	..	..	334	..	..
Actions et parts de fonds d'investissement	..	..	..	..	..	2 751	12 706	10 653
Actions	..	..	..	..	..	2 035	..	..
Parts de fonds d'investissement	..	..	..	..	..	716	..	..
Parts de fonds d'investissement monétaires	..	..	..	..	..	..	..	..
Parts de fonds d'investissement non monétaires	..	..	..	..	..	..	..	..
Systèmes d'assurance, de pensions et garanties standard	..	..	..	..	..	0	..	..
Produits financiers dérivés et options sur titres des salariés	..	..	..	..	..	0	..	..
Autres comptes à recevoir	..	..	..	..	..	11 065	20 404	20 130
Passifs financiers	..	..	..	..	..	131 116	..	..
Titres de dette	..	..	..	..	..	0	..	..
Titres de dette à court terme	..	..	..	..	..	..	..	..
Titres de dette à long terme	..	..	..	..	..	..	..	..
Crédits	..	..	..	..	..	471	..	..
Crédits à court terme	..	..	..	..	..	471	..	..
Crédits à long terme	..	..	..	..	..	1	..	..
Actions et parts de fonds d'investissement	..	..	..	..	..	17 264	..	..
Systèmes d'assurance, de pensions et garanties standard	..	..	..	..	..	109 642	..	..
Produits financiers dérivés et options sur titres des salariés	..	..	..	..	..	0	..	..
Autres comptes à payer	..	..	..	..	..	3 738	..	..
Actifs non financiers	..	..	..	..	..	77 726	..	..
Sociétés d'assurance								
Valeur nette financière	..	..	..	..	..	-38 781	-49 467	-61 434
Actifs financiers	..	..	..	..	..	42 239	49 141	60 578
Numéraire et dépôts	..	..	..	..	..	17 277	20 572	27 458
Titres de dette	..	..	..	..	..	12 058	12 843	15 087
Crédits	..	..	..	..	..	166	175	195
Actions et parts de fonds d'investissement	..	..	..	..	..	2 376	3 162	3 488
Actions	..	..	..	..	..	1 792	2 516	2 552
Parts de fonds d'investissement	..	..	..	..	..	584	646	936
Parts de fonds d'investissement monétaires	..	..	..	..	..	0	0	0
Parts de fonds d'investissement non monétaires	..	..	..	..	..	0	0	0
Systèmes d'assurance, de pensions et garanties standard	..	..	..	..	..	0	0	0
Produits financiers dérivés et options sur titres des salariés	..	..	..	..	..	0	0	0
Autres comptes à recevoir	..	..	..	..	..	10 362	12 388	14 349
Passifs financiers	..	..	..	..	..	81 019	98 608	122 012
Titres de dette	..	..	..	..	..	0	0	0
Titres de dette à court terme	..	..	..	..	..	0	0	0
Titres de dette à long terme	..	..	..	..	..	0	0	0
Crédits	..	..	..	..	..	352	993	742
Crédits à court terme	..	..	..	..	..	351	993	742
Crédits à long terme	..	..	..	..	..	1	0	0
Actions et parts de fonds d'investissement	..	..	..	..	..	13 187	13 281	15 375
Systèmes d'assurance, de pensions et garanties standard	..	..	..	..	..	64 015	79 702	100 376
Produits financiers dérivés et options sur titres des salariés	..	..	..	..	..	0	0	0
Autres comptes à payer	..	..	..	..	..	3 465	4 632	5 519
Actifs non financiers	..	..	..	..	..	38 780	49 286	61 434
Fonds de pension								
Valeur nette financière	..	..	..	..	..	-38 946	..	..
Actifs financiers	..	..	..	..	..	11 151	47 581	60 467
Numéraire et dépôts	..	..	..	..	..	4 690	3 965	14 827
Titres de dette	..	..	..	..	..	5 215	26 057	32 695
Crédits	..	..	..	..	..	168	..	..
Actions et parts de fonds d'investissement	..	..	..	..	..	374	9 544	7 165
Actions	..	..	..	..	..	243	..	..
Parts de fonds d'investissement	..	..	..	..	..	132	..	..
Parts de fonds d'investissement monétaires	..	..	..	..	..	..	..	..
Parts de fonds d'investissement non monétaires	..	..	..	..	..	..	..	..
Systèmes d'assurance, de pensions et garanties standard	..	..	..	..	..	0	..	..
Produits financiers dérivés et options sur titres des salariés	..	..	..	..	..	0	..	..
Autres comptes à recevoir	..	..	..	..	..	704	8 015	5 781
Passifs financiers	..	..	..	..	..	50 097	..	..
Titres de dette	..	..	..	..	..	0	..	..
Titres de dette à court terme	..	..	..	..	..	..	..	..
Titres de dette à long terme	..	..	..	..	..	..	..	..
Crédits	..	..	..	..	..	120	..	..
Crédits à court terme	..	..	..	..	..	120	..	..
Crédits à long terme	..	..	..	..	..	0	..	..
Actions et parts de fonds d'investissement	..	..	..	..	..	4 077	..	..
Systèmes d'assurance, de pensions et garanties standard	..	..	..	..	..	45 627	..	..
Produits financiers dérivés et options sur titres des salariés	..	..	..	..	..	0	..	..
Autres comptes à payer	..	..	..	..	..	273	..	..
Actifs non financiers	..	..	..	..	..	38 946	..	..

Note : Voir les métadonnées détaillées sur : http://metalinks.oecd.org/instinv/20170920/e3b8

Tableau 4. Composition du portefeuille par type d'investisseur

En pourcentage des actifs financiers et des passifs financiers

Pour cent

	2009	2010	2011	2012	2013	2014	2015	2016
Fonds d'investissement								
Actifs financiers	..	..	..	..	..	100.0	100.0	100.0
Numéraire et dépôts	..	..	..	..	..	50.8	28.6	28.2
Titres de dettes	..	..	..	..	..	44.0	63.0	63.6
Crédits	..	..	..	..	..	0.0	0.0	0.0
Actions et parts de fonds d'investissement	..	..	..	..	..	5.2	8.4	8.2
Systèmes d'assurance de pensions et garanties standard	..	..	..	..	..	0.0	0.0	0.0
Produits financiers dérivés et options sur titres des salariés	..	..	..	..	..	0.0	0.0	0.0
Autres comptes à recevoir	..	..	..	..	..	0.0	0.0	0.0
Passifs financiers	..	..	..	..	..	..	..	..
Numéraire et dépôts	..	..	..	..	..	..	..	..
Titres de dettes	..	..	..	..	..	..	..	..
Crédits	..	..	..	..	..	..	..	..
Actions et parts de fonds d'investissement	..	..	..	..	..	..	..	..
Systèmes d'assurance de pensions et garanties standard	..	..	..	..	..	..	..	..
Produits financiers dérivés et options sur titres des salariés	..	..	..	..	..	..	..	..
Autres comptes à recevoir	..	..	..	..	..	..	..	..
Sociétés d'assurance								
Actifs financiers	..	..	..	..	..	100.0	100.0	100.0
Numéraire et dépôts	..	..	..	..	..	40.9	41.9	45.3
Titres de dettes	..	..	..	..	..	28.5	26.1	24.9
Crédits	..	..	..	..	..	0.4	0.4	0.3
Actions et parts de fonds d'investissement	..	..	..	..	..	5.6	6.4	5.8
Systèmes d'assurance de pensions et garanties standard	..	..	..	..	..	0.0	0.0	0.0
Produits financiers dérivés et options sur titres des salariés	..	..	..	..	..	0.0	0.0	0.0
Autres comptes à recevoir	..	..	..	..	..	24.5	25.2	23.7
Passifs financiers	..	..	..	..	..	100.0	100.0	100.0
Numéraire et dépôts	..	..	..	..	..	0.0	0.0	0.0
Titres de dettes	..	..	..	..	..	0.0	0.0	0.0
Crédits	..	..	..	..	..	0.4	1.0	0.6
Actions et parts de fonds d'investissement	..	..	..	..	..	16.3	13.5	12.6
Systèmes d'assurance de pensions et garanties standard	..	..	..	..	..	79.0	80.8	82.3
Produits financiers dérivés et options sur titres des salariés	..	..	..	..	..	0.0	0.0	0.0
Autres comptes à recevoir	..	..	..	..	..	4.3	4.7	4.5
Fonds de pension								
Actifs financiers	..	..	..	..	..	100.0	100.0	100.0
Numéraire et dépôts	..	..	..	..	..	42.1	8.3	24.5
Titres de dettes	..	..	..	..	..	46.8	54.8	54.1
Crédits	..	..	..	..	..	1.5	0.0	0.0
Actions et parts de fonds d'investissement	..	..	..	..	..	3.4	20.1	11.9
Systèmes d'assurance de pensions et garanties standard	..	..	..	..	..	0.0	0.0	0.0
Produits financiers dérivés et options sur titres des salariés	..	..	..	..	..	0.0	0.0	0.0
Autres comptes à recevoir	..	..	..	..	..	6.3	16.8	9.6
Passifs financiers	..	..	..	..	..	100.0	..	..
Numéraire et dépôts	..	..	..	..	..	0.0	..	..
Titres de dettes	..	..	..	..	..	0.0	..	..
Crédits	..	..	..	..	..	0.2	..	..
Actions et parts de fonds d'investissement	..	..	..	..	..	8.1	..	..
Systèmes d'assurance de pensions et garanties standard	..	..	..	..	..	91.1	..	..
Produits financiers dérivés et options sur titres des salariés	..	..	..	..	..	0.0	..	..
Autres comptes à recevoir	..	..	..	..	..	0.5	..	..

Note : Voir les métadonnées détaillées sur : http://metalinks.oecd.org/instinv/20170920/a53e

Tableau 1. Actifs et passifs financiers des investisseurs institutionnels, 2016

Millions GBP

	Fonds d'investissement				
	Total	Fonds d'investissement non-monétaire			Fonds d'investissement monétaires
		Total	Fonds d'investissement à capital variable, non monétaire	Fonds d'investissement à capital fixe, non monétaire	Total
Actifs financiers	..	..	..	..	..
Numéraire et dépôts	..	..	..	..	..
Titres de dette	..	..	..	..	..
Titres de dette à court terme	..	..	..	..	..
Titres de dette à long terme	..	..	..	..	..
Titres de dette émis par les résidents	..	..	..	..	..
Titres de dette émis par les non-résidents	..	..	..	..	..
Crédits	..	..	..	..	..
Crédits à court terme	..	..	..	..	..
Crédits à long terme	..	..	..	..	..
Crédits accordés aux résidents	..	..	..	..	..
Crédits accordés aux non-résidents	..	..	..	..	..
Actions et parts de fonds d'investissement	..	..	..	..	..
Actions et parts de fonds d'investissements émises par les résidents	..	..	..	..	..
Actions et part de fonds d'investissements émises par les non-résidents	..	..	..	..	..
Autres comptes à recevoir	..	..	..	..	..

	Fonds d'investissement				
	Total	Fonds d'investissement non-monétaire			Fonds d'investissement monétaires
		Total	Fonds d'investissement à capital variable, non monétaire	Fonds d'investissement à capital fixe, non monétaire	Total
Pasifs financiers	..	..	..	..	..
Numéraire et dépôts	..	..	..	..	..
Titres de dette	..	..	..	..	..
Titres de dette à court terme	..	..	..	..	..
Titres de dette à long terme	..	..	..	..	..
Crédits	..	..	..	..	..
Crédits à court terme	..	..	..	..	..
Crédits à long terme	..	..	..	..	..
Actions et parts de fonds d'investissement	..	..	..	..	..
Systèmes d'assurance, de pensions et garanties standard	..	..	..	..	..
Produits financiers dérivés et options sur titres des salariés	..	..	..	..	..
Autres comptes à payer	..	..	..	..	..

	Sociétés d'assurance et fonds de pension autonomes				
	Total	Sociétés d'assurance			Fonds de pension autonomes
		Total	Sociétés d'assurance vie	Sociétés d'assurance non-vie	Total
Actifs financiers	4 748 003	..	..	..	..
Numéraire et dépôts	178 662	..	..	..	..
Titres de dette	1 232 409	..	..	..	..
Titres de dette à court terme	18 202	..	..	..	..
Titres de dette à long terme	1 214 207	..	..	..	..
Titres de dette émis par les résidents	856 423	..	..	..	..
Titres de dette émis par les non-résidents	375 986	..	..	..	..
Crédits	186 006	..	..	..	..
Crédits à court terme	..	..	..	..	..
Crédits à long terme	..	..	..	..	..
Crédits accordés aux résidents	..	..	..	..	..
Crédits accordés aux non-résidents	..	..	..	..	..
Actions et parts de fonds d'investissement	1 768 855	..	..	..	..
Actions et parts de fonds d'investissement émises par les résidents	980 337	..	..	..	..
Actions et parts de fonds d'investissement émises par les non-résidents	788 518	..	..	..	..
Autrescomptes à recevoir	40 691	..	..	..	..

	Sociétés d'assurance et fonds de pension autonomes				
	Total	Sociétés d'assurance			Fonds de pension autonomes
		Total	Sociétés d'assurance vie	Sociétés d'assurance non-vie	Total
Pasifs financiers	4 475 325	..	..	..	..
Numéraire et dépôts	..	..	..	..	..
Titres de dette	30 170	..	..	..	..
Titres de dette à court terme	..	..	..	..	..
Titres de dette à long terme	..	..	..	..	..
Crédits	94 680	..	..	..	..
Crédits à court terme	76 908	..	..	..	..
Crédits à long terme	17 772	..	..	..	..
Actions et parts de fonds d'investissement	125 053	..	..	..	..
Systèmes d'assurance, de pensions et garanties standard	4 005 131	..	..	..	..
Produits financiers dérivés et options sur titres des salariés	132 635	..	..	..	..
Autres comptes à payer	87 656	..	..	..	..

Note : Voir les métadonnées détaillées sur : http://metalinks.oecd.org/instinv/20170920/e3b8

Tableau 3. Actifs et passifs financiers des sociétés d'assurance et fonds de pension

Millions GBP

	2009	2010	2011	2012	2013	2014	2015	2016
Sociétés d'assurance et fonds de pension								
Valeur nette financière	184 790	181 428	135 828	160 010	136 790	143 467	184 567	272 678
Actifs financiers	2 951 455	3 092 101	3 498 198	3 693 798	3 680 454	4 342 756	4 212 347	4 748 003
Numéraire et dépôts	126 488	121 646	132 249	133 141	148 751	149 574	144 147	178 662
Titres de dette	781 222	820 621	913 525	969 101	969 521	1 073 515	1 075 301	1 232 409
Crédits	86 489	128 072	144 811	176 481	205 884	168 102	173 835	186 006
Actions et parts de fonds d'investissement	1 187 705	1 287 062	1 218 545	1 371 315	1 427 865	1 469 498	1 572 022	1 768 855
Actions	682 551	670 114	577 998	607 181	615 396	631 210	616 362	700 652
Parts de fonds d'investissement	505 154	616 948	640 547	764 134	812 469	838 288	955 660	1 068 203
Parts de fonds d'investissement monétaires	..	..	..	..	..	..	..	..
Parts de fonds d'investissement non monétaires	..	..	..	..	..	..	..	..
Systèmes d'assurance, de pensions et garanties standard	622 890	602 550	916 977	886 210	767 983	1 296 356	1 115 396	1 206 729
Produits financiers dérivés et options sur titres des salariés	96 580	95 112	141 106	126 284	126 134	151 268	100 552	134 651
Autres comptes à recevoir	50 081	37 038	30 985	31 266	34 316	34 443	31 094	40 691
Passifs financiers	2 766 665	2 910 673	3 362 370	3 533 788	3 543 664	4 199 289	4 027 780	4 475 325
Titres de dette	26 113	24 120	24 065	26 222	23 878	27 997	24 740	30 170
Titres de dette à court terme	..	..	..	..	..	..	..	..
Titres de dette à long terme	..	..	..	..	..	..	..	..
Crédits	39 732	35 655	43 764	66 165	72 834	61 493	60 284	94 680
Crédits à court terme	30 570	27 561	37 687	41 227	47 256	42 127	41 915	76 908
Crédits à long terme	9 162	8 094	6 077	24 938	25 578	19 366	18 369	17 772
Actions et parts de fonds d'investissement	58 532	64 639	55 474	74 313	95 947	114 139	124 170	125 053
Systèmes d'assurance, de pensions et garanties standard	2 475 831	2 624 580	3 030 431	3 162 075	3 143 797	3 749 493	3 638 043	4 005 131
Produits financiers dérivés et options sur titres des salariés	93 633	92 064	135 695	124 780	124 802	148 331	98 871	132 635
Autres comptes à payer	72 824	69 615	72 941	80 233	82 406	97 836	81 672	87 656
Actifs non financiers	..	..	..	..	..	..	..	..
Sociétés d'assurance								
Valeur nette financière	..	..	..	..	..	..	..	..
Actifs financiers	..	..	..	..	..	..	..	..
Numéraire et dépôts	..	..	..	..	..	..	..	..
Titres de dette	..	..	..	..	..	..	..	..
Crédits	..	..	..	..	..	..	..	..
Actions et parts de fonds d'investissement	..	..	..	..	..	..	..	..
Actions	..	..	..	..	..	..	..	..
Parts de fonds d'investissement	..	..	..	..	..	..	..	..
Parts de fonds d'investissement monétaires	..	..	..	..	..	..	..	..
Parts de fonds d'investissement non monétaires	..	..	..	..	..	..	..	..
Systèmes d'assurance, de pensions et garanties standard	..	..	..	..	..	..	..	..
Produits financiers dérivés et options sur titres des salariés	..	..	..	..	..	..	..	..
Autres comptes à recevoir	..	..	..	..	..	..	..	..
Passifs financiers	..	..	..	..	..	..	..	..
Titres de dette	..	..	..	..	..	..	..	..
Titres de dette à court terme	..	..	..	..	..	..	..	..
Titres de dette à long terme	..	..	..	..	..	..	..	..
Crédits	..	..	..	..	..	..	..	..
Crédits à court terme	..	..	..	..	..	..	..	..
Crédits à long terme	..	..	..	..	..	..	..	..
Actions et parts de fonds d'investissement	..	..	..	..	..	..	..	..
Systèmes d'assurance, de pensions et garanties standard	..	..	..	..	..	..	..	..
Produits financiers dérivés et options sur titres des salariés	..	..	..	..	..	..	..	..
Autres comptes à payer	..	..	..	..	..	..	..	..
Actifs non financiers	..	..	..	..	..	..	..	..
Fonds de pension								
Valeur nette financière	..	..	..	..	..	..	..	..
Actifs financiers	..	..	..	..	..	..	..	..
Numéraire et dépôts	..	..	..	..	..	..	..	..
Titres de dette	..	..	..	..	..	..	..	..
Crédits	..	..	..	..	..	..	..	..
Actions et parts de fonds d'investissement	..	..	..	..	..	..	..	..
Actions	..	..	..	..	..	..	..	..
Parts de fonds d'investissement	..	..	..	..	..	..	..	..
Parts de fonds d'investissement monétaires	..	..	..	..	..	..	..	..
Parts de fonds d'investissement non monétaires	..	..	..	..	..	..	..	..
Systèmes d'assurance, de pensions et garanties standard	..	..	..	..	..	..	..	..
Produits financiers dérivés et options sur titres des salariés	..	..	..	..	..	..	..	..
Autres comptes à recevoir	..	..	..	..	..	..	..	..
Passifs financiers	..	..	..	..	..	..	..	..
Titres de dette	..	..	..	..	..	..	..	..
Titres de dette à court terme	..	..	..	..	..	..	..	..
Titres de dette à long terme	..	..	..	..	..	..	..	..
Crédits	..	..	..	..	..	..	..	..
Crédits à court terme	..	..	..	..	..	..	..	..
Crédits à long terme	..	..	..	..	..	..	..	..
Actions et parts de fonds d'investissement	..	..	..	..	..	..	..	..
Systèmes d'assurance, de pensions et garanties standard	..	..	..	..	..	..	..	..
Produits financiers dérivés et options sur titres des salariés	..	..	..	..	..	..	..	..
Autres comptes à payer	..	..	..	..	..	..	..	..
Actifs non financiers	..	..	..	..	..	..	..	..

Note : Voir les métadonnées détaillées sur : http://metalinks.oecd.org/instinv/20170920/e3b8

Tableau 1. Actifs et passifs financiers des investisseurs institutionnels, 2016

Milliards USD

	Fonds d'investissement				
	Total	Fonds d'investissement non-monétaire			Fonds d'investissement monétaires
		Total	Fonds d'investissement à capital variable, non monétaire	Fonds d'investissement à capital fixe, non monétaire	Total
Actifs financiers	19 798	17 070	16 140	930	2 728
Numéraire et dépôts	215	36	..	36	178
Titres de dette	6 662	4 916	4 506	410	1 746
Titres de dette à court terme	650	131	131	..	519
Titres de dette à long terme	6 013	4 785	4 375	410	1 227
Titres de dette émis par les résidents	..	..	..	..	..
Titres de dette émis par les non-résidents	..	..	..	..	..
Crédits	1 266	466	242	224	800
Crédits à court terme	1 042	242	242	..	800
Crédits à long terme	224	224	..	224	..
Crédits accordés aux résidents	..	..	..	..	..
Crédits accordés aux non-résidents	..	..	..	..	..
Actions et parts de fonds d'investissement	11 205	11 205	11 103	102	..
Actions et parts de fonds d'investissements émises par les résidents	..	..	..	..	..
Actions et part de fonds d'investissements émises par les non-résidents	..	..	..	..	..
Autres comptes à recevoir	450	447	290	157	4

	Fonds d'investissement				
	Total	Fonds d'investissement non-monétaire			Fonds d'investissement monétaires
		Total	Fonds d'investissement à capital variable, non monétaire	Fonds d'investissement à capital fixe, non monétaire	Total
Pasifs financiers	20 126	17 398	16 140	1 258	2 728
Numéraire et dépôts	..	..	..	..	..
Titres de dette	416	416	..	416	..
Titres de dette à court terme	0	0	..	0	..
Titres de dette à long terme	416	416	..	416	..
Crédits	484	484	..	484	..
Crédits à court terme	256	256	..	256	..
Crédits à long terme	228	228	..	228	..
Actions et parts de fonds d'investissement	19 130	16 402	16 140	262	2 728
Systèmes d'assurance, de pensions et garanties standard	..	..	..	..	..
Produits financiers dérivés et options sur titres des salariés	..	..	..	..	..
Autres comptes à payer	96	96	..	96	..

	Sociétés d'assurance et fonds de pension autonomes				
	Total	Sociétés d'assurance			Fonds de pension autonomes
		Total	Sociétés d'assurance vie	Sociétés d'assurance non-vie	Total
Actifs financiers	27 406	8 672	6 764	1 908	18 734
Numéraire et dépôts	202	96	69	27	106
Titres de dette	8 414	4 435	3 408	1 027	3 979
Titres de dette à court terme	205	109	58	51	96
Titres de dette à long terme	8 209	4 326	3 350	976	3 883
Titres de dette émis par les résidents	..	..	..	..	..
Titres de dette émis par les non-résidents	..	..	..	..	..
Crédits	682	644	628	16	38
Crédits à court terme	176	168	167	1	8
Crédits à long terme	506	476	461	15	30
Crédits accordés aux résidents	..	..	..	..	..
Crédits accordés aux non-résidents	..	..	..	..	..
Actions et parts de fonds d'investissement	11 532	2 598	2 109	490	8 933
Actions et parts de fonds d'investissement émises par les résidents	..	..	..	..	..
Actions et parts de fonds d'investissement émises par les non-résidents	..	..	..	..	..
Autrescomptes à recevoir	1 747	867	520	348	879

	Sociétés d'assurance et fonds de pension autonomes				
	Total	Sociétés d'assurance			Fonds de pension autonomes
		Total	Sociétés d'assurance vie	Sociétés d'assurance non-vie	Total
Pasifs financiers	26 742	7 833	6 388	1 445	18 909
Numéraire et dépôts	71	71	71	..	..
Titres de dette	..	..	..	..	..
Titres de dette à court terme	..	..	..	..	..
Titres de dette à long terme	..	..	..	..	..
Crédits	93	93	90	3	..
Crédits à court terme	93	93	90	3	..
Crédits à long terme	..	..	..	..	..
Actions et parts de fonds d'investissement	759	759	344	415	..
Systèmes d'assurance, de pensions et garanties standard	25 279	6 370	5 511	859	18 909
Produits financiers dérivés et options sur titres des salariés	..	..	..	..	..
Autres comptes à payer	540	540	372	168	..

Note : Voir les métadonnées détaillées sur : http://metalinks.oecd.org/instinv/20170920/e3b8

Tableau 2. Actifs et passifs financiers des fonds d'investissement

Milliards USD

	2009	2010	2011	2012	2013	2014	2015	2016
Fonds d'investissement								
Valeur nette financière	-227	-222	-221	-224	-264	-297	-337	-328
Actifs financiers	12 375	13 366	13 356	15 252	17 667	18 864	18 672	19 798
Numéraire et dépôts	726	616	503	540	585	582	499	215
Titres de dette	4 907	5 062	5 456	6 147	5 980	6 124	6 186	6 662
Crédits	654	649	706	787	946	1 150	1 138	1 266
Actions et parts de fonds d'investissement	5 777	6 722	6 360	7 372	9 706	10 539	10 436	11 205
Actions	5 777	6 722	6 360	7 372	9 706	10 539	10 436	11 205
Parts de fonds d'investissement	..	..	..	..	..	..	..	..
Parts de fonds d'investissement monétaires	..	..	..	..	..	..	..	..
Parts de fonds d'investissement non monétaires	..	..	..	..	..	..	..	..
Systèmes d'assurance, de pensions et garanties standard	..	..	..	..	..	..	..	..
Produits financiers dérivés et options sur titres des salariés	..	..	..	..	..	..	..	..
Autres comptes à recevoir	311	316	331	407	451	469	413	450
Passifs financiers	12 603	13 587	13 577	15 475	17 931	19 160	19 009	20 126
Titres de dette	144	145	153	179	355	403	396	416
Titres de dette à court terme	0	0	0	0	0	0	0	0
Titres de dette à long terme	144	145	153	179	355	403	396	416
Crédits	286	315	431	542	497	536	520	484
Crédits à court terme	111	139	241	348	282	304	284	256
Crédits à long terme	175	176	190	194	214	231	235	228
Actions et parts de fonds d'investissement	12 113	13 063	12 923	14 657	17 005	18 139	18 013	19 130
Systèmes d'assurance, de pensions et garanties standard	..	..	..	..	..	..	..	..
Produits financiers dérivés et options sur titres des salariés	..	..	..	..	..	..	..	..
Autres comptes à payer	60	64	71	96	74	82	80	96
Actifs non financiers	227	222	221	224	264	297	337	328
Fonds d'investissement monéaires								
Valeur nette financière	..	..	..	..	..	..	..	..
Actifs financiers	3 316	2 804	2 691	2 693	2 718	2 725	2 755	2 728
Numéraire et dépôts	695	591	475	504	551	544	464	178
Titres de dette	2 103	1 700	1 692	1 605	1 634	1 510	1 582	1 746
Crédits	490	489	501	555	502	654	699	800
Actions et parts de fonds d'investissement	..	..	..	..	..	..	..	..
Actions	..	..	..	..	..	..	..	..
Parts de fonds d'investissement	..	..	..	..	..	..	..	..
Parts de fonds d'investissement monétaires	..	..	..	..	..	..	..	..
Parts de fonds d'investissement non monétaires	..	..	..	..	..	..	..	..
Systèmes d'assurance, de pensions et garanties standard	..	..	..	..	..	..	..	..
Produits financiers dérivés et options sur titres des salariés	..	..	..	..	..	..	..	..
Autres comptes à recevoir	27	24	23	29	32	17	10	4
Passifs financiers	3 316	2 804	2 691	2 693	2 718	2 725	2 755	2 728
Titres de dette	..	..	..	..	..	..	..	..
Titres de dette à court terme	..	..	..	..	..	..	..	..
Titres de dette à long terme	..	..	..	..	..	..	..	..
Crédits	..	..	..	..	..	..	..	..
Crédits à court terme	..	..	..	..	..	..	..	..
Crédits à long terme	..	..	..	..	..	..	..	..
Actions et parts de fonds d'investissement	3 316	2 804	2 691	2 693	2 718	2 725	2 755	2 728
Systèmes d'assurance, de pensions et garanties standard	..	..	..	..	..	..	..	..
Produits financiers dérivés et options sur titres des salariés	..	..	..	..	..	..	..	..
Autres comptes à payer	..	..	..	..	..	..	..	..
Actifs non financiers	..	..	..	..	..	..	..	..
Fonds d'investissement non monéaires								
Valeur nette financière	-227	-222	-221	-224	-264	-297	-337	-328
Actifs financiers	9 060	10 562	10 665	12 558	14 950	16 139	15 917	17 070
Numéraire et dépôts	31	25	28	35	34	39	36	36
Titres de dette	2 804	3 362	3 764	4 542	4 346	4 614	4 604	4 916
Crédits	165	160	205	232	444	496	438	466
Actions et parts de fonds d'investissement	5 777	6 722	6 360	7 372	9 706	10 539	10 436	11 205
Actions	5 777	6 722	6 360	7 372	9 706	10 539	10 436	11 205
Parts de fonds d'investissement	..	..	..	..	..	..	..	..
Parts de fonds d'investissement monétaires	..	..	..	..	..	..	..	..
Parts de fonds d'investissement non monétaires	..	..	..	..	..	..	..	..
Systèmes d'assurance, de pensions et garanties standard	..	..	..	..	..	..	..	..
Produits financiers dérivés et options sur titres des salariés	..	..	..	..	..	..	..	..
Autres comptes à recevoir	284	293	308	378	419	452	403	447
Passifs financiers	9 287	10 784	10 886	12 782	15 213	16 436	16 254	17 398
Titres de dette	144	145	153	179	355	403	396	416
Titres de dette à court terme	0	0	0	0	0	0	0	0
Titres de dette à long terme	144	145	153	179	355	403	396	416
Crédits	286	315	431	542	497	536	520	484
Crédits à court terme	111	139	241	348	282	304	284	256
Crédits à long terme	175	176	190	194	214	231	235	228
Actions et parts de fonds d'investissement	8 797	10 260	10 232	11 964	14 287	15 414	15 259	16 402
Systèmes d'assurance, de pensions et garanties standard	..	..	..	..	..	..	..	..
Produits financiers dérivés et options sur titres des salariés	..	..	..	..	..	..	..	..
Autres comptes à payer	60	64	71	96	74	82	80	96
Actifs non financiers	227	222	221	224	264	297	337	328
Fonds d'investissement non monéaires à capital variable								
Valeur nette financière	..	..	..	..	..	..	..	..
Actifs financiers	8 574	10 022	9 990	11 701	14 008	15 125	14 998	16 140

Tableau 2. Actifs et passifs financiers des fonds d'investissement *(suite)*

Milliards USD

	2009	2010	2011	2012	2013	2014	2015	2016
Numéraire et dépôts	..	..	..	..	..	..	..	..
Titres de dette	2 547	3 054	3 342	3 985	3 877	4 132	4 176	4 506
Crédits	119	115	149	168	229	249	221	242
Actions et parts de fonds d'investissement	5 689	6 626	6 265	7 271	9 592	10 419	10 335	11 103
Actions	5 689	6 626	6 265	7 271	9 592	10 419	10 335	11 103
Parts de fonds d'investissement	..	..	..	..	..	..	..	..
Parts de fonds d'investissement monétaires	..	..	..	..	..	..	..	..
Parts de fonds d'investissement non monétaires	..	..	..	..	..	..	..	..
Systèmes d'assurance, de pensions et garanties standard	..	..	..	..	..	..	..	..
Produits financiers dérivés et options sur titres des salariés	..	..	..	..	..	..	..	..
Autres comptes à recevoir	219	227	234	277	310	325	266	290
Passifs financiers	8 574	10 022	9 990	11 701	14 008	15 125	14 998	16 140
Titres de dette	..	..	..	..	..	..	..	..
Titres de dette à court terme	..	..	..	..	..	..	..	..
Titres de dette à long terme	..	..	..	..	..	..	..	..
Crédits	..	..	..	..	..	..	..	..
Crédits à court terme	..	..	..	..	..	..	..	..
Crédits à long terme	..	..	..	..	..	..	..	..
Actions et parts de fonds d'investissement	8 574	10 022	9 990	11 701	14 008	15 125	14 998	16 140
Systèmes d'assurance, de pensions et garanties standard	..	..	..	..	..	..	..	..
Produits financiers dérivés et options sur titres des salariés	..	..	..	..	..	..	..	..
Autres comptes à payer	..	..	..	..	..	..	..	..
Actifs non financiers	..	..	..	..	..	..	..	..
Fonds d'investissement à capital variable								
Valeur nette financière	..	..	..	..	..	..	..	..
Actifs financiers	11 890	12 825	12 680	14 394	16 725	17 850	17 753	18 868
Numéraire et dépôts	695	591	475	504	551	544	464	178
Titres de dette	4 650	4 755	5 034	5 590	5 510	5 642	5 758	6 252
Crédits	608	604	650	722	731	903	920	1 042
Actions et parts de fonds d'investissement	5 689	6 626	6 265	7 271	9 592	10 419	10 335	11 103
Actions	5 689	6 626	6 265	7 271	9 592	10 419	10 335	11 103
Parts de fonds d'investissement	..	..	..	..	..	..	..	..
Parts de fonds d'investissement monétaires	..	..	..	..	..	..	..	..
Parts de fonds d'investissement non monétaires	..	..	..	..	..	..	..	..
Systèmes d'assurance, de pensions et garanties standard	..	..	..	..	..	..	..	..
Produits financiers dérivés et options sur titres des salariés	..	..	..	..	..	..	..	..
Autres comptes à recevoir	246	250	256	306	342	342	276	293
Passifs financiers	11 890	12 825	12 680	14 394	16 725	17 850	17 753	18 868
Titres de dette	..	..	..	..	..	..	..	..
Titres de dette à court terme	..	..	..	..	..	..	..	..
Titres de dette à long terme	..	..	..	..	..	..	..	..
Crédits	..	..	..	..	..	..	..	..
Crédits à court terme	..	..	..	..	..	..	..	..
Crédits à long terme	..	..	..	..	..	..	..	..
Actions et parts de fonds d'investissement	11 890	12 825	12 680	14 394	16 725	17 850	17 753	18 868
Systèmes d'assurance, de pensions et garanties standard	..	..	..	..	..	..	..	..
Produits financiers dérivés et options sur titres des salariés	..	..	..	..	..	..	..	..
Autres comptes à payer	..	..	..	..	..	..	..	..
Actifs non financiers	..	..	..	..	..	..	..	..

Note : Voir les métadonnées détaillées sur : http://metalinks.oecd.org/instinv/20170920/e3b8

Tableau 3. Actifs et passifs financiers des sociétés d'assurance et fonds de pension

Milliards USD

	2009	2010	2011	2012	2013	2014	2015	2016
Sociétés d'assurance et fonds de pension								
Valeur nette financière	412	556	778	821	590	725	637	664
Actifs financiers	19 629	21 495	22 211	23 433	24 910	25 964	26 225	27 406
Numéraire et dépôts	146	153	161	175	170	188	193	202
Titres de dette	6 173	6 657	7 077	7 475	7 518	8 042	8 010	8 414
Crédits	528	522	536	550	566	601	642	682
Actions et parts de fonds d'investissement	7 560	8 486	8 266	9 208	10 876	11 263	11 011	11 532
Actions	3 767	4 235	4 157	4 687	5 505	5 657	5 530	5 931
Parts de fonds d'investissement	3 793	4 250	4 108	4 521	5 371	5 606	5 480	5 601
Parts de fonds d'investissement monétaires	314	279	296	277	282	283	287	280
Parts de fonds d'investissement non monétaires	3 479	3 971	3 812	4 244	5 088	5 323	5 194	5 321
Systèmes d'assurance, de pensions et garanties standard	3 986	4 375	4 750	4 555	4 267	4 258	4 753	4 830
Produits financiers dérivés et options sur titres des salariés	..	..	..	..	..	..	..	..
Autres comptes à recevoir	1 236	1 303	1 421	1 468	1 514	1 613	1 617	1 747
Passifs financiers	19 217	20 939	21 433	22 612	24 321	25 239	25 588	26 742
Titres de dette	..	..	..	..	..	..	..	..
Titres de dette à court terme	..	..	..	..	..	..	..	..
Titres de dette à long terme	..	..	..	..	..	..	..	..
Crédits	61	56	61	66	75	77	83	93
Crédits à court terme	61	56	61	66	75	77	83	93
Crédits à long terme	..	..	..	..	..	..	..	..
Actions et parts de fonds d'investissement	570	639	587	584	646	691	663	759
Systèmes d'assurance, de pensions et garanties standard	18 137	19 811	20 367	21 435	23 026	23 855	24 247	25 279
Produits financiers dérivés et options sur titres des salariés	..	..	..	..	..	..	..	..
Autres comptes à payer	369	363	356	465	521	554	531	540
Actifs non financiers	248	243	247	249	257	262	272	282
Sociétés d'assurance								
Valeur nette financière	553	699	925	982	772	917	814	839
Actifs financiers	6 448	6 941	7 284	7 667	7 935	8 365	8 294	8 672
Numéraire et dépôts	78	84	85	98	83	94	100	96
Titres de dette	3 459	3 730	4 007	4 128	4 040	4 278	4 219	4 435
Crédits	487	478	495	511	530	562	605	644
Actions et parts de fonds d'investissement	1 801	1 986	1 976	2 198	2 533	2 618	2 540	2 598
Actions	567	589	607	685	795	847	835	983
Parts de fonds d'investissement	1 233	1 397	1 369	1 513	1 738	1 771	1 705	1 616
Parts de fonds d'investissement monétaires	109	85	88	84	70	72	78	59
Parts de fonds d'investissement non monétaires	1 124	1 313	1 281	1 429	1 668	1 699	1 627	1 557
Systèmes d'assurance, de pensions et garanties standard	23	25	25	26	29	30	32	31
Produits financiers dérivés et options sur titres des salariés	..	..	..	..	..	..	..	..
Autres comptes à recevoir	601	637	696	708	720	785	798	867
Passifs financiers	5 895	6 242	6 359	6 685	7 163	7 449	7 479	7 833
Titres de dette	..	..	..	..	..	..	..	..
Titres de dette à court terme	..	..	..	..	..	..	..	..
Titres de dette à long terme	..	..	..	..	..	..	..	..
Crédits	61	56	61	66	75	77	83	93
Crédits à court terme	61	56	61	66	75	77	83	93
Crédits à long terme	..	..	..	..	..	..	..	..
Actions et parts de fonds d'investissement	570	639	587	584	646	691	663	759
Systèmes d'assurance, de pensions et garanties standard	4 815	5 114	5 294	5 509	5 868	6 064	6 138	6 370
Produits financiers dérivés et options sur titres des salariés	..	..	..	..	..	..	..	..
Autres comptes à payer	369	363	356	465	521	554	531	540
Actifs non financiers	242	237	240	243	251	256	265	275
Fonds de pension								
Valeur nette financière	-141	-143	-147	-161	-182	-192	-178	-175
Actifs financiers	13 181	14 554	14 927	15 765	16 976	17 598	17 931	18 734
Numéraire et dépôts	68	68	76	77	87	94	93	106
Titres de dette	2 714	2 927	3 070	3 348	3 478	3 764	3 791	3 979
Crédits	41	44	41	40	36	39	37	38
Actions et parts de fonds d'investissement	5 759	6 500	6 290	7 011	8 342	8 645	8 470	8 933
Actions	3 199	3 646	3 550	4 002	4 710	4 810	4 695	4 948
Parts de fonds d'investissement	2 560	2 853	2 740	3 008	3 633	3 834	3 775	3 985
Parts de fonds d'investissement monétaires	205	195	208	194	212	211	208	222
Parts de fonds d'investissement non monétaires	2 355	2 659	2 532	2 815	3 420	3 624	3 567	3 764
Systèmes d'assurance, de pensions et garanties standard	3 963	4 349	4 725	4 529	4 238	4 228	4 721	4 799
Produits financiers dérivés et options sur titres des salariés	..	..	..	..	..	..	..	..
Autres comptes à recevoir	636	665	725	760	794	828	819	879
Passifs financiers	13 322	14 697	15 074	15 926	17 158	17 791	18 109	18 909
Titres de dette	..	..	..	..	..	..	..	..
Titres de dette à court terme	..	..	..	..	..	..	..	..
Titres de dette à long terme	..	..	..	..	..	..	..	..
Crédits	..	..	..	..	..	..	..	..
Crédits à court terme	..	..	..	..	..	..	..	..
Crédits à long terme	..	..	..	..	..	..	..	..
Actions et parts de fonds d'investissement	..	..	..	..	..	..	..	..
Systèmes d'assurance, de pensions et garanties standard	13 322	14 697	15 074	15 926	17 158	17 791	18 109	18 909
Produits financiers dérivés et options sur titres des salariés	..	..	..	..	..	..	..	..
Autres comptes à payer	..	..	..	..	..	..	..	..
Actifs non financiers	6	6	6	7	7	7	7	7

Note : Voir les métadonnées détaillées sur : http://metalinks.oecd.org/instinv/20170920/e3b8

Tableau 4. Composition du portefeuille par type d'investisseur

En pourcentage des actifs financiers et des passifs financiers

Pour cent

	2009	2010	2011	2012	2013	2014	2015	2016
Fonds d'investissement								
Actifs financiers	100.0	100.0	100.0	100.0	100.0	100.0	100.0	100.0
Numéraire et dépôts	5.9	4.6	3.8	3.5	3.3	3.1	2.7	1.1
Titres de dettes	39.7	37.9	40.9	40.3	33.8	32.5	33.1	33.7
Crédits	5.3	4.9	5.3	5.2	5.4	6.1	6.1	6.4
Actions et parts de fonds d'investissement	46.7	50.3	47.6	48.3	54.9	55.9	55.9	56.6
Systèmes d'assurance de pensions et garanties standard	0.0	0.0	0.0	0.0	0.0	0.0	0.0	0.0
Produits financiers dérivés et options sur titres des salariés	0.0	0.0	0.0	0.0	0.0	0.0	0.0	0.0
Autres comptes à recevoir	2.5	2.4	2.5	2.7	2.6	2.5	2.2	2.3
Passifs financiers	100.0	100.0	100.0	100.0	100.0	100.0	100.0	100.0
Numéraire et dépôts	0.0	0.0	0.0	0.0	0.0	0.0	0.0	0.0
Titres de dettes	1.1	1.1	1.1	1.2	2.0	2.1	2.1	2.1
Crédits	2.3	2.3	3.2	3.5	2.8	2.8	2.7	2.4
Actions et parts de fonds d'investissement	96.1	96.1	95.2	94.7	94.8	94.7	94.8	95.1
Systèmes d'assurance de pensions et garanties standard	0.0	0.0	0.0	0.0	0.0	0.0	0.0	0.0
Produits financiers dérivés et options sur titres des salariés	0.0	0.0	0.0	0.0	0.0	0.0	0.0	0.0
Autres comptes à recevoir	0.5	0.5	0.5	0.6	0.4	0.4	0.4	0.5
Sociétés d'assurance								
Actifs financiers	100.0	100.0	100.0	100.0	100.0	100.0	100.0	100.0
Numéraire et dépôts	1.2	1.2	1.2	1.3	1.0	1.1	1.2	1.1
Titres de dettes	53.6	53.7	55.0	53.8	50.9	51.1	50.9	51.1
Crédits	7.5	6.9	6.8	6.7	6.7	6.7	7.3	7.4
Actions et parts de fonds d'investissement	27.9	28.6	27.1	28.7	31.9	31.3	30.6	30.0
Systèmes d'assurance de pensions et garanties standard	0.4	0.4	0.3	0.3	0.4	0.4	0.4	0.4
Produits financiers dérivés et options sur titres des salariés	0.0	0.0	0.0	0.0	0.0	0.0	0.0	0.0
Autres comptes à recevoir	9.3	9.2	9.6	9.2	9.1	9.4	9.6	10.0
Passifs financiers	100.0	100.0	100.0	100.0	100.0	100.0	100.0	100.0
Numéraire et dépôts	1.4	1.1	1.0	0.9	0.7	0.8	0.9	0.9
Titres de dettes	0.0	0.0	0.0	0.0	0.0	0.0	0.0	0.0
Crédits	1.0	0.9	1.0	1.0	1.0	1.0	1.1	1.2
Actions et parts de fonds d'investissement	9.7	10.2	9.2	8.7	9.0	9.3	8.9	9.7
Systèmes d'assurance de pensions et garanties standard	81.7	81.9	83.2	82.4	81.9	81.4	82.1	81.3
Produits financiers dérivés et options sur titres des salariés	0.0	0.0	0.0	0.0	0.0	0.0	0.0	0.0
Autres comptes à recevoir	6.3	5.8	5.6	7.0	7.3	7.4	7.1	6.9
Fonds de pension								
Actifs financiers	100.0	100.0	100.0	100.0	100.0	100.0	100.0	100.0
Numéraire et dépôts	0.5	0.5	0.5	0.5	0.5	0.5	0.5	0.6
Titres de dettes	20.6	20.1	20.6	21.2	20.5	21.4	21.1	21.2
Crédits	0.3	0.3	0.3	0.3	0.2	0.2	0.2	0.2
Actions et parts de fonds d'investissement	43.7	44.7	42.1	44.5	49.1	49.1	47.2	47.7
Systèmes d'assurance de pensions et garanties standard	30.1	29.9	31.7	28.7	25.0	24.0	26.3	25.6
Produits financiers dérivés et options sur titres des salariés	0.0	0.0	0.0	0.0	0.0	0.0	0.0	0.0
Autres comptes à recevoir	4.8	4.6	4.9	4.8	4.7	4.7	4.6	4.7
Passifs financiers	100.0	100.0	100.0	100.0	100.0	100.0	100.0	100.0
Numéraire et dépôts	0.0	0.0	0.0	0.0	0.0	0.0	0.0	0.0
Titres de dettes	0.0	0.0	0.0	0.0	0.0	0.0	0.0	0.0
Crédits	0.0	0.0	0.0	0.0	0.0	0.0	0.0	0.0
Actions et parts de fonds d'investissement	0.0	0.0	0.0	0.0	0.0	0.0	0.0	0.0
Systèmes d'assurance de pensions et garanties standard	100.0	100.0	100.0	100.0	100.0	100.0	100.0	100.0
Produits financiers dérivés et options sur titres des salariés	0.0	0.0	0.0	0.0	0.0	0.0	0.0	0.0
Autres comptes à recevoir	0.0	0.0	0.0	0.0	0.0	0.0	0.0	0.0

Note : Voir les métadonnées détaillées sur : http://metalinks.oecd.org/instinv/20170920/a53e

Tableau 1. Actifs et passifs financiers des investisseurs institutionnels, 2016

Millions EUR (2015)

	Total	Fonds d'investissement			
		Fonds d'investissement non-monétaire			Fonds d'investissement monétaires
		Total	Fonds d'investissement à capital variable, non monétaire	Fonds d'investissement à capital fixe, non monétaire	Total
Actifs financiers	506	506	170	336	0
Numéraire et dépôts	81	81	34	47	0
Titres de dette	158	158	34	124	0
Titres de dette à court terme	10	10	2	8	0
Titres de dette à long terme	149	149	32	117	0
Titres de dette émis par les résidents	119	119	26	93	0
Titres de dette émis par les non-résidents	40	40	9	31	0
Crédits	11	11	0	11	0
Crédits à court terme	1	1	0	1	0
Crédits à long terme	10	10	0	10	0
Crédits accordés aux résidents	8	8	0	8	0
Crédits accordés aux non-résidents	4	4	0	4	0
Actions et parts de fonds d'investissement	225	225	96	129	0
Actions et parts de fonds d'investissements émises par les résidents	129	129	55	74	0
Actions et part de fonds d'investissements émises par les non-résidents	96	96	41	55	0
Autres comptes à recevoir	29	29	5	24	0

	Total	Fonds d'investissement			
		Fonds d'investissement non-monétaire			Fonds d'investissement monétaires
		Total	Fonds d'investissement à capital variable, non monétaire	Fonds d'investissement à capital fixe, non monétaire	Total
Pasifs financiers	672	672	169	503	0
Numéraire et dépôts	0	0	..	..	0
Titres de dette	2	2	0	2	0
Titres de dette à court terme	0	0	..	..	0
Titres de dette à long terme	2	2	..	..	0
Crédits	97	97	0	97	0
Crédits à court terme	28	28	0	28	0
Crédits à long terme	69	69	0	69	0
Actions et parts de fonds d'investissement	543	543	164	379	0
Systèmes d'assurance, de pensions et garanties standard	0	0	..	..	0
Produits financiers dérivés et options sur titres des salariés	1	1	1	0	0
Autres comptes à payer	28	28	4	24	0

	Total	Sociétés d'assurance et fonds de pension autonomes			
		Sociétés d'assurance			Fonds de pension autonomes
		Total	Sociétés d'assurance vie	Sociétés d'assurance non-vie	Total
Actifs financiers	3 811	1 203	..	..	2 607
Numéraire et dépôts	325	92	..	..	233
Titres de dette	1 504	521	..	..	983
Titres de dette à court terme	0	0	..	..	0
Titres de dette à long terme	1 504	521	..	..	983
Titres de dette émis par les résidents	734	333	..	..	401
Titres de dette émis par les non-résidents	770	188	..	..	582
Crédits	7	7	..	..	0
Crédits à court terme	0	0	..	..	0
Crédits à long terme	7	7	..	..	0
Crédits accordés aux résidents	7	7	..	..	0
Crédits accordés aux non-résidents	0	0	..	..	0
Actions et parts de fonds d'investissement	1 815	432	..	..	1 384
Actions et parts de fonds d'investissement émises par les résidents	33	7	..	..	26
Actions et parts de fonds d'investissement émises par les non-résidents	1 782	424	..	..	1 358
Autrescomptes à recevoir	143	135	..	..	8

	Total	Sociétés d'assurance et fonds de pension autonomes			
		Sociétés d'assurance			Fonds de pension autonomes
		Total	Sociétés d'assurance vie	Sociétés d'assurance non-vie	Total
Pasifs financiers	4 347	1 739	..	..	2 607
Numéraire et dépôts	0	0	..	..	0
Titres de dette	0	0	..	..	0
Titres de dette à court terme	0	0	..	..	0
Titres de dette à long terme	0	0	..	..	0
Crédits	88	88	..	..	0
Crédits à court terme	20	20	..	..	0
Crédits à long terme	68	68	..	..	0
Actions et parts de fonds d'investissement	280	280	..	..	0
Systèmes d'assurance, de pensions et garanties standard	3 876	1 301	..	..	2 575
Produits financiers dérivés et options sur titres des salariés	5	2	..	..	3
Autres comptes à payer	97	68	..	..	29

Note : Voir les métadonnées détaillées sur : http://metalinks.oecd.org/instinv/20170920/7b4b

Tableau 2. Actifs et passifs financiers des fonds d'investissement

Millions EUR

	2009	2010	2011	2012	2013	2014	2015	2016
Fonds d'investissement								
Valeur nette financière	0	0	0	-4	-4	-16	-47	-166
Actifs financiers	133	181	151	182	240	292	354	506
Numéraire et dépôts	20	13	10	11	27	36	44	81
Titres de dette	21	36	34	42	81	99	113	158
Crédits	0	0	0	1	4	11	11	11
Actions et parts de fonds d'investissement	92	132	106	126	129	143	178	225
Actions	33	50	36	47	52	61	86	196
Parts de fonds d'investissement	60	83	70	80	77	82	92	29
Parts de fonds d'investissement monétaires	0	2	0	0	0	0	0	0
Parts de fonds d'investissement non monétaires	59	81	70	80	77	82	92	29
Systèmes d'assurance, de pensions et garanties standard	0	0	0	0	0	0	0	0
Produits financiers dérivés et options sur titres des salariés	0	0	0	0	0	0	1	1
Autres comptes à recevoir	0	0	0	1	0	4	6	29
Passifs financiers	133	181	151	186	244	309	401	672
Titres de dette	0	0	0	0	0	0	0	2
Titres de dette à court terme	0	0	0	0	0	0	0	0
Titres de dette à long terme	0	0	0	0	0	0	0	2
Crédits	0	3	2	1	5	17	5	97
Crédits à court terme	0	3	1	0	5	0	0	28
Crédits à long terme	0	0	1	0	0	16	5	69
Actions et parts de fonds d'investissement	133	177	148	184	237	285	390	543
Systèmes d'assurance, de pensions et garanties standard	0	0	0	0	0	0	0	0
Produits financiers dérivés et options sur titres des salariés	0	0	0	0	0	0	0	1
Autres comptes à payer	0	1	0	2	2	7	5	28
Actifs non financiers	..	..	..	..	4	19	47	210
Fonds d'investissement monéaires								
Valeur nette financière	0	0	0	0	0	0	0	0
Actifs financiers	18	23	15	12	0	0	0	0
Numéraire et dépôts	5	3	4	4	0	0	0	0
Titres de dette	12	20	11	7	0	0	0	0
Crédits	0	0	0	0	0	0	0	0
Actions et parts de fonds d'investissement	0	0	0	0	0	0	0	0
Actions	0	0	0	0	0	0	0	0
Parts de fonds d'investissement	0	0	0	0	0	0	0	0
Parts de fonds d'investissement monétaires	0	0	0	0	0	0	0	0
Parts de fonds d'investissement non monétaires	0	0	0	0	0	0	0	0
Systèmes d'assurance, de pensions et garanties standard	0	0	0	0	0	0	0	0
Produits financiers dérivés et options sur titres des salariés	0	0	0	0	0	0	0	0
Autres comptes à recevoir	0	0	0	0	0	0	0	0
Passifs financiers	18	23	15	12	0	0	0	0
Titres de dette	0	0	0	0	0	0	0	0
Titres de dette à court terme	0	0	0	0	0	0	0	0
Titres de dette à long terme	0	0	0	0	0	0	0	0
Crédits	0	0	0	0	0	0	0	0
Crédits à court terme	0	0	0	0	0	0	0	0
Crédits à long terme	0	0	0	0	0	0	0	0
Actions et parts de fonds d'investissement	18	23	15	12	0	0	0	0
Systèmes d'assurance, de pensions et garanties standard	0	0	0	0	0	0	0	0
Produits financiers dérivés et options sur titres des salariés	0	0	0	0	0	0	0	0
Autres comptes à payer	0	0	0	0	0	0	0	0
Actifs non financiers	..	..	..	..	..	..	..	..
Fonds d'investissement non monéaires								
Valeur nette financière	0	0	0	-4	-4	-16	-47	-166
Actifs financiers	116	158	136	170	240	292	354	506
Numéraire et dépôts	15	10	6	7	27	36	44	81
Titres de dette	8	16	24	35	81	99	113	158
Crédits	0	0	0	1	4	11	11	11
Actions et parts de fonds d'investissement	92	132	106	126	129	143	178	225
Actions	33	50	36	47	52	61	86	196
Parts de fonds d'investissement	59	82	70	80	77	82	92	29
Parts de fonds d'investissement monétaires	0	2	0	0	0	0	0	0
Parts de fonds d'investissement non monétaires	59	80	70	80	77	82	92	29
Systèmes d'assurance, de pensions et garanties standard	0	0	0	0	0	0	0	0
Produits financiers dérivés et options sur titres des salariés	0	0	0	0	0	0	1	1
Autres comptes à recevoir	0	0	0	1	0	4	6	29
Passifs financiers	116	158	136	174	244	309	401	672
Titres de dette	0	0	0	0	0	0	0	2
Titres de dette à court terme	0	0	0	0	0	0	0	0
Titres de dette à long terme	0	0	0	0	0	0	0	2
Crédits	0	3	2	1	5	17	5	97
Crédits à court terme	0	3	1	0	5	0	0	28
Crédits à long terme	0	0	1	0	0	16	5	69
Actions et parts de fonds d'investissement	115	154	133	172	237	285	390	543
Systèmes d'assurance, de pensions et garanties standard	0	0	0	0	0	0	0	0
Produits financiers dérivés et options sur titres des salariés	0	0	0	0	0	0	0	1
Autres comptes à payer	0	1	0	2	2	7	5	28
Actifs non financiers	0	0	0	4	4	19	47	210
Fonds d'investissement non monéaires à capital variable								
Valeur nette financière	..	..	..	0	0	0	-3	1
Actifs financiers	..	..	..	128	155	158	180	170

Tableau 2. Actifs et passifs financiers des fonds d'investissement *(suite)*

Millions EUR

	2009	2010	2011	2012	2013	2014	2015	2016
Numéraire et dépôts	..	..	..	4	22	24	31	34
Titres de dette	..	..	..	16	24	24	21	34
Crédits	..	..	..	0	0	0	0	0
Actions et parts de fonds d'investissement	..	..	..	107	109	110	126	96
Actions	..	..	..	40	44	47	61	84
Parts de fonds d'investissement	..	..	..	68	65	63	65	13
Parts de fonds d'investissement monétaires	..	..	..	0	0	0	0	0
Parts de fonds d'investissement non monétaires	..	..	..	68	65	63	65	13
Systèmes d'assurance, de pensions et garanties standard	..	..	..	..	..	..	..	..
Produits financiers dérivés et options sur titres des salariés	..	..	..	0	0	0	0	0
Autres comptes à recevoir	..	..	..	0	0	1	1	5
Passifs financiers	..	..	..	128	155	159	183	169
Titres de dette	..	..	..	0	0	0	0	0
Titres de dette à court terme	..	..	..	..	..	..	..	..
Titres de dette à long terme	..	..	..	..	..	..	..	..
Crédits	..	..	..	0	0	0	0	0
Crédits à court terme	..	..	..	0	0	0	0	0
Crédits à long terme	..	..	..	0	0	0	0	0
Actions et parts de fonds d'investissement	..	..	..	126	154	158	181	164
Systèmes d'assurance, de pensions et garanties standard	..	..	..	..	..	..	..	..
Produits financiers dérivés et options sur titres des salariés	..	..	..	0	0	0	0	1
Autres comptes à payer	..	..	..	2	1	0	2	4
Actifs non financiers	..	..	..	0	0	0	3	5
Fonds d'investissement à capital variable								
Valeur nette financière	0	0	0	..	0	0	-3	1
Actifs financiers	124	161	129	..	155	158	180	170
Numéraire et dépôts	20	9	10	..	22	24	31	34
Titres de dette	17	29	24	..	24	24	21	34
Crédits	0	0	0	..	0	0	0	0
Actions et parts de fonds d'investissement	87	122	95	..	109	110	126	96
Actions	31	46	32	..	44	47	61	84
Parts de fonds d'investissement	56	76	63	..	65	63	65	13
Parts de fonds d'investissement monétaires	0	2	0	..	0	0	0	0
Parts de fonds d'investissement non monétaires	56	74	63	..	65	63	65	13
Systèmes d'assurance, de pensions et garanties standard	..	..	..	..	..	..	..	..
Produits financiers dérivés et options sur titres des salariés	0	0	0	..	0	0	0	0
Autres comptes à recevoir	0	0	0	..	0	1	1	5
Passifs financiers	124	161	129	..	155	159	183	169
Titres de dette	0	0	0	..	0	0	0	0
Titres de dette à court terme	..	..	..	..	..	..	..	..
Titres de dette à long terme	..	..	..	..	..	..	..	..
Crédits	0	3	2	..	0	0	0	0
Crédits à court terme	0	3	1	..	0	0	0	0
Crédits à long terme	0	0	1	..	0	0	0	0
Actions et parts de fonds d'investissement	124	157	126	..	154	158	181	164
Systèmes d'assurance, de pensions et garanties standard	..	..	..	..	..	..	..	..
Produits financiers dérivés et options sur titres des salariés	0	0	0	..	0	0	0	1
Autres comptes à payer	0	1	0	..	1	0	2	4
Actifs non financiers	0	0	0	..	0	0	3	5

Note : Voir les métadonnées détaillées sur : http://metalinks.oecd.org/instinv/20170920/7b4b

Tableau 3. Actifs et passifs financiers des sociétés d'assurance et fonds de pension

Millions EUR

	2009	2010	2011	2012	2013	2014	2015	2016
Sociétés d'assurance et fonds de pension								
Valeur nette financière	-3	18	-152	-63	-149	-349	-437	-536
Actifs financiers	1 960	2 017	2 093	2 482	2 576	2 909	3 252	3 811
Numéraire et dépôts	177	139	123	139	107	205	275	325
Titres de dette	1 035	882	937	1 109	1 131	1 188	1 342	1 504
Crédits	4	3	1	2	3	4	1	7
Actions et parts de fonds d'investissement	633	879	915	1 113	1 219	1 387	1 497	1 815
Actions	19	30	22	19	27	27	32	25
Parts de fonds d'investissement	614	849	893	1 094	1 193	1 359	1 464	1 791
Parts de fonds d'investissement monétaires	1	4	5	2	1	5	1	2
Parts de fonds d'investissement non monétaires	612	845	888	1 092	1 191	1 354	1 463	1 789
Systèmes d'assurance, de pensions et garanties standard	16	15	15	16	16	16	18	16
Produits financiers dérivés et options sur titres des salariés	1	0	0	0	0	0	0	0
Autres comptes à recevoir	95	98	101	103	98	109	120	143
Passifs financiers	1 964	1 999	2 245	2 545	2 724	3 258	3 690	4 347
Titres de dette	0	0	0	0	0	0	0	0
Titres de dette à court terme	0	0	0	0	0	0	0	0
Titres de dette à long terme	0	0	0	0	0	0	0	0
Crédits	5	15	7	9	14	62	83	88
Crédits à court terme	0	12	0	0	0	0	13	20
Crédits à long terme	4	3	7	9	14	62	70	68
Actions et parts de fonds d'investissement	216	185	184	192	175	209	197	280
Systèmes d'assurance, de pensions et garanties standard	1 672	1 709	1 994	2 285	2 468	2 914	3 324	3 876
Produits financiers dérivés et options sur titres des salariés	0	0	1	0	0	1	1	5
Autres comptes à payer	71	91	59	58	67	71	85	97
Actifs non financiers	..	..	..	..	..	..	..	..
Sociétés d'assurance								
Valeur nette financière	-3	18	-152	-63	-149	-349	-437	-536
Actifs financiers	992	862	883	1 058	958	991	1 066	1 203
Numéraire et dépôts	62	76	44	85	56	87	71	92
Titres de dette	589	458	484	556	491	458	463	521
Crédits	4	3	1	2	3	4	1	7
Actions et parts de fonds d'investissement	225	212	238	297	296	320	395	432
Actions	7	9	9	7	9	12	18	13
Parts de fonds d'investissement	218	203	229	290	287	308	377	419
Parts de fonds d'investissement monétaires	1	3	5	2	1	1	1	2
Parts de fonds d'investissement non monétaires	217	199	224	289	286	307	376	417
Systèmes d'assurance, de pensions et garanties standard	16	15	15	16	16	16	18	16
Produits financiers dérivés et options sur titres des salariés	1	0	0	0	0	0	0	0
Autres comptes à recevoir	95	98	101	101	96	105	119	135
Passifs financiers	995	844	1 035	1 121	1 107	1 339	1 504	1 739
Titres de dette	0	0	0	0	0	0	0	0
Titres de dette à court terme	0	0	0	0	0	0	0	0
Titres de dette à long terme	0	0	0	0	0	0	0	0
Crédits	5	15	7	9	14	62	83	88
Crédits à court terme	0	12	0	0	0	0	13	20
Crédits à long terme	4	3	7	9	14	62	70	68
Actions et parts de fonds d'investissement	216	185	184	192	175	209	197	280
Systèmes d'assurance, de pensions et garanties standard	705	564	787	862	859	1 000	1 145	1 301
Produits financiers dérivés et options sur titres des salariés	0	0	1	0	0	1	1	2
Autres comptes à payer	69	81	57	56	60	67	78	68
Actifs non financiers	..	..	..	..	..	..	..	..
Fonds de pension								
Valeur nette financière	0	0	0	0	0	0	0	0
Actifs financiers	969	1 155	1 210	1 424	1 617	1 918	2 186	2 607
Numéraire et dépôts	115	64	79	55	51	118	204	233
Titres de dette	446	424	453	552	641	730	879	983
Crédits	0	0	0	0	0	0	0	0
Actions et parts de fonds d'investissement	407	667	677	816	923	1 066	1 101	1 384
Actions	12	21	13	12	17	15	14	12
Parts de fonds d'investissement	396	646	664	804	906	1 051	1 087	1 372
Parts de fonds d'investissement monétaires	0	0	0	0	0	4	0	0
Parts de fonds d'investissement non monétaires	396	646	664	804	906	1 047	1 087	1 372
Systèmes d'assurance, de pensions et garanties standard	0	0	0	0	0	0	0	0
Produits financiers dérivés et options sur titres des salariés	0	0	0	0	0	0	0	0
Autres comptes à recevoir	0	0	0	1	2	4	2	8
Passifs financiers	969	1 155	1 210	1 424	1 617	1 918	2 186	2 607
Titres de dette	0	0	0	0	0	0	0	0
Titres de dette à court terme	0	0	0	0	0	0	0	0
Titres de dette à long terme	0	0	0	0	0	0	0	0
Crédits	0	0	0	0	0	0	0	0
Crédits à court terme	0	0	0	0	0	0	0	0
Crédits à long terme	0	0	0	0	0	0	0	0
Actions et parts de fonds d'investissement	0	0	0	0	0	0	0	0
Systèmes d'assurance, de pensions et garanties standard	967	1 145	1 207	1 422	1 609	1 914	2 179	2 575
Produits financiers dérivés et options sur titres des salariés	0	0	0	0	0	1	0	3
Autres comptes à payer	2	10	2	2	8	3	6	29
Actifs non financiers	..	..	..	..	..	..	..	..

Note : Voir les métadonnées détaillées sur : http://metalinks.oecd.org/instinv/20170920/7b4b

Tableau 4. Composition du portefeuille par type d'investisseur

En pourcentage des actifs financiers et des passifs financiers

Pour cent

	2009	2010	2011	2012	2013	2014	2015	2016
Fonds d'investissement								
Actifs financiers	100.0	100.0	100.0	100.0	100.0	100.0	100.0	100.0
Numéraire et dépôts	15.0	7.1	6.7	6.1	11.1	12.2	12.5	16.1
Titres de dettes	15.4	19.7	22.7	23.3	33.5	33.8	32.0	31.3
Crédits	0.2	0.1	0.2	0.7	1.7	3.7	3.2	2.2
Actions et parts de fonds d'investissement	69.2	72.9	70.2	69.4	53.5	48.9	50.3	44.5
Systèmes d'assurance de pensions et garanties standard	0.0	0.0	0.0	0.0	0.0	0.0	0.0	0.0
Produits financiers dérivés et options sur titres des salariés	0.0	0.1	0.1	0.1	0.1	0.0	0.3	0.2
Autres comptes à recevoir	0.2	0.0	0.1	0.3	0.1	1.5	1.7	5.7
Passifs financiers	100.0	100.0	100.0	100.0	100.0	100.0	100.0	100.0
Numéraire et dépôts	0.0	0.0	0.0	0.0	0.0	0.0	0.0	0.0
Titres de dettes	0.0	0.0	0.0	0.0	0.0	0.0	0.0	0.3
Crédits	0.1	1.7	1.2	0.3	2.0	5.4	1.3	14.4
Actions et parts de fonds d'investissement	99.6	97.6	98.2	98.6	97.1	92.3	97.3	80.9
Systèmes d'assurance de pensions et garanties standard	0.0	0.0	0.0	0.0	0.0	0.0	0.0	0.0
Produits financiers dérivés et options sur titres des salariés	0.1	0.0	0.3	0.0	0.0	0.1	0.1	0.2
Autres comptes à recevoir	0.2	0.6	0.3	1.1	0.9	2.2	1.2	4.2
Sociétés d'assurance								
Actifs financiers	100.0	100.0	100.0	100.0	100.0	100.0	100.0	100.0
Numéraire et dépôts	6.3	8.8	5.0	8.0	5.9	8.8	6.7	7.6
Titres de dettes	59.4	53.1	54.8	52.6	51.2	46.2	43.4	43.3
Crédits	0.4	0.3	0.2	0.2	0.3	0.4	0.1	0.6
Actions et parts de fonds d'investissement	22.7	24.6	26.9	28.1	30.9	32.3	37.1	35.9
Systèmes d'assurance de pensions et garanties standard	1.6	1.8	1.7	1.5	1.7	1.6	1.7	1.4
Produits financiers dérivés et options sur titres des salariés	0.1	0.0	0.0	0.0	0.0	0.0	0.0	0.0
Autres comptes à recevoir	9.6	11.4	11.4	9.6	10.0	10.6	11.1	11.2
Passifs financiers	100.0	100.0	100.0	100.0	100.0	100.0	100.0	100.0
Numéraire et dépôts	0.0	0.0	0.0	0.0	0.0	0.0	0.0	0.0
Titres de dettes	0.0	0.0	0.0	0.0	0.0	0.0	0.0	0.0
Crédits	0.5	1.8	0.7	0.8	1.2	4.6	5.5	5.1
Actions et parts de fonds d'investissement	21.7	21.9	17.7	17.2	15.8	15.6	13.1	16.1
Systèmes d'assurance de pensions et garanties standard	70.8	66.8	76.0	77.0	77.6	74.7	76.1	74.8
Produits financiers dérivés et options sur titres des salariés	0.0	0.0	0.1	0.0	0.0	0.0	0.0	0.1
Autres comptes à recevoir	7.0	9.5	5.5	5.0	5.4	5.0	5.2	3.9
Fonds de pension								
Actifs financiers	100.0	100.0	100.0	100.0	100.0	100.0	100.0	100.0
Numéraire et dépôts	11.9	5.5	6.5	3.8	3.2	6.2	9.3	8.9
Titres de dettes	46.0	36.7	37.5	38.8	39.6	38.0	40.2	37.7
Crédits	0.0	0.0	0.0	0.0	0.0	0.0	0.0	0.0
Actions et parts de fonds d'investissement	42.1	57.8	56.0	57.3	57.1	55.6	50.4	53.1
Systèmes d'assurance de pensions et garanties standard	0.0	0.0	0.0	0.0	0.0	0.0	0.0	0.0
Produits financiers dérivés et options sur titres des salariés	0.0	0.0	0.0	0.0	0.0	0.0	0.0	0.0
Autres comptes à recevoir	0.0	0.0	0.0	0.1	0.1	0.2	0.1	0.3
Passifs financiers	100.0	100.0	100.0	100.0	100.0	100.0	100.0	100.0
Numéraire et dépôts	0.0	0.0	0.0	0.0	0.0	0.0	0.0	0.0
Titres de dettes	0.0	0.0	0.0	0.0	0.0	0.0	0.0	0.0
Crédits	0.0	0.0	0.0	0.0	0.0	0.0	0.0	0.0
Actions et parts de fonds d'investissement	0.0	0.0	0.0	0.0	0.0	0.0	0.0	0.0
Systèmes d'assurance de pensions et garanties standard	99.8	99.1	99.8	99.8	99.5	99.8	99.7	98.8
Produits financiers dérivés et options sur titres des salariés	0.0	0.0	0.0	0.0	0.0	0.0	0.0	0.1
Autres comptes à recevoir	0.2	0.9	0.2	0.2	0.5	0.2	0.3	1.1

Note : Voir les métadonnées détaillées sur : http://metalinks.oecd.org/instinv/20170920/a53e

FÉDÉRATION DE RUSSIE

Tableau 1. Actifs et passifs financiers des investisseurs institutionnels, 2016

Millions RUB

	Fonds d'investissement				
	Total	Fonds d'investissement non-monétaire			Fonds d'investissement monétaires
		Total	Fonds d'investissement à capital variable, non monétaire	Fonds d'investissement à capital fixe, non monétaire	Total
Actifs financiers	1 766 933	1 766 933	155 323	1 611 610	..
Numéraire et dépôts	194 437	194 437	5 969	188 468	..
Titres de dette	200 520	200 520	83 508	117 012	..
Titres de dette à court terme	..	..	..	..	..
Titres de dette à long terme	..	..	..	..	..
Titres de dette émis par les résidents	171 805	171 805	62 431	109 375	..
Titres de dette émis par les non-résidents	28 715	28 715	21 078	7 637	..
Crédits	215 754	215 754	14	215 740	..
Crédits à court terme	..	..	..	..	..
Crédits à long terme	..	..	..	..	..
Crédits accordés aux résidents	..	..	..	..	..
Crédits accordés aux non-résidents	..	..	..	..	..
Actions et parts de fonds d'investissement	999 279	999 279	60 331	938 948	..
Actions et parts de fonds d'investissements émises par les résidents	927 673	927 673	42 075	885 598	..
Actions et part de fonds d'investissements émises par les non-résidents	71 606	71 606	18 256	53 351	..
Autres comptes à recevoir	156 943	156 943	5 501	151 442	..

	Fonds d'investissement				
	Total	Fonds d'investissement non-monétaire			Fonds d'investissement monétaires
		Total	Fonds d'investissement à capital variable, non monétaire	Fonds d'investissement à capital fixe, non monétaire	Total
Pasifs financiers	2 839 758	2 839 758	155 323	2 684 435	..
Numéraire et dépôts	..	..	..	..	..
Titres de dette	..	..	..	..	..
Titres de dette à court terme	..	..	..	..	..
Titres de dette à long terme	..	..	..	..	..
Crédits	..	..	..	..	..
Crédits à court terme	..	..	..	..	..
Crédits à long terme	..	..	..	..	..
Actions et parts de fonds d'investissement	2 584 387	2 584 387	153 431	2 430 956	..
Systèmes d'assurance, de pensions et garanties standard	..	..	..	..	..
Produits financiers dérivés et options sur titres des salariés	..	..	..	..	..
Autres comptes à payer	255 371	255 371	1 892	253 479	..

	Sociétés d'assurance et fonds de pension autonomes				
	Total	Sociétés d'assurance			Fonds de pension autonomes
		Total	Sociétés d'assurance vie	Sociétés d'assurance non-vie	Total
Actifs financiers	5 186 580	1 772 300	..	..	3 414 280
Numéraire et dépôts	1 177 055	603 586	..	..	573 469
Titres de dette	2 396 130	497 670	..	..	1 898 460
Titres de dette à court terme	..	..	..	..	..
Titres de dette à long terme	..	..	..	..	..
Titres de dette émis par les résidents	2 238 463	377 089	..	..	1 861 374
Titres de dette émis par les non-résidents	157 668	120 581	..	..	37 086
Crédits	15 166	15 154	..	..	12
Crédits à court terme	..	..	..	..	..
Crédits à long terme	..	..	..	..	..
Crédits accordés aux résidents	13 474	13 462	..	..	12
Crédits accordés aux non-résidents	1 692	1 692	..	..	0
Actions et parts de fonds d'investissement	1 077 174	149 964	..	..	927 210
Actions et parts de fonds d'investissement émises par les résidents	1 063 183	143 163	..	..	920 020
Actions et parts de fonds d'investissement émises par les non-résidents	13 991	6 801	..	..	7 190
Autrescomptes à recevoir	370 208	355 080	..	..	15 128

	Sociétés d'assurance et fonds de pension autonomes				
	Total	Sociétés d'assurance			Fonds de pension autonomes
		Total	Sociétés d'assurance vie	Sociétés d'assurance non-vie	Total
Pasifs financiers	5 354 385	1 936 139	..	..	3 418 246
Numéraire et dépôts	..	..	..	..	..
Titres de dette	12 999	12 999	..	..	0
Titres de dette à court terme	..	..	..	..	..
Titres de dette à long terme	..	..	..	..	..
Crédits	10 622	10 587	..	..	35
Crédits à court terme	..	..	..	..	..
Crédits à long terme	..	..	..	..	..
Actions et parts de fonds d'investissement	872 819	688 635	..	..	184 184
Systèmes d'assurance, de pensions et garanties standard	4 289 594	1 082 139	..	..	3 207 455
Produits financiers dérivés et options sur titres des salariés	0	0	..	..	0
Autres comptes à payer	168 352	141 780	..	..	26 572

Note : Voir les métadonnées détaillées sur : http://metalinks.oecd.org/instinv/20170920/e3b8

Tableau 2. Actifs et passifs financiers des fonds d'investissement

Millions RUB

	2009	2010	2011	2012	2013	2014	2015	2016
Fonds d'investissement								
Valeur nette financière	-321 423	-453 212	-555 940	-599 116	-927 518	-1 067 975	-1 133 161	-1 072 824
Actifs financiers	717 293	764 464	845 167	1 011 243	1 187 664	1 359 209	1 547 779	1 766 933
Numéraire et dépôts	90 793	96 173	105 313	153 160	233 794	194 966	234 968	194 437
Titres de dette	44 528	44 118	61 175	84 965	106 406	144 442	163 010	200 520
Crédits	1 743	6 297	6 518	4 485	5 573	5 048	6 302	215 754
Actions et parts de fonds d'investissement	493 938	488 490	507 649	582 323	568 263	676 092	743 265	999 279
Actions	484 892	482 268	499 573	571 058	553 341	651 281	709 459	981 172
Parts de fonds d'investissement	9 047	6 223	8 076	11 264	14 922	24 810	33 806	18 107
Parts de fonds d'investissement monétaires	..	..	..	..	..	..	..	..
Parts de fonds d'investissement non monétaires	9 047	6 223	8 076	11 264	14 922	24 810	33 806	18 107
Systèmes d'assurance, de pensions et garanties standard	..	..	..	..	..	..	..	..
Produits financiers dérivés et options sur titres des salariés	..	..	..	..	..	..	..	..
Autres comptes à recevoir	86 291	129 386	164 511	186 310	273 629	338 662	400 234	156 943
Passifs financiers	1 038 715	1 217 676	1 401 107	1 610 359	2 115 182	2 427 184	2 680 939	2 839 758
Titres de dette	..	..	..	..	..	..	..	..
Titres de dette à court terme	..	..	..	..	..	..	..	..
Titres de dette à long terme	..	..	..	..	..	..	..	..
Crédits	..	..	..	..	..	..	..	..
Crédits à court terme	..	..	..	..	..	..	..	..
Crédits à long terme	..	..	..	..	..	..	..	..
Actions et parts de fonds d'investissement	946 495	1 130 038	1 294 249	1 456 131	1 870 555	2 141 000	2 387 732	2 584 387
Systèmes d'assurance, de pensions et garanties standard	..	..	..	..	..	..	..	..
Produits financiers dérivés et options sur titres des salariés	..	..	..	..	..	..	..	..
Autres comptes à payer	92 220	87 638	106 857	154 229	244 627	286 184	293 207	255 371
Actifs non financiers	321 423	453 212	562 096	747 099	928 734	1 057 455	1 133 161	1 072 824
Fonds d'investissement monéaires								
Valeur nette financière	..	..	..	..	..	..	..	..
Actifs financiers	..	..	..	..	..	..	..	..
Numéraire et dépôts	..	..	..	..	..	..	..	..
Titres de dette	..	..	..	..	..	..	..	..
Crédits	..	..	..	..	..	..	..	..
Actions et parts de fonds d'investissement	..	..	..	..	..	..	..	..
Actions	..	..	..	..	..	..	..	..
Parts de fonds d'investissement	..	..	..	..	..	..	..	..
Parts de fonds d'investissement monétaires	..	..	..	..	..	..	..	..
Parts de fonds d'investissement non monétaires	..	..	..	..	..	..	..	..
Systèmes d'assurance, de pensions et garanties standard	..	..	..	..	..	..	..	..
Produits financiers dérivés et options sur titres des salariés	..	..	..	..	..	..	..	..
Autres comptes à recevoir	..	..	..	..	..	..	..	..
Passifs financiers	..	..	..	..	..	..	..	..
Titres de dette	..	..	..	..	..	..	..	..
Titres de dette à court terme	..	..	..	..	..	..	..	..
Titres de dette à long terme	..	..	..	..	..	..	..	..
Crédits	..	..	..	..	..	..	..	..
Crédits à court terme	..	..	..	..	..	..	..	..
Crédits à long terme	..	..	..	..	..	..	..	..
Actions et parts de fonds d'investissement	..	..	..	..	..	..	..	..
Systèmes d'assurance, de pensions et garanties standard	..	..	..	..	..	..	..	..
Produits financiers dérivés et options sur titres des salariés	..	..	..	..	..	..	..	..
Autres comptes à payer	..	..	..	..	..	..	..	..
Actifs non financiers	..	..	..	..	..	..	..	..
Fonds d'investissement non monéaires								
Valeur nette financière	-321 423	-453 212	-555 940	-599 116	-927 518	-1 067 975	-1 133 161	-1 072 824
Actifs financiers	717 293	764 464	845 167	1 011 243	1 187 664	1 359 209	1 547 779	1 766 933
Numéraire et dépôts	90 793	96 173	105 313	153 160	233 794	194 966	234 968	194 437
Titres de dette	44 528	44 118	61 175	84 965	106 406	144 442	163 010	200 520
Crédits	1 743	6 297	6 518	4 485	5 573	5 048	6 302	215 754
Actions et parts de fonds d'investissement	493 938	488 490	507 649	582 323	568 263	676 092	743 265	999 279
Actions	484 892	482 268	499 573	571 058	553 341	651 281	709 459	981 172
Parts de fonds d'investissement	9 047	6 223	8 076	11 264	14 922	24 810	33 806	18 107
Parts de fonds d'investissement monétaires	..	..	..	..	..	..	..	..
Parts de fonds d'investissement non monétaires	9 047	6 223	8 076	11 264	14 922	24 810	33 806	18 107
Systèmes d'assurance, de pensions et garanties standard	..	..	..	..	..	..	..	..
Produits financiers dérivés et options sur titres des salariés	..	..	..	..	..	..	..	..
Autres comptes à recevoir	86 291	129 386	164 511	186 310	273 629	338 662	400 234	156 943
Passifs financiers	1 038 715	1 217 676	1 401 107	1 610 359	2 115 182	2 427 184	2 680 939	2 839 758
Titres de dette	..	..	..	..	..	..	..	..
Titres de dette à court terme	..	..	..	..	..	..	..	..
Titres de dette à long terme	..	..	..	..	..	..	..	..
Crédits	..	..	..	..	..	..	..	..
Crédits à court terme	..	..	..	..	..	..	..	..
Crédits à long terme	..	..	..	..	..	..	..	..
Actions et parts de fonds d'investissement	946 495	1 130 038	1 294 249	1 456 131	1 870 555	2 141 000	2 387 732	2 584 387
Systèmes d'assurance, de pensions et garanties standard	..	..	..	..	..	..	..	..
Produits financiers dérivés et options sur titres des salariés	..	..	..	..	..	..	..	..
Autres comptes à payer	92 220	87 638	106 857	154 229	244 627	286 184	293 207	255 371
Actifs non financiers	321 423	453 212	562 096	747 099	928 734	1 057 455	1 133 161	1 072 824
Fonds d'investissement non monéaires à capital variable								
Valeur nette financière	-2 084	-2 238	-2 388	-2 528	-2 526	-2 400	-2 920	0
Actifs financiers	101 912	128 527	107 837	112 154	137 703	111 968	137 979	155 323

Tableau 2. Actifs et passifs financiers des fonds d'investissement (*suite*)

Millions RUB

	2009	2010	2011	2012	2013	2014	2015	2016
Numéraire et dépôts	4 259	4 599	3 991	7 149	15 862	10 863	9 497	5 969
Titres de dette	18 361	23 081	28 488	40 247	64 521	38 613	57 923	83 508
Crédits	0	0	0	0	0	0	0	14
Actions et parts de fonds d'investissement	72 406	92 371	66 530	57 055	47 940	55 217	65 307	60 331
Actions	71 633	89 715	62 069	49 831	38 593	36 877	39 934	47 567
Parts de fonds d'investissement	774	2 656	4 461	7 224	9 347	18 340	25 373	12 764
Parts de fonds d'investissement monétaires	..	..	..	..	..	..	..	..
Parts de fonds d'investissement non monétaires	774	2 656	4 461	7 224	9 347	18 340	25 373	12 764
Systèmes d'assurance, de pensions et garanties standard	..	..	..	..	..	..	..	..
Produits financiers dérivés et options sur titres des salariés	..	..	..	..	..	..	..	..
Autres comptes à recevoir	6 886	8 477	8 828	7 703	9 381	7 275	5 252	5 501
Passifs financiers	103 997	130 766	110 224	114 682	140 229	114 368	140 898	155 323
Titres de dette	..	..	..	..	..	..	..	..
Titres de dette à court terme	..	..	..	..	..	..	..	..
Titres de dette à long terme	..	..	..	..	..	..	..	..
Crédits	..	..	..	..	..	..	..	..
Crédits à court terme	..	..	..	..	..	..	..	..
Crédits à long terme	..	..	..	..	..	..	..	..
Actions et parts de fonds d'investissement	102 409	128 626	108 600	113 360	138 551	111 901	139 000	153 431
Systèmes d'assurance, de pensions et garanties standard	..	..	..	..	..	..	..	..
Produits financiers dérivés et options sur titres des salariés	..	..	..	..	..	..	..	..
Autres comptes à payer	1 587	2 140	1 625	1 323	1 678	2 466	1 899	1 892
Actifs non financiers	2 084	2 238	2 388	2 528	2 526	2 400	2 920	0
Fonds d'investissement à capital variable								
Valeur nette financière	-2 084	-2 238	-2 388	-2 528	-2 526	-2 400	-2 920	0
Actifs financiers	101 912	128 527	107 837	112 154	137 703	111 968	137 979	155 323
Numéraire et dépôts	4 259	4 599	3 991	7 149	15 862	10 863	9 497	5 969
Titres de dette	18 361	23 081	28 488	40 247	64 521	38 613	57 923	83 508
Crédits	0	0	0	0	0	0	0	14
Actions et parts de fonds d'investissement	72 406	92 371	66 530	57 055	47 940	55 217	65 307	60 331
Actions	71 633	89 715	62 069	49 831	38 593	36 877	39 934	47 567
Parts de fonds d'investissement	774	2 656	4 461	7 224	9 347	18 340	25 373	12 764
Parts de fonds d'investissement monétaires	..	..	..	..	..	..	..	..
Parts de fonds d'investissement non monétaires	774	2 656	4 461	7 224	9 347	18 340	25 373	12 764
Systèmes d'assurance, de pensions et garanties standard	..	..	..	..	..	..	..	..
Produits financiers dérivés et options sur titres des salariés	..	..	..	..	..	..	..	..
Autres comptes à recevoir	6 886	8 477	8 828	7 703	9 381	7 275	5 252	5 501
Passifs financiers	103 997	130 766	110 224	114 682	140 229	114 368	140 898	155 323
Titres de dette	..	..	..	..	..	..	..	..
Titres de dette à court terme	..	..	..	..	..	..	..	..
Titres de dette à long terme	..	..	..	..	..	..	..	..
Crédits	..	..	..	..	..	..	..	..
Crédits à court terme	..	..	..	..	..	..	..	..
Crédits à long terme	..	..	..	..	..	..	..	..
Actions et parts de fonds d'investissement	102 409	128 626	108 600	113 360	138 551	111 901	139 000	153 431
Systèmes d'assurance, de pensions et garanties standard	..	..	..	..	..	..	..	..
Produits financiers dérivés et options sur titres des salariés	..	..	..	..	..	..	..	..
Autres comptes à payer	1 587	2 140	1 625	1 323	1 678	2 466	1 899	1 892
Actifs non financiers	2 084	2 238	2 388	2 528	2 526	2 400	2 920	0

Note : Voir les métadonnées détaillées sur : http://metalinks.oecd.org/instinv/20170920/e3b8

Tableau 3. Actifs et passifs financiers des sociétés d'assurance et fonds de pension

Millions RUB

	2009	2010	2011	2012	2013	2014	2015	2016
Sociétés d'assurance et fonds de pension								
Valeur nette financière	-53 422	-77 451	-59 743	-36 437	-174 679	-195 800	-189 916	-167 805
Actifs financiers	1 569 827	1 754 805	2 138 367	2 623 687	3 285 681	3 621 747	4 383 131	5 186 580
Numéraire et dépôts	426 888	459 955	575 393	782 878	884 194	1 009 962	1 124 722	1 177 055
Titres de dette	446 486	456 295	634 828	766 267	1 118 204	1 246 384	1 815 796	2 396 130
Crédits	15 060	9 145	15 342	10 643	14 830	21 854	12 441	15 166
Actions et parts de fonds d'investissement	406 619	541 295	571 913	637 540	707 154	740 973	909 213	1 077 174
Actions	269 389	379 740	408 386	409 928	471 794	512 665	638 755	850 250
Parts de fonds d'investissement	137 229	161 555	163 527	227 612	235 360	228 308	270 458	226 924
Parts de fonds d'investissement monétaires	..	..	..	..	..	..	..	..
Parts de fonds d'investissement non monétaires	137 229	161 555	163 527	227 612	235 360	228 308	270 458	226 924
Systèmes d'assurance, de pensions et garanties standard	65 297	70 267	71 588	90 002	108 240	158 480	130 128	150 781
Produits financiers dérivés et options sur titres des salariés	..	..	..	..	..	..	31	65
Autres comptes à recevoir	209 478	217 847	269 302	336 293	453 059	444 094	390 799	370 208
Passifs financiers	1 623 249	1 832 256	2 198 110	2 660 124	3 460 360	3 817 547	4 573 047	5 354 385
Titres de dette	4 458	18 331	9 823	13 764	16 456	11 227	10 662	12 999
Titres de dette à court terme	..	..	..	..	..	..	..	..
Titres de dette à long terme	..	..	..	..	..	..	..	..
Crédits	24 960	26 388	27 716	22 965	22 629	18 545	11 657	10 622
Crédits à court terme	..	..	..	..	..	..	..	..
Crédits à long terme	..	..	..	..	..	..	..	..
Actions et parts de fonds d'investissement	349 563	360 561	391 464	470 831	642 559	710 356	765 520	872 819
Systèmes d'assurance, de pensions et garanties standard	1 068 896	1 257 975	1 640 176	2 006 075	2 602 244	2 874 440	3 622 879	4 289 594
Produits financiers dérivés et options sur titres des salariés	..	..	..	..	..	..	0	0
Autres comptes à payer	175 372	169 001	128 931	146 489	176 472	202 979	162 329	168 352
Actifs non financiers	53 422	77 451	90 315	95 194	91 047	97 464	95 451	95 341
Sociétés d'assurance								
Valeur nette financière	-45 558	-69 469	-54 416	-34 113	-164 872	-188 535	-182 588	-163 839
Actifs financiers	836 355	857 179	944 406	1 076 411	1 233 629	1 443 045	1 507 129	1 772 300
Numéraire et dépôts	253 326	258 372	325 448	353 259	375 724	439 713	521 204	603 586
Titres de dette	205 332	200 130	231 397	255 781	307 279	330 003	368 514	497 670
Crédits	13 482	8 162	13 191	9 163	14 648	21 710	12 334	15 154
Actions et parts de fonds d'investissement	110 866	116 887	100 438	126 166	138 441	157 677	147 278	149 964
Actions	103 319	106 278	91 407	117 211	129 721	149 017	133 406	141 959
Parts de fonds d'investissement	7 546	10 609	9 032	8 955	8 720	8 660	13 872	8 005
Parts de fonds d'investissement monétaires	..	..	..	..	..	..	..	..
Parts de fonds d'investissement non monétaires	7 546	10 609	9 032	8 955	8 720	8 660	13 872	8 005
Systèmes d'assurance, de pensions et garanties standard	65 297	70 267	71 588	90 002	108 240	158 480	130 128	150 781
Produits financiers dérivés et options sur titres des salariés	..	..	..	..	..	..	31	65
Autres comptes à recevoir	188 052	203 361	202 343	241 975	289 297	335 462	327 638	355 080
Passifs financiers	881 913	926 648	998 822	1 110 524	1 398 501	1 631 580	1 689 717	1 936 139
Titres de dette	4 458	18 331	9 823	13 764	16 456	11 227	10 662	12 999
Titres de dette à court terme	..	..	..	..	..	..	..	..
Titres de dette à long terme	..	..	..	..	..	..	..	..
Crédits	24 669	26 232	26 319	20 669	21 452	17 086	11 488	10 587
Crédits à court terme	..	..	..	..	..	..	..	..
Crédits à long terme	..	..	..	..	..	..	..	..
Actions et parts de fonds d'investissement	254 710	259 219	293 839	362 679	517 612	567 245	600 911	688 635
Systèmes d'assurance, de pensions et garanties standard	429 818	462 226	545 931	579 072	684 034	845 958	928 531	1 082 139
Produits financiers dérivés et options sur titres des salariés	..	..	..	..	..	..	0	0
Autres comptes à payer	168 258	160 640	122 910	134 340	158 947	190 064	138 125	141 780
Actifs non financiers	45 558	69 469	82 419	89 494	85 687	92 936	91 487	91 044
Fonds de pension								
Valeur nette financière	-7 864	-7 982	-5 327	-2 324	-9 806	-7 265	-7 328	-3 966
Actifs financiers	733 472	897 626	1 193 961	1 547 276	2 052 053	2 178 702	2 876 002	3 414 280
Numéraire et dépôts	173 562	201 583	249 945	429 619	508 470	570 249	603 518	573 469
Titres de dette	241 154	256 165	403 431	510 486	810 925	916 381	1 447 282	1 898 460
Crédits	1 577	983	2 151	1 480	182	144	107	12
Actions et parts de fonds d'investissement	295 753	424 409	471 475	511 374	568 714	583 296	761 935	927 210
Actions	166 070	273 463	316 979	292 717	342 074	363 648	505 349	708 290
Parts de fonds d'investissement	129 683	150 946	154 496	218 657	226 640	219 648	256 586	218 920
Parts de fonds d'investissement monétaires	..	..	..	..	..	..	..	..
Parts de fonds d'investissement non monétaires	129 683	150 946	154 496	218 657	226 640	219 648	256 586	218 920
Systèmes d'assurance, de pensions et garanties standard	..	..	..	..	..	..	..	..
Produits financiers dérivés et options sur titres des salariés	..	..	..	..	..	..	0	0
Autres comptes à recevoir	21 426	14 486	66 959	94 318	163 762	108 632	63 161	15 128
Passifs financiers	741 336	905 608	1 199 288	1 549 600	2 061 859	2 185 967	2 883 330	3 418 246
Titres de dette	0	0	0	0	0	0	0	0
Titres de dette à court terme	..	..	..	..	..	..	..	..
Titres de dette à long terme	..	..	..	..	..	..	..	..
Crédits	291	155	1 397	2 296	1 177	1 459	169	35
Crédits à court terme	..	..	..	..	..	..	..	..
Crédits à long terme	..	..	..	..	..	..	..	..
Actions et parts de fonds d'investissement	94 853	101 342	97 625	108 152	124 947	143 111	164 609	184 184
Systèmes d'assurance, de pensions et garanties standard	639 078	795 749	1 094 245	1 427 003	1 918 210	2 028 482	2 694 348	3 207 455
Produits financiers dérivés et options sur titres des salariés	..	..	..	..	..	..	0	0
Autres comptes à payer	7 114	8 361	6 021	12 149	17 525	12 915	24 204	26 572
Actifs non financiers	7 864	7 982	7 896	5 700	5 360	4 528	3 963	4 298

Note : Voir les métadonnées détaillées sur : http://metalinks.oecd.org/instinv/20170920/e3b8

Tableau 4. Composition du portefeuille par type d'investisseur

En pourcentage des actifs financiers et des passifs financiers

Pour cent

	2009	2010	2011	2012	2013	2014	2015	2016
Fonds d'investissement								
Actifs financiers	100.0	100.0	100.0	100.0	100.0	100.0	100.0	100.0
Numéraire et dépôts	12.7	12.6	12.5	15.1	19.7	14.3	15.2	11.0
Titres de dettes	6.2	5.8	7.2	8.4	9.0	10.6	10.5	11.3
Crédits	0.2	0.8	0.8	0.4	0.5	0.4	0.4	12.2
Actions et parts de fonds d'investissement	68.9	63.9	60.1	57.6	47.8	49.7	48.0	56.6
Systèmes d'assurance de pensions et garanties standard	0.0	0.0	0.0	0.0	0.0	0.0	0.0	0.0
Produits financiers dérivés et options sur titres des salariés	0.0	0.0	0.0	0.0	0.0	0.0	0.0	0.0
Autres comptes à recevoir	12.0	16.9	19.5	18.4	23.0	24.9	25.9	8.9
Passifs financiers	100.0	100.0	100.0	100.0	100.0	100.0	100.0	100.0
Numéraire et dépôts	0.0	0.0	0.0	0.0	0.0	0.0	0.0	0.0
Titres de dettes	0.0	0.0	0.0	0.0	0.0	0.0	0.0	0.0
Crédits	0.0	0.0	0.0	0.0	0.0	0.0	0.0	0.0
Actions et parts de fonds d'investissement	91.1	92.8	92.4	90.4	88.4	88.2	89.1	91.0
Systèmes d'assurance de pensions et garanties standard	0.0	0.0	0.0	0.0	0.0	0.0	0.0	0.0
Produits financiers dérivés et options sur titres des salariés	0.0	0.0	0.0	0.0	0.0	0.0	0.0	0.0
Autres comptes à recevoir	8.9	7.2	7.6	9.6	11.6	11.8	10.9	9.0
Sociétés d'assurance								
Actifs financiers	100.0	100.0	100.0	100.0	100.0	100.0	100.0	100.0
Numéraire et dépôts	30.3	30.1	34.5	32.8	30.5	30.5	34.6	34.1
Titres de dettes	24.6	23.3	24.5	23.8	24.9	22.9	24.5	28.1
Crédits	1.6	1.0	1.4	0.9	1.2	1.5	0.8	0.9
Actions et parts de fonds d'investissement	13.3	13.6	10.6	11.7	11.2	10.9	9.8	8.5
Systèmes d'assurance de pensions et garanties standard	7.8	8.2	7.6	8.4	8.8	11.0	8.6	8.5
Produits financiers dérivés et options sur titres des salariés	0.0	0.0	0.0	0.0	0.0	0.0	0.0	0.0
Autres comptes à recevoir	22.5	23.7	21.4	22.5	23.5	23.2	21.7	20.0
Passifs financiers	100.0	100.0	100.0	100.0	100.0	100.0	100.0	100.0
Numéraire et dépôts	0.0	0.0	0.0	0.0	0.0	0.0	0.0	0.0
Titres de dettes	0.5	2.0	1.0	1.2	1.2	0.7	0.6	0.7
Crédits	2.8	2.8	2.6	1.9	1.5	1.0	0.7	0.5
Actions et parts de fonds d'investissement	28.9	28.0	29.4	32.7	37.0	34.8	35.6	35.6
Systèmes d'assurance de pensions et garanties standard	48.7	49.9	54.7	52.1	48.9	51.8	55.0	55.9
Produits financiers dérivés et options sur titres des salariés	0.0	0.0	0.0	0.0	0.0	0.0	0.0	0.0
Autres comptes à recevoir	19.1	17.3	12.3	12.1	11.4	11.6	8.2	7.3
Fonds de pension								
Actifs financiers	100.0	100.0	100.0	100.0	100.0	100.0	100.0	100.0
Numéraire et dépôts	23.7	22.5	20.9	27.8	24.8	26.2	21.0	16.8
Titres de dettes	32.9	28.5	33.8	33.0	39.5	42.1	50.3	55.6
Crédits	0.2	0.1	0.2	0.1	0.0	0.0	0.0	0.0
Actions et parts de fonds d'investissement	40.3	47.3	39.5	33.0	27.7	26.8	26.5	27.2
Systèmes d'assurance de pensions et garanties standard	0.0	0.0	0.0	0.0	0.0	0.0	0.0	0.0
Produits financiers dérivés et options sur titres des salariés	0.0	0.0	0.0	0.0	0.0	0.0	0.0	0.0
Autres comptes à recevoir	2.9	1.6	5.6	6.1	8.0	5.0	2.2	0.4
Passifs financiers	100.0	100.0	100.0	100.0	100.0	100.0	100.0	100.0
Numéraire et dépôts	0.0	0.0	0.0	0.0	0.0	0.0	0.0	0.0
Titres de dettes	0.0	0.0	0.0	0.0	0.0	0.0	0.0	0.0
Crédits	0.0	0.0	0.1	0.1	0.1	0.1	0.0	0.0
Actions et parts de fonds d'investissement	12.8	11.2	8.1	7.0	6.1	6.5	5.7	5.4
Systèmes d'assurance de pensions et garanties standard	86.2	87.9	91.2	92.1	93.0	92.8	93.4	93.8
Produits financiers dérivés et options sur titres des salariés	0.0	0.0	0.0	0.0	0.0	0.0	0.0	0.0
Autres comptes à recevoir	1.0	0.9	0.5	0.8	0.8	0.6	0.8	0.8

Note : Voir les métadonnées détaillées sur : http://metalinks.oecd.org/instinv/20170920/a53e

ORGANISATION DE COOPÉRATION ET DE DÉVELOPPEMENT ÉCONOMIQUES

L'OCDE est un forum unique en son genre où les gouvernements œuvrent ensemble pour relever les défis économiques, sociaux et environnementaux liés à la mondialisation. À l'avant-garde des efforts engagés pour comprendre les évolutions du monde actuel et les préoccupations qu'elles suscitent, l'OCDE aide les gouvernements à y faire face en menant une réflexion sur des thèmes tels que le gouvernement d'entreprise, l'économie de l'information et la problématique du vieillissement démographique. L'Organisation offre aux gouvernements un cadre leur permettant de confronter leurs expériences en matière d'action publique, de chercher des réponses à des problèmes communs, de recenser les bonnes pratiques et de travailler à la coordination des politiques nationales et internationales.

Les pays membres de l'OCDE sont : l'Allemagne, l'Australie, l'Autriche, la Belgique, le Canada, le Chili, la Corée, le Danemark, l'Espagne, l'Estonie, les États-Unis, la Finlande, la France, la Grèce, la Hongrie, l'Irlande, l'Islande, Israël, l'Italie, le Japon, la Lettonie, le Luxembourg, le Mexique, la Norvège, la Nouvelle-Zélande, les Pays-Bas, la Pologne, le Portugal, la République slovaque, la République tchèque, le Royaume-Uni, la Slovénie, la Suède, la Suisse et la Turquie. L'Union européenne participe aux travaux de l'OCDE.

Les Éditions OCDE assurent une large diffusion aux travaux de l'Organisation. Ces derniers comprennent les résultats de l'activité de collecte de statistiques, les travaux de recherche menés sur des questions économiques, sociales et environnementales, ainsi que les conventions, les principes directeurs et les modèles développés par les pays membres.

ÉDITIONS OCDE, 2, rue André-Pascal, 75775 PARIS CEDEX 16
(01 2017 17 2 P) ISBN 978-92-64-28229-2 – 2017

www.ingramcontent.com/pod-product-compliance
Lightning Source LLC
LaVergne TN
LVHW080654011026
849160LV00014B/1420